[illegible]

女先明年貳伍歲 嫁

男明鎮年叁拾陸歲 [illegible]府別將 [illegible]

男思在年貳拾貳歲 白丁

男明孝年貳拾伍歲 白丁

[illegible]

敦煌社會歷史文獻釋録第一編

主編：郝春文、副主編：游自勇

英藏敦煌社會歷史文獻釋録

第十七卷

郝春文、游自勇、石冬梅、管俊瑋、劉顯、武紹衛、宋雪春、聶志軍 編著

SSAP
社會科學文獻出版社
SOCIAL SCIENCES ACADEMIC PRESS (CHINA)

凡例

一　本書係大型文獻圖集《英藏敦煌文獻》的文字釋録本。其收録範圍、選擇内容均與上書相同，但增收該書漏收的部分佛教典籍以外文獻；對於該書未收的佛經題記，因其具有世俗文書性質，亦予增收；對於該書所收的部分佛經，本書則予以剔除。凡屬增收、剔除之文書，均作説明。

二　本書的編排順序係依收藏單位的館藏編號順序排列。每號文書按正背次序排列，背面以『背』（V）表示。文書正背之區分均依文書原編號。發現原來正背標錯的情况，亦不改動，但在『説明』中加以提示。

三　凡一號中有多件文書者，即依次以件爲單位進行録校。在每件文書標題前標明其出處和原編號碼。

四　每件文書均包括標題、釋文兩項基本内容；如有必要和可能，在釋文後加説明、校記和有關研究文獻等内容。

五　文書的擬題以向讀者提供盡量多的學術信息爲原則，凡原題和前人的擬題符合以上原則者，即行採用；不符者則重新擬題。

六　凡確知爲同一文書而斷裂爲兩件以上者，在『説明』中加以提示；若能直接綴合，釋文部分將徑録綴合後的釋文。

七　本書之敦煌文獻釋文一律使用通行繁體字釋録。釋文的格式採用兩種辦法，對有必要保存原格式的文書，以忠實原件、反映文書的原貌爲原則，按原件格式釋録；没有必要保存原格式的文獻，則採用自然行釋録。原件中之逆書（自左向右書寫），亦不改動；一件文書寫於另一件文書行間者，分别釋録，但加以説明。保存原格式的文書，原文一行排不下時，移行時比文書原格式低二格，以示區别。

八　釋文的文字均以原件爲據，適當吸收前人的研究成果。如已發表的釋文有誤，則逕行改正，並酌情出校。

九　同一文書有兩種以上寫本者，釋録到哪一號，即以該號中之文書爲底本，以其他寫本爲參校本；有傳世本者，則以寫本爲底本，以傳世本爲參校本。

一〇　底本與參校本内容有出入，凡底本中文字文義可通者，均以底本爲準，而將參校本中之異文附於校記，以備參考。若底本有誤，則保留原文，在錯誤文字下用（　）注出正字；如底本有脱文，可據他本和上下文義補足，但需將所補之字置於〔　〕内；改、補理由均見校記。

一一　原件殘缺，依殘缺位置用（前缺）（中缺）（後缺）表示。因殘缺造成缺字者，用

□表示，不能確知缺幾個字的，上缺用▭表示，中缺用▭表示，下缺用▭表示，一般佔三格，但有時爲了保持原文格式，可適當延長，視具體情況而定。

一二　凡缺字可據別本或上下文義補足時，將所補之字置於□內，並在校記中說明理由；原文殘損，但據殘筆劃和上下文可推知爲某字者，逕補；無法擬補者，從缺字例；字跡清晰，但不識者照描，在該字下注以『（？）』，以示存疑；字跡模糊，無法辨識者，亦用□表示。

一三　原書寫者未書完或未書全者，用『（以下原缺文）』表示。

一四　原件中的俗體、異體字，凡可確定者，一律改爲通行繁體字；有些因特殊情況需要保留者，用（　）將正字注於該字之下。

一五　原件中的筆誤和筆劃增減，逕行改正；出入較大的保留，用（　）在該字之下注出正字，並在校記中説明理由。

一六　原件中的同音假借字照録，但用（　）在該字之下注出本字。

一七　原件有倒字符號者，逕改；有廢字符號者，不録；有重疊符號者，直接補足重疊文字；均不出校。有塗改、修改符號者，只録修改後的文字；不能確定哪幾個字是修改後應保留的，兩存之。有塗抹符號者，能確定確爲作廢者，不録；不能確定已塗抹的文字，則照録。原寫於行外的補字，逕行補入行內；不能確定補於何處者，仍照原樣録於夾行中。

一八　原件中的衍文，均保留原狀，但在校記中注明某字或某字至某字衍，並説明理由。

一九　文書中的朱書和印跡，均在説明中注明。

二〇　本書收録與涉及的敦煌文獻，在標明其出處時，使用學界通用的略寫中文詞和縮寫英文詞，即：

『斯』：倫敦英國國家圖書館藏敦煌文獻斯坦因（Stein）編號

『北敦』（BD）：北京中國國家圖書館藏敦煌文獻編號

『Ch BM』：倫敦英國國家博物館藏敦煌絹紙畫編號

『Ch IOL』：倫敦英國印度事務部圖書館藏敦煌文獻編號

『S. P』：倫敦英國國家圖書館藏敦煌文獻木刻本斯坦因（Stein）編號

『伯』：巴黎法國國立圖書館藏敦煌文獻伯希和（Pelliot）編號

『Дх.』：聖彼得堡俄羅斯聯邦科學院東方文獻研究所藏敦煌文獻編號

『Φ.』：聖彼得堡俄羅斯聯邦科學院東方文獻研究所藏敦煌文獻弗魯格（Флуг）編號

目録

斯三六八六　金剛般若波羅蜜經題記……一
斯三六八六背　雜寫（金剛等）……三
斯三六八七　勸善經一卷并題記……四
斯三六九一　佛説佛名經卷第十五題記……七
斯三六九一背　佛説佛名經卷第十五勘經題記……九
斯三六九四　大乘無量壽經題記……一〇
斯三六九六　救諸衆生苦難經一卷題記……一二
斯三七〇二　文樣（設難問疑致語）……一四
斯三七〇二背　雜緣喻因由記……二〇
斯三七〇四　大目乾連冥間救母變文……二七
斯三七〇五　洞淵神咒經卷第九……三二
斯三七〇五背　太上一乘海空智藏經卷四……三九
斯三七〇八　太平興國六年（公元九八一年）九月監使惠深等與師主大師狀……四五

斯三七一一背　一　悉達太子修道因緣……四七
二　雜寫（癸未年三月五康員遂等）……五四
三　大般若波羅蜜多經卷第二三三勘經題記……五六
斯三七一二　金光明最勝王經卷第八題記……五八
斯三七一三　一　禮懺文抄……六〇
二　雜寫（伏願等）……六三
斯三七一三背　一　雜寫（上生禮法等）……六五
二　學郎詩（今日好風光）……六六
斯三七一四　社人王郎身亡轉帖抄……六九
斯三七一四背　雜寫（社司轉帖）……七一
斯三七二一　大般若波羅蜜多經卷第二八七題記……七二
斯三七二三　太上洞玄靈寶昇玄内教經卷第八……七三
斯三七二四＋斯一一四一五　李老君周易十二錢卜法抄……八五
斯三七二四背＋斯一一四一五背　一　六十甲子納音抄……八八
斯三七二四背　二　十干、五行及所屬方位……九一
三　六十甲子納音性行法抄……九三

四　李老君周易十二錢卜法一本抄……九六
五　六十甲子納音抄……九九
六　鎮鬼符……一〇二
七　李老君周易十二錢卜法一本抄……一〇四
八　雜寫（郎君須立身詩等）……一〇九
九　推九天行年災厄法抄……一一一
一〇　雜寫……一一四
斯三七二八　乙卯年（公元九五五年）歸義軍押衙知柴場司安祐成牒五通并判……一一五
斯三七二八背
一　大唐玄宗皇帝問勝光法師而造開元寺文……一二一
二　大藏經集神州三寶感通録上卷抄……一二四
三　左街僧録大師壓座文……一二七
四　故圓鑒大師二十四孝押座文……一二九
斯三七四七　太上昇玄護命經一卷……一三六
斯三七五〇＋BD一一二五二＋伯二五五九　陶公傳授儀……一四〇
斯三七五〇背
一　道場設置……一五二
二　符籙……一五四

三　雜寫……一五五
斯三七五三　唐人臨本王羲之瞻近帖、龍保帖……一五六
斯三七五五　大般若波羅蜜多經卷第一勘經題記……一五九
斯三七五五背　大般若波羅蜜多經卷第一題籤……一六一
斯三七五八　佛説犯戒罪報經題記……一六二
斯三七六八　佛説藥師經一卷題記……一六三
斯三七七六　佛臨涅槃略説教戒經一卷題記……一六四
斯三七八四　大般若波羅蜜多經卷第五題記……一六五
斯三七八六　洞淵神呪經誓魔品第一……一六六
斯三七九〇　新菩薩經一卷……一七二
斯三七九二　勸善經一卷……一七五
斯三七九三　辛亥年某社造齋等破油麵麥數名目……一七八
斯三七九七　大般涅槃經卷第廿六題記……一八〇
斯三七九八　雍熙四年（公元九八七年）五月廿六日沙州靈圖寺授菩薩戒牒……一八一
斯三八二四背　一　御注孝經集義并注一卷抄……一八三
二　御注孝經讚抄（天子章、諸侯章）……一八七

斯三八二五背　三　宣宗皇帝御製勸百寮文抄……一八九
四　己亥歲（公元八一九年）具注曆日抄……一九三
五　正月七日南交（郊）曲子抄……一九六
斯三八三一　齋文（四門轉經文、轉經文）……一九九
斯三八三三背　太玄真一本際經卷第三……二〇六
斯三八三五　齋儀抄（亡考妣）……二一三
一　太公家教一卷……二一五
二　千字文……二三八
三　百鳥名君臣儀仗……二五三
斯三八三五背　一　離合詩圖四首……二五九
二　雜寫（社司轉帖等）……二六二
三　太平興國九年（公元九八四年）四月二日莫高鄉百姓馬保定
賣宅舍契抄……二六五
四　雜寫（太公家教等）……二六七
斯三八三六背　雜集時要用字……二六九
斯三八三九　大道通玄要……二七四

斯三八三九背　沙彌七十二威儀文……二七九
斯三八四一　大般若波羅蜜多經卷第二卌二題記……二八〇
斯三八四三　大乘無量壽經題記……二八一
斯三八四四　大乘無量壽經題記……二八二
斯三八六三　三洞奉道科誡經……二八三
斯三八七〇　金光明最勝王經卷第八題記……二八八
斯三八七一　一　雜寫（勸善經一卷、乾元寺四三人和尚等）……二八九
二　勸善經一卷……二九一
斯三八七二　維摩詰經講經文……二九四
斯三八七三　唐咸通某年十一月索淇狀……三二六
斯三八七三背　僧名及斛斗抄……三三〇
斯三八七五　諸雜齋文一本……三三一
斯三八七五背　一　雜寫（清泰叁年丙申歲等）……三三六
二　清泰叁年丙申歲十一月十一日題記……三三八
斯三八七六　乾德六年（公元九六八年）九月釋門法律慶深買舍請判憑牒……三三九
斯三八七七　一　葬經（崗原吉凶圖解）……三四一

二　雜寫（社司轉帖等）……三四四
三　籯金序抄……三四六
四　雜寫（緇門百歲篇）……三四八
五　雜寫（搜神記、太公家教等）……三五〇
六　甲寅年（公元八九四年）龍勒鄉百姓張訥鷄僱工契抄……三五二
七　雜寫（籯金序）……三五四
八　雜寫（出方伯、人像、千字文、賣地契抄、社司轉帖等）……三五六

斯三八七七背

一　社司轉帖抄……三五八
二　葬書（昭穆葬圖）抄……三六〇
三　乾寧四年（公元八九七年）正月廿九日平康鄉百姓張義全賣舍契抄……三六三
四　天復貳年（公元九〇二年）赤心鄉百姓曹大行與令狐進通迴換舍地契抄……三六六
五　乾寧肆年（公元八九七年）正月拾貳日平康鄉百姓張義全賣舍契抄……三六九

六　戊戌年（公元八七八年）正月廿五日洪潤鄉百姓令狐安定
僱工契抄……三七二
七　丙子年（公元九一六年）正月廿五日阿吴賣兒契抄……三七五
八　天復九年（公元九〇九年）十月七日洪潤鄉百姓安力子
賣地契抄……三七八
九　戊戌年正月洪潤鄉百姓令狐安定請射地狀抄……三八一
一〇　下女夫詞一本……三八四

斯三八七八

維摩詰經義記卷第一題記……三九三

斯三八七九

一　乾祐四年（公元九五一年）四月四日河西都僧統全照帖諸寺綱
管所由等……三九五
二　奉爲釋迦降誕大會知轉經僧尼帖抄……四〇〇
三　雜寫……四〇三
四　謝大王賜酒食牒抄……四〇四

斯三八七九背

一　奉爲釋迦降誕大會知轉經僧尼帖抄……四〇六
二　佛教術語問答……四〇七
三　龍樹傳抄……四一〇

斯三八八〇
一　詠廿四節氣詩抄……四一三
二　書儀抄（起居狀）……四二二
斯三八八〇背
一　詠廿四節氣詩抄（春分二月中）……四二四
二　題記……四二六
斯三八八一背　開經文抄……四二八
斯三八八三　佛説海龍王經題記……四三二
斯三八八五　大般涅槃經卷第十六題記……四三四
斯三八八八　大方等如來藏經題記……四三六
斯三八九一　大乘無量壽經題記……四三八
斯三八九一背　寺名（圖）……四三九
斯四九〇一+斯一〇二九一+斯三九〇四　韓朋賦……四四〇
斯四九〇一背+斯一〇二九一背+斯三九〇四背
一　押衙張萬千貸織物契抄……四五一
二　雜寫（千字文等）……四五三
三　新集嚴父教……四五五
四　雜寫（千字文等）……四六〇

斯三九〇五　唐天復元年（公元九〇二年）十二月十八日金光明寺造□
窟上梁文……四六二
斯三九〇五背　一　上梁文抄……四六七
二　奴子將口分地租與王粉堆契抄……四七二
斯三九〇七　天寶六載（公元七四七年）敦煌郡敦煌縣龍勒鄉都鄉里籍……四七四
斯三九〇九　大乘無量壽經題記……四七八
斯三九一二　大般若波羅蜜多經卷第二百卌八題記……四七九
斯三九一三　佛説無量壽宗要經一卷題記……四八〇
斯三九一四　河西節度使尚書壽昌設齋文……四八一
斯三九一五　大乘無量壽經題記……四八九
斯三九二〇背　一　祭文……四九〇
二　乙未年（公元八一五年）五月十二日僧法詮正勤等祭康上座文……四九三
三　某寺諸色斛斗破歷……四九五
四　雜寫……四九九
五　某寺諸色斛斗破歷……五〇〇
斯三九二六　老子道德經河上公章句……五〇四

斯三六八六　金剛般若波羅蜜經題記

釋文

別將王豐，天寶十二載普爲法界蒼生，同霑此福〔一〕。

説明

此件書寫於《金剛般若波羅蜜經》卷末，《英藏敦煌文獻》未收，現予增收。天寶十二載即公元七五三年。

校記

〔一〕『霑』，《敦煌遺書總目索引新編》釋作『沾』，雖義可通而字誤。

參考文獻

Descriptive Catalogue of the Chinese Manuscripts from Tunhuang in the British Museum, The Trustees of the British Museum, London 1957, p. 28（録）；《敦煌寶藏》三〇册，臺北：新文豐出版公司，一九八二年，四九八頁（圖）；《敦煌遺書總目

索引》，北京：中華書局，一九八三年，一八三頁（録）；《中國古代寫本識語集録》，東京大學東洋文化研究所，一九九〇年，三〇二頁（録）；《敦煌遺書總目索引新編》，北京：中華書局，二〇〇〇年，一一一頁（録）。

斯三六八六背　雜寫（金剛等）

釋文

（前缺）

▭差□□□□□金剛，今□□□俱停。▭

▭□□▭

（後缺）

說明

以上文字書寫於《金剛般若波羅蜜經》卷背之裱補紙上，因有字部分向内，大部分文字看不到，通過鏡子反射僅能辨識出以上内容。完整釋録此件有待於將此裱補紙揭開。

斯三六八七　勸善經一卷并題記

釋文

勸善經一卷

勑左承（丞）相賈耽[一]，頒下諸州，勸善諸衆生，每日念阿彌陀佛一千口，斷惡行善。今年大熟，無人收刈。有數種病死：第一虐病死[二]，第二天行病死，第三赤白痢〔病〕死[三]，第四赤眼〔病〕死[四]，第五〔女〕人産生〔病〕死[五]，第六水痢〔病〕死[六]，第七風病死。今勸衆生，寫此經一本，免一門難；寫兩本，免六親。見此經不寫者，滅門。門上牓之，得過此難。無福者不可得見此經，其經從南來。正月八日雷電霹靂，空中有一童子，年四歲。又見一老人，在路中有一蛇，身長萬萬尺，人頭鳥足，遂呼老人曰：爲太山崩，要女人萬萬衆，須牛萬萬頭，著病者難差，寫此經者得免此難。不信者，但看四月一日。三家使〔一〕牛[七]，五男同一婦，僧尼巡門，勸寫此〔經〕流傳[八]。若被卒風吹卻，不免此難。聖人流傳真言，報諸衆生，莫信邪師。見聞者，弟（遞）相勸念阿彌陀佛[九]，不久見太平時。

戊戌年十二月廿五日清信弟子索遷奴一心供養。

説明

此件首尾完整，起首題『勸善經一卷』，訖『不久見太平時』，末有題記。其内容是以預言災害將至的形式，勸世俗百姓抄寫此經弭災，故收入本書。戊戌年，池田温疑爲公元九三八年（《中國古代寫本識語集録》，四七八至四七九頁），該年十二月應已進入公元九三九年。

現知敦煌文獻中保存的《勸善經》抄本約六十件。本書第四卷已收録的斯九一二『勸善經一卷』，曾以包括此件在内的二十多件寫本參校。因各本之異同已見於斯九一二『勸善經一卷』的校記，爲避免重複，此件僅用斯九一二爲校本（稱其爲甲本）校補脱文、校改錯誤，如甲本亦有脱、誤，則據其他相關文本補、改。

校記

〔一〕『承』，當作『丞』，據甲本改，『承』爲『丞』之借字。

〔二〕『第』，底本作『弟』，按寫本中『第』『弟』形近易混，故據文義逕釋作『第』。以下同，不另出校。

〔三〕『病』，據斯四一一七補。

〔四〕『病』，據斯四一一七補。

〔五〕『女』，據斯三七九二補；『病』，據斯四一一七補。

〔六〕『病』，據斯四一七補。

〔七〕『一』，據甲本補。

〔八〕『經』，據甲本補。

〔九〕『弟』，當作『遞』，據甲本改，『弟』爲『遞』之借字。

參考文獻

Descriptive Catalogue of the Chinese Manuscripts from Tunhuang in the British Museum，The Trustees of the British Museum，London 1957，p. 157；《敦煌寶藏》七册，臺北：新文豐出版公司，一九八一年，四四二頁（圖）；《敦煌寶藏》三〇册，臺北：新文豐出版公司，一九八二年，四九八頁（圖）；《敦煌學要籥》，臺北：新文豐出版公司，一九八二年，一三五頁（録）；《敦煌遺書總目索引》，北京：中華書局，一九八三年，一八三頁（録）；《中國古代寫本識語集録》，東京大學東洋文化研究所，一九九〇年，四七九頁（録）；《敦煌遺書總目索引新編》，北京：中華書局，二〇〇〇年，一一一頁（録）；《英藏敦煌社會歷史文獻釋録》四卷，北京：社會科學文獻出版社，二〇〇六年，三八一至三九〇頁（録）。

斯三六九一　佛説佛名經卷第十五題記

釋文

敬寫《大佛名經》貳伯捌拾捌卷〔一〕。惟願城隍安泰、百姓康寧。府主尚書己躬永壽，繼紹長年。合宅枝羅，常然慶吉。於時大梁貞明六年歲次庚辰伍月拾伍日寫訖。

説明

此件《英藏敦煌文獻》未收，現予增收。貞明六年即公元九二〇年。

校記

〔一〕『伯』，《敦煌遺書總目索引》《敦煌遺書總目索引新編》釋作『佰』，雖義可通而字誤。

參考文獻

Descriptive Catalogue of the Chinese Manuscripts from Tunhuang in the British Museum, The Trustees of the British Museum, London 1957, p. 141；《敦煌寶藏》三〇册，臺北：新文豐出版公司，一九八二年，五一六頁（圖）；《敦煌遺書總目索

引》，北京：中華書局，一九八三年，一八三頁（録）；《中國古代寫本識語集録》，東京大學東洋文化研究所，一九九〇年，四六三頁（録）；《敦煌遺書總目索引新編》，北京：中華書局，二〇〇〇年，一一一頁（録）。

斯三六九一背　佛説佛名經卷第十五勘經題記

釋文

勘訖。

説明

以上文字書寫於《佛説佛名經》卷第十五卷背，表示此經已經過校勘。《英藏敦煌文獻》未收，現予增收。

參考文獻

《敦煌寶藏》三〇册，臺北：新文豐出版公司，一九八二年，五一六頁（圖）；《中國古代寫本識語集録》，東京大學東洋文化研究所，一九九〇年，四六三頁（録）；《敦煌遺書總目索引新編》，北京：中華書局，二〇〇〇年，一一一頁（録）。

斯三六九四　大乘無量壽經題記

釋文

曹興朝〔一〕。

曹興朝〔二〕。

説明

此件抄寫有兩通《大乘無量壽經》，每通卷末署有抄寫者姓名。此件《英藏敦煌文獻》未收，現予增收。

校記

〔一〕『朝』，《敦煌遺書總目索引新編》未能釋讀。

〔二〕『朝』，《敦煌遺書總目索引新編》未能釋讀。

參考文獻

Descriptive Catalogue of the Chinese Manuscripts from Tunhuang in the British Museum，The Trustees of the British Museum，London 1957，p. 143（録）；《敦煌寶藏》三〇册，臺北：新文豐出版公司，一九八二年，五三八、五四一頁（圖）；《敦煌遺書總目索引》，北京：中華書局，一九八三年，一八三頁（録）；《中國古代寫本識語集録》，東京大學東洋文化研究所，一九九〇年，三九三頁（録）；《敦煌遺書總目索引新編》，北京：中華書局，二〇〇〇年，一一二頁（録）。

斯三六九六　救諸衆生苦難經一卷題記

釋文

戊戌年十二月廿五日，清信弟子羅什德一心受持誦讀〔一〕。

説明

此件《英藏敦煌文獻》未收，現予增收。戊戌年，翟理斯推測是公元九三九年（*Descriptive Catalogue of the Chinese Manuscripts from Tunhuang in the British Museum*，p. 155），池田温疑爲九三八年（參看《中國古代寫本識語集録》，四七八頁），該年十二月應已進入公元九三九年。

校記

〔一〕「誦讀」，《敦煌遺書總目索引新編》釋作「讀誦」，誤。

參考文獻

Descriptive Catalogue of the Chinese Manuscripts from Tunhuang in the British Museum，The Trustees of the British Museum，

London 1957，pp. 155-156（録）；《敦煌寶藏》三〇册，臺北：新文豐出版公司，一九八二年，五五二頁（圖）；《敦煌遺書總目索引》，北京：中華書局，一九八三年，一八四頁（録）；《中國古代寫本識語集録》，東京大學東洋文化研究所，一九九〇年，四七八頁（録）；《敦煌遺書總目索引新編》，北京：中華書局，二〇〇〇年，一一二頁（録）。

斯三七〇二　文樣（設難問疑致語）

釋文

（前缺）

……□□二日。

……□□理本忘言〔一〕，豈九流而能弁（辯）〔二〕；法體無象，非十翼之所詮。但以欲浪難澄，積鴻流於愛海；情埃易染，起峻岳於邪山。聖人所以降靈，大士爲之悲救。或示疾於方丈，因厭凡身；或現變而毛吸江河〔三〕，勸修聖智。教門不一，化洽萬機。濟拔之端，良功罕測者矣。伏惟都僧録〔四〕、都僧政大師，千僧匠伯，屢闡玄宗；當郡詞珠，頻開法化；英聲邁古，雅量超今；德重齒（？）尊，怡神至道。豈因小義，敢動大才。以此籌之，匪能叨解。伏願矜察，即是恩甚。

某乙聞：夫物有昇降，人有浮沉；隨事變通，應機而作；必由情義相得，道契心懷。仰惟梁僧政、開元張僧政〔五〕、大雲氾僧政等和尚〔六〕，並洞曉五乘，精閑八藏；屢登重席，弁（辯）折千人；口海波濤，詞峰（鋒）電擊〔七〕；業該三史，善統九流。談《般若》，則秋月麗天；演《淨名》，若春雷駭物。士林數廣，難敘香名。幸垂傳訓之風，豈不是其法樂？

某乙聞：寶山雖近，方能者而採之；珍海非遥，乃智者而所取。仰惟索僧政、鄧僧政、梁僧政和尚，丹青作色，江海爲心，金鍾比聲，激水猶弁（辯）。吐驪珠於性腑，掛霜劍於詞峰（鋒）。春鄧林之一花，秋寒泉之片月。故得宣揚講暢，獎誸群迷〔八〕。久同師教而承音，累處傳風而受學。今來會下，不憚劬勞，願訪褒施，光揚法化者，即是恩甚恩甚。

某乙聞：昔騰、蘭東邁，雄氣宣於漢朝；安、遠南遊，英風振於照（昭）代〔九〕。仰惟索校（教）授等〔一〇〕，並禪精不二，戒淨明珠。或巧用時機，或研窮奥典，或論新講古。弁（辯）竅（覈）是非〔一一〕，舌利而（如）霜〔一二〕，聲同雷霳。正是談揚之日，闡教之晨（辰）〔一三〕，何不快戰一場，要假小人諮屈。

次則有同師、同學、同見、同聞某寺法律，辯注縣河，文精義海；藏鋒衆〔一四〕，隱鋭人中；勿悋牛刀，斬揮鶏瓦。無辭忓（干）觸〔一五〕，有乖疏輕，幸願相揚，共成法樂。

某乙聞：蓬山駕鶴，飲瓊液以餐霞；漢主爭雄，竹節生於銅馬。仰惟法師義峰峻峙，學海騰波；藻識鏡於寰中，暢靈心於像外；口談河而花發，舌擊劍以星流。闡教傳燈，正當今日。向且太保坐久（前）〔一六〕，照掩西崗，詰難呈疑，直所間（問）〔一七〕，唯須雅，未假切齒呵喧，自能兩競場中，要辯輸盈（贏）之色〔一八〕，撲到（倒）即服〔一九〕，不得翻交。更若再奔，定有啾唧。

仰惟法師有《淨名》之詞弁（辯），蹈龍樹之神蹤。談論不下於天親，激揚豈殊於玄奘？但某乙自能當隘，不避交鋒；鱗遊水中，豈怖蝦鱉。寶明入定，不憂八萬天磨（魔）〔二〇〕；身子（自）降邪〔二一〕，何愁六師異黨。今欲要舉山動地，欲得以海波濤，爲復要陳（秦）趙掃長平〔二二〕，爲復要漢楚列四十九陣，爲復〔要〕五乘單決〔二三〕，任意八藏窮通，進（盡）意往來〔二四〕，一無所滯。速須宣演，不必孤（狐）疑〔二五〕。若也朦朧，取次不放。

仰惟法師學窮大小，聲映古今，氣逸煙霞，心融日月，向來所立經論之中，六通、四緣、六波羅蜜、八識之義，可不如是？答如是。既言如是，有疑任證。

説明

此件首缺尾全，其内容是敦煌僧團在進行辯義時設難問疑的『致語』文樣。按照慣例，僧人講經時要由一名學問淵博、威望崇高的僧人擔任『法師』，作爲主講，另外還要有一名僧人擔任『都講』，辯難質疑，法師則據其詰問者通釋之（參看李正宇《敦煌俗講僧保宣及其〈講經通難致語〉》，《程千帆先生八十壽辰紀念文集》，二一〇至二一九頁）。此件抄録的内容即是設難和問疑前的『致語』。與此類似的還有斯一一七〇、斯一一七二背（參看本書第五卷，二五一至二五九頁）、伯三一六五等。

此件避『世』字諱，有『太保坐久（前）』一句，『太保』之前敬空。『太保』似是歸義軍節度使曹延禄，則其時代應在曹氏歸義軍時期。

此件背面抄有『雜緣喻因由記』。

校記

〔一〕『理本忘』，據殘筆劃及伯二八〇七補。

〔二〕『弁』，當作『辯』，據文義改，『弁』爲『辯』之借字。以下同，不另出校。

〔三〕此句含義不明，疑有衍誤。

〔四〕『都僧録』，上有墨筆符號，疑爲塗抹。

〔五〕『元張僧政』，《敦煌碑銘讚輯釋（增訂本）》釋作『法華經』，誤。

〔六〕『氾』，《敦煌碑銘讚輯釋（增訂本）》釋作『經』，誤；『僧政』，《敦煌碑銘讚輯釋（增訂本）》未能釋讀；『等和尚』，《敦煌碑銘讚輯釋（增訂本）》置於『仰惟梁僧政』後。

〔七〕『峰』，當作『鋒』，據文義改，『峰』爲『鋒』之借字，《敦煌碑銘讚輯釋（增訂本）》逕釋作『鋒』。以下同，不另出校。

〔八〕『詃』，《敦煌碑銘讚輯釋（增訂本）》釋作『談』，誤。

〔九〕『照』，當作『昭』，據文義改，『照』爲『昭』之借字。

〔一〇〕『校』，當作『教』，據文義改，『校』爲『教』之借字。

〔一一〕「竅」，當作「覈」，據文義改。
〔一二〕「而」，當作「如」，據文義改，「而」爲「如」之借字。
〔一三〕「晨」，當作「辰」，據文義改，「晨」爲「辰」之借字。
〔一四〕此句當脱一字。
〔一五〕「忏」，當作「干」，據文義改，「忏」爲「干」之借字。
〔一六〕「久」，當作「前」，據文義改。
〔一七〕「間」，當作「問」，據文義改。
〔一八〕「盈」，當作「贏」，據文義改，「盈」爲「贏」之借字。
〔一九〕「到」，當作「倒」，據文義改，「到」爲「倒」之借字。
〔二〇〕「磨」，當作「魔」，據文義改，「磨」爲「魔」之借字。
〔二一〕「子」，當作「自」，據文義改，「子」爲「自」之借字。
〔二二〕「陳」，當作「秦」，據文義改。
〔二三〕「要」，據文義補。
〔二四〕「進」，當作「盡」，據文義改，「進」爲「盡」之借字。
〔二五〕「孤」，當作「狐」，據文義改。

參考文獻

《敦煌遺書總目索引》，北京：商務印書館，一九六二年，一八四頁；《敦煌寶藏》三〇册，臺北：新文豐出版公司，五七二頁（圖）；《英藏敦煌文獻》五卷，成都：四川人民出版社，一九九二年，一三七至一三八頁（圖）；《敦煌碑銘讚輯釋》，蘭州：甘肅教育出版社，一九九二年，一九九頁（録）；《敦煌藝術宗教與禮樂文明》，北京：中國社會科學出版社，一九九六年，四一五頁（録）；《敦煌遺書總目索引新編》，北京：中華書局，二〇〇〇年，一一二頁；《法藏敦煌西域文獻》一八册，上海古籍出版社，二〇〇一年，三三一頁（圖）；《敦煌碑銘讚輯釋（增訂本）》，上海古籍出版社，二〇一九年，五二九頁（録）。

斯三七〇二背　雜緣喻因由記

釋文

有一婆羅門遊行[一]，將粆糖密（蜜）裹（果）子種種於路上喫[二]。行到於中路，在一樹下坐息，喫密（蜜）垛子。其樹上有一蛇，覺密（蜜）香氣。是婆羅門喫密（蜜）了，裹著拄杖干（竿）頭[三]。其蛇入在布裹裹[四]，蜜塊中盤卧[五]。婆羅門覺來不省[六]。耽（旦）行[七]，其空中人語此婆羅門道[八]：『語之[九]，則不識；不語，不知此者。婆羅門到於家，家人必死[一〇]；若中路解，其身必死。』其婆羅門聞空中語聲，便作自言云[一一]：『我十二遊行[一二]，臨歸家來[一三]，是何共語[一四]？』向空中告云：『此語甚意？』空中人言：『佛識其意。』此婆羅門曰：『佛在何所？』空中告言：『祇陀園。』倒向佛禮拜[一五]，具問前緣[一六]。佛令婆羅門遠立，下拄杖地上，著別人解卻布縛子[一七]，其蛇出走。因茲得免毒蛇之難也[一八]。

有一婆羅門修行[一九]，到路上[二〇]，見一螃蛴（蟹）[二一]，陸地無水，乾死[二二]。婆羅門茲（慈）心撿取[二三]，著濕葉裹之，掛著干（竿）頭上。行到中路，卧睡，遂逢老鶚〔二四〕、蛇，爲兄弟。見婆羅門睡著，被蛇噉蜇〔二五〕，鶚喫眼精〔二六〕，螃蚢（蟹）絞項〔二七〕。忽然，蛇、鶚語：『毒慢去次〔二八〕。』婆羅門活來喚取螃蚢（蟹）〔二九〕，螃蚢（蟹）見此活來，遂卻放項。婆羅門覺來，向人説上之事。婆羅門言：『狗（苟）不合行〔三〇〕，難救螃蚢（蟹）〔三一〕；若獨一身〔三二〕，了卻（？）三生〔三三〕。』

龍盤輪

昔有一人，不會家計，不解巧妙勾當慣寄（技）等〔三四〕，遂覓神盤問之〔三五〕。行到路上，見人問之：『何方而去〔三六〕？』愚人曰：『覓神明（盤）去〔三七〕。』此人便笑愚者曰〔三八〕：『與我頭上覓虱下。』遂與覓虱，乃見頭上千萬眼鼻。愚人問他：『是這甚也？』他答云〔三九〕：『我是神盤〔四〇〕，汝憂勞多求〔四一〕，本由前業所配也。』

漢國汴州〔四二〕院内有一長老，在院爲主勾當。忽於一日思量五臺山去〔四三〕，應有道俗供主〔四四〕，相送與錢。長老心思悔不去，面色不常。彼寺内僧聞〔四五〕：『長老不用去。若長老去後，院内無人勾當。』其長老不肯〔四六〕：『如今取他人沿送路物料〔四七〕，爭那何也須去〔四八〕。』到臨去日，近夜，來喚寺内客僧大師〔四九〕，令寫奏狀一本與州主。大王遂勒長老：『長老若去臺山〔五〇〕，此寺近官草院，不同淮南，忽有火災〔五一〕，要此長老勾當。』命付大師〔五二〕，告大王使人請留，不用去也。長老來至大王處〔五三〕，又咨，欲同去也。大王固留也。

説明

此件書寫於『文樣（設難問疑致語）』卷背，首尾完整，記故事四則，中題『龍盤輪』，卷尾尚有多行空白。書法介於行草之間，爲同一人書寫，用墨輕重不一，正面墨跡常洇至背面，故不易識讀。

楊寶玉認爲此件前三則爲佛經故事，可擬爲『諸經因由記』，最後一則當爲五代後漢時佛教故事，可擬題爲『汴州長老因緣記』（參看楊寶玉《英藏敦煌文獻原卷查閲劄記（一）》，《敦煌學國際研討會論文集》，北京圖書館出版社，二〇〇五年，一二七至一二九頁）。《英藏敦煌文獻》則擬題爲『雜緣喻因由記』，兹從之。

校記

〔一〕『有一』，《英國收藏敦煌文獻敘録》釋作『之好』，《英藏敦煌文獻原卷查閲劄記（一）》釋作『之與』。此句前《英國收藏敦煌文獻敘録》《英藏敦煌文獻原卷查閲劄記（一）》認爲當還有其他文字。

〔二〕『粆』，《英國收藏敦煌文獻敘録》釋作『砂』，誤；『密』，當作『蜜』，《英國收藏敦煌文獻敘録》據文義校改，『密』爲『蜜』之借字，以下同，不另出校；『裹』，當作『果』，據文義改，『裹』爲『果』之借字，《英國收藏敦煌文獻敘録》《英藏敦煌文獻原卷查閲劄記（一）》逕釋作『果』；『種種』，《英國收藏敦煌文獻敘録》釋作『於手』，誤，《英藏敦煌文獻原卷查閲劄記（一）》未能釋讀。

〔三〕『干』，當作『竿』，據文義改，『干』爲『竿』之借字，《英國收藏敦煌文獻敘録》釋作『布』，誤。

〔四〕『裹』，《英國收藏敦煌文獻敘録》釋作『裹』，誤，《英藏敦煌文獻原卷查閲劄記（一）》未能釋讀；『裹』，《英國收藏敦煌文獻敘録》釋作『聚』，《英藏敦煌文獻原卷查閲劄記（一）》釋作『裹』，校改作『裹』。

〔五〕『蜜』，《英國收藏敦煌文獻敘録》《英藏敦煌文獻原卷查閲劄記（一）》釋作『密』，校改作『蜜』。

〔六〕『覺』，《英藏敦煌文獻原卷查閲劄記（一）》釋作『夜』，誤；『省』，《英國收藏敦煌文獻敘録》釋作『看』。

〔七〕『耽』，當作『旦』，據文義改，『耽』爲『旦』之借字，《英國收藏敦煌文獻敘録》釋作『就』，誤，《英藏敦煌文獻原卷查閲劄記（一）》疑當校改作『旦』。

〔八〕『道』，《英藏敦煌文獻原卷查閲劄記（一）》釋作『言』，誤。

〔九〕『語之』，《英藏敦煌文獻原卷查閲劄記（一）》釋作『諸人』，誤。

〔一〇〕『家』，《英國收藏敦煌文獻敘録》釋作『内』，《英藏敦煌文獻原卷查閲劄記（一）》亦釋作『内』，但在此字前補一『家』字，均誤。

〔一一〕『便』，《英國收藏敦煌文獻敘録》釋作『欲』，《英藏敦煌文獻原卷查閲劄記（一）》未能釋讀；『言』，《英國收藏敦煌文獻敘録》未能釋讀。

〔一二〕『十二』，《英藏敦煌文獻原卷查閲劄記（一）》釋作『士一』，誤。

〔一三〕『臨』，《英藏敦煌文獻原卷查閲劄記（一）》未能釋讀；『歸』，《英國收藏敦煌文獻敘録》釋作『覺』，《英藏敦煌文獻原卷查閲劄記（一）》未能釋讀。

〔一四〕『共』，《英國收藏敦煌文獻敘録》釋作『甚』，《英藏敦煌文獻原卷查閲劄記（一）》於前校補一『人』字。

〔一五〕『倒』，《英國收藏敦煌文獻敘録》釋作『側』，《英藏敦煌文獻原卷查閲劄記（一）》釋作『内』。

〔一六〕『前緣』，《英國收藏敦煌文獻敘録》釋作『罪譴』。

〔一七〕『縛』，《英藏敦煌文獻原卷查閲劄記（一）》未能釋讀。

〔一八〕『得』，《英國收藏敦煌文獻敘録》釋作『同』，誤。『毒蛇』後《英國收藏敦煌文獻敘録》認爲還有兩字，底本實無。

〔一九〕「修」，《英國收藏敦煌文獻敘録》釋作「僧」，誤。

〔二〇〕「到」，《英藏敦煌文獻原卷查閲劄記（一）》校改作「道」。

〔二一〕「蚸」，當作「蟹」，據文義校改，《英藏敦煌文獻原卷查閲劄記（一）》逕釋作「蟹」。以下同，不另出校。

〔二二〕「乾」，《英國收藏敦煌文獻敘録》釋作「欲」，《英藏敦煌文獻原卷查閲劄記（一）》釋作「頻」，校改作「瀕」。

〔二三〕「玆」，當作「慈」，據文義改，《英國收藏敦煌文獻敘録》《英藏敦煌文獻原卷查閲劄記（一）》逕釋作「慈」；「撿」，《英國收藏敦煌文獻敘録》釋作「檢」，《英藏敦煌文獻原卷查閲劄記（一）》釋作「撚」。

〔二四〕「鶚」，《英國收藏敦煌文獻敘録》釋作「鶴」，《英藏敦煌文獻原卷查閲劄記（一）》疑作「鶚」。以下同，不另出校。此句後《英國收藏敦煌文獻敘録》認爲還有兩字，底本實無。

〔二五〕「嗷」，《英國收藏敦煌文獻敘録》釋作「咬」，誤。

〔二六〕「精」，《英國收藏敦煌文獻敘録》釋作「睛」，誤，《英藏敦煌文獻原卷查閲劄記（一）》校改作「睛」，不必。

〔二七〕「蚸」，《英國收藏敦煌文獻敘録》漏録。

〔二八〕「次」，《英國收藏敦煌文獻敘録》釋作「須」。

〔二九〕「螃蚸」，《英國收藏敦煌文獻敘録》《英藏敦煌文獻原卷查閲劄記（一）》均漏録。

〔三〇〕「狗」，當作「苟」，據文義改，「狗」爲「苟」之借字，《英國收藏敦煌文獻敘録》《英藏敦煌文獻原卷查閲劄記（一）》均釋作「猶」，誤。

〔三一〕「難救」，《英國收藏敦煌文獻敘録》《英藏敦煌文獻原卷查閲劄記（一）》均釋作「取蚉」。

〔三二〕「獨」，《英國收藏敦煌文獻敘録》未能釋讀，《英藏敦煌文獻原卷查閲劄記（一）》疑作「得」。

〔三三〕『了』，《英國收藏敦煌文獻敘録》《英藏敦煌文獻原卷查閲劄記（一）》未能釋讀；『三』，《英藏敦煌文獻原卷查閲劄記（一）》未能釋讀。

〔三四〕『寄』，當作『技』，據文義改，『寄』爲『技』之借字，《英國收藏敦煌文獻敘録》疑當校改作『技』。

〔三五〕『盤』，《英國收藏敦煌文獻敘録》釋作『盟』，《英藏敦煌文獻原卷查閲劄記（一）》釋作『盟』，校改作『盤』，均誤。

〔三六〕『方』，《英藏敦煌文獻原卷查閲劄記（一）》釋作『事』，誤。

〔三七〕『明』，當作『盤』，《英藏敦煌文獻原卷查閲劄記（一）》據文義校改，《英國收藏敦煌文獻敘録》釋作『盟』，誤。

〔三八〕『笑』，《英藏敦煌文獻原卷查閲劄記（一）》釋作『唤』，誤；『曰』，《英國收藏敦煌文獻敘録》釋作『胡』，誤。

〔三九〕『云』，《英藏敦煌文獻原卷查閲劄記（一）》釋作『言』，誤。

〔四〇〕『盤』，《英國收藏敦煌文獻敘録》釋作『盟』，誤。

〔四一〕『憂』，《英國收藏敦煌文獻敘録》釋作『不』。

〔四二〕『汴州』，《英國收藏敦煌文獻敘録》漏録。

〔四三〕『量』，《英藏敦煌文獻原卷查閲劄記（一）》釋作『弟（？）□』。

〔四四〕『有』，《英藏敦煌文獻原卷查閲劄記（一）》釋作『爲』，誤。

〔四五〕『彼』，《英藏敦煌文獻原卷查閲劄記（一）》釋作『被』；『聞』，《英國收藏敦煌文獻敘録》釋作『曰』，誤，《英藏敦煌文獻原卷查閲劄記（一）》釋作『問』，校改作『聞』。

〔四六〕『肯』，《英國收藏敦煌文獻敘録》釋作『得』，並於其後校補『去』字。

〔四七〕『送』，《英國收藏敦煌文獻敘録》釋作『遺』。

〔四八〕『那何』，《英國收藏敦煌文獻敘録》《英藏敦煌文獻原卷查閲劄記（一）》未能釋讀。
〔四九〕『來』，《英藏敦煌文獻原卷查閲劄記（一）》釋作『衆』；『内』，《英國收藏敦煌文獻敘録》未能釋讀。
〔五〇〕『臺』，《英藏敦煌文獻原卷查閲劄記（一）》校補作『五臺』，不必。
〔五一〕『忽』，《英國收藏敦煌文獻敘録》釋作『應』；『火』，《英藏敦煌文獻原卷查閲劄記（一）》釋作『大』。
〔五二〕『命』，《英藏敦煌文獻原卷查閲劄記（一）》未能釋讀；『付』，《英國收藏敦煌文獻敘録》釋作『州』，《英藏敦煌文獻原卷查閲劄記（一）》未能釋讀。
〔五三〕『處』，《英國收藏敦煌文獻敘録》釋作『家』，誤。

參考文獻

《敦煌寶藏》三〇册，臺北：新文豐出版公司，一九八二年，五七四至五七五頁（圖）；《英藏敦煌文獻》五卷，成都：四川人民出版社，一九九二年，一三九頁（圖）；《英國收藏敦煌漢藏文獻研究：紀念敦煌文獻發現一百周年》，北京：中國社會科學出版社，二〇〇〇年，一三八至一四〇頁（録）；《英藏敦煌文獻原卷查閲劄記（一）》，《敦煌學國際研討會論文集》，北京圖書館出版社，二〇〇五年，一二七至一二九頁（録）。

斯三七〇四　大目乾連冥間救母變文

釋文

（前缺）

搥胸拍憶（臆）〔一〕，悲號啼哭。來向佛前，遶佛三匝，卻住一面，白言：『世尊慈悲，救得阿孃之（波）（吒）苦〔二〕。只今喫飯成火，喫水成火，如今（何）救得阿孃火難之苦〔三〕？』世尊喚言：『目連，汝阿孃如今未得飯喫，無過周匝一年七月十五日，廣造盂蘭盆，始得飯（喫）〔四〕。』目連見阿孃飢，白言：『世尊，每月十三、十四日可不（得）否〔五〕？要須待一年之中七月十五日始得飯喫？』世尊報言：『非但汝阿娘當須此日，廣造盂蘭盆，諸山坐禪戒（解）下（夏）日〔六〕，羅漢得道日，提婆達多罪滅日，閻羅王歡喜日，一切餓鬼總得普同飽滿。』目連承佛明教，便向王舍城邊塔廟之前，轉讀大乘經典，廣罪（造）盂蘭盆善根〔七〕，阿娘就此盆中，始得一頓飽飯喫。

從得飯已來，母子更不（相）見〔八〕。目連諸處尋覓阿孃不見，悲泣雨淚，來向佛前，遶佛三匝，卻住一面，合掌蹦跪，白言：『世尊，阿孃喫飯成火，喫水成火，蒙　世尊慈悲，救得阿娘火難之苦。從七月十五日得一頓飯喫已來，母子更不相見，爲當墮〔於〕地獄〔九〕？爲復向餓鬼之途？』　世尊報言：『汝母亦不墮地獄〔及〕餓鬼之途〔一〇〕。〔得〕汝轉經功德〔一一〕，造盂蘭盆善根，汝母轉〔卻〕餓鬼之身〔一二〕，向王舍城〔中〕作黑狗身去〔一三〕。汝欲得見阿娘者，心行平等，次第乞食〔一四〕，莫問貧富。行至大富長者家門前，有一黑狗出來，捉汝袈裟銜著，作人語，即是汝阿孃也。』

目連蒙佛勑，遂即託鉢持盂，尋覓阿孃。不問貧富坊巷，行衣〔一〕匝合〔一五〕，總不見阿孃。行至一長者家門前，見一黑狗身從宅裏出來，便捉目連袈裟咸〔銜〕著〔一六〕，即作人語，語言：『阿娘孝順子，忽是能向地獄冥路之中救阿孃來，因何不救狗身之苦？』目連啓言慈母：『由兒不孝順，殃及慈母，墮落三途，寧作狗身於此？你〔寧〕作〔在〕〔地〕〔獄〕餓鬼之途〔一七〕？』阿娘喚言：『孝順兒，受此狗身音啞報，行住坐卧得存〔安〕〔寧〕〔一八〕。飢即於坑中食人不淨，渴飲長流以濟虛。朝聞長者念三寶，莫聞娘子誦尊經。寧作狗身，受大地不淨，耳中不聞地獄之名。』目連引得阿孃往於王舍城中佛塔之前，七日七夜，轉誦大乘經典，懺悔念戒。阿娘乘此功德〔一九〕，（下缺）

説明

此件首尾均缺，起「憶（臆），悲號啼哭」，訖「阿娘」，參照其他寫本，知其所存内容爲「大目乾連冥間救母變文」，所演繹的故事出自西晉竺法護譯《佛説盂蘭盆經》。現知敦煌文獻中保存的「大目乾連冥間救母變文」寫本共有九件，有關這些寫卷的基本情況以及介紹可參看本書第十三卷斯二六一四的「説明」。

以上釋文以斯三七〇四爲底本，因本書在對斯二六一四進行釋録時，曾以此件爲校本，所以此件與其他相關各寫本之異同已見於斯二六一四校記，故此件僅用伯二三一九爲校本（稱其爲甲本）校補脱文、校改錯誤，如甲本亦有脱、誤，則據其他相關寫本補、改。

校記

〔一〕「搥胸」，據甲本補；「拍」，甲本作「怕」，《敦煌變文集》據文義校改作「拍」，此據文義逕補作「拍」；「憶」，甲本同，當作「臆」，《敦煌變文集》據文義校改，「憶」爲「臆」之借字。

〔二〕「波吒」，甲本亦脱，據BD四〇八五+BD三七八九補。

〔三〕「今」，當作「何」，據甲本改。

〔四〕「喫」，據甲本補。

〔五〕「得」，據甲本補。

〔六〕「戒」，甲本同，當作「解」，據BD四〇八五+BD三七八九改，「戒」爲「解」之借字；「下」，甲本同，當作「夏」，《敦煌變文選注（增訂本）》據文義校改，「下」爲「夏」之借字。

〔七〕『罪』，當作『造』，據甲本改。

〔八〕『相』，據甲本補。

〔九〕『於』，據甲本補。

〔一〇〕『及』，據甲本補。

〔一一〕『得』，據甲本補。

〔一二〕『卻』，甲本亦脱，據BD四〇八五＋BD三七八九補。

〔一三〕『中』，據甲本補。

〔一四〕『第』，底本作『弟』，按寫本中『弟』『第』形近易混，故據文義逕釋作『第』。

〔一五〕『衣』，甲本同，當作『一』，據文義改，『衣』爲『一』之借字。

〔一六〕『咸』，甲本同，當作『銜』，《敦煌變文集》據文義校改，『咸』爲『銜』之借字。

〔一七〕『你』，甲本同，當作『寧』，據BD〇四〇八五＋BD〇三七八九改，『你』爲『寧』之借字；『作』，甲本同，當作『在』，據BD〇四〇八五＋BD〇三七八九改；『地獄』，甲本亦脱，據BD四〇八五＋BD三七八九補。

〔一八〕『存』，甲本同，當作『安』，據BD四〇八五＋BD三七八九改；『寧』，甲本亦脱，據BD四〇八五＋BD三七八九補。

〔一九〕『乘此功德』，據甲本補。

參考文獻

《敦煌變文集》，北京：人民文學出版社，一九五七年，七一四至七五五頁；《敦煌寶藏》三〇册，臺北：新文豐出版公司，一九八二年，五七八頁（圖）；《敦煌孝道文學研究》，臺北：石門圖書公司，一九八二年，二一八、二二三頁；《敦煌變文集新書》，臺北：中國文化大學中文研究所，一九八四年，五二五、六八五至七三四、七八六頁；《敦煌變文選注》，成都：巴蜀書社，一九九〇年，八四二至九四五頁；《英藏敦煌文獻》五卷，成都：四川人民出版社，一九九二年，一四〇頁（圖）；《敦煌變文校注》，北京：中華書局，一九九七年，一〇二四至一〇七〇頁；《法藏敦煌西域文獻》，上海古籍出版社，二〇〇〇年，三二四至三二八頁（圖）；《敦煌變文選注（增訂本）》，北京：中華書局，二〇〇六年，九三九至九四五頁（録）；《英藏敦煌社會歷史文獻釋録》一三卷，北京：社會科學文獻出版社，二〇一五年，一至八八頁（録）。

斯三七〇五　洞淵神咒經卷第九

釋文

（前缺）

斥卻疫鬼〔一〕，逐之萬里。若不者（去）者〔二〕，斬之不怨也〔三〕。

道言：壬午年有赤烏萬頭行炁病〔四〕，病煞惡人〔五〕，惡人不信死矣〔六〕，奈何？真人更立，蕩除天地〔七〕，疫鬼來煞人〔八〕。九月十月，人人酒脯〔九〕，祀五帝〔一〇〕，大會一日〔一一〕，東向十六拜〔一二〕，天人必來〔一三〕，書子之名〔一四〕，得入玉歷也〔一五〕。祭（癸）未年〔一六〕，行七十種病〔一七〕，病煞人〔一八〕。若欲求活，家家作酒脯〔一九〕，祀五帝〔二〇〕，南向卌拜〔二一〕，疫鬼自去萬里矣〔二二〕。

道言：甲子、甲戌、甲申旬中〔二三〕，有八十萬赤尾鬼，鬼名多阿，一頭三尾，身長九尺，兩手持水，令人寒熱，行九十二種病〔二四〕，病煞人〔二五〕。道士急化〔二六〕，立靜舍於水上，道傍，大會一日，酒脯祀五帝〔二七〕、司命〔二八〕，西向拜卅六拜〔二九〕，天人必下來〔三〇〕，書子等之家户〔三一〕，得入玉名〔三二〕，不在死次，書記天門，司命益算，終不横死矣。

道言：甲辰之年〔三三〕，必有黑炁〔三四〕，炁病煞人〔三五〕。疫鬼八十九萬人，行喉塞、下利〔三六〕，病煞人。道士化人〔三七〕，受三洞符録（籙）。正月、二月、三月，水上作大會一日〔三八〕，合集祀五帝〔三九〕，十二拜〔四〇〕，神人自然記人名耳〔四一〕。

道言：甲寅之年，必有太恩鬼〔四二〕，鬼長三寸〔四三〕，千千爲群〔四四〕，與赤鳥百萬〔四五〕，來入人家煞人〔四六〕。人有知者，急自合集，酒脯詣水上〔四七〕，一日作會〔四八〕，東向卅六拜〔四九〕，天人必來記子之名耳〔五〇〕。疫鬼自然去〔五一〕，不敢近人也〔五二〕。道士急化人焉。

道言：壬午年所以有災者，山門欲閉，前三後二也〔五三〕。是以辛巳、壬午、癸未，天有小災〔五四〕，災及方伯〔五五〕、三公、二千石，疾鬼流行〔五六〕，行煞惡人〔五七〕，惡人不信者死耳〔五八〕。道士但自化之〔五九〕，天人録子之名〔六〇〕，恆至心矣〔六一〕。

（後缺）

説明

此件首尾均缺，起『鬼，逐之萬里』，訖『天人録子之名，恆』，所存内容爲《洞淵神咒經》卷九。

除此件外，現知敦煌文獻中保存的《洞淵神咒經》卷九還有伯二七九三＋伯二七四九＋伯三三〇九和伯二四七三。伯二七九三+伯二七四九+伯三三〇九綴合後卷首略殘，尾部完整，首題『洞淵神咒經逐鬼品第九』，尾題『洞淵神咒經卷第九』；伯二四七三，首全尾缺，首題『洞淵神咒經逐鬼品第九』，訖『真君不違，號』。對此件有校勘價值的是伯二七九三+伯二七四九+伯三三〇九。

以上釋文以斯三七〇五爲底本，用伯二七九三+伯二七四九+伯三三〇九（稱其爲甲本）和《正統道藏》中之《洞淵神咒經》（稱其爲乙本）參校。

校記

〔一〕『斥』，據甲、乙本補；『卻』，據甲本補，乙本作『去』；『疫』，據甲、乙本補。

〔二〕第一個『者』，甲本脱，當作『去』，據乙本改。

〔三〕『也』，甲本同，乙本作『矣』。

〔四〕『烏』，甲本同，乙本作『烏』；『頭』，甲本同，乙本作『億』。

〔五〕『病』，據甲、乙本補；『煞』，據甲本補，乙本作『殺』；『惡』，據甲、乙本補；『人』，據殘筆劃及甲、乙本補。

〔六〕『矣』，甲本同，乙本作『之』。

〔七〕『除天地』，據甲、乙本補。

〔八〕『疫』，據甲、乙本補；『來』，甲本同，乙本作『皆來』；『煞』，甲本同，乙本作『殺』，以下同，不另出校。此句後乙本有『世人若欲求免災患可以』諸字。

〔九〕『人人』，甲本同，乙本作『當建』；『酒脯』，甲本作『將食』，乙本作『是齋』。

〔一〇〕『祀』，甲本同，乙本作『拜謁』。

〔一一〕『大會』，據甲、乙本補。此句後乙本有『二夜申懺』四字。

〔一二〕『十六』，甲本同，乙本作『九』。此句後乙本有『南向三拜，西向七拜，北向五拜，乾坤艮巽四向，各一十二拜。上方三十二拜，下方一十二拜』。

〔一三〕『必來』，甲本同，乙本作『降下』。

〔一四〕『之』，甲本同，乙本作『功』。

〔一五〕『入』，據殘筆劃及甲本補，乙本作『著』；『玉』，據乙本補，甲本作『王』，誤；『也』，甲本同，乙本作『之中』。此句乙本前有『或則東向單禮，三十六拜，唯在精專，獲福無量。至』。

〔一六〕『祭』，當作『癸』，據甲、乙本改。

〔一七〕『行』，甲本同，乙本作『疫鬼行』。

〔一八〕『病』，甲本同，乙本無。

〔一九〕『作』，甲本同，乙本作『建修』；『酒脯』，甲本作『飲食』，乙本作『是齋』。

〔二〇〕『祀』，甲本同，乙本作『拜謁』。

〔二一〕『卌』，甲本同，乙本作『三十』。

〔二二〕『自去』，據甲、乙本補。

〔二三〕『中』，甲本同，乙本作『年』。

〔二四〕『二』，甲本同，乙本無。

〔二五〕『人』，甲本同，乙本作『惡人』。

〔二六〕『化』，甲本同，乙本作『化人』。

〔二七〕『酒脯』，甲本作『醮食』，乙本作『奉禮』；『祀』，甲本同，乙本無。

〔二八〕『命』，乙本同，甲本作『含』，誤。
〔二九〕第一個『拜』，甲本同，乙本無；『卅』，甲本同，乙本作『三十』。
〔三〇〕『來』，甲本同，乙本無。
〔三一〕『户』，甲本同，乙本作『户口』。
〔三二〕『名』，甲本同，乙本作『曆』。
〔三三〕『甲』，甲本同，乙本作『甲午甲』。
〔三四〕『必』，甲本同，乙本無。
〔三五〕『炁』，甲本同，乙本無。
〔三六〕『利』，甲本同，乙本作『痢』，均可通。
〔三七〕『道』，甲本同，乙本作『若道』。
〔三八〕此句後乙本有『二夜五時』四字。
〔三九〕『合』，甲本同，乙本無；『祀』，甲本同，乙本作『禮』。此句後乙本有『十二神』三字。
〔四〇〕『十二』，甲本同，乙本作『北向二十五』。
〔四一〕『神人自然』，甲本同，乙本作『自然天人』；第二個『人』，甲本同，乙本作『其』；『耳』，甲本同，乙本作『矣』。
〔四二〕『必』，甲本同，乙本無；『太恩』，甲本同，乙本作『大目』。
〔四三〕『鬼』，甲本同，乙本無。
〔四四〕第二個『千』，甲本同，乙本作『萬』。
〔四五〕『赤』，甲本同，乙本作『赤色』。

〔四六〕『來』，甲本同，乙本作『來下』。
〔四七〕『酒脯』，甲本作『醮食』，乙本作『齋戒』；『詣』，甲本同，乙本無。
〔四八〕『作會』，甲本同，乙本作『二夜五時懺謝』。
〔四九〕『卅』，甲本同，乙本作『三十』。
〔五〇〕『耳』，甲本同，乙本無。
〔五一〕『去』，甲本同，乙本作『去之』。
〔五二〕『也』，甲本同，乙本無。
〔五三〕『也』，甲本同，乙本無。
〔五四〕『小』，甲本同，乙本作『水』。
〔五五〕『災』，甲本同，乙本無。
〔五六〕此句前乙本有『速宜向善』。『疫鬼』，甲本同，乙本作『此年定有疫鬼』。
〔五七〕『行』，甲本同，乙本無；『煞』，甲本同，乙本作『殺除』。
〔五八〕『惡人』，甲本同，乙本無。
〔五九〕『自化之』，甲本同，乙本作『化愚人』。
〔六〇〕『之名』，甲本同，乙本無。
〔六一〕『恆』，甲本同，乙本無；『至心矣』，據甲、乙本補。

參考文獻

《西域出土漢文文獻分類目錄》三册，東京：東洋文庫，一九六九年，九頁；《敦煌道經·目録編》，東京：福武書店，一九七八年，二九〇頁；《敦煌寶藏》三〇册，臺北：新文豐出版公司，一九八二年，五七九頁；《道藏》六册，文物出版社、上海書店、天津古籍出版社，一九八八年，三二至三三頁；《英藏敦煌文獻》五卷，成都：四川人民出版社，一九九二年，一四〇頁（圖）；《敦煌道藏》一册，北京：全國圖書館文獻縮微複製中心，一九九九年，八八四至八九〇、八九五至八九六頁（圖）；《法藏敦煌西域文獻》一八册，上海古籍出版社，二〇〇一年，六九至七〇、二四一頁（圖）；《法藏敦煌西域文獻》二三册，上海古籍出版社，二〇〇二年，一五九至一六〇頁（圖）；《中華道藏》三〇册，北京：華夏出版社，二〇〇四年，三三至三四、一一〇頁（録）；《敦煌道教文獻研究：綜述・目録・索引》，北京：中國社會科學出版社，二〇〇四年，一四四至一四五頁。

斯三七〇五背　太上一乘海空智藏經卷四

釋文

（前缺）

譬如香氣〔一〕，盡除諸塵，如是香氣，非從外來〔二〕，非從種生〔三〕，以是名習氣〔四〕。善男子，譬如金剛，心□無礙故〔五〕，能除諸或〔六〕。何以故？念道真故〔七〕。了除邪或〔八〕，由（猶）如香氣〔九〕。汝等常智〔一〇〕，三世天尊〔一一〕，出現妙相〔一二〕，放大光明，照於十方無量世界〔一三〕，一切衆生〔一四〕，不能見聞。善男子，譬如愚人，生便無目〔一五〕，雖有光明，終不睹見。不善法人，亦復如是〔一六〕。善男子，一切衆生，〔没〕〔生〕死海〔一七〕，戀著色欲、恩愛之情〔一八〕。如是因緣，是煩惱城，出處顛倒，覆蓋其身，罪彌無盡，合煩惱根。我於今日，普爲演説一乘法藏，令其生解，斷煩惱染。善男子，譬如有人，得此妙法，傳與一與一切善男男善女〔一九〕。以是因緣，如轉輪王，未降伏者，能命降伏〔二〇〕；已降伏者，力能守護，令不更動。譬如妙法，未破煩惱，能令破壞；已破壞者，能令不起。利益益一切諸衆生故〔二一〕，説三惠利〔二二〕，是方便道，令其煩惱，永滅無餘。於一時中，爲諸衆生，以一道理，爲諸衆生，普演説之，欲令隨類類一切衆生〔二三〕、是人非人，各得惠解，觀了諸法〔二四〕，猶如虚空；一切悉（萬）萬（物）〔二五〕，〔悉〕滿其中〔二六〕，空常一故。善男子，是諸神尊，爲諸衆生，亦復如是。是神尊者，常在空寂，亦無用心，化身十方，現重（種）智（種）種（智）〔二七〕，説法教化，利益平等；無憎無愛，無貪無欲，功德無量；利益生死，俱不能礙，成就隨順，爲諸衆生〔二八〕，作一切智。爾時天尊而説偈言：

善哉真實相，因果方便異。三學及果成，智惠無方志。十方諸國土，悉見童子侍。得入海空城，信益無邊治。此界無終始，一切法依住〔二九〕。能作種子利，是名至道剛。我常爲演説，執持〔曉〕麤細〔三〇〕，種子恆隨流。愚凡我爲説，勿執以爲〔憂〕〔三一〕。獨自行無明，慈悲廣大慈。方便無差别，亦名無不伏。無我無相執，一期生〔無〕流〔三二〕。善惡無記中〔三三〕，我應永不息。離心汙不有，塵穢莫能食。無此一切處，不貧亦不富。得見真實（實）義〔三四〕，惑障豈相茂〔三五〕。常行一乘道〔三六〕，名體獨不究〔三七〕。精思無退轉〔三八〕，

（後缺）

説明

此件首尾均缺，起『譬如香氣』，訖『精思無退轉』，所存爲《太上一乘海空智藏經》卷四的一部分。其書寫格式爲從左至右，字跡潦草，脱、誤較多。

《太上一乘海空智藏經》爲唐高宗時道士黎元興、方惠長等所撰，原經十卷。除此件外，現知敦煌文獻中保存的此經寫本尚有：斯七二九二、伯四〇六六、伯二七五九+伯二七七一、BD 一五四五八、伯二四七三背、BD 八二八九（服八九）、斯四〇七一、伯二二五四、BD 七五〇二A（裳三〇）、BD 七五〇二B（人二）、伯二七七三和BD 一〇三四（辰三四）等。以上各件只有BD 八二八九（服八九）對此件有校勘價值，該件首尾均缺，起『益一切諸衆生故』，訖『善惡無記中』。

據王卡研究，此件與伯二四七三背原係同一抄本，但不能直接綴合（參看《敦煌道教文獻研究：綜述·目録·索引》，二二二頁）。

以上釋文以斯三七〇五背爲底本，用BD 八二八九（服八九）（稱其爲甲本）和《正統道藏》本（稱其爲乙本）參校。

校記

〔一〕『譬』，據乙本補。

〔二〕『來』，據殘筆劃及乙本補。

〔三〕『非從』，據乙本補。

〔四〕『以』，乙本作『以是因緣』。
〔五〕『心□』，乙本作『心』。
〔六〕『或』，乙本作『惑』，均可通。
〔七〕『真故』，據乙本補。
〔八〕『了除邪』，據乙本補。
〔九〕『由』，乙本同，當作『猶』，據文義改，『由』爲『猶』之借字。
〔一〇〕『常智』，乙本作『當知』。
〔一一〕『天』，據殘筆劃及乙本補；『尊』，據乙本補。
〔一二〕『出現』，據乙本補；『妙相』，據殘筆劃及乙本補。
〔一三〕『世』，據殘筆劃及乙本補；『界』，據乙本補。
〔一四〕『一切衆』，據乙本補。
〔一五〕『生便無』，據殘筆劃及乙本補。
〔一六〕『如』，據殘筆劃及乙本補。
〔一七〕『没生』，據乙本補。
〔一八〕『恩愛』，據殘筆劃及乙本補。
〔一九〕『一與』，乙本無，據文義係衍文，當删；第二個『男』字，乙本無，據文義係衍文，當删。
〔二〇〕『命』，乙本作『令』。
〔二一〕第二個『益』字，乙本無，據文義係衍文，當删。
〔二二〕『惠』，甲本同，乙本作『慧』。以下同，不另出校。

〔二三〕第二個『類』字，甲、乙本無，據文義係衍文，當删。

〔二四〕『法』，甲本同，乙本作『仙』。

〔二五〕『悉』，當作『萬』，據甲、乙本改；『萬』當作『物』，據甲、乙本改。

〔二六〕『悉』，據甲、乙本補。

〔二七〕『重』，當作『種』，據甲、乙本改；『智』，當作『種』，據甲、乙本改；『種』，當作『智』，據甲、乙本改。

〔二八〕『衆』，底本作『衆衆』，第一個『衆』字寫於上一行之末，第二個『衆』字寫於下一行之首，這是當時人的一種抄寫習慣，可名爲提行添字例，第二個『衆』應不讀。

〔二九〕『住』，甲本同，乙本作『位』。此句後甲、乙本有『若有諸道士，及諸大通智，諸法依藏住』諸字。

〔三〇〕『曉』，據甲、乙本補。

〔三一〕『憂』，據甲、乙本補。『爲』下似有筆劃。

〔三二〕『無』，據甲、乙本補。

〔三三〕甲本止於此句。

〔三四〕『寶』，當作『實』，據乙本改。

〔三五〕『惑』，據乙本補；『障豈相茂』，據殘筆劃及乙本補。

〔三六〕『常行一乘道』，據殘筆劃及乙本補。

〔三七〕『名體獨不究』，據殘筆劃及乙本補。

〔三八〕『精思』，據殘筆劃及乙本補；『無退轉』，據乙本補。

參考文獻

《敦煌道經·目録編》，東京：福武書店，一九七八年，三八三頁；《敦煌道經·圖録編》，東京：福武書店，一九七九年，九〇四頁（圖、録）；《敦煌寶藏》三〇册，臺北：新文豐出版公司，一九八二年，五八〇頁（圖）；《英藏敦煌文獻》五卷，成都：四川人民出版社，一九九二年，一四一頁（圖）；《敦煌道藏》一册，北京：全國圖書館文獻縮微複製中心，一九九九年，六三頁（圖）；《道藏》一册，文物出版社、上海書店、天津古籍出版社，一九八八年，六三六頁（録）；《中華道藏》五册，北京：華夏出版社，二〇〇四年，三一一至三一二頁；《敦煌道教文獻研究：綜述·目録·索引》，北京：中國社會科學出版社，二〇〇四年，二一一至二一二頁；《國家圖書館藏敦煌遺書》一〇二册，北京圖書館出版社，二〇〇八年，六八頁（圖）。

斯三七〇八　太平興國六年（公元九八一年）九月監使惠深等與師主大師狀

釋文

（前缺）

謹收狀。陳射（謝）〔一〕，伏惟

照察。謹狀。

兼洛聞法體

師主大師 香案前

太平興國六年九月日弟子監使惠深等狀〔二〕

説明

此件首缺尾全，僅存尾部五行，爲太平興國六年（公元九八一年）九月監使惠深等與師主大師狀。

校記

〔一〕『射』，當作『謝』，《敦煌所出唐宋書牘整理與研究》據文義校改。

〔二〕『弟』，底本原作『第』，按寫本中『第』『弟』形近易混，故據文義逕釋作『弟』。

參考文獻

Descriptive Catalogue of the Chinese Manuscripts from Tunhuang in the British Museum，The Trustees of the British Museum，London 1957，p. 249；《敦煌寶藏》三〇册，臺北：新文豐出版公司，一九八二年，六〇四頁（圖）；《英藏敦煌文獻》五卷，成都：四川人民出版社，一九九二年，一四二頁（圖）；《敦煌所出唐宋書牘整理與研究》，成都：西南交通大學出版社，二〇一六年，二三九頁（録）。

一　悉達太子修道因緣

道場〔一〕

釋文

悉達太子修道因緣

迦夷爲（衛）國淨飯王〔二〕，悉達太子厭無常。誓求無上菩提路，夜半踰城坐道場〔三〕。太子十九遠離宮，半夜勝（騰）空越九重〔四〕。莫怪父（不）王（辭）不（父）辭（王）去〔五〕，修行暫到雪山中。二月八日夜踰城〔六〕，行到雪山猶未明〔七〕。父王憶念號咷哭〔八〕，慈母搥（搥）兇（胸）發大聲〔九〕。雪山修道定安禪，苦行真心難更難。日食一麻或一麥，鵲雀巢窠頂上安。太子行至檀德山，出家修道有何難。誓願發心離宮闕，降魔修道度人天。發遣車匿卻迴歸〔一〇〕，朱騌白馬淚雙垂〔一一〕。車匿聞言聲哽咽，渾搥（搥）自撲告夫人。父王驚走出宮門，慈母號咷問出因。怨恨去時不相報〔一二〕，肝腸寸斷更無蹤。父王爲子納耶輸，容顏美貌世間無。綵女如仙都不故（顧）〔一三〕，一心修道聽真如。既爲新婦到王宮，將爲（謂）君心有始終〔一四〕。准望百年同富貴〔一五〕，拋妾如今半路中。踰城修道也從君，無事將鞭指妾身！六年恃（始）養宛（怨）家長（子）〔一六〕，此是（事）如何辯正真〔一七〕。父王聞説可笑怒，聖主聞聲大矖嗔。苦説万般交（教）處暑（置）〔一八〕，中心更向阿誰陳。勑下令交（教）造火坑〔一九〕，羅睺子母被驅行。合掌乾（虔）恭發願重〔二〇〕，如來德（特）爲放光明〔二一〕。武士擁至火坑傍，含啼淚落數千行。母身一個遭火難，乞惜懷中壹子傷〔二二〕。素手金爐焚保（寶）香〔二三〕，頭面殷勤禮十方。若是世尊親子息，火坑速爲化清涼。清淨〔如〕來金色身〔二四〕，多劫曾經受苦辛。今日出離三界外，救度衆生無等輪（倫）〔二五〕。

凡因講論，法師便似樂官一般，每事須有調署（置）曲詞〔二六〕。適來先説者，是《悉達太子押座文》。且看法師解義段〔二七〕：其魔（摩）耶夫人自到至（王）宫〔二八〕，並無太子，因甚於向何處求得太子〔二九〕，後又不戀世俗，堅修苦行？其耶輸綵女修甚種果，復與太子同爲眷屬〔三〇〕？更又羅睺之子，從何而託生，如何證得真吾（悟）〔三一〕，同登正覺？小師略與門徒弟子解説〔三二〕，總交（教）省知〔三三〕。暫捨火宅，莫喧（喧）莫鬧〔三四〕，齊時應禍〔三五〕。能不能，願不願？觀世音菩薩，大慈悲菩薩。

昔時本師釋迦牟尼求菩提緣，於過去無量世尊（時）〔三六〕，百〔千〕萬劫〔三七〕，多生波羅奈國，廣發四弘誓願，爲求無上菩提（以下原缺文）

説明

此卷正面爲《大般若波羅蜜多經》卷第二三三，卷背有正面經文之題記，並抄有『悉達太子修道因緣』和時人隨手所寫的文字。

此件首部完整，原未抄完，有原題『悉達太子修道因緣』，標題前一行中間有『道場』兩大字。周紹良認爲《悉達太子修道因緣》與《太子成道經》（伯二九九九等）文字全同，只是尾部不同，但二者文體截然不同，前者是説因緣，後者是講經文（參看《〈悉達太子修道因緣〉校注并跋》，《1983年全國敦煌學術討論會文集：文史·遺書編》下，一四頁）。實際上，《悉達太子修道因緣》至少包括三部分内容，第一部分是《悉達太子讚》，從『迦夷爲國淨飯王』至『救度衆生無等輪』，屬於韻文體，BD七六七六背即是此部分的單行本；第三部分是和《太子成道經》大致相同的文字；連接這兩部分的説因緣辭是第二部分。從文體上看，敦煌文獻中與此件相同者有龍谷大學藏卷和斯五八九二。龍谷大學藏卷首尾完整，首題『悉達太子修道因緣』，訖『墻塌是輪迴』；斯五八九二首全尾缺，起『悉達太子修道因緣』，訖『慈母』。

以上釋文以斯三七一一背爲底本，用龍谷大學藏卷（稱其爲甲本）和斯五八九二（稱其爲乙本）參校。

校記

〔一〕『道場』，甲、乙本無。

〔二〕「迦」，甲本同，乙本作「加」；「爲」，甲本同，乙本作「以」，當作「衛」，《〈悉達太子修道因緣〉校注并跋》據BD七六七六背《悉達太子讚》校改，「爲」爲「衛」之借字。

〔三〕「夜半」，乙本同，甲本作「半夜」；「坐」，甲本同，乙本作「座」，均可通。

〔四〕「半夜」，甲、乙本作「夜半」；「勝」，當作「騰」，據甲、乙本改；「空」，甲本同，乙本作「身」；「九」，甲本同，乙本作「久」，「久」爲「九」之借字；「重」，甲本同，乙本作「種」，「種」爲「重」之借字。

〔五〕「父王不辭」，當作「不辭父王」，據甲、乙本改。

〔六〕「夜」，乙本同，甲本作「野」，「野」爲「夜」之借字。

〔七〕「到」，甲、乙本作「至」。

〔八〕「號」，甲本同，乙本作「踄」，誤；「咷」，底本、甲本原作「號」，均係涉上文「號」而成之類化俗字，以下同，不另出校，乙本作「跳」，係涉上文「踄」而成之類化俗字。

〔九〕「搥」，甲本同，當作「搥」，《〈悉達太子修道因緣〉校注并跋》據文義校改，「搥」爲「搥」之借字，以下同，不另出校；「兇」，甲本同，當作「胸」，《〈悉達太子修道因緣〉校注并跋》據文義校改，「兇」爲「胸」之借字。乙本止於此句之「慈母」。

〔一〇〕「車」，底本原作「連」，係涉上文「遣」而成之類化俗字。

〔一一〕「朱」，底本原作「騄」，係涉下文「騌」而成之類化俗字。

〔一二〕「怨」，甲本作「死」，誤。

〔一三〕「故」，甲本同，當作「顧」，《〈悉達太子修道因緣〉校注并跋》據BD七六七六背《悉達太子讚》改，「故」爲「顧」之借字。

〔一四〕「爲」，甲本同，當作「謂」，據BD七六七六背《悉達太子讚》改，「爲」爲「謂」之借字。

〔一五〕『准』，《〈悉達太子修道因緣〉校注并跋》校改作『唯』。

〔一六〕『恃』，甲本同，當作『始』，據BD七六七六背《悉達太子讚》改，『恃』爲『始』之借字；『宛』，甲本同，當作『怨』，據BD七六七六背《悉達太子讚》改；『長』，當作『子』，據甲本改。

〔一七〕『是』，當作『事』，據甲本改，『是』爲『事』之借字。

〔一八〕『説』，甲本同，《敦煌變文校注》據BD七六七六背《悉達太子讚》校改作『法』；『交』，甲本同，當作『教』，據BD七六七六背《悉達太子讚》改，『交』爲『教』之借字；『暑』，當作『置』，據甲本改。

〔一九〕『交』，甲本同，當作『教』，據BD七六七六背《悉達太子讚》改，『交』爲『教』之借字。

〔二〇〕『乾』，甲本同，當作『虔』，據BD七六七六背《悉達太子讚》改，『乾』爲『虔』之借字。

〔二一〕『德』，甲本同，當作『特』，《敦煌變文校注》據文義校改。

〔二二〕『壹』，甲本作『一』。

〔二三〕『素』，甲本同，底本原作『索』形，按寫本中『索』『素』形近易混，故據文義逕釋作『素』；『保』，甲本同，當作『寶』，據BD七六七六背《悉達太子讚》改，『保』爲『寶』之借字。

〔二四〕『如』，據甲本補。

〔二五〕『輪』，甲本同，當作『倫』，《敦煌變文校注》據文義校改。

〔二六〕『署』，當作『置』，據甲本改。

〔二七〕『解』，甲本作『解説』。

〔二八〕『魔』，當作『摩』，據文義改，『魔』爲『摩』之借字；『至』，當作『王』，據甲本改。

〔二九〕『向』，甲本無。

〔三〇〕『屬』，甲本作『囑』，『囑』爲『屬』之借字。

〔三一〕『吾』，當作『悟』，據甲本改，『吾』爲『悟』之借字。

〔三二〕『弟』，甲本同，底本作『第』，按寫本中『弟』『第』形近易混，故據文義逕釋作『弟』。

〔三三〕『交』，甲本同，當作『教』，《〈悉達太子修道因緣〉校注并跋》據文義校改，『交』爲『教』之借字。

〔三四〕『暄』，甲本同，當作『喧』，《〈悉達太子修道因緣〉校注并跋》據文義校改，『暄』爲『喧』之借字。

〔三五〕『齊』，《敦煌變文集新書》校改作『聞』，《敦煌變文校注》逕釋作『聞』；『禍』，甲本同，《〈悉達太子修道因緣〉校注并跋》校改作『過』，《敦煌變文集新書》校改作『福』。

〔三六〕『尊』，甲本同，當作『時』，《〈悉達太子修道因緣〉校注并跋》據伯二九九九《太子成道經》改。

〔三七〕『千』，甲本亦脱，據伯二九九九《太子成道經》補。

參考文獻

《西域文化研究》，京都：法藏館，一九五八年，二一二至二一三頁（圖）；*Chinoporl Papers*, No. 10（1981）, p. 56；《敦煌寶藏》三〇册，臺北：新文豐出版公司，一九八二年，六二八頁（圖）；《敦煌遺書總目索引》，北京：中華書局，一九八三年，一八四頁；《敦煌學輯刊》一九八六年一期，四六至四七頁；《敦煌學輯刊》一九八九年二期，九二頁；《1983 年全國敦煌學術討論會文集：文史・遺書編》下，蘭州：甘肅人民出版社，一九八七年，一至一八頁（録）；《敦煌變文集補編》，北京大學出版社，一九八九年，八九至一〇二頁；《英藏敦煌文獻》五卷，成都：四川人民出版社，一九九二年，一四二頁（圖）；《青海師範大學學報》一九九三年一期，八三至八七頁；《英藏敦煌文獻》九卷，成都：四川人民出版社，一九九四年，一九六頁（圖）；《敦煌變文集新書》，臺北：文津出版社，一九九四年，五三五至五三七頁；《敦煌變文校注》，北京：中華書局，一九九七年，四六八至四六九頁；《敦煌變文講經文因緣輯校》下册，南京：江蘇古籍出版社，一九九八年，七三九至七六〇頁；《敦煌遺書總目索引新編》，北京：中華書局，二〇〇〇年，一一二頁；《全敦煌詩》一五册，北京：作家出版社，二〇〇六年，六九六二至六九七三頁（録）；《敦煌歌辭總編》中册，上海古籍出版社，二〇〇六年，八二二至八二三頁（録）。

斯三七一一背　二　雜寫（癸未年三月五康員遂等）

釋文

癸未年三月五康員遂
癸未年三月一日立契，　慈惠百
（中空數行）
前因修斷，重果不處，今生單獨。

説明

以上文字爲時人隨手所寫，第三行係倒書，與前兩行間有多行空白。其中之『癸未年』，《敦煌契約文書輯校》疑爲後唐同光元年（公元九二三年）（五三九頁）。

參考文獻

《敦煌寶藏》三〇册，臺北：新文豐出版公司，一九八二年，六二九頁（圖）；《英藏敦煌文獻》五卷，成都：四川人民出版社，一九九二年，一四三頁（圖）；《敦煌契約文書輯校》，南京：江蘇古籍出版社，一九九八年，五三九頁（録）。

斯三七一一背　三　大般若波羅蜜多經卷第二三三勘經題記

釋文

第〔一〕。兑。

廿四　　　　三

説明

以上文字書寫於《大般若波羅蜜多經》卷第二三三背尾部。『兑』，表示此卷佛經已經作廢，可兑换新紙重抄。『廿四』爲經帙號，表示該經儲放在第廿四經帙中；『三』表示該卷爲『第廿四經帙』中的第三卷。《英藏敦煌文獻》未收，現予增收。

校記

〔一〕『第』，底本似『弟』，按寫本中『第』『弟』形近易混，故據文義逕釋作『第』。

參考文獻

《敦煌寶藏》三〇册，臺北：新文豐出版公司，一九八二年，六二八頁（圖）。

斯三七一二　金光明最勝王經卷第八題記

釋文

大周長安三年歲次祭（癸）卯〔一〕，十月己〔未〕朔四日壬戌〔二〕，三藏法師　義淨奉制長安西明寺新譯〔三〕，并綴文正字。

説明

此件寫於《金光明最勝王經》卷第八卷末。長安三年爲公元七〇三年，屬於武周時期寫經，但年、月、日均未用武周新字。《英藏敦煌文獻》未收，現予增收。

校記

〔一〕『祭』，當作『癸』，據斯三八七〇《金光明最勝王經卷第八題記》等改，*Descriptive Catalogue of the Chinese Manuscripts from Tunhuang in the British Museum*、《敦煌遺書總目索引新編》均逕釋作『癸』。

〔二〕『未』，據斯三八七〇《金光明最勝王經卷第八題記》等補，*Descriptive Catalogue of the Chinese Manuscripts from Tunhuang in the British Museum*、《敦煌遺書總目索引新編》均逕釋作『未』。

〔三〕『新』，《敦煌遺書總目索引新編》釋作『所』，誤。

參考文獻

Descriptive Catalogue of the Chinese Manuscripts from Tunhuang in the British Museum, The Trustees of the British Museum, London 1957, pp. 58-59（録）；《敦煌寶藏》三〇册，臺北：新文豐出版公司，一九八二年，六四一頁（圖）；《敦煌遺書總目索引》，北京：中華書局，一九八三年，一八三頁（録）；《敦煌遺書總目索引新編》，北京：中華書局，二〇〇〇年，一一二頁（録）。

斯三七一三　一　禮懺文抄

釋文

（前缺）

廣大如虛空〔一〕，無相如真智〔二〕，究竟盡法界〔三〕，金剛空慧常現在前〔四〕，無行神通有感施（必）應〔五〕。迴向已竟，頭面作禮，誠心發大願行道，誓願惠心如猛風，定力如金剛。於此迴向後，念念轉慈悲，捨離愛著想，歡喜度一切。捨去身命時，佛放〔光〕明滅除一切難障〔六〕。化生兜率天宮，見慈氏尊終（修）相〔七〕，盡具足六根，普聽徹聞佛説妙法，即悟無生忍，皆住不退地，乘大神通力，周遊十方國，供養一切〔佛〕〔八〕。

一切恭敬敬禮常住三寶，説妙法即悟無生忍，皆住不退地，乘〔大〕〔神〕〔通〕〔力〕〔九〕。一〔切〕恭敬敬禮〔一〇〕，一切恭敬敬禮常住三寶，是諸衆等人，各踋〔跪〕〔一一〕。是諸衆等，一切恭敬敬禮常住三寶。

說明

此件首缺尾全，原未抄完，起『廣大如虛空』，訖『一切恭敬敬禮常住三寶』，其内容與《菩薩五法懺悔文》有密切關聯。《英藏敦煌文獻》未收，現予增收。

校記

〔一〕『廣大如虛空』，據殘筆劃及《大正藏》本《菩薩五法懺悔文》補。

〔二〕『無相如真智』，據殘筆劃及《大正藏》本《菩薩五法懺悔文》補。

〔三〕『究』，據殘筆劃及《大正藏》本《菩薩五法懺悔文》補；『竟盡』，據《大正藏》本《菩薩五法懺悔文》補；『法界』，據殘筆劃及《大正藏》本《菩薩五法懺悔文》補。

〔四〕『剛空』，據殘筆劃及《大正藏》本《菩薩五法懺悔文》補。

〔五〕『神』，據殘筆劃及《大正藏》本《菩薩五法懺悔文》補；『有』，據殘筆劃及《大正藏》本《菩薩五法懺悔文》補；『施』，當作『必』，據《大正藏》本《菩薩五法懺悔文》改。

〔六〕『光』，據《大正藏》本《菩薩五法懺悔文》補。

〔七〕『終』，當作『修』，據《大正藏》本《菩薩五法懺悔文》改。

〔八〕『佛』，據《大正藏》本《菩薩五法懺悔文》補。

〔九〕『大神通力』，據文義補。

〔一〇〕『切』，據文義補。

〔一一〕『跪』，據《大正藏》本《集諸經禮懺儀》補。

參考文獻

《大正新脩大藏經》二四册，東京：大正一切經刊行會，一九三四年，一一二一頁；《大正新脩大藏經》四七册，東京：大正一切經刊行會，一九三四年，四五六頁；《敦煌寶藏》三〇册，臺北：新文豐出版公司，一九八二年，六四一頁（圖）。

斯三七一三　二　雜寫（伏願等）

釋文

是具具具之之之之之之之之之，曩曩漢阿羅漢不果報，不之之之辺之明

大寶積經

大寶積經大

（中空十一行）

一（？）□[一]

一藏[二]

之伏願[三]

説明

以上文字係時人隨手所寫於『禮懺文抄』後，有正書，有倒書，非一人一時所書。《英藏敦煌文獻》未收，現予增收。

校記

〔一〕此行係倒書。
〔二〕『一藏』，係倒書。
〔三〕『之伏願』，係倒書。

參考文獻

《敦煌寶藏》三〇册，臺北：新文豐出版公司，一九八二年，六四一頁（圖）。

斯三七一三背　一　雜寫（上生禮法等）

釋文

（前缺）

上生禮法

妙法蓮華經玄贊序品第一

乃至乃至一至乃一切切何何何大大大應應次小章大大之之大章破

説明

以上文字係時人隨手所寫於《金剛經疏》卷下前後。

參考文獻

《敦煌寶藏》三〇册，臺北：新文豐出版公司，一九八二年，六四二頁（圖）；《英藏敦煌文獻》五卷，成都：四川人民出版社，一九九二年，一四四頁（圖）。

斯三七一三背　二　學郎詩（今日好風光）

釋文

今日好風光〔一〕，騎馬上天堂〔二〕。阿須（誰）家有好女〔三〕，家（嫁）如（與）學是（士）郎〔四〕。

説明

此件首尾完整，書於《金剛經疏》卷下卷末，從左至右大字逆書，爲敦煌學郎詩。

現知敦煌文獻中保存的同類詩歌尚有伯三三一九背、伯四七八七和伯三三〇五。其中伯三三一九背首尾完整，抄寫於《搗練子·孟姜女詞》後，從左至右逆書；伯四七八七首尾完整，抄寫於《自詠一絶》詩前；伯三三〇五共抄寫四遍，先作爲組詩中的一首抄寫於《論語》卷第五卷末，後又在行間空白處抄寫兩遍，其中一遍未抄完，背面末尾亦抄寫一遍，筆跡都不相同，係不同人所抄。

以上釋文以斯三七一三背爲底本，用伯三三一九背（稱其爲甲本）、伯四七八七（稱其爲乙本）、伯三三〇五第一種（稱其爲丙本）、伯三三〇五第二種（稱其爲丁本）、伯三三〇五第三種（稱其爲戊本）、伯三三〇五背（稱其爲己本）參校。

校記

〔一〕「日」，甲本同，乙本作「朝」；「風」，甲本同，乙本脱。此句丙、丁本作「可連（憐）學生郎」，戊、己本作「可連（憐）與（學）生郎」。

〔二〕「騎」，乙本同，甲、丙、丁、戊、己本作「其」，「其」爲「騎」之借字；「堂」，乙本同，甲、丙、丁、戊、己本作「唐」，「唐」爲「堂」之借字。

〔三〕「阿」，甲、乙、丙、丁、戊、己本無；「須」，甲、乙本同，當作「誰」，據丙、丁、戊、己本改，「須」爲「誰」之借字；「有好」，甲、丙、戊、己本同，乙本作「好女」；「女」，甲、丙、丁、戊、己本同，乙本作「子」。

〔四〕「家」，甲本作「賈」，當作「嫁」，據乙、丙、丁、戊、己本改，「家」「賈」均爲「嫁」之借字；「如」，甲本作「陰家遇」，乙本作「娶」，丙、戊、己本作「以」，當作「與」，據丁本改，「如」「以」均爲「與」之借字，《敦煌詩集殘卷輯校》校改作「予」；「學」，丙、丁、戊、己本同，甲本作「清女」，乙本作「何」；「是」，甲本作「夫」，乙本作「家」，丙、戊、己本作「生」，當作「士」，《敦煌詩集殘卷輯校》據文義校改，「是」爲「士」之借字；「郎」，甲、丙、戊、己本同，乙本爲「兒」。

參考文獻

《敦煌寶藏》三〇冊，臺北：新文豐出版公司，一九八二年，六四二頁（圖）；《敦煌研究》一九八八年三期，一〇三頁（録）；《英藏敦煌文獻》五卷，成都：四川人民出版社，一九九二年，一四四頁（圖）；《敦煌詩集殘卷輯考》，北京：中華書局，二〇〇〇年，八七九頁（録）；《敦煌遺書總目索引新編》，北京：中華書局，二〇〇〇年，一一二頁（録）；《法藏敦煌西域文獻》一三册，上海古籍出版社，二〇〇二年，一三六、一八一頁（圖）；《法藏敦煌西域文獻》三三册，上海古籍出版社，二〇〇五年，一七八頁（圖）；《全敦煌詩》一〇册，北京：作家出版社，二〇〇六年，四三三八至四三四〇頁（録）。

斯三七一四　社人王郎身亡轉帖抄

釋文

親情社轉帖　右緣王郎身故，准條合右（有）弔酒壹瓮[一]，人各粟一斗[二]。幸請諸公等，帖至，限今月十日腳下并身及粟，李家門内取齊。捉二人後〔到〕[三]，罰〔酒〕壹角[四]；全不來者，罰酒半〔瓮〕[五]。其帖速遞相分付，不得停（以下原缺文）

李都頭　押衙吕會興　杜守　社長宋長子

王押衙　賀願昌　趙丑兒　賀友奴　安全子　劉富昌　員

齊住　張定子　鄧奴子　陰住昇　寧（？）願成　李李子賀[六]

王定興　安友儸勿　安友羅羅　安定昌

社司　轉帖

説明

此件爲社司轉帖抄件，有烏絲欄，似爲習字，書法稚拙，既有缺漏，又未抄完。自『李都頭』以下爲倒書，不能肯定兩部分原來是一件（參看寧可、郝春文《敦煌社邑文書輯校》，一二九頁）。

校記

〔一〕『右』，當作『有』，《敦煌社會經濟文獻真蹟釋録》據文義校改，『右』爲『有』之借字。

〔二〕『一』，《敦煌社邑文書輯校》釋作『壹』，雖然義可通而字誤。

〔三〕『到』，《敦煌社會經濟文獻真蹟釋録》據其他社司轉帖例校補。

〔四〕『酒』，《敦煌社會經濟文獻真蹟釋録》據其他社司轉帖例校補。

〔五〕『瓮』，《敦煌社會經濟文獻真蹟釋録》據其他社司轉帖例校補。

〔六〕第一個『李』字，據文義係衍文，當删。

參考文獻

《敦煌寶藏》三〇册，臺北：新文豐出版公司，一九八二年，六四二頁（圖）；《敦煌社會經濟文獻真蹟釋録》一輯，北京：書目文獻出版社，一九八六年，三五四頁（圖、録）；《英藏敦煌文獻》五卷，成都：四川人民出版社，一九九二年，一四四頁（圖）；《敦煌社邑文書輯校》，南京：江蘇古籍出版社，一九九八年，一二八至一二九頁（録）。

斯三七一四背　雜寫（社司轉帖）

釋文

社司轉　右緣年支春广[一]

説明

以上文字是時人隨手所寫於『社人王郎身亡轉帖抄』紙背。

校記

[一]『广』，原未寫完，係『座』之部首，《敦煌社會經濟文獻真蹟釋録》逕釋作『座』。

參考文獻

《敦煌寶藏》三〇册，臺北：新文豐出版公司，一九八二年，六四二頁（圖）；《敦煌社會經濟文獻真蹟釋録》一輯，北京：全國圖書館文獻縮微複製中心，一九八六年，三五四頁（録）；《英藏敦煌文獻》五卷，成都：四川人民出版社，一九九二年，一四五頁（圖）。

斯三七二一　大般若波羅蜜多經卷第二八七題記

釋文

兑。

李文進學手寫記。

説明

以上文字第一字大字寫於《大般若波羅蜜多經》卷第二八七第十七紙天頭，表示此紙佛經已經作廢，可兑換新紙重抄。第二行寫於該經卷末。《英藏敦煌文獻》未收，現予增收。池田温認爲此寫本的年代大約在公元九世紀前期（參看《中國古代寫本識語集録》，三六七頁）。

參考文獻

Descriptive Catalogue of the Chinese Manuscripts from Tunhuang in the British Museum, The Trustees of the British Museum, London 1957, p. 8（録）；《敦煌寶藏》三〇册，臺北：新文豐出版公司，一九八二年，六七一頁（圖）；《中國古代寫本識語集録》，東京大學東洋文化研究所，一九九〇年，三六七頁（録）；《敦煌遺書總目索引新編》，北京：中華書局，二〇〇〇年，一一二頁（録）。

斯三七二二　太上洞玄靈寶昇玄内教經卷第八

釋文

（前缺）

勿復懷强梁，謙己以卑人。精誠自然積〔一〕，□□□〔二〕。

迎子升玄都，信哉非虚言。

道説偈畢，告諸真人曰：此經微妙，度人無量。十方大聖，得成仙道〔三〕，莫不履行而得成真。各開爾心，敬聽受誦，禮歌生（真）文〔四〕，勿懷豪（毫）芒，疑或太山〔五〕。是時衆真各起三禮焉。

道言：吾以五氣周流八極〔六〕，或號元始，或號老君，或號太上，或號如來，或爲世師，或爲玄宗。出幽入冥，待應無方〔七〕，運造天地，成生諸神，立起五行、日月三晨，剖判陰陽，分别冬春，結定州國，團土作人，法象天地，置立君臣。隨人所好，爲作法輪〔八〕，邊（西）故（胡）難悟〔九〕，形象爲真。開國受化，滅度自新，蕩撤匈垢，斷俗因緣，爲之制經三萬餘言〔一〇〕，雖撰微辭，多説方便。脩者成道，得爲佛身，同歸之趣，非爲異緣，無上正真，吾之寄言，終不離道，以明本根。愚者不體，相與嫉賢，吾愍口過，故陳其源。道之布氣〔一一〕，在於南秦，無形無象，留住經文，不自巧飾，誡唯脩身。既能脩身，其身得真；既得真相，自然登晨。此法玄之又玄〔一二〕。愚者失趣，或謂非神，相與競笑，攻本伐根〔一三〕，何異孫子〔一四〕，罵於祖先。於是太上大道君仍偈誦曰〔一五〕：

吾我自然氣，布满周西胡。爲之立佛法，垂象法玄虚。吐經施禁誡〔一六〕，辭參三洞書。方便説權教〔一七〕，得道在滅度。法輪同一歸，斷絶俗中汙，致得成佛者〔一八〕，歸升於玄路。難有愚癡輩〔一九〕，識佛不存吾〔二〇〕，相與論勝負，計校於精麤。未知真妙理，同入於虚無。衆不得真性〔二一〕，謂近乃遠舒。既無一言中，結罪注酆都〔二二〕。

道説偈已，告諸天真：此經章句，與吾同生，分别真性，理無不究。吾今所説《無上真經升玄内教》者，吾當遣正一真人張道陵作三品度人，撰擇上士七十二萬人，復採中士七十二萬人，復引下士七十二萬人，各令其人度人萬萬九千，即住經文，保度男女，使諸來生，得有橋津，此法當行。壬辰之後，自非有相，不值其世也〔二三〕。當此之時，乾光落耀，水當刑金〔二四〕，震當煞乾，艮當煞震，五行易位。吾此經行世，善惡自分，斷察功效，誅罰紛紜，檢行可否，條牒善真。三官追促〔二五〕，分散遠尋，逢吾考者，身爲土塵。子不脩善，亦當相聞〔二六〕，唯脩中直，尋道求真。改惡從善，得爲真人。積福福報，作禍禍臻。禮士（敬）道人〔二七〕，可見聖君。節慎愛欲，改更其身。願得生道，勿復傷貧。經法平普，度人皆均。不淫不貪，天道自護。若不供（恭）慬（謹）〔二八〕，天魔乘非。故氣所得，夭盛令衰。身失三魂，七魄翔飛，閉繫幽牢，考鬼所推。未若作善，念道敬師。天地改易，恃道求生。持心堅固，魔不犯身。惟行至誠，天地自明。神靈所祐，自致延年，升騰太虚，身與天連，如似神龍，在於玄淵。其神最貴，其德最尊，受任金闕，無上真仙，隨時變化，日月周旋。善男善女，尋吾妙言，宗奉得道，脩行成真。若有不宗不奉，一付三官。天下惡逆，於是當分，天下男女，不得不懃。惡人〔之〕曹〔二九〕，吾欲恣汝不問，不嘖其愆，從今以去，改更汝心。本欲以水火驅除汝曹，今復且止，要令魔官以五兵疾病消盡惡人〔三〇〕。汝自爲之，吾誓不攝也。善人宜行精進〔三一〕，不得爲非，一日背道，萬劫不生，雖不便死，罪對分明。太上道君仍偈誦曰：

告爾惡人曹，走可向善庭。若不趣斯利，北帝踴魔兵。結罪於六天，三官預記名。令與三災合，奄忽失身形。魂擿五苦宅，涷餓無鬼情。欲死不可得，須生不復生。罪畢隨氣化，所落非人情。六畜爲胞胎，惡行猶是明〔三二〕。口不旋機語，四足爲之行。何如不爲惡，受報香且清。不遭三塗苦〔三三〕，不入於鬼囹。吾見如此輩，以念痛心誠。故開玄玄門，宗奉於是榮。

道言：人受（壽）算長短〔三四〕、精麤明闇、貴賤賢愚，皆以三命吉凶，定人生死之根。人能積善，行功立德，救度帝王國主〔三五〕、天下民人，供養無上靈寶升玄内教、外教五篇，上清、洞神三寶妙經，濟拔衆生，一切不惓，爲玄司所舉，功成德備，感撤（徹）太空〔三六〕。吾當敕司命，告北辰臺酆都三官、九官，除其死録，遷其七祖上升天堂，衣食自然。行之不止，度名東華紫微仙官，書名瓊札玉歷之中，真人之次，因緣入定，便得飛騰。不能檢身立善，疑或生麤，不信經教，呰毁神真，決駭縱心，煞罰非度，罵詈天地，攻繫（擊）真人〔三七〕，輕慢孤寡，蹌蹜老病，借貸不還，爲玄司衆鬼所奏，聞撤（徹）太空〔三八〕。吾當下司命，即符酆都，滅其定算，入倏短之次，行之不政（改）〔三九〕，斷種滅嗣，蒸嘗絶矣，長處餓鬼之塗。罪福可畏，如影隨形，如嚮應聲。雖當賴其先身之功，功過相補，終歸至盡，盡則禍至。福德亦然。子之得福，非吾之恩；子之得罪，非吾無慈。善德惡禍，良由子身。玄司言善，吾不能不用，不能不賞；玄司言惡，吾不得不信，不得不罰。六部司官檢校所得，非可如何。若言吾不大慈者，吾是大慈。爲大慈故，留心經文，示子禁誡，爲作因緣，廣開橋梁，施立福田，欲令子等不落惡道。而不悟者，可復如何？世人情淺，不見至誠，不體深趣，遇其先福未盡，爲惡無他，便謂天地果無善惡。今當取目前肥美爲效，死何所知，閉目之後，知在何處？世俗癡人，多作此念，不知其魂神已被幽執，七祖父母以被掠拷，徒擿囚役，毒炭於地獄之下，流曳於五苦之庭。以目不見，謂言不爾；

以耳不聞，必言不信，而言無神。不如（知）將軍未下[四〇]，三官女郎血食疾速，行尸之徒以此爲誡。真神譬如蘭中之畜，籠中之鷄，飴之者將欲其肥，樂之者將欲其肉，不知湯鑊洨沸[四一]，刑俎期近；而鷄之與畜，各適其美，不以爲苦。世俗愚人，亦復如是。太上道君爲之誦偈曰：

如是善惡報，果有非虚言。玄司察衆生，禍福令爲宣。功滿書玉札，記名次仙真。不生殆惓想，白日令登晨。若有五逆者，奏名告三官。司命檢録籍，計罪致形殘。七祖充考掠，萬劫不蒙原。非吾不大慈，善惡自有緣。子等若不信，明會乃知聞。

道言：善男子、善女子等善思，吾當爲子委曲開張。子等身在世間，不知名字、年限、功德、可惡、生死之根，悉記三天司命之府，功過延年[四二]，莫不由之。功德應當加福者，則由三天司命、五岳群靈、北臺大魔王連名保舉，然後定算生死之根，豈是六天下土三官血食卑神小鬼，立能有所損益也？唐費錢財，飲食百精，煞生求生，得一煞報，七祖彌淪三塗五苦之中，流殃子孫，斷其來代。此皆灼然之證，非虚言也。子等欲勉（免）諸惡[四三]、得諸善者，當宗受三寶内外經誡，脩齋建德，拔贖罪根，則名書金札，刻簡自然。子等諦思，勿忘吾言。

道言：罪福報有遲速者，良由因緣。今當次次分别解説，令諸男女得有所了。世有一人，自少爲惡而安隱者；復有一人，自少爲善而軟（輒）軻者[四四]。是以愚人不得其旨，便謂作惡得福，作善得禍，使諸善者便欲生疑。常見此輩不識冥旨，爲之寒心。今當辨暢，善思之焉。夫少小作惡、未即轗軻者，皆由先身有功，三天司命計功補過，先功未盡，故考吏未得執之，故致安隱。先功既盡，惡行不改，三天除生録，移名北帝，記在陽九除次。陽九交近，除次不遠，故不屢加其考，是以暫假安隱。几（凡）人受刑〔四五〕，生死因緣，皆有限數。生死之根不應在除次者，則其人自然開悟，雖未遠宿命，要知惡之惡報，善之善報。忽便去惡爲善，踴猛精進，司察之官不敢閉人善功，乃爲宅舍里域正氣所舉、玄司所奏，事經北帝，北帝以其先惡罪大，三天除其生録，今忽改善，敢不虧別，告下里域正氣，令考其先違，故令轗軻卒至，欲使其人首悔，以功過相補，死相既盡，延令成就。若能悟此玄旨，尋其由來之惡，簿狀首寫，伏誓三官，不敢復犯。如此不退，北帝補其善功，言上三天，三天計其先惡，以今善功相補，罪竭功餘，則注復生録，告下玄司，依明科檢察。若觸事如誠，慈心一切，然後罪福得分，因緣入定，不復加考，除次陽九。吾常有命符下五岳真靈，大災洪水，遣龍駕迎取子身，安居福地，衣食自然，觀世成敗。當爾之時，豈不樂哉？又世人爲善未久，三天書其生録過，其先身禍報，未蒙福慶，一旦便背善向惡，司命言名北帝，奏上三天，三天下司命謝其先善功，補其先善，以補今惡。善功未竭，考終不至，故未便轗軻。世人便謂爲善無益，爲苦無苦。逾更作惡，功盡罪滿，三天除其生録，度名北帝，酆都之府，記其罪名，即遣報罰神兵，持金槌鐵杖，隨犯拷楚。復不改悔，背道向邪，祈禱百神，罪定身滅，魂神幽執，考屬三官地獄，三掠之考，上刀山劍樹，食火噉炭，五苦屠裂，不可忍視。三掠既畢，方入三惡非人之道，轉輪畜身、牛馬豬羊，以力償債〔四六〕，以肉謝負。一入惡緣，彌淪萬劫。吾見此輩，愍之在心，不欲使子想與如此，故説此誡，以示方來。明各慎之，明各慎之。

道言：几（凡）受《靈寶内教無上經》者，皆當精齋七日，沐浴五香，存真念仙玄名，苦告稽首師門，乃可授矣。授經曰師君，受經曰弟子。自非赤心坦幽、長苦靈囿、肘伏師門、頓首德宇者，而《升玄真經》終不告授。兆身無奇氣持（特）鍾〔四七〕，自然合神，神光内照，羽暉映玄，太素生五藏，七雲（靈）入泥洹（丸）〔四八〕，骨有五帝之玉暉，面（血）有流金之浩衆（泉）〔四九〕。如此皆天仙之相也。自無此天相，亦終不與此經師相遭矣。爲此弟子者，當苦心經誡，尊奉師君，饌膳同味，甘苦分均，始終鏡於神明，嶮痾同於塗辛。吾當眄子以恆坦之固，當揮五以必成之輪。子等堅心，明各慎之。

靈寶昇玄内教經卷第八〔五〇〕

説明

此件首缺尾全，起『勿復懷强梁』，訖尾題『靈寶昇玄内教經卷第八』，保存了該卷的後半部分。有關《太上洞玄靈寶昇玄内教經》的情況，請參看本書第一卷（修訂版）斯一〇七的『説明』。

現知敦煌文獻中保存的《昇玄内教經》卷八還有伯二四七四、伯二三二六、斯六三一〇、斯一二〇七四A、斯一二〇七四B、Дx二〇〇八+Дx一八八八+Дx二〇六三。其中斯六三一〇與此件内容不重合；伯二四七四首缺尾全，起『生於無生』，訖尾題『靈寶昇玄經卷第八』，文字與此件基本相同，可以肯定是抄自同一寫本，此件對伯二四七四的一兩處錯誤有修正，年代上可能晚於斯二四七四；伯二三二六首尾均缺，起『若論其大』，訖『結罪注酆都』；斯一二〇七四A，首尾均缺，起『吐經施禁誡』，訖『結罪注酆都』；斯一二〇七四B首尾均缺，起『不遭三徒苦』，訖『德，救度』；Дx二〇〇八+Дx一八八八+Дx二〇六三首尾均缺，起『不值其世也』，訖『善人宜』。斯一二〇七四A、斯一二〇七四B、Дx二〇〇八+Дx一八八八+Дx二〇六三三件筆跡相同，係同一抄本，但不能直接綴合（參見郜同麟《英藏敦煌道教文獻拾補》，《敦煌吐魯番研究》一九卷，一四五至一四六頁）。

以上釋文以斯三七二二爲底本，用伯二四七四（稱其爲甲本）、伯二三二六（稱其爲乙本）、斯一二〇七四A（稱其爲丙本）、Дx二〇六三+Дx一八八八+Дx二〇〇八（稱其爲丁本）、斯一二〇七四B（稱其爲戊本）參校。

校記

〔一〕『自然積』，據殘筆劃及甲、乙本補。

〔二〕此句甲、乙本作『稍弘大如天』。
〔三〕『成』，甲本同，乙本作『道』；『仙』，甲本原作『佛』，後摳挖右邊的『弗』，但未補寫，乙本作『成』；『道』，甲本同，乙本作『佛』。
〔四〕『禮』，甲本同，乙本作『詠』；『生』，甲本同，當作『真』，據乙本改。
〔五〕『或』，甲本同，乙本作『惑』，『或』有『惑』義，均可通。
〔六〕『五氣』，甲本同，乙本作『三炁』。
〔七〕『待』，甲本同，乙本作『時』。
〔八〕『輪』，甲本同，乙本作『身』。
〔九〕『邊故』，甲本同，當作『西胡』，據乙本改。
〔一〇〕『三』，甲本同，乙本作『八』。
〔一一〕『氣』，甲本同，乙本作『炁』。以下同，不另出校。
〔一二〕『之』，據甲本補。此句乙本作『此法玄妙，玄之又玄』。
〔一三〕『伐』，據甲、乙本補；『根』據殘筆劃及甲、乙本補。
〔一四〕『孫子』，甲本同，乙本作『子孫』。
〔一五〕『誦』，甲本同，乙本作『頌』。
〔一六〕『誡』，甲本同，乙本作『戒』。丙本始於此句之『禁』字。
〔一七〕『説』，甲本同，乙本作『設』。
〔一八〕『者』，甲本同，乙本作『道』。
〔一九〕『輩』，甲本同，乙、丙本作『人』。

〔二〇〕『識佛不存吾』，甲、乙本同，丙本作『執競各云殊』。

〔二一〕『衆』，甲本同，乙、丙本作『終』。

〔二二〕乙本、丙本止於此句。

〔二三〕丁本始於此句。

〔二四〕『刑』，底本寫作『形』，按寫本中『形』『刑』形近易混，故據文義逕釋作『刑』，甲本亦作『形』，可視作『刑』。

〔二五〕『促』，甲本同，丁本作『役』。

〔二六〕『相』，甲本同，丁本作『知』。

〔二七〕『士』，甲本同，當作『敬』，據丙本改；『人』，甲本同，丙本作『士』。

〔二八〕『供』，甲本同，當作『恭』，據丁本改，『供』爲『恭』之借字；『慬』，甲本同，當作『謹』，據丁本改，『慬』爲『謹』之借字。

〔二九〕『之』，甲本亦脱，據丁本補。

〔三〇〕『兵』，甲本同，丁本作『岳』。

〔三一〕丁本止於此句。

〔三二〕『猶』，甲本作『由』。

〔三三〕『塗』，甲本同，戊本作『徒』，『徒』爲『塗』之借字。戊本始於此句。

〔三四〕『人』，甲本作『人生』；『受』，甲本同，當作『壽』，據文義改，『受』爲『壽』之借字。

〔三五〕戊本止於此句之『度』字。

〔三六〕『撤』，甲本同，當作『徹』，據《中華道藏》本《太上靈寶昇玄内教經顯真戒品》改。

〔三七〕『繫』，甲本同，當作『擊』，據《道典論》卷三引《昇玄經》改。
〔三八〕『撤』，甲本同，當作『徹』，據《中華道藏》本《太上靈寶昇玄内教經顯真戒品》改
〔三九〕『政』，甲本同，當作『改』，據《道典論》卷三引《昇玄經》改。
〔四〇〕『如』，甲本同，當作『知』，據文義改。
〔四一〕『鑊』，底本原作『濩』，係涉上文『湯』而成之類化俗字。
〔四二〕『年』，甲本作『算』。
〔四三〕『勉』，甲本同，當作『免』，據文義改，『勉』爲『免』之借字。
〔四四〕『軟』，甲本同，當作『輒』，據文義改。
〔四五〕『几』，甲本同，當作『凡』，據文義改，《中華道藏》逕釋作『凡』，以下同，不另出校。
〔四六〕『債』，甲本作『嘖』，誤。
〔四七〕『持』，甲本同，當作『特』，據《正統道藏》本《上清高聖太上大道君洞真金元八景玉録》改。
〔四八〕『雲』，甲本同，當作『靈』，據《正統道藏》本《上清高聖太上大道君洞真金元八景玉録》改；『洹』，甲本同，當作『丸』，據《正統道藏》本《上清高聖太上大道君洞真金元八景玉録》改。
〔四九〕『面』，甲本同，當作『血』，據《正統道藏》本《上清高聖太上大道君洞真金元八景玉録》改；『泉』，甲本同，當作『泉』，據《正統道藏》本《上清高聖太上大道君洞真金元八景玉録》改。
〔五〇〕『内教』，甲本無。

參考文獻

《スタイン將來大英博物館藏敦煌文獻分類目録·道教之部》，東京：東洋文庫，一九六九年，四七至四八頁；《敦

煌道經·目録編》，東京：福武書店，一九七八年，一二五頁；《敦煌寶藏》一三〇册，臺北：新文豐出版公司，一九八二年，六七一至六七五頁（圖）；《道藏》三四册，文物出版社、上海書店、天津古籍出版社，一九八八年，一五〇頁；《英藏敦煌文獻》五卷，成都：四川人民出版社，一九九二年，一四五至一四八頁（圖）；《俄藏敦煌文獻》八册，上海古籍出版社，一九九七年，三七七頁（圖）；《俄藏敦煌文獻》九册，上海古籍出版社，一九九八年，三頁（圖）；《敦煌道藏》四册，北京：全國圖書館文獻縮微複製中心，一九九九年，二一八四至二二〇五頁（圖）；《法藏敦煌西域文獻》一三册，上海古籍出版社，二〇〇〇年，三二頁（圖）；《法藏敦煌西域文獻》一四册，上海古籍出版社，二〇〇一年，二一六至二二〇頁（圖）；《中华道藏》五册，北京：華夏出版社，二〇〇四年，一〇一至一〇六頁；《敦煌道教文獻研究：綜述·目録·索引》，北京：中國社會科學出版社，二〇〇四年，一二一頁；《敦煌吐魯番研究》九卷，北京：中華書局，二〇〇六年，六三至六六頁（録）；《王重民向達所攝敦煌西域文獻照片合集》二八册，北京：國家圖書館出版社，二〇〇八年，一〇三九六至一〇四〇五頁（圖）；《敦煌吐魯番研究》一九卷，上海古籍出版社，二〇二〇年，一四三至一五二頁。

斯三七二四+斯一一四一五　李老君周易十二錢卜法抄

釋文

李老君周/易十〔二〕錢卜法一本/〔一〕　老子易/卜之法/，/用錢十二/文，擲著盤中，看文縵

縵爲陰，文爲陽，〔陰〕仰陽覆〔二〕。即/知吉凶/，/方（萬）不失一/〔三〕。/來卜者/，/人捉/錢如（而）呪之曰〔四〕：『某年某月某/日/某一（乙）所卜某事/〔五〕。/吉時作吉/，作相生之卦；凶時言凶，即道/凶相剋之卦/〔六〕。/神錢合利/，/所乞知之/。/卜者/情高，任作卦兆。』（以下原缺文）

説明

此卷基本完整，僅尾部下角殘缺，但可以和斯一一四一五綴合，兩件綴合後幾成完璧。正面所抄寫的主要内容爲《大乘無量壽經》，卷尾空白處抄有『李老君周易十二錢卜法』，但僅抄寫了該卜法之小序部分。卷背抄有『六十甲子納音』『六十甲子納音性行法』『李老君周易十二錢卜法』等内容，後者抄寫了八次，均未抄完，以第六次字數最多。

此件由斯三七二四和斯一一四一五綴合而成（參看黄正建《敦煌占卜文書與唐五代占卜研究》，二三至二五頁），兩件綴合後首尾完整，但原未抄完，其筆跡與卷背『李老君周易十二錢卜法』相同，當爲同一人所抄。關於此種卜法的具體情況，可參看本書第四卷斯八一三號、第七卷斯一四六八號之『説明』。此件前有『喜信受奉行』，連抄兩遍，與此件筆跡相同。因與此件無関，未録。

以上釋文以斯三七二四＋斯一一四一五爲底本，因此件背面另有斯三七二四背第六通『李老君周易十二錢卜法一本』，所抄内容多於此件，將另出釋文，並作校勘。故此件僅用斯三七二四背第六通（稱其爲甲本）校改錯誤、校補脱文。因兩件綴合處呈不規則形狀，爲便於區分，在釋録綴合處的文字時，以標點爲單位，用『/』表示保存在斯一一四一五上的文字，即兩個『/』之間的文字，是保存在斯一一四一五上的文字。

校記

〔一〕『二』，據甲本補。
〔二〕『陰』，據甲本補。
〔三〕『方』，當作『萬』，據甲本改。
〔四〕『如』，甲本同，當作『而』，據文義改，『如』爲『而』之借字。
〔五〕『一』，當作『乙』，據甲本改，『一』爲『乙』之借字。
〔六〕『凶相』，據殘筆劃及甲本補。

參考文獻

《敦煌寶藏》三二册，臺北：新文豐出版公司，一九八二年，一八頁（圖）；《英藏敦煌文獻》五卷，成都：四川人民出版社，一九九二年，一四九頁（圖）；《英藏敦煌文獻》一三卷，成都：四川人民出版社，一九九五年，二五八頁（圖）；《英國收藏敦煌漢藏文獻研究》，北京：中國社會科學出版社，二〇〇〇年，一四〇頁（録）；《法國漢學》五輯，北京：中華書局，二〇〇〇年，一九四頁；《敦煌占卜文書與唐五代占卜研究》，北京：學苑出版社，二〇〇一年，二二三至二二五頁；《敦煌占卜文獻與社會生活》，蘭州：甘肅教育出版社，二〇一三年，七七至七八頁。

斯三七二四背＋斯一一四一五背　一　六十甲子納音抄

釋文

甲子、乙丑金，丙寅、丁「卯火」〔一〕，「戊辰」、「己

甲子、乙丑金，丙寅、丁卯火，戊「辰」、「己巳木」，「庚午」、「辛未土」，壬申、癸酉金。甲戌、乙亥火，丙「子」、「丁丑水」，「戊寅」、「〔己〕卯土」〔二〕，庚辰、辛巳金，壬午、癸未木。甲申、乙酉「水」，「丙戌」、「丁亥土」，「戊子」、己丑火，庚寅、辛卯木，壬辰、癸巳水。甲午、「乙未金」，「丙申」、「丁酉火」，戊戌、己亥木，庚子、辛丑土，壬寅、癸卯金。甲辰、乙巳火，「丙午」、「丁」未水，戊申、己酉土，庚戌、辛亥金，壬子、癸丑木。甲寅、乙卯水，丙辰、丁巳土，戊午、己未火，庚〔申〕〔三〕、辛酉木，壬戌、癸亥水。

説明

此卷首尾完整，原未抄完，所存内容筆跡相同，係同一人所抄。所抄之内容有：六十甲子納音抄兩通，十干、五行及所屬方位，六十甲子納音性行法抄，李老君周易十二錢卜法一本抄八通，鎮鬼符，推九

天行年災厄法抄，雜寫等。此卷所抄内容雖然都與六十甲子、五行、占卜有關，但不是一個正式的文本，抄寫者對抄寫内容的選擇隨意性比較强，抄寫年代不詳（參看郝春文《敦煌寫本〈六十甲子納音〉相關問題補説》，《文史》二〇一二年四輯，一七九至一八六頁）。

此件由斯三七二四背和斯一一四一五背綴合而成，兩件綴合後首尾完整，下端略殘，其内容爲『六十甲子納音』。第一行原未抄完，第二行另起重抄。

現知敦煌文獻中保存的『六十甲子納音』有十幾件，有關情況可參看本書第八卷斯一八一五背《六十甲子納音抄》之『説明』。本書在釋録斯一八一五背『六十甲子納音抄』時，曾以此件爲校本，故此件與其他敦煌寫本《六十甲子納音》之異同，均可見斯一八一五背之校記。

以上釋文以斯三七二四背+斯一一四一五背爲底本，僅以斯一八一五背（稱其爲甲本）校改錯誤、校補缺文。因兩件綴合處呈不規則形狀，爲便於區分，在釋録綴合處的文字時，以標點爲單位，用『/』表示保存在斯一一四一五背上的文字，即兩個『/』之間的文字，是保存在斯一一四一五背上的文字。

校記

〔一〕『卯火』，據殘筆劃及甲本補。

〔二〕『已』，據甲本補。

〔三〕『申』，據甲本補。

參考文獻

《敦煌寶藏》三一册，臺北：新文豐出版公司，一九八二年，一八頁（圖）；《英藏敦煌文獻》五卷，成都：四川人民出版社，一九九二年，一五〇頁（圖）；《英藏敦煌文獻》一三卷，成都：四川人民出版社，一九九五年，二五八頁（圖）；《英國收藏敦煌漢藏文獻研究》，北京：中國社會科學出版社，二〇〇〇年，一四〇頁（録）；《敦煌占卜文書與唐五代占卜研究》，北京：學苑出版社，二〇〇一年，二三至二五、一七二頁；《敦煌學輯刊》二〇一一年四期，一至三頁（録）；《文史》二〇一二年四輯，一七九至一八六頁；《區域社會史視野下的敦煌録命書研究》，北京：民族出版社，二〇一二年，三五九至三六一頁（録）；《英藏敦煌社會歷史文獻釋録》八卷，北京：社會科學文獻出版社，二〇一二年，八二至八七頁；《敦煌本數術文獻輯校》，北京：中華書局，二〇一九年，一三二六至一三二七頁（録）。

斯三七二四背　二　十干、五行及所屬方位

釋文

十干：甲乙丙丁戊癸（己）庚辛壬癸〔一〕。

午（五）行〔二〕：金木水火土。

甲乙木屬東方，丙丁火屬南方，戊己土屬中央，庚辛金屬西方，壬癸水屬北（方）〔三〕。

説明

此件抄於『六十甲子納音抄』和『六十甲子納音性行法抄』之間，從筆跡看這三件也相似，内容也可以看作一組，均屬陰陽五行一類文字。但『六十甲子納音抄』第一行未抄完而第二行重抄，而『六十甲子納音性行法抄』則未抄完，説明這三件均非正式文本，頗疑係學郎所爲。

校記

〔一〕『癸』，當作『己』，《〈英藏敦煌文獻〉第五卷敘録》據文義校改。

〔二〕『午』，當作『五』，《〈英藏敦煌文獻〉第五卷敘録》據文義校改，『午』爲『五』之借字。

〔三〕『方』，《〈英藏敦煌文獻〉第五卷敘録》據文義校補，《區域社會史視野下的敦煌録命書研究》逕釋作『方』。

參考文獻

《敦煌寶藏》三一册，臺北：新文豐出版公司，一九八二年，一八頁（圖）；《英藏敦煌文獻》五卷，成都：四川人民出版社，一九九二年，一五〇頁（圖）；《英國收藏敦煌漢藏文獻研究》，北京：中國社會科學出版社，二〇〇〇年，一四〇頁（録）；《區域社會史視野下的敦煌録命書研究》，北京：民族出版社，二〇一二年，三六〇頁（録）；《敦煌本數術文獻輯校》，北京：中華書局，二〇一九年，一三二七頁（録）。

斯三七二四背　三　六十甲子納音性行法抄

釋文

六十甲子納音性行法

甲子、乙丑金，石中金，剛强[一]，不伏人。丙寅、丁卯火，申宿火，乍急乍緩，惡捩，方（妨）小子[二]。戊辰、己巳木，臥生木，無定性，患偏風，多病。庚午、辛未土，竈忠（中）土[三]，不畏事，熟謹，煞夫。壬申[四]、癸酉金，斧鑿金，多相，害夫妻[五]。甲戌、乙亥火，山頭火，多損害，剛强不畏〔事〕[六]。

説明

此件首部完整，有原題，尾部未抄完，其内容是根據六十甲子納音的性行推算人的品性及人事吉凶的占卜術。

現知敦煌文獻中保存的『六十甲子納音性行法』尚有伯三一七五和斯六二五八。伯三一七五首尾完整，起首題『納音甲子占人姓（性）行法』，訖尾題『天福十四年戊申歲十月十六日報恩寺僧如德寫記耳』。斯六二五八首全尾缺，無題，起『甲子、乙丑石急金』，訖『萬人視（？）』。就内容而言，此件和伯三一七五屬同一系列，除脱、誤外，基本相同；而斯六二五八與前兩件出入較大，二者的主要區别是『六十甲子納音』後的各年性行及與人品性關係的説辭詳略不同，斯六二五八的説辭更具體一些（參看《〈六十甲子納音〉及同類文書的釋文、説明和校記》，《敦煌學輯刊》二〇一一年四期，五頁）。

以上釋文以斯三七二四背爲底本，用伯三一七五（稱其爲甲本）參校。

校記

〔一〕『剛』，甲本無。

〔二〕『方』，當作『妨』，據甲本改，『方』爲『妨』之借字。

〔三〕『忠』，當作『中』，據甲本改，『忠』爲『中』之借字。

〔四〕『申』，甲本作『辰』，誤。

〔五〕『害』，甲本脱。

〔六〕『事』，據甲本補。

參考文獻

《敦煌寳藏》三一册，臺北：新文豐出版公司，一九八二年，一九頁（圖）；《英藏敦煌文獻》五卷，成都：四川人民出版社，一九九二年，一五〇頁（圖）；《英國收藏敦煌漢藏文獻研究》，北京：中國社會科學出版社，二〇〇〇年，一四〇至一四一頁（録）；《敦煌占卜文書與隋唐五代占卜研究》，北京：學苑出版社，二〇〇一年，一二九頁（録）；

《法藏敦煌西域文獻》二三册，上海古籍出版社，二〇〇二年，八八頁（圖）；《敦煌學輯刊》二〇一一年第四期，四至六頁（録）；《區域社會史視野下的敦煌録命書研究》，北京：民族出版社，二〇一二年，三六〇頁（録）；《敦煌本數術文獻輯校》，北京：中華書局，二〇一九年，一三二七頁（録）。

斯三七二四背　四　李老君周易十二錢卜法一本抄

釋文

李老君周易十二錢卜法一本〔一〕
緩爲陰，文爲陽，陰仰陽覆。老子易卜之法，用錢十二文，擲著盤
李老君周易十二錢卜法一本
緩爲陰，文爲陽，陰仰陽覆。老子易卜之法，用錢十二文，擲著
李老君周易十二〔錢〕卜法一本〔二〕
緩爲陰，文爲陽，陰仰陽覆。老子易卜之法，用錢十二文，擲著盤中，看文、緩即知吉凶，萬不失一。來卜者，人捉錢如（而）呪之曰〔三〕：『某年某月某日某乙所卜某事』。卜某事，卜某事。
李老君周易十二錢卜法一本
緩爲陰，文爲陽，陰
李老君周易十二錢卜法

緡爲陰，文爲陽〔四〕，陰仰陽覆。老子易卜之法，用錢十二文，擲著盤中，看文、緡即知土（吉）凶〔五〕，萬不失一。來卜者，人足（捉）錢如（而）呪之曰〔六〕：『某年某月某日某乙所卜某事』。吉時作吉，作相生之卦；凶時言凶，即道凶相剋之卦。神錢合利，所乞之（知）之〔七〕。卜者情高，任作卦兆。

易曰：一文十一緡，坎上離下，水火相剋之卦。行人稽留，病者困，祟在北君、竈神，囚繫〔者〕有罪〔八〕，亡失者遠有人見。先有犬鼠爲怪，辭訟未了，田蠶不稱。月忌八月、十一月，日忌子、午。妊身生女，宅舍不安，盜犯土公，急解之，大吉。有犬縮鼻返耳，急宜解之，無凶，大吉。

易曰：二文十緡，坤上離下，火土之卦。母子相生，禍害不起。卜身吉，病者差。祟是竈君、丈人，被青（擒）囚者得出〔九〕，失〔物〕自得〔一〇〕。先有犬（以下原缺文）

說明

此件連抄『李老君周易十二錢卜法一本』五次，均未抄完，所存文字差異不大，屬於同源。前四通都是僅抄數行即另起重抄，文字没有差異，第五通文字稍多，有錯誤、脱文等。

以上釋文以斯三七二四背爲底本，因此件後尚有另件『李老君周易十二錢卜法一本抄』，所抄内容多於此件中之各通，將另出釋文，並做校勘，故此件僅用斯三七二四背第六通（稱其爲甲本）校改錯誤、校補脱文。

校記

〔一〕此句前底本有「李老」二字，未録。

〔二〕「錢」，據甲本補。

〔三〕「如」，甲本同，當作「而」，據文義改，「如」爲「而」之借字。

〔四〕「陽」，底本原寫作「日」，乃「陽」之「日」字頭，其後抄者意識到錯誤，便在右側重寫爲「陽」。

〔五〕「土」，當作「吉」，據甲本改。

〔六〕「足」，當作「捉」，據甲本改；「如」，甲本同，當作「而」，據文義改，「如」爲「而」之借字。

〔七〕「之」，當作「知」，據甲本改。

〔八〕「者」，據甲本補。

〔九〕「青」，甲本同，當作「擒」，據文義改，「青」爲「擒」之借字。

〔一〇〕「物」，據甲本補。

參考文獻

《敦煌寶藏》三一册，臺北：新文豐出版公司，一九八二年，一九至二〇頁（圖）；《英藏敦煌文獻》五卷，成都：四川人民出版社，一九九二年，一五〇至一五一頁（圖）；《英國收藏敦煌漢藏文獻研究》，北京：中國社會科學出版社，二〇〇〇年，一四一頁（録）。

斯三七二四背　　五　六十甲子納音抄

釋文

甲子、乙丑金，丙寅、丁卯火，戊辰、〔己〕〔巳〕〔木〕[一]，庚午、申（辛）未土[二]，壬辛（申）[三]、癸酉金，甲戊（戌）[四]、乙亥火，丙子、丁丑水，戊寅、癸（己）卯土[五]，庚辰、辛巳巳金[六]，姓任（壬）午[七]、癸〔未〕木[八]，甲申、乙酉水，丙戌、丁亥〔土〕[九]，戊子、己丑火，庚寅

戊子、己丑火，庚寅、辛卯木，壬辰、癸巳水，甲午、乙未金，丙申、丁酉火，戊戌、己亥木，辰庚子[一〇]、辛丑土，壬申（寅）[一一]、癸酉（卯）金[一二]，甲戌、乙亥火，丙子、丁丑水，戊寅、癸（巳）癸卯土[一三]，庚辰、辛巳金，壬午、癸未木，甲申、乙酉水，丙戌、丁亥土，戊子、己丑火，

説明

此件抄寫『六十甲子納音』兩遍。第一遍字體較小，未抄完；第二遍另起行接續抄寫，字體略大，

自『癸酉金』以下與第一次重複，且修正了第一次抄寫的一些錯誤。

本書第八卷在釋録斯一八一五背『六十甲子納音抄』時，曾以此件爲校本，此件與其他敦煌寫本《六十甲子納音》之異同，均可見斯一八一五背『六十甲子納音抄』之校記。

以上釋文以斯三七二四背爲底本，僅以斯一八一五背（稱其爲甲本）校改錯誤和校補脱文。

校記

〔一〕『己巳木』，據甲本補。
〔二〕『申』，當作『辛』，據甲本改。
〔三〕『辛』，當作『申』，據甲本改。
〔四〕『戊』，當作『戌』，據甲本改。
〔五〕『癸』，當作『己』，據甲本改。
〔六〕第二個『巳』係衍文，當删。
〔七〕『姓』係衍文，當删；『任』，當作『壬』，據甲本改。
〔八〕『未』，據甲本補。
〔九〕『土』，據甲本補。
〔一〇〕『辰』係衍文，當删。
〔一一〕『申』，當作『寅』，據甲本改。
〔一二〕『酉』，當作『卯』，據甲本改。以下並非按照『六十甲子納音』的正確順序抄寫，係重抄第一遍『甲戊（戌）、乙亥火』及其後面的内容。

〔一三〕第一個『癸』，當作『巳』，據甲本改；第二個『癸』係衍文，當删。

參考文獻

《敦煌寶藏》三一册，臺北：新文豐出版公司，一九八二年，一九至二〇頁（圖）；《英藏敦煌文獻》五卷，成都：四川人民出版社，一九九二年，一五〇至一五一頁（圖）；《英國收藏敦煌漢藏文獻研究》，北京：中國社會科學出版社，二〇〇〇年，一四一頁（録）；《英藏敦煌社會歷史文獻釋録》八卷，北京：社會科學文獻出版社，二〇一二年，八二至八七頁；《區域社會史視野下的敦煌録命書研究》，北京：民族出版社，二〇一二年，三六〇頁（録）。

斯三七二四背　六　鎮鬼符

釋文

著義土〔一〕，旦付使者，煞百鬼者多者多〔二〕。

説明

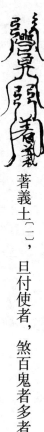

此符，王愛和疑爲『驅鬼符呪』（《敦煌占卜文書研究》，四三頁），關長龍擬名《栽種符呪》（《敦煌本數術文獻輯校》下册，一四〇一頁）。因此符呪語中有『煞百鬼』，兹擬今名。

校記

〔一〕『著』，《敦煌本數術文獻輯校》釋作『若』，誤；『義』，《區域社會史視野下的敦煌録命書研究》《敦煌本數術文獻輯校》釋作『栽』。

〔二〕『者多者多』，底本原寫作『者々多々』，《區域社會史視野下的敦煌録命書研究》釋作『者者多多』，《敦煌本數術文獻輯校》認爲第一個『々』係衍文，釋作『者多多』。

參考文獻

《敦煌寶藏》三一册，臺北：新文豐出版公司，一九八二年，二〇頁（圖）；《英藏敦煌文獻》五卷，成都：四川人民出版社，一九九二年，一五〇至一五一頁（圖）；《敦煌占卜文書研究》，蘭州大學博士論文，二〇〇三年，四三頁（録）；《區域社會史視野下的敦煌録命書研究》，北京：民族出版社，二〇一二年，三六〇頁（録）；《敦煌本數術文獻輯校》，北京：中華書局，二〇一九年，一四〇一頁（録）。

斯三七二四背　七　李老君周易十二錢卜法一本抄

釋文

李老君周易十二錢卜法一本〔一〕

緼爲陰，文爲陽，陰仰陽覆。老子易卜之法，用錢十二文，擲著盤中，看文、緼即之（知）吉凶〔二〕，萬不失一〔三〕。來卜者，人捉錢如（而）呪之曰〔四〕：『爲某年某月某日事某乙卜某所（事）』〔五〕。吉時作吉，作相生之卦；凶時言凶，即道凶相剋之卦。神錢合利，所乞知之〔六〕。卜者情高，任作卦兆〔七〕。

易曰：一文十一緼，坎上離下，水火相剋之卦。行人稽留，病者困。祟在北君、竈神。囚繫者有罪〔八〕，亡失者遠有人見。先有犬鼠爲怪〔九〕，辭訟未了，田蠶不稱。月忌八〔月〕〔一〇〕、〔十〕一月〔一一〕，日忌子、午。妊身生女〔一二〕，宅舍不安，盗犯土公〔一三〕。有犬縮鼻返耳，急宜解之，無凶，大吉。

易曰：二文十緼，坤上離下，火土之卦。母子相生，禍害不起，卜身吉，病者差。祟是竈〔君〕〔一四〕、丈人。被青（擒）囚者得出〔一五〕，失物自得〔一六〕。先有犬鼠爲怪〔一七〕，行人來，辯訟得利。忌七月、五月，犯情（青）龍〔一八〕、土公。日忌申、午。壬（妊）身〔生〕男〔一九〕，宅舍大吉。

易曰：三文九緡，震上離〔下〕〔二〇〕，火木之卦〔二一〕。相生，有喜，田蠶大得，卜身吉，所求如意，囚繫無罪，訴訟得通，蒙恩欣喜，病者不死。祟在大神、竈君〔二二〕、丈人。被摛（擒）〔囚〕〔者〕〔得〕〔出〕〔二三〕，失物自得，行人即至。忌五月、二月，忌午、卯日。任身生男〔二四〕，宅舍大吉。忌火賊〔二五〕，犯青龍、土公，急解之，吉。

易曰：四文八緡，巽上艮下，金（木）土之卦〔二六〕。宜相生，富禄至，憂患除，卜身吉，繫者〔無〕罪〔二七〕，辭頌（訟）得通〔二八〕，蒙恩歡喜，所求如意，病者不死。祟在木神、竈君。行人欲至。忌四月、十二月，忌巳、丑日。（以下原缺文）

說明

此件首部完整，原未抄完，起首題『李老君周易十二錢卜法一本』，訖『忌巳、丑日』。王晶波認爲此件抄寫年代距五代不遠（《敦煌占卜文獻與社會生活》，八六頁），關長龍認爲在吐蕃管轄敦煌時期（《敦煌本數術文獻輯校》，四五〇頁）。關於這種卜法的具體情況，可參看本書第四卷斯八一三號、第七卷斯一四六八號之『說明』。

現知敦煌文獻中保存的『李老君周易十二錢卜法』還有斯八一三、斯一四六八、斯五六八六和Дx九九四一＋Дх九九八一，與此件屬不同系統，占辭差異較大（黄正建《唐五代占卜文書與唐五代占卜研究》，二三至二五頁；黄正建《關於〈俄藏敦煌文獻〉第十一册至第十七册中占卜文書的綴合與定名等問題》，《敦煌研究》二〇〇二年二期，四九頁）。此卷正背面共抄寫『李老君周易十二錢卜法』九次，其中背面第七通所抄『十文三緡』條的文字不見於其餘各通，背面第一、二、四、八通均只抄一兩句，文字與其餘各通完全相同，可以確定是來源同一文本。

以上釋文以斯三七二四背爲底本，用斯三七二四＋斯一一四一五（稱其爲甲本）、斯三七二四背第三通（稱其爲乙本）、斯三七二四背第五通（稱其爲丙本）參校。

校記

〔一〕此句前底本有『李老君周』四字，未録。

〔二〕『之』，當作『知』，據甲、乙、丙本改，『之』爲『知』之借字；『吉』，甲、乙本同，丙本作『土』，誤。

〔三〕『萬』，乙、丙本同，甲本作『方』，誤。

〔四〕『捉』，甲、乙本同，丙本作『足』，誤；『如』，當作『而』，據文義改，『如』爲『而』之借字。

〔五〕『爲』，甲、乙、丙本無；『事』，甲、乙、丙本無；『乙』，乙、丙本同，甲本作『一』，『一』爲『乙』之借字；『卜』，甲、乙、丙本作『所卜』；『所』，當作『事』，據甲、乙、丙本改，此字後乙本有『卜某事，卜某事』六字，係習字。此句中之『某日』『某乙』原補寫於行間，《敦煌本數術文獻輯校》釋作『某月某日某乙事卜某所』，認爲有錯亂，乙正作『某月某日某乙所卜某事』。乙本止於此句。

〔六〕『知』，甲本同，丙作『之』，『之』爲『知』之借字。

〔七〕甲本止於此句。
〔八〕『者』，丙本脱。
〔九〕『先』，丙本同，底本原作『光』，按寫本中『光』『先』形近易混，故據文義逕釋作『先』。
〔一〇〕『月』，據丙本補。
〔一一〕『十』，據丙本補。
〔一二〕『身』，《〈英藏敦煌文獻〉第五卷敘録》校改作『娠』，不必。以下同，不另出校。
〔一三〕此句後丙本有『急解之，大吉』，《敦煌數術文獻輯校》據此件文例認爲是衍文。
〔一四〕『君』，據丙本補。
〔一五〕『青』，丙本同，當作『擒』，《〈英藏敦煌文獻〉第五卷敘録》據文義校改，『青』爲『擒』之借字。
〔一六〕『物』，丙本脱。
〔一七〕丙本至於此句。
〔一八〕『情』，當作『青』，《〈英藏敦煌文獻〉第五卷敘録》據文義校改。
〔一九〕『壬』，當作『妊』，《〈英藏敦煌文獻〉第五卷敘録》據文義校改；『生』，《〈英藏敦煌文獻〉第五卷敘録》據文義校補。
〔二〇〕『下』，《敦煌本數術文獻輯校》據文義校補，《〈英藏敦煌文獻〉第五卷敘録》逕釋作『下』。
〔二一〕底本『之卦』二字補寫於『火木』右側行間，《敦煌本數術文獻輯校》認爲據此件文例當釋録於下句『相生』之後，即『火木相生之卦』。
〔二二〕『竈』，底本原有兩個『竈』字，一在行末，一在次行行首，此爲當時的一種抄寫習慣，可以稱作『提行添字例』，第二個『竈』字應不讀，故未録。

〔二三〕『擿』，當作『擒』，據文義改，《〈英藏敦煌文獻〉第五卷敘録》《敦煌本數術文獻輯校》逕釋作『擒』；『囚者得出』，《〈英藏敦煌文獻〉第五卷敘録》據文義校補。

〔二四〕『任』，《〈英藏敦煌文獻〉第五卷敘録》校改作『妊』，按『任』有『妊』義，不煩校改。

〔二五〕『火』，《敦煌本數術文獻輯校》釋作『大』，誤。

〔二六〕『金』，當作『木』，《敦煌占卜文書研究》據斯五六八六《李老君周易十二錢卜法》及八卦五行所屬校改。

〔二七〕『無』，《〈英藏敦煌文獻〉第五卷敘録》據文義校補。

〔二八〕『頌』，當作『訟』，《敦煌占卜文書研究》據文義校改，《〈英藏敦煌文獻〉第五卷敘録》逕釋作『訟』。

參考文獻

《敦煌寶藏》三一册，臺北：新文豐出版公司，一九八二年，一九至二〇頁（圖）；《英藏敦煌文獻》五卷，成都：四川人民出版社，一九九二年，一五〇至一五一頁（圖）；《英國收藏敦煌漢藏文獻研究》，北京：中國社會科學出版社，二〇〇〇年，一四一頁（録）；《敦煌占卜文書與唐五代占卜研究》，北京：學苑出版社，二〇〇一年，二三至二五頁；《敦煌研究》二〇〇二年二期，四九頁；《敦煌占卜文書研究》，蘭州大學博士論文，二〇〇三年，四三至四五頁（録）；《敦煌占卜文獻與社會生活》，蘭州：甘肅教育出版社，二〇一一年，七五至七七、八四至八九頁；《敦煌本數術文獻輯校》，北京：中華書局，二〇一九年，四五〇至四五一頁（録）。

斯三七二四背　八　雜寫（郎君須立身詩等）

釋文

郎君須立身，莫共酒家親。君不見生生鳥[一]，爲酒宋（送）其身[二]。君不見生（生）鳥[三]，爲酒

郎君須立身，莫共酒家親。君不見生生鳥，爲酒宋（送）其身[四]。易曰：十文三

（二）緵[五]，坎（離）上離（坎）下[六]，火水土之卦。戊

郎君須立身，莫共酒（家）親[七]。君不見生生鳥，爲酒送其身。

易曰：一文十緵，坎上離下，水火相剋之

説明

以上文字係時人隨手所寫，抄寫『郎君須立身詩』三通，第一通未抄完，三通詩文文字都有一些錯誤，但可以相互校補。三通詩文中間和後面夾雜有『李老君周易十二錢卜法一本』相關内容，亦均只抄寫一行。

校記

〔一〕『生生』，《敦煌詩集殘卷輯考》校改作『狌狌』，不必。以下同，不另出校。
〔二〕『宋』，當作『送』，據此件第三通改，『宋』爲『送』之借字。
〔三〕『生』，據此件第三通補。
〔四〕『宋』，當作『送』，據此件第三通改，『宋』爲『送』之借字。
〔五〕『三』，當作『二』，《敦煌占卜文書研究》據文義校改。
〔六〕『坎』，當作『離』，《敦煌占卜文書研究》據文義校改；『離』，當作『坎』，《敦煌占卜文書研究》據文義校改。
〔七〕『家』，據此件第一通補。

參考文獻

《敦煌寶藏》三一册，臺北：新文豐出版公司，一九八二年，二〇頁（圖）；《英藏敦煌文獻》五卷，成都：四川人民出版社，一九九二年，一五一頁（圖）；《英藏敦煌文獻》九卷，成都：四川人民出版社，一九九四年，九三頁（圖）；《英國收藏敦煌漢藏文獻研究》，北京：中國社會科學出版社，二〇〇〇年，一四二頁（録）；《敦煌詩集殘卷輯考》，北京：中華書局，二〇〇〇年，八八〇頁（録）；王愛和《敦煌占卜文書研究》，蘭州大學博士論文，二〇〇三年，四四至四五頁（録）；《法藏敦煌西域文獻》三四册，上海古籍出版社，二〇〇五年，二三八頁（圖）；《全敦煌詩》一〇册，北京：作家出版社，二〇〇六年，四三四〇至四三四四頁（録）。

斯三七二四背　九　推九天行年災厄法抄

釋文

推九天行年災厄法

一十赤虛[一]，二十遊盛[二]，三十飛柱，四十通光，五十雲貫，六十温土，七十微精[三]，八十太倉[四]，九十太清。從赤虛至太清，周而復始。

年至赤虛，百事不如。男不宜婦，女不宜夫。赤口赤舌，急宜解除[五]。

年至遊盛，六神不寧。淨（諍）訟（訟）無捏（理）[六]，百事不如成[七]。

（以下原缺文）

説明

此件首部完整，尾部原未抄完，首題『推九天行年災厄法』，僅抄六行。從内容看，此件是據九天宫推行年禄命的占卜術。

校記

〔一〕『赤』，據殘筆劃及伯二八四二背《推人九天宮法》補，《〈英藏敦煌文獻〉第五卷敘録》《敦煌本數術文獻輯校》均逕釋作『赤』；『虚』，據伯二八四二背《推人九天宮法》補。

〔二〕『二十』，《〈英藏敦煌文獻〉第五卷敘録》據文義校補。

〔三〕『微精』，據殘筆劃及伯二八四二背《推人九天宮法》補，《敦煌本數術文獻輯校》逕釋作『微精』，《〈英藏敦煌文獻〉第五卷敘録》未能釋讀。

〔四〕『八』，據殘筆劃及伯二八四二背《推人九天宮法》補，《〈英藏敦煌文獻〉第五卷敘録》《敦煌本數術文獻輯校》均逕釋作『八』。

〔五〕『急』，《〈英藏敦煌文獻〉第五卷敘録》釋作『總』，誤。

〔六〕『淨』，當作『諍』，據伯三七七九《推九曜行年災厄法》改，《區域社會史視野下的敦煌禄命書研究》《敦煌本數術文獻輯校》均逕釋作『諍』。『汯』，當作『訟』，據伯三七七九《推九曜行年災厄法》改，《〈英藏敦煌文獻〉第五卷敘録》《區域社會史視野下的敦煌禄命書研究》《敦煌本數術文獻輯校》均逕釋作『訟』；『捚』，當作『理』，據伯三七七九《推九曜行年災厄法》改，《〈英藏敦煌文獻〉第五卷敘録》《區域社會史視野下的敦煌禄命書研究》《敦煌本數術文獻輯校》均逕釋作『理』。

〔七〕『如』，《〈英藏敦煌文獻〉第五卷敘録》認爲係衍文，當删；『成』，《敦煌本數術文獻輯校》釋作『或』；『成』字後《區域社會史視野下的敦煌禄命書研究》另釋『横』字，《敦煌本數術文獻輯校》另釋『獲』字，按底本『成』後確有一『横』字，已涂抹。

參考文獻

《敦煌寶藏》三一册，臺北：新文豐出版公司，一九八二年，二一一頁（圖）；《英藏敦煌文獻》五卷，成都：四川人民出版社，一九九二年，一五一頁（圖）；《英國收藏敦煌漢藏文獻研究》，北京：中國社會科學出版社，二〇〇〇年，一四二頁（録）；《敦煌占卜文書與隋唐五代占卜研究》，北京：學苑出版社，二〇〇一年，一一二頁（録）；《法藏敦煌西域文獻》二八册，上海古籍出版社，二〇〇四年，三三頁（圖）；《區域社會史視野下的敦煌録命書研究》，北京：民族出版社，二〇一二年，三六〇至三六二頁（録）；《敦煌本數術文獻輯校》，北京：中華書局，二〇一九年，一三六四頁（録）。

斯三七二四背　一〇　雜寫

釋文

甲子

説明

以上文字係時人隨手所寫於卷尾空白處。

參考文獻

《敦煌寶藏》三一册，臺北：新文豐出版公司，一九八二年，二一一頁（圖）；《英藏敦煌文獻》五卷，成都：四川人民出版社，一九九二年，一五一頁（圖）。

斯三七二八　乙卯年（公元九五五年）歸義軍押衙知柴場司安祐成牒五通并判

釋文

柴場司

伏以今月廿三日馬群賽神[一]，付設司檉刺叄束。廿四日于闐使賽神，付設司柴壹束；馬院看工匠，付設司柴壹束。廿七日看甘州使，付設司柴兩束。十三日供西州走人[二]，逐日柴壹束[三]，至貳拾肆日斷。未蒙　判憑，伏請　處分。

乙卯年二月　日押衙知柴場司安祐成

爲憑。廿八日。（鳥形押）

柴場司

伏以今月二日馬圈口賽神，付設司柴壹束。看甘州使，付設司檉刺兩束。三日，看南山，付設司壹束。看甘州使，付設司樫刺兩束。東水池賽神〔四〕，熟肉、樫玖束，付設司。造食，樫刺捌束。　使出東園，樫捌束。衙内煎餳，樫叁拾伍束。墓頭造食，樫伍束。李慶郎磑頭打查，樫壹佰貳拾束。百尺上賽神，付設司壹束。　樓上賽神，付設司壹束。支于闐博士月柴壹拾伍束。漢兒貳拾陸人，共柴叁佰玖拾束。押衙王知進妻等肆人〔五〕，共柴肆拾束。又叁人，共柴叁拾束。張佛奴妻，柒束。躍珊，伍束。公主四人，共捌拾束。消鹹，柴伍束，付設司。臥醋，刺兩束。未蒙　判憑，伏請　處分。

乙卯年三月　日押衙知柴場司安祐成

（中缺）

扇馬，付設司柴壹束。八角修烽，付設司柴壹束。刺史賽神，付設司柴壹束。供索縣令家、南山，付設司柴壹束。東園賽神，付設司柴壹束。十六日，祭拜，熟肉，柴兩束。南城上賽神，付設司柴壹束。熟肉并燒石，樫叁束。普光寺門標樹園，白刺拾束。宜秋打瓦口，樫陸拾束。准舊例支太子樫捌車，各柒拾柒束；刺兩車，各伍拾伍束。内院樫捌車，各柒拾柒束。北宅樫拾車，各柒拾柒束。鼓角樓僧，樫叁車，各柒拾柒束。四城上僧，共樫壹伯貳拾束。南城上火料，樫柒拾柒束。西城上火料，樫柒拾柒束。百尺上樫兩車，各柒拾柒束；刺兩車，各伍拾伍束。門僧二人，各樫柒拾柒束。佛座子，樫兩車，各柒拾柒束。樑户二人吹油，刺貳伯貳拾束。南城上阿婆，樫柒拾伍束〔六〕。未蒙　判憑，伏請　處分。

爲憑。十八日。（鳥形押）

乙卯年三月　日押衙知柴場司安祐成

柴場司

伏以今月十四日，使出東園住，至廿日入，用檉壹佰伍拾束。鄉東修烽，付設司柴壹束。十八日，迎甘州使，付設司檉刺叁束；下擔，付設司柴兩束；就驛，柴兩束。十九日，東園祭拜，付設司柴兩束；看甘州使，付設司柴壹束。甘州使比料帖下，柴叁束。迎西州使，付設司檉刺叁束；下擔，付設司柴叁束；就驛下擔，檉刺伍束，付設司。卧醋，刺兩束。消鹹，刺伍束。支城北打口，檉壹佰束。未蒙　判憑，伏請　處分。

乙卯年三月　日押衙知柴場司安祐成

爲憑。廿二日。（鳥形押）

柴場司

伏以今月廿二日，支駝兒入群，付設司柴壹束；就驛送盤，付設司檉刺叁束。廿三日，設東窟工匠，付設司柴壹束。大廳設使客，付設司檉刺拾束。廿四日，祭川原，付設司柴兩束。熟肉，檉兩束。使出東園，用檉拾束。未蒙判憑，伏請　處分。

乙卯年三月　日押衙知柴場司安祐成

爲憑。廿五日。（鳥形押）

説明

此卷由五紙黏貼而成，正面爲五通牒狀。背面倒書抄寫與佛教相關之文字，筆跡相同，係同一人所抄。背面第二紙左沿、第三紙右沿均有明顯的裁剪痕跡，兩紙間用空白襯紙黏連；第四紙左右兩邊也明顯經過剪裁。可以推定，時人將廢棄的官文書裁剪之後黏貼在一起，利用背面來抄寫與佛教相關的内容。後二、三紙間又發生斷裂並造成文字殘缺，英國國家圖書館用空白襯紙將二、三紙黏連固定，但兩紙接續處文字並不連續。

此件爲正面五通牒狀，其内容爲管理柴場司的安祐成所上乙卯年二、三月支出薪料的記録。每通牒狀原單獨寫於一紙，後被黏連在一起。第一、四、五通均首尾完整，第二通牒尾、第三通起首殘缺；除第二通外，其餘四通均保留了判文和鳥形押。第五通行間有倒書文字，係背面『故圓鑒大師二十四孝押座文』尾部及題記，因卷背空間不足，轉寫於此處。兹將這些文字仍移至背面『故圓鑒大師二十四孝押座文』尾部。

此件之『安祐成』又見於斯一八九八『曹氏歸義軍時期兵士裝備簿』。『乙卯年』，艾麗白推定爲後周顯德二年（公元九五五年），鳥形押的使用者是曹元忠（參看《敦煌漢文寫本中的鳥形押》，《敦煌譯叢》一輯，一九四頁）。

此件，《英藏敦煌文獻》漏印第二通最後五行，現據IDP彩圖補全。

校記

〔一〕『廿』，《敦煌社會經濟文獻真蹟釋録》《敦煌遺書總目索引新編》釋作『二十』。

〔二〕『走』，《敦煌社會經濟文獻真蹟釋録》釋作『使』，誤。

〔三〕『柴』，《敦煌遺書總目索引新編》釋作『些』，誤。

〔四〕『東』，《敦煌社會經濟文獻真蹟釋録》釋作『東』，誤。

〔五〕『妻』，《敦煌社會經濟文獻真蹟釋録》漏釋。

〔六〕『柒』，《敦煌社會經濟文獻真蹟釋録》釋作『伍』，誤。

參考文獻

Descriptive Catalogue of the Chinese Manuscripts from Tunhuang in the British Museum, The Trustees of the British Museum, London, 1957, p. 254；《敦煌寶藏》三一册，臺北：新文豐出版公司，一九八一年，六四至六五頁（圖）；《敦煌遺書總目索引》，北京：中華書局，一九八三年，一八四頁（録）；《敦煌譯叢》一輯，蘭州：甘肅人民出版社，一九八五年，一八九至二一七頁；《敦煌吐魯番文獻研究論集》三輯，北京大學出版社，一九八六年，四一一至四一二頁；《敦煌社會經濟文獻真蹟釋録》三輯，北京：全國圖書館文獻縮微複製中心，一九九〇年，六一八至六二〇頁（圖、録）；《第二屆敦煌學國際研討會論文集》，臺北：漢學研究中心，一九九一年，五八七至五八八頁；《敦煌吐魯番文書論稿》，南昌：江西人民出版社，一九九二年，一一七至一一八頁；《英藏敦煌文獻》五卷，成都：四川人民出版社，一九九二年，一

五二至一五三頁（圖）；《歸義軍史研究》，上海古籍出版社，一九九六年，一一六頁、三三八頁、三六八頁；《敦煌遺書總目索引新編》，北京：中華書局，二〇〇〇年，一一三頁（録）；《敦煌學輯刊》二〇〇八年二期，一三至一四頁；《于闐史叢考》（增訂本），北京：中國人民大學出版社，二〇〇八年，八八至八九頁。

一　大唐玄宗皇帝問勝光法師而造開元寺文

釋文

大唐玄宗皇帝問勝光法師而造開元寺

帝曰〔一〕：『佛有何恩得（德）〔二〕，致使人臣捨父捨君而師侍之？説若無憑，朕當除滅。』法師奏曰：『我佛之恩，恩越天地，明過日月，親過父母，義極君臣。』帝乃責之：『天地日月，有造化之功；父母君臣，兆民之本。何得將佛言其聖哉？再具分宣，不宜訛謬。』法師又奏曰：『天但能蓋而不能載，地但能載而不能蓋。日則晝明而夜不能朗，月則夜朗而晝不能明。父只能訓誨，母只能慈育。君王若聖，臣下盡忠；君若不聖，臣當矯佞。以此而推，各具其一。我佛之恩，即不然矣：覆則四生普覆，載即六道俱般〔三〕；明則照耀乾坤，朗則光輝三友（有）〔四〕；慈則牢籠苦海，悲則濟及幽冥；聖則衆聖中尊，神則六通自在；存亡皆普，貴殘（賤）同遵〔五〕。伏望天恩，迴心敬仰。』帝乃虔恭，謂法師曰：『佛德實大，非師莫宣。朕今發願，永爲佛之弟子。』敕下諸州府，每州造寺一所，額號開元。一任有力人造寺，以表朕之敬仰。』

説明

此卷背面抄寫《大唐玄宗皇帝問勝光法師而造開元寺》《大藏經集神州三寶感通録》《左街僧録大師壓座文》《故圓鑒大師二十四孝押座文》，幾件均爲倒書，最後一篇押座文因卷尾空間不足，又倒書接抄於正面尾部。卷背的各件筆跡一致，係同一人所抄。因正面官文書的年代是乙卯年（公元九五五年），故背面抄寫年代應在其後。

此件首尾完整，起首題『大唐玄宗皇帝問勝光法師而造開元寺』，訖『朕之敬仰』，内容爲唐玄宗與勝光法師論佛之事。文中『帝』『佛』『父母』等字前有敬空，但不嚴格。開元二十六年（公元七三八年）六月一日，唐玄宗下敕兩京及天下諸州各設開元寺，此事載諸史籍，但均未言及勝光法師。《釋氏通鑒》與元代《大開元寺興致碑》也載有此則傳説，但文字多有異同。

校記

〔一〕『曰』，《開元寺興致傳説演變研究》釋作『問』，誤。
〔二〕『得』，當作『德』，據《大正藏》本《釋氏通鑒》《大開元寺興致碑》改，『得』爲『德』之借字。
〔三〕『般』，《開元寺興致傳説演變研究》校改作『搬』，按『般』有『搬』義，不煩校改。
〔四〕『友』，當作『有』，據《大正藏》本《釋氏通鑒》《大開元寺興致碑》改，『友』爲『有』之借字。
〔五〕『殘』，當作『賤』，據《大正藏》本《釋氏通鑒》改。

參考文獻

《大正新脩大藏經》七六册，東京：大正一切經刊行會，一九三四年，九五頁；《敦煌學輯刊》三輯，一九八二年，七三至七五頁（録）；《敦煌寶藏》三二册，臺北：新文豐出版公司，一九八二年，六六頁（圖）；《敦煌遺書總目索引》，北京：中華書局，一九八三年，一八四頁；《英藏敦煌文獻》五卷，成都：四川人民出版社，一九九二年，一五三頁（圖）；《陝西金石志》卷二八，南京：江蘇古籍出版社，一九九八年，四〇七頁；《敦煌遺書總目索引新編》，北京：中華書局，二〇〇〇年，一一三頁；《敦煌研究》二〇一二年五期，九四至九五頁（録）。

斯三七二八背　二　大藏經集神州三寶感通録上卷抄

釋文

大唐開元録　大藏經集神州三寶感通録　上卷

終南山釋道宣撰

初明金（舍）利表塔〔一〕，次烈（列）靈像垂降〔二〕，復烈（列）聖寺〔三〕、瑞經、神僧。

釋迦牟尼佛滅度後一百年，天竺國王王號阿育王，往（王）閻浮提〔四〕，空中地〔下〕四十里内〔五〕，所有鬼神，並皆臣屬。開前八塔所獲舍利，於一日夜，役諸鬼神，造八萬四千所塔，廣如衆經，故不備載〔六〕。

（中缺）

勑天下三十州内，建造舍利塔，差天使僧人，葵（揆）同取午時八（入）承（函）〔七〕，一時起塔。節度、刺史、縣令，傅（停）常務檢校〔八〕，用正庫錢物修造。

（以下原缺文）

説明

此件首部完整，有首題，原未抄完，中間殘缺，其内容爲唐道宣撰《集神州三寶感通録》上卷抄，所存文字與通行的《大正藏》本《集神州三寶感通録》區别甚大。

校記

〔一〕『金』，當作『舍』，據《大正藏》本《集神州三寶感通録》改。

〔二〕『烈』，當作『列』，據《大正藏》本《集神州三寶感通録》改，『烈』爲『列』之借字。

〔三〕『烈』，當作『列』，據文義改，『烈』爲『列』之借字。

〔四〕『往』，當作『王』，據《大正藏》本《集神州三寶感通録》改，『往』爲『王』之借字。

〔五〕『下』，據《大正藏》本《集神州三寶感通録》補。

〔六〕『載』，據《大正藏》本《集神州三寶感通録》補。

〔七〕『葵』，當作『揆』，《敦煌變文校注》據文義校改，『葵』爲『揆』之借字，《讀變文札記》校改作『等』並斷入上句；『八承』，當作『入函』，據《大正藏》本《集神州三寶感通録》改，《敦煌變文校注》逕釋作『入函』。

〔八〕『傅』，當作『停』，《讀變文札記》據文義校改。

參考文獻

《大正新脩大藏經》五二册，東京：大正一切經刊行會，一九三四年，四〇四、四一一頁；《文史》七輯，一九八〇年，二二九至二三六頁（録）；《敦煌寶藏》三一册，臺北：新文豐出版公司，一九八二年，六六頁（圖）；《英藏敦煌文獻》五卷，成都：四川人民出版社，一九九二年，一五三頁（圖）；《敦煌變文集新書》上册，臺北：文津出版社，一九九二年，二七頁（録）；《敦煌變文校注》，北京：中華書局，一九九七年，一一五八至一一五九頁（録）。

斯三七二八背　三　左街僧録大師壓座文

釋文

左街僧録大師壓座文

三界衆生多愛癡，致令煩惱鎮相隨〔一〕。改頭换面無休日，死去生來没了期。饒俊須遭更姓字，任姦終被變形儀。直教心裏分明著，合眼前程物（總）不知〔二〕。假饒不被改形儀，得個人身多少時。十月處胎添相貌，三年乳餔作嬰兒〔三〕。寧無命向臍風樹，也有恩從撮口離。子細思量爭不怕，纔生便有死相隨。設使身成童子兒，年登七八歲髻雙垂〔四〕。父憐編草竹爲馬〔五〕，母惜胭顋黛染眉。女即使聞周氏教，兒還教念百家詩。算應未及甘羅貴，早被無常暗裏追。笄年弱冠又何移，漸漸顔高即可知。

説明

此件首尾完整，起首題『左街僧録大師壓座文』，訖『漸漸顔高即可知』。因前三首均爲七律，而第四首只有開頭二句，故推測其下應缺六句，原未抄完。最後兩句左側有長條勾劃，或許意在提示此首不完整。因下件中有題撰者爲『右（左）街僧録圓鑒大師』，故此件中之『左街僧録大師』應即圓鑒。

校記

〔一〕『惱』，底本原作『火』旁，係涉上文『煩』而成之類化俗字。

〔二〕『物』，當作『總』，《敦煌變文集》據文義校改。

〔三〕『餔』，《敦煌變文集》校改作『哺』，按『餔』同『哺』，不煩校改。

〔四〕『歲』，《敦煌變文校注》疑係衍文。

〔五〕『编』，《敦煌變文集》《敦煌變文校注》均釋作『漏』，校改作『编』。

參考文獻

《敦煌變文集》下册，北京：人民文學出版社，一九五七年，八四〇至八四一頁（録）；《中國學人》六卷，一九七七年，二二三至二二六頁；《文史》七輯，一九八〇年，二二九至二三六頁；《敦煌寶藏》三一册，臺北：新文豐出版公司，一九八二年，六六頁（圖）；《寧波師範學院學報》一九八九年一期，七五至七六頁；《敦煌變文集校議》，長沙：嶽麓書社，一九九〇年，四三二頁；《英藏敦煌文獻》五卷，成都：四川人民出版社，一九九二年，一五四頁（圖）；《敦煌變文集新書》上册，臺北：文津出版社，一九九二年，二七至二八頁（録）；《敦煌變文校注》，北京：中華書局，一九九七年，一一五八至一一五九頁（録）；《敦煌變文講經文因緣輯校》下册，南京：江蘇古籍出版社，一九九八年，一〇六九至一〇七一頁（録）；《全敦煌詩》一四册，北京：作家出版社，二〇〇六年，六三五〇至六三五一頁（録）。

斯三七二八背　四　故圓鑒大師二十四孝押座文

釋文

押座文〔一〕

右（左）街僧録圓鑒大師賜紫　雲辯　述〔二〕

世間福惠〔三〕，莫越如來。相好端嚴，神通自在。

佛身尊貴因何得？根本曾行孝順來。

須知孝道善無疆，三教之中廣讚揚。若向二親能孝順，

便招千福（佛）護行藏〔四〕。目連已救青提母，我佛肩舁淨飯王〔五〕。

萬代史書歌舜主，千年人口讚王祥。慈烏返哺猶懷感，

鴻雁纔飛便著行。郭巨願埋親子息，老萊歡著綵衣裳〔六〕。

最難詎惑謾衷懇，不易欺輕對上蒼。泣竹笋生名最重，

卧冰魚躍義難量。若能自已除譏謗，免被他人卻毀傷。

犬解報恩能驟草〔七〕，馬能知主解垂韁。休消（貪）財賄耽婬泆〔八〕，

莫惱慈親縱酒狂。男女病來聲喘喘，父孃啼得淚汪汪。
兩肩荷負非爲重，千遶須彌未可償〔九〕。勤奉晝昏知動静，
專看顔色問安康。吐甘嚥苦三年内，在腹懷娠十月强〔一〇〕。
試出去遥和夢逐〔一一〕，稍歸來晚立門傍。孝慈必感天宫福，
背逆能招地獄殃〔一二〕。勤苦卻須歸己分〔一三〕，資財深忌入私房。
須憂陰騭相摩折，莫信妻兒説短長。自是意情無志孝〔一四〕，
卻怨庚甲有相妨。四鄰忿怒傳揚出，五逆名聲遠近彰。
若是弟兄爭在户〔一五〕，必招鄰里鬩於墻〔一六〕。至親骨肉須同食，
深分交朋尚併糧〔一七〕。祇對語言宜歎（款）曲〔一八〕，領承教示要參詳〔一九〕。
試乖斟酌虧恩義，稍錯停騰失紀綱。切要撫憐於所使，
倍須安卹向孤霜（孀）〔二〇〕。晨昏早遣妻兒起，酒食先教父母嘗。
共住不遥還有别，相看非久即無裳（常）〔二一〕。生前直懶供茶水，
殁後靈勞（前）酹酒漿〔二二〕。志意順從同信佛，美言參問勝燒香。
柔和諫要慈親會，醜惡名須自己當〔二三〕。正酷熱天須扇枕，
遇嚴凝月要温牀。殘年改易如流速，甘旨供承似火忙。
若解在生和水乳，卻勝亡殁祭豬羊〔二四〕。爭無里巷明宣説，

自有神祇闇記將。共樹共枝爭斷割〔二五〕，同胞同乳忍分張？如來演説五千卷，孔氏譚論十八章〔二六〕。莫越言言宣孝順，無非句句述温良。孝心號曰真菩薩，孝行名爲大道場。孝行昏衢爲日月，孝心苦海作梯航。孝心永在清涼國〔二七〕，孝行常居悦樂鄉。孝行不殊三月雨，孝心何異百花芳？孝心廣大如雲布，孝行分明似日光。孝行萬災咸可度，孝心千禍總能禳〔二八〕。孝爲一切財中寶，孝是千般善内王。佛道孝爲成佛本〔二九〕，事須行孝向爺孃〔三〇〕。見生稱意免輪迴，孝養能消一切災。能向老親行孝順〔三一〕，便同終日把經開。善言要使親情喜〔三二〕，甘旨何須父母催？要似世尊端正相，不過孝順也唱將來〔三三〕。

宣賜雲辯　崇夏寺尼三月講〔三四〕，爲修本寺佛殿，請一人爲首，轉化多人，每人化錢二十五文，足陌，充修上件功德。偈詞十首，便是教化疏頭。

説明

此件首尾完整，首題『押座文』，主體部分書於斯三七二八背，最後一句及卷末題記倒書接寫於斯三七二八正面《乙卯年（公元九五五年）知柴場司安祐成牒》第五通行間，《英藏敦煌文獻》將最後一句及卷末題記另擬名爲《崇夏寺尼化錢充修佛殿功德抄》和《雜寫》，不妥（參看張弓《〈英藏敦煌文獻〉第六卷敘録》，宋家鈺、劉忠編《英國收藏敦煌漢藏文獻研究》，一四二頁）。

敦煌文獻中保存的『二十四孝押座文』還有S.P.1、伯三三六一和Дх一〇六四＋Дх一六九九＋Дх一七〇〇＋Дх一七〇一＋Дх一七〇二＋Дх一七〇三＋Дх一七〇四。S.P.1爲刻本，首尾完整，起首題『故圓鑒大師二十四孝押座文』，訖『不過孝順也唱將來』；伯三三六一起首題『押座文』，訖『不過孝順唱將來』；Дх一〇六四＋Дх一六九九＋Дх一七〇〇＋Дх一七〇一＋Дх一七〇二＋Дх一七〇三＋Дх一七〇四爲册頁裝，起『佛道孝爲成佛本』，訖『不過孝順也唱將來』，中間脱漏四句。

以上釋文以斯三七二八背和斯三七二八爲底本，用S.P.1（稱其爲甲本）、伯三三六一（稱其爲乙本）、和Дх一〇六四＋Дх一六九九＋Дх一七〇〇＋Дх一七〇一＋Дх一七〇二＋Дх一七〇三＋Дх一七〇四（稱其爲丙本）參校。

校記

〔一〕此句乙本同，甲本作『故圓鑒大師二十四孝押座文』。

〔二〕『右』，當作『左』，據乙本改。此句甲本無。

〔三〕『惠』，甲本同，乙本作『慧』。

〔四〕『福』，當作『佛』，據甲、乙本改，『福』爲『佛』之借字。

〔五〕『飯』，乙本同，甲本作『梵』。

〔六〕『萊』，乙本同，甲本作『來』，誤，『來』爲『萊』之借字；『綵』，乙本同，甲本作『彩』，均可通。

〔七〕『驟』，甲本同，乙本作『驪』，誤。
〔八〕『消』，乙本同，當作『貪』，據甲本改；『財賄』，甲、乙本作『賄貨』；『泆』，乙本同，甲本作『慾』。
〔九〕『償』，乙本同，甲本作『嘗』，『嘗』爲『償』之借字。
〔一〇〕『娠』，乙本同，甲本作『躭』，均可通。
〔一一〕『去』，乙本同，甲本作『路』，誤。
〔一二〕『背』，乙本同，甲本作『五』，均可通。
〔一三〕『歸』，乙本同，甲本作『知』。
〔一四〕『志』，甲、乙本作『至』。
〔一五〕『户』，甲本同，乙本作『内』。
〔一六〕『閺』，甲本作『闇』，誤；『於』，甲本作『遷』，誤。
〔一七〕『朋』，乙本同，甲本作『明』，誤。
〔一八〕『歎』，當作『款』，據甲、乙本改。
〔一九〕『詳』，甲本同，乙本作『祥』，『祥』爲『詳』之借字。
〔二〇〕『衂』，乙本同，甲本作『恤』；『霜』，當作『孀』，據甲、乙本改，『霜』爲『孀』之借字。此句至『晨昏早遣妻兒起』之間，甲本尚有『姑姨舅氏孤孀子，收向家中賜寵光。貧闕親知垂濟惠，崎嶇道路置橋樑。佛道若能依此教，號曰慈悲大道場』等六句。
〔二一〕『裳』，當作『常』，據甲、乙本改。
〔二二〕『殁』，乙本同，甲本作『没』，均可通；『靈』，乙本同，甲本作『虚』，按寫本時代，『靈』『虚』形近易混，故可視作『靈』；『勞』，甲本同，當作『前』，據乙本改。

〔二三〕『惡』，乙本同，甲本作『漏』，誤。
〔二四〕『歿』，乙本同，甲本作『後』。
〔二五〕『斷』，乙本同，甲本作『判』。
〔二六〕『譚』，甲本同，乙本作『談』，均可通。
〔二七〕『在』，甲本同，乙本作『有』，誤。
〔二八〕『禳』，乙本同，甲本作『穰』，均可通。
〔二九〕丙本始於此句。
〔三〇〕『爺』，丙本同，甲、乙本作『耶』，均可通。
〔三一〕『順』，甲、乙本作『足』。此句至『甘旨何須父母催』，丙本無。
〔三二〕『親情』，乙本同，甲本作『慈親』。
〔三三〕『也』，甲、丙本同，乙本無。甲、乙本止於此句。
〔三四〕『賜』後《〈英藏敦煌文獻〉第六卷敘録》校補『紫』字。

參考文獻

《敦煌變文集》下册，北京：人民文學出版社，一九五七年，八四〇至八四一頁（録）；《文史》七輯，一九八〇年，二三二至二三三頁；《敦煌寶藏》三二册，臺北：新文豐出版公司，一九八二年，六六頁（圖）；《寧波師範學院學報》一九八九年一期，七五至七六頁；《英藏敦煌文獻》五卷，成都：四川人民出版社，一九九二年，一五三至一五四頁（圖）；《敦煌變文集新書》上册，臺北：文津出版社，一九九二年，二七至二八頁（録）；《俄藏敦煌文獻》七卷，上海古籍出版社，一九九六年，二九四頁（圖）；《敦煌變文校注》，北京：中華書局，一九九七年，一一五四至一一五七頁（録）；《敦煌變文講經文因緣輯校》下册，南京：江蘇古籍出版社，一九九八年，一〇六九至一〇七一頁（録）；《英國收藏敦煌漢藏文獻研究》，北京：中國社會科學出版社，二〇〇〇年，一四二頁；《法藏敦煌西域文獻》二三册，上海古籍出版社，二〇〇二年，三四七頁（圖）；《全敦煌詩》一四册，北京：作家出版社，二〇〇六年，六三四六至六三五一頁（録）；《敦煌變文選注》（增訂本），北京：中華書局，二〇〇六年，九九三至一〇〇八頁（録）。

斯三七四七　太上昇玄護命經一卷

釋文

爾時元始天尊在七寶林中五明宮内〔一〕，與無極聖衆俱〔二〕。放無極光〔三〕，照無極界〔四〕，觀無極衆生，受無極苦惱〔五〕。宛轉世間〔六〕，輪迴生死，漂浪愛河，流吹慾海〔七〕，滯聲香味〔八〕，觸中迷有〔九〕，無無有内〔一〇〕，無色有色，無無有無，有有無有，終始暗昧，不能自明，必竟迷惑〔一一〕。

天尊告曰：汝等衆生，從不有中有，不無中無〔一二〕，不色中色〔一三〕，不空中空〔一四〕；非有爲有〔一五〕，非無爲無，非色爲色，非空爲空。空即是空，空無定空；色即是色，色無定色；即色是空，空即是色〔一六〕。若能知空不空，知色不色，名爲照了，始達妙音。識無空法，洞觀無礙，入衆妙門，自然解悟，離諸疑網，不著空見，清静六根〔一七〕，斷諸邪障〔一八〕。我故爲汝四輩説是妙經〔一九〕，名曰《護命》，濟度衆生，隨身供養〔二〇〕，傳教世間，流通讀誦。即有飛天神王、破邪金剛、護法靈童、救苦真人、金精猛獸，各百億萬〔二一〕，俱侍衛是經，隨所供養，扞厄扶衰〔二二〕，度一切衆生，離諸染著，入衆妙門〔二三〕。

視不見我，聽不得聞。離種種邊，名爲妙道〔二四〕。

太上昇玄護命經一卷〔二五〕

説明

此件首殘尾全，起『賓林中』，訖尾題『太上昇玄護命經一卷』。敦煌文獻中保存的《太上昇玄護命經》還有伯二四七一，首全尾缺，起首題『太上昇玄護命經一卷』，訖『入衆沙（妙）門』。以上釋文以斯三七四七爲底本，用伯二四七一（稱其爲甲本）和《正統道藏》本（稱其爲乙本）參校。

校記

〔一〕『爾時元始天尊在七』，據甲、乙本補。

〔二〕『極聖衆俱』，據甲、乙本補。

〔三〕『放無極』，據甲、乙本補；『光』，據殘筆劃及甲本補，乙本作『光明』。

〔四〕『界』，甲本同，乙本作『世界』。

〔五〕『受無極苦惱』，據甲、乙本補。

〔六〕『宛轉世』，據甲、乙本補。

〔七〕『流』，據殘筆劃及甲、乙本補。
〔八〕『滯聲香味』，甲本同，乙本作『沈滯聲色』。
〔九〕『觸中迷有』，甲本同，乙本作『迷惑有無』。
〔一〇〕第二個『無』，甲本同，乙本作『空』；『有』，乙本同，甲本作『色』，誤；『内』，甲本同，乙本作『空』。
〔一一〕『必』，甲本同，乙本作『畢』，均可通。
〔一二〕『不無中無』，乙本同，甲本脱。
〔一三〕『不色中色』，乙本同，甲本脱。
〔一四〕『不空中空』，乙本同，甲本脱。
〔一五〕『非有爲有』，乙本同，甲本脱。
〔一六〕『空即』，甲本同，乙本作『即空』。
〔一七〕『静』，乙本同，甲本作『淨』，均可通。
〔一八〕『諸』，甲本同，乙本作『除』。
〔一九〕『故』，甲本同，乙本作『即』；『四輩』，甲本同，乙本無。
〔二〇〕此句甲本同，乙本無。
〔二一〕『萬』，甲本同，乙本作『萬衆』。
〔二二〕『扞』，甲本同，乙本作『捍』。
〔二三〕『入衆』，甲本同，乙本無；『妙』，乙本無，甲本作『沙』，誤；『門』，甲本同，乙本無。甲本止於此句，乙本此句後有『爾時天尊即説偈曰』。
〔二四〕『爲』，乙本作『曰』。

〔二五〕『護命經一卷』，乙本作『消災護命妙經』。

參考文獻

《西域出土漢文文獻分類目録·道教之部》三册，東京：東洋文庫，一九六九年，五頁；《敦煌道經·目録編》，東京：福武書店，一九七八年，八三頁；《敦煌道經·圖録編》，東京：福武書店，一九七九年，三一五至三一六頁（圖）；《敦煌寶藏》三一册，臺北：新文豐出版公司，一九八二年，一五〇頁（圖）；《道藏》一册，文物出版社、上海書店、天津古籍出版社，一九八八年，七七二至七七三頁；《英藏敦煌文獻》五卷，成都：四川人民出版社，一九九二年，一五五頁（圖）；《敦煌道藏》一册，北京：全國圖書館文獻縮微複製中心，一九九九年，一一一至一一二頁（圖）；《法藏敦煌西域文獻》一四册，上海古籍出版社，二〇〇一年，二一二頁（圖）；《中華道藏》六册，北京：華夏出版社，二〇〇四年，九六頁；《敦煌道教文獻研究：綜述·目録·索引》，北京：中國社會科學出版社，二〇〇四年，一三九至一四〇頁；《王重民向達所攝敦煌西域文獻照片合集》二八册，北京：國家圖書館出版社，二〇〇八年，一〇四〇六頁（圖）。

斯三七五〇＋BD一一二五二＋伯二五五九　陶公傳授儀

釋文

（前缺）

跽祝曰〔一〕：某甲志在山林，避處人間，身未淳虛，氣多濁塵，五藏未定，恐怖惡禽。今日奉受西嶽公禁山符印、太上中黄虎章、張天華虎王李精三五之符，上厭山精，下制百禽。請西嶽神君，主司衆神；飛天丈人，主摧滅虎膽，剔截猛氣〔二〕；太一中黄，主吐氣漱虎〔三〕，銜薫（熏）凶目〔四〕；玄上玉童，主閉虎五藏，逃走他宿；猛獸先王，震虎制禽，役使可得。某自今受符以後，虎見某當伏，申頭敢動。某爲虎起，虎走千里，所向皆開，金石爲摧，佩吞神符，長生不衰。因伏地，隨意所陳，又五再拜。畢，又跽，師再拜，退還席。

師又上香曰：授受神符，言訖事畢〔五〕，所請西嶽神君、飛天四神，臨饗既竟，願各嚴車騎，還莅所居。某等施用之日，應聲立驗，呼吸呼吸，隨神所集，叱叱叱，叱叱叱。因散香。

投鷄於地，令弟子閉目，兩指闇執鷄，視得何處。得頭第一，用符必行。得翅第二，得脚第三〔六〕，得尾第四。都畢，攝器香火還。

此羊鷄魚，若不自食，仍悉埋藏，不得分人。

若入山及山居住止，諸施用符印，大有法用。並別在《登真隱決》『巡山定室』卷中〔七〕。今此中五條，既止是傳授儀，故不得備説。

依符中語，止是初受時一祭而已，若山居在多毒害之處，亦可年一祭之，於春月爲宜，迴互辭語，不復道傳授意耳。

授受五岳圖法〔八〕此圖出鄭、葛，是山世中佩奉要法，而無所脩存，止年常醮祭，祈福攘禍而已。

摹佩圖一卷，用好素二丈，朱墨各少許，雇手三百。又應寫序一卷，十四五紙，雇手一百。又小紫錦囊一枚，盛佩圖。序不須囊，可共一函盛之。

祭授圖，用月上建夜半。正月左好，餘月亦隨時耳。於庭壇東向敷六尺席〔九〕，西向位以絳紋五尺安席上〔一〇〕，舒圖文於絳上，鎮笮兩頭，勿令風吹起。以一案著圖前，一中長柈擎五槃置案上〔一一〕，五岳君也。又一大長柈擎十槃著案南席上。又二小柈各〔擎〕一槃次南邊〔一二〕，一青城丈人，一廬山使者。若住名山者，又設一杯柈，以次廬山南，非名山中不須此。三窪勺〔一三〕，五岳一〔一四〕、佐命一，丈人使者一。無者亦可都共一。三香火，依窪處各一〔一五〕。章案一枚，并燭火。醮饌用水三斗，年常自醮用酒一斛，亦可五斗。白香、火香五斤，年常自醮用廿五斤，亦可十斤。果五種，隨時所用，甘蔗柈量一挺，則十八挺。又不得空大柈，應廿挺也。餘果與此相稱。又生菜一柈，不用薑辛菜。

弟子北向伏，箱盛信絹一匹置前，序中所請，委絹告盟。師隨杯柈奠果香，以生菜覆上訖，酌酒一遍。

餘酒甖安座南，香果柈安座北。燒香長跽，讀章文至神饗止。伏存神到，良久起。又捻香一遍，更讀章後至訖。依序中鄭君說弟子別自章文陳說意謂，於時弟子未得如此，但令師併於章中載述，受圖後自醮，乃可自說耳。

因起卷取圖，將度案前，跽白：即日奉此《真形圖文》，授某甲佩服，願垂恩臨。便往至弟子前，東向跽，授圖。弟子長跽，右手執絹，左手受圖，繞腰三匝，男左繞，女右繞。起向案座五再拜，又跽師再拜，以圖內懷中。師更捻香一遍，燒香白曰：依科委絹，以圖付授某甲已畢，願勑各遣五神侍給圖文，衛護佩圖之身，使災消禍散，萬事吉安，泄慢之咎，具如章言。畢，呼弟子進，自捻香一遍，伏席，隨意自陳，五再拜，還位。

師又跽白：仰降神君，曲臨饗禮，展誠既畢，請賜福祚。乞真炁布體，充滿榮衛，疾病除愈，尸邪消滅，長生久視，通達諸靈。所向如願，萬事合心。因以別杯傾取上五柈香各少許，自伏席飲之。又傾取佐命酒賜弟子，弟子起再拜，伏飲之。畢，又白曰：已蒙神賜，凡諸從官不得預同筵席者，乞請頒及，咸令歡悅。因取窪中香，遍灑四面。畢，更燒香，跽白曰：神光下盻，已淹時刻，恩沾既畢，不敢久稽，請敕嚴駕，各還所位，須歲月往復，又更祈聞，所留廿五神，言功糾過，皆如故事。因各伏思神去，良久起，燒章，內堰水中，令不盡小片，視所餘字，以占善惡。仍各啗此水〔一六〕，并洗眼。乃撤香火，下饌分張，共敘之。

若受圖後〔一七〕，年常自醮者，布置次第法用，具如前，唯改傳授法，易傳授語云：今日某月上建良辰，仰降五岳神君，諸佐命八山、儲君、丈人使者，并此靈山真官正神，願各留恩曲被，賜以真炁，使某五藏生華，六府宣通，消卻殃禍，解除咎考，行來出入山世之中，廿五神常見瘫（擁）護〔一八〕，歲終端等，言功報勞，諸有陳請，具如章言。伏席盡誠，仍起請賜。請賜送神，亦如前法。

梁天監某年太歲某月日子上建，天師某治祭酒，州郡縣鄉里，男女生姓名，年如干歲，謹依道明科，傳弟子姓名《五岳真形圖文》，告齋脩祭，即日請五岳君、霍潛儲君、佐命八山神君、青城丈人、廬山使者，願並垂臨降。

奉請東岳泰山君、羅浮括倉佐命〔一九〕；

奉請南岳衡山君、霍山潛山儲君；

奉請中岳嵩高山君、少室武當佐命；

奉請西岳華山君、地胇女幾佐命；

奉請北岳恒山君、河逢抱犢佐命；

奉請青城丈人；

奉請廬山使者；

奉請此某山真官神君。

大岳衆官君，及千山百川諸靈陵真仙地主、原野丘阜江海溪谷一切群神，有泰清三天玄録，非精稱下土者皆登，屈臨於此山露壇之上，歆微禮薄饗。

某今住某鄉（郡）縣鄉里山中〔二〇〕，

因九光使者威明大夫請

神饗

某以胎誕下世，〔沉〕淪鄙俗〔二一〕，籍緣微業，得奉大化，滌除垢濁，希尚清真。昔以某年月，受先師某甲《五岳真形圖文》，以自脩佩，被蒙安吉，實荷覆護，而不能執科秉法，必限五八，亟經傳付，皆成違負，夙夜愧懼，若履冰谷。但樂道之子，在世屢有，加運季時危，人願自拔，傾心苟至，理不可遏。今有某郡縣鄉里男女生姓名年紀，丹情款切，告情備至，謹以吉日，設醮委信，依法傳付。乞令某受圖以後，心開意悟，解達真旨，注心道炁，不令乖違，天親同炁，常相愛護。即日列上三天，章奏太上，賜削除死録，書名生簡，三尸消滅，災害不犯。使五方靈岳各遣五神，千山百川時差侍官，營守圖文，防護某身，長生久視，永享元吉。若值賢才，量宜審授，不得輕慢，自招愆罪。謹清齋祭付恩，惟鑒察，謹稽首再拜　上聞。

右傳授章止此。

某以某年歲，從師某甲，奉受《五岳真形圖文》，西王母竹使符信，永以佩身。蒙五岳君各遣五神〔二二〕，千山百川皆有侍官，並營衛圖書，防扞佩圖之身。某生長凡俗，染習塵世，心行未專，多違科律，穢忤靈文，犯觸非一，懼爲神官所奏，結讁冥司。今以某月上建吉日，脩齋告祭，陳失謝咎，願五岳神君、儲君佐命、丈人使者，遠紆清真，屈臨鄙濁，録其丹誠，恕其菲薄，從來所犯陽愆陰罪，一乞原釋，卻禍致福，除死上生。使神光靈炁常現身中，凶鬼惡人自然弭伏，所向所願，皆得從心，長生久視，克獲神通，下及家人大小、支流部屬，咸蒙端等，永享吉泰。廿五神及與此山此境里域真官，常共保衛。須歲月代序，當復以聞。謹上。

右年常自醮章。從神饗以前，皆依上法，唯除傳弟子語耳。書此章，用好白滕（藤）紙，朱書，備如章法。

授受三皇法〔二三〕三皇是大經法，今世中有此數卷，皆由鮑、葛所傳至此。大者之真字，唯《青胎》一卷是耳。而《西城施行》一卷，全爲劾召之要。其餘卷並吾所未詳，而合集得成一袠十卷〔二四〕，相傳併受之。

傳板二片，上片槐，下片梓，尺度如今模。紫紋七尺爲傳衣，朱臈二封，青絲綖二條各長七尺〔二五〕，摹佩文白素二丈，朱一兩，錦囊〔一〕副〔二六〕。雇手摹〔經〕并傳〔二七〕，可四百。右前件並出弟子。九老仙都印一紐，出師，封傳用。醮用酒三斗，一甖。脯三朐，荻扦脯一夾，屈之名朐。而此脯多雜肉，今一可自作白肉脯一合柈許。大棗三升〔二八〕，金鐶三雙，一兩。

三皇香卅丸，丸如梧子。並出弟子。窪勺一具，尺柈杯各三，三香火。並師自辨〔二九〕。信用白絹三匹，銀三兩。舊法乃用絹六匹、銀六兩，代白鷄之盟，意謂六數於事無義，又於貧者難辨〔三〇〕，今各取三，於法爲元。弟子北向伏，列法信於前。

夜半於庭壇敷席，北面南向位。依《經》天皇在子，地皇在申，人皇在寅。既器案難具，今同共北面，於法無嫌。當以天皇在東，次地皇、人皇也。舒碧巾三尺爲座，上白杯柈奠貯置前，前設一奏案，以擎《三皇經》及傳等。師初北向微祝曰：香煙玉女，上白三皇真君，某甲正爾燒香醮禮，拜請三皇真君，願降以靈炁，下入某身，所啓逕御三皇真君几前。

因燒香酌酒，三再拜，長跽曰：男生弟子某甲，謹奉請天皇天一真君、地皇太一真君、人皇玄一真君，並願曲垂降饗，鑒察丹心。因伏思神良久，起，酌酒曰：某甲昔從先師某奉受天皇、地皇、人皇三部内文天文大字、青胎監乾㝠符，合十卷，佩服在身。被蒙神炁，從來積年，未敢傳付，或云：已經傳付。今有某郡縣鄉里男女生某甲，信心專到，願樂受持，依如科法，許聽傳授。謹以今日施設微禮，并陳盟信，對共啓告，封傳付授，謹以奏言，請賜矜允。因又伏地少時，弟子稽顙無數。起讀傳下板文竟，内衣，加以上板，綖纏兩頭，畢，安朱臈，小火炙令軟。因執印加上封，兩上手大指捻印，起就弟子。弟子亦長跽，以兩手大指捻師指上。師微祝曰：三皇元精，上應乾靈，佩符帶傳，朝拜玉庭，仙童扶己，玉女侍形，出入天門，朝晏上清。

因吐炁，三嘘之，舉指捻印成文，起，退，安下封，火炙，就弟子封如上。畢，仍與弟子帶背，男絡左肩上，女絡右肩上，結於心前。師還位，弟子仍對杯，各再拜，又禮師再拜。師更跽曰：　弟子某甲已蒙帶傳，今請佩符。因卷取一卷素文，跽授弟子。左手受符，仍以繞腰三匝。男左繞，女右繞。師又跽曰：　弟子某甲帶傳佩符已畢，今請授經。因取十卷至弟子前，東向跽，弟子左手受經，右手執信，交度，仍捧經，更三再拜，又拜師。師還，酌酒上香曰：　某甲今日仰承皇恩，傳付弟子經符已畢，但恐肉人生長末世，心行不淳，正炁淺薄，災禍易集，唯仰憑真道，乞垂保衛。令某佩奉以後，得荷安吉，師資天親，愛護爲本，應有傳付，時須賢哲。若違科犯慢，具依玄制，謹伏地稽顙，陳奏丹心。因各伏地叩頭，隨心請乞。師弟子各三再拜。師上酒燒香曰：　仰降高靈，遠臨鄙濁，啓傳既畢，不敢稽留，呼吸上升，還神反位，請乞餘福，曲沾卑陋。因三再拜。送神畢，取酒，各伏飲，又四灑如法。畢，乃燒香復爐曰：　香煙玉女，真皇降臨，上還天府，授受之身，並已荷福，香煙飛散，與道和合。

都畢，撤座。

外郭朱，内郭黑，開中央〔三一〕。

此上板用槐材，燥者先以雌黄色之膠清和數過〔三二〕，上令調好，乃依此符朱畫（畫）畢〔三三〕，火炙臈，臈令光明，耐沾濕。

某年歲月日，州郡縣鄉里，男生姓名，年如干。

（後缺）

説明

此件由斯三七五〇、BD一一二五二、伯二五五九綴合而成，綴合後的文本仍是首尾均缺，失題，有朱書文字和符圖。斯三七五〇起『跽祝曰』，訖『於庭壇東』；BD一一二五二起『向敷六尺席』，訖『三窪勺』；伯二五五九起『五岳一』，訖『年如干』。大淵忍爾據斯三七五〇和伯二五五九的内容考定其爲梁陶弘景所撰《傳授儀》（參看《敦煌道經·目録編》，三三一至三三二頁），兹從之。《陶公傳授儀》内言傳授《三皇文》《五岳真形圖》等經書符圖之科儀，原本一卷。敦煌文獻中保存的《陶公傳授儀》還有斯六三〇一，首尾均缺，存經文六行，與此件係同一抄本，但内容不直接相連。（參看王卡《敦煌道教文獻研究：綜述·目録·索引》，一四〇至一四一頁）。此經《正統道藏》未收，《中華道藏》收録了此件和斯六三〇一之釋文（參見《中華道藏》四册，五二一至五二五頁）。

校記

〔一〕斯三七五〇始於此句。

〔二〕『剔截猛』，《中華道藏》釋作『制厭精』，誤。

〔三〕『漱』，《中華道藏》釋作『敕』，誤。

〔四〕『薫』，當作『熏』，據文義改，《中華道藏》逕釋作『熏』。

〔五〕『訖』，《中華道藏》釋作『迄』，雖義可通而字誤。

〔六〕『腳』，《中華道藏》釋作『背』，誤。

〔七〕『決』，《中華道藏》釋作『訣』，雖義可通而字誤。

〔八〕此行天頭處有朱書『五岳』二字。

〔九〕『向』，《敦煌殘抄本陶公傳授儀校讀記》據殘筆劃及文義校補。斯三七五〇止於此句之『東』字，BD 一一二五二始於此句之『向』字。

〔一〇〕『絳』，《敦煌殘抄本陶公傳授儀校讀記》據文義校補；『紋』，《敦煌殘抄本陶公傳授儀校讀記》據殘筆劃及文義校補。

〔一一〕『槃』底本原作『⿰木槃』，係『槃』字之增旁俗字，《中華道藏》釋作『⿰木槃』，校改作『槃』。

〔一二〕『擎』，《敦煌殘抄本陶公傳授儀校讀記》據文義校補。

〔一三〕BD 一一二五二止於此句。

〔一四〕伯二五五九始於此句。

〔一五〕此句底本爲小字，《中華道藏》釋作正文大字。

〔一六〕『啗』，《中華道藏》釋作『啥』，誤。

〔一七〕『若』字右側有朱筆勾劃。
〔一八〕『擁』，當作『擁』，據文義改，《中華道藏》逕釋作『擁』。
〔一九〕『倉』，《中華道藏》釋作『蒼』，誤。
〔二〇〕『鄉』，當作『郡』，據文義改，《中華道藏》逕釋作『郡』。
〔二一〕『沉』，《敦煌殘抄本陶公傳授儀校讀記》據文義校補。
〔二二〕『蒙』後《中華道藏》另釋有『受』，按底本實無。
〔二三〕此行天頭處有朱書『三皇』二字。
〔二四〕『袠』，《中華道藏》釋作『帙』，雖義可通而字誤。
〔二五〕『絲』，《中華道藏》釋作『系』，誤。
〔二六〕『一』，《敦煌殘抄本陶公傳授儀校讀記》據文義校補。
〔二七〕『經』，《敦煌殘抄本陶公傳授儀校讀記》據文義校補。
〔二八〕『東』，《中華道藏》釋作『米』，誤。
〔二九〕『辨』，《中華道藏》釋作『辦』，雖義可通而字誤，按『辨』有『辦』義。
〔三〇〕『辨』，《中華道藏》釋作『辦』，雖義可通而字誤，按『辨』有『辦』義。
〔三一〕此行文字朱書寫於符之左側。
〔三二〕『燥』，《中華道藏》釋作『燎』，誤。
〔三三〕『晝』，當作『畫』，據文義改，《中華道藏》逕釋作『畫』。

參考文獻

《道教研究》一九六七年二期，一二四至一二五頁；《西域出土漢文文獻分類目録·道教之部》三册，東京：東洋文庫，一九六九年，六九至七〇頁；《敦煌道經·目録編》，東京：福武書店，一九七八年，三三一至三三二頁；《敦煌寶藏》三一册，臺北：新文豐出版公司，一九八二年，一六三頁（圖）；《敦煌寶藏》一一三册，臺北：新文豐出版公司，一九八五年，一一四至一一八頁（圖）；《英藏敦煌文獻》五卷，成都：四川人民出版社，一九九二年，一五五頁（圖）；《敦煌道藏》五册，北京：全國圖書館文獻縮微複製中心，一九九九年，二六二九至二六三〇頁（圖）；《法藏敦煌西域文獻》一五册，上海古籍出版社，二〇〇一年，三六三至三六七頁（圖）；《敦煌學輯刊》二〇〇二年一期，八九至九七頁（録）；《中華道藏》四册，北京：華夏出版社，二〇〇四年，五二一至五二五頁（録）；《敦煌道教文獻研究：綜述·目録·索引》，北京：中國社會科學出版社，二〇〇四年，一四〇至一四一頁；《王重民向達所攝敦煌西域文獻照片合集》二八册，北京：國家圖書館出版社，二〇〇八年，一〇四〇七頁（圖）；《國家圖書館藏敦煌遺書》一〇九册，北京圖書館出版社，二〇〇九年，九九頁（圖）。

斯三七五〇＋BD 一一二五二＋伯二五五九

斯三七五〇背　一　道場設置

釋文

西一件取身軛文書〻。
西西，左腳踏草二（？）〻。面南坐，兩件取身軛。
西北，面南坐，面南三件放□〻。面東兩件厭裙（？）。
（中空約十三行）
南雁家。
面南坐俗人，黄闍梨道〻來道〻。
信道〻。財道〻。
盤看（？）利著左手齊文書〻。更東欺，盤看（？）利齊文書〻。
一條破文書條子，左手擎著文書，頭東欺著〻。
一條破文書條子，左手擎放文書，絹東欺著〻。

説明

以上文字分兩部分，前三行爲第一部分，墨跡甚淡，不易辨識，『南雁家』以下爲第二部分，倒書。兩段之間空白較大，但字跡相同，係同一人所抄。此件性質和用途未詳，有的術語（如東欺）和符號的含義也尚待索解，從内容推斷或和佈置道場有關。

參考文獻

Descriptive Catalogue of the Chinese Manuscripts from Tunhuang in the British Museum，The Trustees of the British Museum，London 1957，p. 223；《敦煌寶藏》三一册，臺北：新文豐出版公司，一九八二年，一六四至一六五頁（圖）；《英藏敦煌文獻》五卷，成都：四川人民出版社，一九九二年，一五六頁（圖）。

斯三七五〇背　二　符籙

釋文

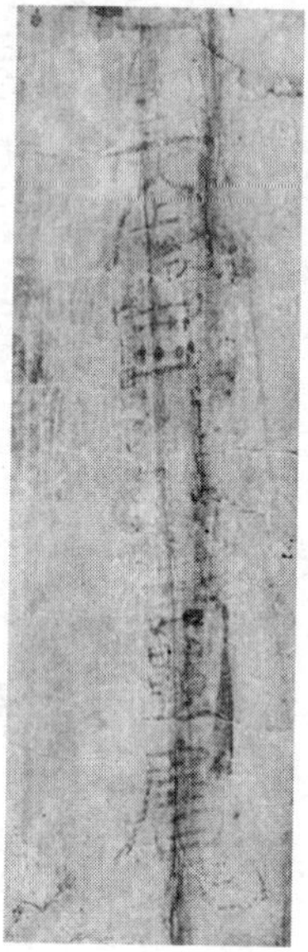

説明

此件爲倒書，圖中畫符兩道。

參考文獻

《敦煌寶藏》三一册，臺北：新文豐出版公司，一九八二年，一六四頁（圖）；《英藏敦煌文獻》五卷，成都：四川人民出版社，一九九二年，一五六頁（圖）。

斯三七五〇背　三　雜寫

釋文

念如（？）口（？）□符（？）

說明

以上文字係朱書，寫於上件符籙之上。

參考文獻

《敦煌寶藏》三一册，臺北：新文豐出版公司，一九八二年，一六四頁（圖）；《英藏敦煌文獻》五卷，成都：四川人民出版社，一九九二年，一五六頁（圖）。

斯三七五三　唐人臨本王羲之瞻近帖、龍保帖

釋文

瞻近無緣省告〔一〕，但有悲歎〔二〕。□悉平安也〔三〕。云卿當來居此〔四〕，喜遲不可言〔五〕，想必果言，告有期耳〔六〕。亦度卿當不居京〔七〕。此既避〔八〕，又節氣佳〔九〕，是以欣卿來也〔一〇〕。此信旨還〔一一〕，具示問〔一二〕。

（中空二行）

龍保等平安也。謝之。甚遲見（以下原缺文）

説明

此件右上部缺損一大塊，草書，其内容爲唐人臨寫的王羲之《瞻近帖》和《龍保帖》。其中《瞻近帖》起『瞻近無緣省告』，訖『具示問』；《龍保帖》起『龍保等平安也』，訖『甚遲見』，原未臨完。

以上釋文以斯三七五三爲底本，用《王羲之行書草書彙編》（北京古籍出版社，一九九〇年）中的

《瞻近帖》和《龍保帖》（稱其爲甲本）參校。

校記

〔一〕『瞻近無緣』，據甲本補；『省』，據殘筆劃及甲本補。
〔二〕『歎』，據甲本補。
〔三〕『悉』，據殘筆劃及甲本補。
〔四〕『云卿當來居』，據甲本補；『此』，據殘筆劃及甲本補。
〔五〕『不可』，據甲本補；『言』，據殘筆劃及甲本補。
〔六〕『有期耳』，據甲本補。
〔七〕『亦』，據殘筆劃及甲本補；『居京』，據甲本補。
〔八〕『此』，據殘筆劃及甲本補。
〔九〕『佳』，據甲本補。
〔一〇〕『是』，據甲本補；『以』，據殘筆劃及甲本補。
〔一一〕『還』，據殘筆劃及甲本補。
〔一二〕『具』，據殘筆劃及甲本補

參考文獻

《敦煌寶藏》三一册，臺北：新文豐出版公司，一九八二年，一八一頁（圖）；《王羲之行書草書彙編》，北京古籍出版社，一九九〇年，三四三至三四四頁；《英藏敦煌文獻》五卷，成都：四川人民出版社，一九九二年，一五六頁（圖）；《唐代研究論集》三輯，臺北：新文豐出版公司，一九九二年，三九頁（圖）；《敦煌書法藝術》，上海人民出版社，一九九四年，四六至四八頁。

斯三七五五　大般若波羅蜜多經卷第一勘經題記

釋文

僧法濟勘了〔一〕。

盧談。

説明

此件《英藏敦煌文獻》未收，現予增收。『僧法濟勘了』之前有『三界寺藏經』長方形墨印。池田温認爲此寫本的年代大約在公元九世紀前期（參見《中國古代寫本識語集録》，三五三頁）。

校記

〔一〕『了』，《中國古代寫本識語集録》漏録。

參考文獻

Descriptive Catalogue of the Chinese Manuscripts from Tunhuang in the British Museum, The Trustees of the British Museum,

London, 1957, p. 1（録）；《敦煌寶藏》三一册，臺北：新文豐出版公司，一九八二年，二〇三頁（圖）；《敦煌遺書總目索引》，北京：中華書局，一九八三年，一八五頁（録）；《中國古代寫本識語集録》，東京大學東洋文化研究所，一九九〇年，三五三頁（録）；《敦煌遺書總目索引新編》，北京：中華書局，二〇〇〇年，一一三頁（録）。

斯三七五五背　大般若波羅蜜多經卷第一題籤

釋文

一　一　界

説明

以上文字書寫於《大般若波羅蜜多經》卷第一背護首處，兩個『一』表示此卷爲第一帙中的第一卷，『界』表示此卷爲敦煌三界寺藏經。《英藏敦煌文獻》未收，現予增收。

參考文獻

《敦煌寶藏》三一册，臺北：新文豐出版公司，一九八二年，二〇四頁（圖）。

斯三七五八　佛説犯戒罪報經題記

釋文

比丘尼僧豫供養經。

説明

此件《英藏敦煌文獻》未收，現予增收。池田温認爲此寫本的年代大約在公元七世紀（參看《中國古代寫本識語集録》，二五五頁）。

參考文獻

Descriptive Catalogue of the Chinese Manuscripts from Tunhuang in the British Museum, The Trustees of the British Museum, London, 1957, p. 133（録）；《敦煌寶藏》三一册，臺北：新文豐出版公司，一九八二年，二二八頁（圖）；《敦煌遺書總目索引》，北京：中華書局，一九八三年，一八五頁（録）；《中國古代寫本識語集録》，東京大學東洋文化研究所，一九九〇年，二五五頁（録）；《敦煌遺書總目索引新編》，北京：中華書局，二〇〇〇年，一一四頁（録）。

斯三七六八　佛説藥師經一卷題記

釋文

菩薩戒弟子孫善護受持。

説明

此件《英藏敦煌文獻》未收，現予增收。池田温認爲此寫本的年代大約在公元九世紀（參見《中國古代寫本識語集録》，四四二頁）。

參考文獻

Descriptive Catalogue of the Chinese Manuscripts from Tunhuang in the British Museum, The Trustees of the British Museum, London, 1957, p. 97（録）；《敦煌寶藏》三一册，臺北：新文豐出版公司，一九八二年，二七〇頁（圖）；《敦煌遺書總目索引》，北京：中華書局，一九八三年，一八五頁（録）；《中國古代寫本識語集録》，東京大學東洋文化研究所，一九九〇年，四四二頁（録）；《敦煌遺書總目索引新編》，北京：中華書局，二〇〇〇年，一一四頁（録）。

斯三七七六　佛臨涅槃略説教戒經一卷題記

釋文

道政。

説明

此件《英藏敦煌文獻》未收，現予增收。池田温認爲此寫本的年代大約在公元十世紀（參見《中國古代寫本識語集録》，五一九頁）。

參考文獻

Descriptive Catalogue of the Chinese Manuscripts from Tunhuang in the British Museum, The Trustees of the British Museum, London, 1957, p. 130（録）；《敦煌寶藏》三一册，臺北：新文豐出版公司，一九八二年，三二四頁（圖）；《敦煌遺書總目索引》，北京：中華書局，一九八三年，一八五頁（録）；《中國古代寫本識語集録》，東京大學東洋文化研究所，一九九〇年，五一九頁（録）；《敦煌遺書總目索引新編》，北京：中華書局，二〇〇〇年，一一四頁（録）。

斯三七八四　大般若波羅蜜多經卷第五題記

釋文

盧談。

説明

此件《英藏敦煌文獻》未收，現予增收。池田温認爲此寫本的年代大約在公元九世紀前期（參見《中國古代寫本識語集録》，三五四頁）。盧談又見於斯三七五五『大般若波羅蜜多經卷第一勘經題記』。

參考文獻

Descriptive Catalogue of the Chinese Manuscripts from Tunhuang in the British Museum，The Trustees of the British Museum，London 1957，p. 1（録）；《敦煌寶藏》三一册，臺北：新文豐出版公司，一九八一年，四〇〇頁（圖）；《中國古代寫本識語集録》，東京大學東洋文化研究所，一九九〇年，三五四頁（録）；《敦煌遺書總目索引新編》，北京：中華書局，二〇〇〇年，一一四頁（録）。

斯三七八六　洞淵神呪經誓魔品第一

釋文

洞淵神呪經誓魔〔品〕第一〔一〕

道言：吾昔在三天之上〔二〕，爲諸天女説無量經〔三〕，教化一切。時有下方世界真人慰明羅等〔四〕，將諸大衆卌九萬人〔五〕，到乎三天上〔六〕，聽説無量大經。内外〔安〕〔隱〕〔七〕，卌九萬人到下坐〔八〕，明羅等悉更起〔九〕，三禮太上，問訊：天尊教化難乎〔一〇〕？弟子等傴（區）傴（區）以展下情〔一一〕。太上曰：子從閻浮來也〔一二〕？明羅曰〔一三〕：然。太上曰：中國之人〔一四〕，詎有尊經奉師學仙者不〔一五〕？明羅等曰〔一六〕：中國人惡〔一七〕，不信道法。今但聞有哭尸之音〔一八〕，不聞有仙歌之嚮也〔一九〕。人民垢濁，三洞壅塞。百六之交（災）〔二〇〕，刀兵疫病〔二一〕。魔王縱毒〔二二〕，煞害良善〔二三〕。門門凶衰，哀聲相尋。衆生相殘，國主剋暴〔二四〕。自作苦本〔二五〕，相牽而死。懷愚受癡〔二六〕，了不知出。此等之人，將何度之乎〔二七〕？

太上聞明羅等説此已〔二八〕，乃流淚十行〔二九〕，告諸天人曰：衆生可念〔三〇〕，不知道法，不自求度〔三一〕，自共作惡，更相誹謗。三洞流布，而不知奉持〔三二〕，亦如盲人遊乎日月〔三三〕，日月豈不明也〔三四〕？盲人不見〔三五〕。法師宣化，愚者不悟〔三六〕。

太上將天人玉女八十萬億人〔三七〕，來下録之〔三八〕。過乎玉京山〔三九〕，上有一桃樹〔四〇〕，高三百九億萬里〔四一〕，東枝覆東方，南枝蓋南國〔四二〕，西枝蔭西方，北枝蔭北國〔四三〕。卌九萬年一花〔四四〕，八十億萬年一結子〔四五〕。子熟，大如車輪，當熟之時〔四六〕，三萬里聞香〔四七〕，人一食之〔四八〕，三千年不飢〔四九〕。鬼見此桃枝葉〔五〇〕，以用示鬼〔五一〕，鬼則死矣〔五二〕。天人各各持此桃木，以下煞疫鬼〔五三〕、一切衆殃焉〔五四〕。急急如太上口勑律令〔五五〕。

（後缺）

說明

此件首全尾缺，有界欄，起首題『洞淵神呪經誓魔〔品〕第一』，訖『急急如太上口勑律令』。

敦煌文獻中保存的《洞淵神呪經》卷第一尚有伯二五七六背、伯三二三三、Дх 一〇三〇六。與此件相關的是伯三二三三，該件首尾完整，起首題『洞淵神呪經誓魔品第一』，訖尾題『洞淵神呪經誓魔品第一』，卷末有題記，從題記可知該件抄寫於唐高宗麟德元年（公元六六四年）七月廿一日。

以上釋文以斯三七八六爲底本，用伯三二三三（稱其爲甲本）和《正統道藏》本（稱其爲乙本）

參校。

校記

〔一〕『呪』，乙本同，甲本作『祝』，均可通；『品』，據甲、乙本補。此句乙本作『太上洞淵神呪經卷之一誓魔品』。

〔二〕『之』，乙本同，甲本無。

〔三〕『天』，甲本同，乙本作『男』。

〔四〕『慰』，甲本同，乙本作『蔚』；『等』，乙本同，甲本無。

〔五〕『將』，甲本同，乙本無；『諸』，甲本同，乙本作『諸天』；『大』，乙本同，甲本作『人』；『卌』，甲本同，乙本作『四十』。

〔六〕『乎』，甲、乙本作『于』；『上』，甲本同，乙本作『之上』。

〔七〕『安』，據甲、乙本補；『隱』，據甲本補，乙本作『穩』。

〔八〕『卌九萬人到』，乙本無，甲本作『説經』；『下坐』，甲本同，乙本無。

〔九〕『悉』，甲本同，乙本作『發心』。

〔一〇〕『乎』，乙本同，甲本作『于』。

〔一一〕『傴』，甲本同，當作『區』，據乙本改，『傴』爲『區』之借字。

〔一二〕『閻浮』，乙本同，甲本作『炎明地』；『也』，甲本無，乙本作『乎』。

〔一三〕『羅』，甲本同，乙本作『羅等』。

〔一四〕『中國』，甲本同，乙本作『世間』。

〔一五〕『詎』，乙本同，甲本作『頗』；『尊經』，甲本同，乙本作『遵道』；『師』，甲本同，乙本作『經』；

『不』，甲本同，乙本作『否』。
〔一六〕『等』，乙本同，甲本無。
〔一七〕『中國人』，甲本同，乙本作『世人積』。
〔一八〕『今』，甲本同，乙本無；『有』，乙本同，甲本無；『尸』，乙本同，甲本作『屍』。
〔一九〕『嚮』，甲、乙本作『響』，『嚮』通『響』；『也』，甲、乙本無。
〔二〇〕『交』，當作『災』，據甲、乙本改。
〔二一〕『疫』，乙本同，甲本作『疾』；『病』，甲本同，乙本作『疾』。
〔二二〕『縱』，乙本同，甲本作『從』，均可通。
〔二三〕『煞』，甲本同，乙本作『殺』，『煞』有『殺』義。
〔二四〕此句甲本同，乙本無。
〔二五〕『本』，甲本作『業』，乙本作『惱』。
〔二六〕『癡』，甲本作『魔』，乙本作『苦』。
〔二七〕『乎』，甲、乙本無。
〔二八〕『此』，甲本同，乙本作『此語』。
〔二九〕『流淚』，甲本同，乙本無；『十行』，甲本作『哀愍』，乙本無。
〔三〇〕『可』，甲本同，乙本作『何』，均可通。
〔三一〕『自求度』，甲本同，乙本作『知其受』。
〔三二〕『而』，甲、乙本無；『奉』，甲本同，乙本作『受』。
〔三三〕『乎』，乙本同，甲本作『于』。

〔三四〕『也』，乙本同，甲本無。
〔三五〕『見』，乙本同，甲本作『睹』。
〔三六〕『者』，甲本同，乙本作『人』。
〔三七〕『十』，甲本同，乙本作『千』；『萬億』，乙本同，甲本作『億萬』。
〔三八〕『録』，甲、乙本作『救』。
〔三九〕『乎』，乙本同，甲本作『于』；『山』，甲本同，乙本無。
〔四〇〕『上』，甲本作『山上』，乙本作『玉京山上』。
〔四一〕『高』，甲、乙本作『樹高』；『億萬』，乙本同，甲本作『十萬億』。
〔四二〕『國』，乙本同，甲本作『方』。
〔四三〕『蔭』，甲本同，乙本作『蓋』。
〔四四〕『卌』，甲本同，乙本作『四十』；『萬』，甲、乙本作『億萬』。
〔四五〕『一結』，甲本同，乙本作『結一』。
〔四六〕此句甲、乙本無。
〔四七〕此句甲、乙本無。
〔四八〕『一』，乙本同，甲本無。
〔四九〕『不』，甲本同，乙本作『無』；『飢』，甲本同，乙本作『飢也』。
〔五〇〕『枝葉』，甲本同，乙本作『樹』。
〔五一〕『以』，甲本同，乙本無；『用』，甲、乙本無；『示鬼』，甲本同，乙本無。
〔五二〕『鬼則』，甲本同，乙本作『則自』。

〔五三〕『以下』，甲本同，乙本作『下以』；『煞』，甲本同，乙本作『殺』，『煞』有『殺』義。
〔五四〕『衆㱡』，乙本同，甲本作『驗』。
〔五五〕此句甲、乙本無。

參考文獻

《敦煌寶藏》三一册，臺北：新文豐出版公司，一九八二年，四〇二頁（圖）；《道藏》六册，北京等：文物出版社、上海書店、天津古籍出版社，一九八八年，二頁；《英藏敦煌文獻》五卷，成都：四川人民出版社，一九九二年，一五七頁（圖）；《敦煌道藏》二册，北京：全國圖書館文獻縮微複製中心，一九九九年，七六三至七八八頁（圖）；《法藏敦煌西域文獻》二三册，上海古籍出版社，二〇〇一年，二二〇至二二五頁（圖）；《敦煌道教文獻研究：綜述·目録·索引》，北京：中國社會科學出版社，二〇〇四年，一四一至一四二頁；《中華道藏》三〇册，北京：華夏出版社，二〇〇四年，八四頁；《敦煌道經寫本與詞彙研究》，成都：巴蜀書社，二〇〇七年，一〇六頁；《敦煌本〈太上洞淵神呪經〉輯校》，北京：中國社會科學出版社，二〇一三年，一至六頁；《敦煌道經目録編》上册，濟南：齊魯書社，二〇一六年，二五五至二五六頁。

斯三七九〇　新菩薩經一卷

釋文

新菩薩經一卷

勑　賈耽，頒下諸州，衆生每日念阿彌陀佛一千口，斷〔惡〕行善〔一〕。今年大熟，無人收刈。有數種病死：第一産（虐）病死〔二〕，第二天行病死，第三卒死，第四腫病〔死〕〔三〕，第五産〔生〕病死〔四〕，第六患腹病死，第七血痢病死，第八風黄病死，第九水溺病死，第十患眼病死。今勸諸衆生，寫一本，免一身；寫兩本，免一門；寫三本，免一村。若不信者，滅門。門上傍（牓）之〔五〕，得過此難。但看七八月三家使一牛，五男同一婦，僧尼巡門，勸寫此經。其西涼州正月二〔日〕城中〔六〕，時雷鳴雨聲，有一石下，大如斗，遂〔作〕兩片〔七〕，即見此經，報諸衆生，今載饒患。

新菩薩經一卷

説明

此件首尾完整，有界欄，有原題和尾題，其内容是以預言災害將至的形式，勸世俗百姓抄寫此經弭災，故收入本書。敦煌文獻中保存的《新菩薩經》抄本甚多，在百件左右，有三種版本，此件屬於丙類版本，其内容與《勸善經》相近（參看圓空《〈新菩薩經〉〈勸善經〉〈救諸衆生苦難經〉校録及其流傳背景之探討》，《敦煌研究》一九九二年一期，五一至六二頁）。

以上釋文以斯三七九〇爲底本，因相關各寫本之異同已見於斯九一二『勸善經一卷』校記，故此件僅用本書第七卷所收斯一五九二爲校本（稱其爲甲本）校補脱文、校改錯誤，如甲本亦有脱、誤，則據其他相關文本補、改，各本異文不再一一出校。

校記

〔一〕『惡』，據甲本補。
〔二〕『産』，當作『虐』，據甲本改。
〔三〕『死』，據甲本補。
〔四〕『生』，據甲本補。
〔五〕『傍』，當作『膀』，據斯三四一七改，『傍』爲『膀』之借字。
〔六〕『日』，據甲本補。
〔七〕『作』，據斯二三二〇背補。

參考文獻

《敦煌寶藏》一二册，臺北：新文豐出版公司，一九八一年，七二頁（圖）；《敦煌寶藏》三一册，臺北：新文豐出版公司，一九八二年，四一五頁（圖）；《敦煌研究》一九九二年一期，五一至六二頁；《英藏敦煌社會歷史文獻釋録》四卷，北京：社會科學文獻出版社，二〇〇六年，三八一至三九〇頁；《英藏敦煌社會歷史文獻釋録》五卷，北京：社會科學文獻出版社，二〇〇六年，二八三至二八五頁；《英藏敦煌社會歷史文獻釋録》七卷，北京：社會科學文獻出版社，二〇一〇年，三〇一至三〇四頁；《英藏敦煌社會歷史文獻釋録》一一卷，北京：社會科學文獻出版社，二〇一四年，四五二至四五四頁。

斯三七九二　勸善經一卷

釋文

勸善經一卷

勅　左丞相賈侁（眈）〔一〕，頒下諸州，普勸衆生，每日念阿彌陀佛一千口，斷惡行善。今年大熟，無人收刈。有數種病死：第一虐病死，第二天行病死，第三赤白痢死，第四赤眼〔病〕死〔二〕，第五女人産生〔病〕死〔三〕，第六水痢〔病〕死〔四〕，第七風病死。今勸衆生，寫此經一本，免一門難；寫兩本，免六親。見此經不寫者，滅門。門上牓之，得過此難。無福者不可得見此經。其經從南來。正月八日雷電霹靂，空中有一童子，年四歲，又見一老人，在路中見一蛇，身長萬萬尺，人頭鳥足，遂呼老人曰：『爲太山崩，要女人萬萬衆，須牛萬萬頭，著病者難差。寫此經者得免此難。不信者但看四月一日，三家使一牛，五男同一婦。僧尼巡門，勸寫此經流傳，若被卒風吹卻，不免此難。』聖人流傳真言，報諸衆生，莫信邪師。見聞者，遞相勸念阿彌陀佛，不久即見太平時。

貞元十九年甲申歲正月廿三日

説明

此件首尾完整，起首題『勸善經一卷』，訖題記『貞元十九年甲申歲正月廿三日』，貞元十九年爲公元八〇三年。其内容是以預言災害將至的形式，勸世俗百姓抄寫此經弭災，故收入本書。敦煌文獻中保存的《勸善經》抄本甚多，相關情況請參看本書斯九一二『勸善經一卷』之説明。

以上釋文以斯三七九二爲底本，因相關各寫本之異同已見於本書斯九一二『勸善經一卷』校記，故此件僅用本書第七卷所收斯四一七爲校本（稱其爲甲本）校補脱文、校改錯誤，各本異文不再一一出校。

校記

〔一〕『优』，當作『耽』，據甲本改。
〔二〕『病』，據甲本補。
〔三〕『病』，據甲本補。
〔四〕『病』，據甲本補。

參考文獻

《敦煌寶藏》三册，臺北：新文豐出版公司，一九八一年，四三一頁（圖）；《敦煌寶藏》三一册，臺北：新文豐出版公司，一九八二年，四一七頁（圖）；《敦煌研究》一九九二年一期，五一至六二頁；《英藏敦煌社會歷史文獻釋録》四卷，北京：社會科學文獻出版社，二〇〇六年，三八一至三九〇頁；《英藏敦煌社會歷史文獻釋録》五卷，北京：社會科學文獻出版社，二〇〇六年，二八三至二八五頁；《英藏敦煌社會歷史文獻釋録》七卷，北京：社會科學文獻出版社，二〇一〇年，三〇一至三〇四頁；《英藏敦煌社會歷史文獻釋録》一一卷，北京：社會科學文獻出版社，二〇一四年，四五二至四五四頁。

斯三七九三　辛亥年某社造齋等破油麵麥數名目

釋文

辛亥年五月八日造齋，破油麵數名目如後：

春齋料：　油貳斗，麵叁碩肆斗，已上細供肆拾貳分。已次粉拾分，料齋，連夫（麩）麵貳斗〔一〕。

七月十五日，佛盆料：　麵壹碩捌斗，油陸升，粟七斗。十月局席：　破麥壹碩伍斗，油五升〔二〕，破粟兩碩捌斗。已上三等破用，壹仰一團人上，如有團家闕欠，飯若薄妙（少）〔三〕，罰在團頭身上。其政造三等食飯，一仰虞候監察，三等料算會，一一爲定爲憑。

説明

此件首尾完整，其内容爲某社五月八日造齋、七月十五日佛盆料和十月局席三次活動的食料支出賬目。辛亥年，翟理斯推測爲公元九五一年（*Descriptive Catalogue of the Chinese Manuscripts from Tunhuang in the British Museum*，The Trustees of the British Museum，p. 261）。此件雖未標明是社邑文書，但據其中之團頭、團家、虞候以及局席等社邑中常見的名詞，可推測其爲社邑文書（參看《敦煌社邑文書輯校》，五〇二頁）。

校記

〔一〕『夫』，當作『鈇』，《敦煌社會經濟文獻真蹟釋録》據文義校改，『夫』爲『鈇』之借字。

〔二〕『五』，《敦煌社會經濟文獻真蹟釋録》《敦煌社邑文書輯校》釋作『伍』，雖義可通而字誤。

〔三〕『妙』，當作『少』，《敦煌社邑文書輯校》據文義校改。

參考文獻

Descriptive Catalogue of the Chinese Manuscripts from Tunhuang in the British Museum, The Trustees of the British Museum, London 1957, p. 261；《敦煌寶藏》三一册，臺北：新文豐出版公司，一九八二年，四一七頁（圖）；《中國社會經濟史研究》一九八九年四期，一九、二七至三〇頁；《敦煌社會經濟文獻真蹟釋録》一輯，北京：全國圖書館文獻縮微複製中心，一九九〇年，三八〇頁（圖）（録）；《英藏敦煌文獻》五卷，成都：四川人民出版社，一九九二年，一五七頁（圖）；《敦煌社邑文書輯校》，南京：江蘇古籍出版社，一九九七年，五〇一至五〇二頁（録）；《敦煌學》二五輯，臺北：學生書局，二〇〇四年，二七九至二九二頁。

斯三七九七　大般涅槃經卷第廿六題記

釋文

用紙廿拾枚。

校竟。

説明

此件《英藏敦煌文獻》未收，現予增收。

參考文獻

Descriptive Catalogue of the Chinese Manuscripts from Tunhuang in the British Museum, The Trustees of the British Museum, London1957, p. 49（録）；《敦煌寶藏》三一册，臺北：新文豐出版公司，一九八二年，四四五頁（圖）；《敦煌遺書總目索引》，北京：中華書局，一九八三年，一八五頁（録）；《敦煌文書學》，臺北：新文豐出版公司，一九九一年，一〇二頁（圖）；《敦煌遺書總目索引新編》，北京：中華書局，二〇〇〇年，一一五頁（録）。

斯三七九八　雍熙四年（公元九八七年）五月廿六日沙州靈圖寺授菩薩戒牒

釋文

南贍部洲大宋國沙州靈圖寺授菩薩戒　牒

授菩薩戒女弟子清淨意

牒前件弟子，久慕勝因，志聞妙法。欲悟無爲之教，先持有想之心。是故六根淨而煩惱塵消，一性真如，輪迴路息。伏恐幽關有阻，執此爲憑。事須給牒知者，故牒。

雍熙四年五月廿六日授菩薩戒女弟子清淨意牒〔一〕

奉請阿彌陀佛爲壇頭和尚

奉請釋迦牟尼佛爲羯磨阿闍梨

奉請彌勒尊佛爲校（教）授師〔二〕

奉請十方諸佛爲證戒師

奉請諸大菩薩摩訶薩爲同學伴侣

説明

此件首尾完整，起首題『南贍部洲大宋國沙州靈圖寺授菩薩戒 牒』，訖『奉請諸大菩薩摩訶薩爲同學伴侶』，内容是雍熙四年（公元九八七年）沙州靈圖寺授予清淨意的戒牒，在受戒人名、受戒時間和戒牒末尾處各鈐陽文『河西都僧統印』。此件最後未見『傳戒師』或『授戒師』的名字，竺沙雅章推測是三界寺沙門道真（參見《講座敦煌》五《敦煌漢文文獻》，五九九至六〇二頁）。

校記

〔一〕『廿』，《敦煌佛學·佛事篇》釋作『二十』。

〔二〕『校』，當作『教』，據斯二八五一《菩薩十無盡戒牒》改，『校』爲『教』之借字。

參考文獻

《敦煌寶藏》三一册，臺北：新文豐出版公司，一九八二年，四四五頁（圖）；《敦煌遺書總目索引》，北京：中華書局，一九八三年，一八五頁；《敦煌社會經濟文獻真蹟釋録》四輯，北京：全國圖書館文獻縮微複製中心，一九九〇年，一〇二頁（圖）、（録）；《英藏敦煌文獻》五卷，成都：四川人民出版社，一九九二年，一五八頁（圖）；《講座敦煌》五《敦煌漢文文獻》，東京：大東出版社，一九九二年，五九八頁（録）；《敦煌佛學·佛事篇》，蘭州：甘肅民族出版社，一九九五年，二五一至二五二頁（録）；《敦煌研究》一九九七年二期，八二頁；《敦煌遺書總目索引新編》，北京：中華書局，二〇〇〇年，一一五頁；《敦煌佛教律儀制度研究》，北京：中華書局，二〇〇三年，一七〇頁。

斯三八二四背　一　御注孝經集義并注一卷抄

釋文

（前缺）

大〔一〕，其再基廿五月也〔二〕。爲之棺槨衣衾而舉之〔三〕，周尸爲棺，周棺爲槨〔四〕。衣謂身衣，衾謂單被，可以亢尸而起之。陳其簠簋而哀慼之〔五〕，啼號竭情〔六〕。卜其宅兆，而安厝之〔七〕。宅兆〔八〕，葬地也〔九〕。兆，吉兆也〔一〇〕。葬事大〔一一〕，故卜之，慎之至也〔一二〕。爲之宗廟〔一三〕，以鬼享之。葬事已畢，乃爲神室，祭則致其嚴，故鬼享之也。春秋祭祀，以時思之。四時變易，物有成熟〔一四〕，將欲食之〔一五〕。生事愛敬，死事哀慼，人情畢也。生人之本盡矣〔一六〕，終始備矣〔一七〕。死生之義備矣，無遺介〔一八〕，尋繹天經地義，允（究）競（竟）人情也〔一九〕。孝子之事親終矣。行畢孝成〔二〇〕。羅列十〔八〕章〔二一〕，各陳其情也〔二二〕。

御注孝經集義并注一卷〔二三〕

説明

此卷正面爲《大乘無量壽經》，背面分别抄寫御注孝經集義并注一卷、孝經讃、宣宗皇帝御製勸百寮文、具注曆日、正月七日南交（郊）曲子抄。背面前三種均爲朱書，筆跡相同，係同一人所抄；後二種均爲墨書，筆跡相同，亦屬同一人所抄。據『宣宗皇帝御製勸百寮文』及『南交（郊）曲子抄』中『乾夫（符）三年』一句，則前三種抄寫於宣宗大中年間或之後，後二種抄寫於乾符三年或之後。

此件首缺尾全，朱書，起注文『大，其再基廿五月也』，訖尾題『御注孝經集義并注一卷』，經文爲《孝經·喪親章第十八》，雙行夾注有些爲鄭氏注，有些則不存於今本鄭氏注。『御注孝經集義并注一卷』一句，劉銘恕、黄永武、施萍婷等人認爲係尾題［《英藏敦煌文獻》擬名『御注孝經集義并注一卷（喪親章第十八）』］，也是將其看作尾題］。翟理斯、陳鐵凡、許建平則認爲此句與前面的《孝經》無關，陳鐵凡將之視爲一獨立標題，前面部分擬名『孝經鄭氏解』，許建平擬名『孝經注（喪親）』（參看《敦煌經籍敘録》，四一六至四一七頁）。鑒於此卷前三種係同一人所書，偏重教化、勸誡等内容，應是摘録某一相同主題的文字，而『御注孝經集義并注一卷』抄寫於《孝經》第十八章之後，從内容及位置上判斷其爲尾題更穩妥，兹據以擬名。

敦煌寫本中與此件内容有重合者爲伯三四二八＋伯二六七四，該件首缺尾全，起《開宗明義章》『終於立身』之注文，訖卷末，有尾題『孝經一卷』，其《喪親章》下半部殘缺。

以上釋文以斯三八二四背爲底本，用伯三四二八＋伯二六七四（稱其爲甲本）和流行較廣的《十三經注疏》中《孝經注疏》的經文（稱其爲乙本）參校。

校記

〔一〕『大』，《敦煌經部文獻合集》漏録。

〔二〕『也』，《敦煌經部文獻合集》漏録。

〔三〕此句據殘筆劃及甲、乙本補。

〔四〕『槨』右下角墨書『官』字，其義待考。

〔五〕此句後，甲本注文作：『簠簋，祭器之名，受斗二升，内員外方。祭不見親，故哀慼之。』後接經文『擗踴』二字。

〔六〕此句前《敦煌經部文獻合集》認爲脱經文『擗踴哭泣哀以送之』八字。

〔七〕『厝』，乙本作『措』，均可通。

〔八〕『兆』，據甲本係衍文，當删。

〔九〕『也』，甲本無。

〔一〇〕『吉』，甲本作『得吉』；『也』，甲本作『乃葬之』。

〔一一〕『葬』，甲本作『故云葬』。

〔一二〕此句甲本無，《敦煌經部文獻合集》以爲甲本殘泐，甲本實不殘。

〔一三〕『爲』右下角墨書『辰』字，其義待考。

〔一四〕『熟』，看圖版似『孰』，經核對原卷，實作『熟』。

〔一五〕此句後甲本有『即先鷹先祖，念之若生存』諸字。

〔一六〕『人』，乙本作『民』，《敦煌經部文獻合集》認爲『人』爲諱改字。

〔一七〕『備』，甲本作『終』，誤。

〔一八〕『介』，《敦煌經部文獻合集》據《經典釋文》認爲當校改作『纖』，按『介』亦可通，不煩校改。

〔一九〕『允』，當作『究』，據《經典釋文》之《孝經音義·喪親章》引鄭注改；『競』，當作『竟』，據《經典釋文》之《孝經音義·喪親章》引鄭注改，『競』爲『竟』之借字。

〔二〇〕『行』，甲本作『行乃』；『畢』，甲本作『畢矣』；『孝』，甲本作『孝乃』；『成』，甲本作『成矣』。

〔二一〕『八』，據甲本補。

〔二二〕『也』，甲本作『矣』。

〔二三〕此句甲本作『孝經一卷』，乙本作『孝經注疏卷第九』。

參考文獻

《敦煌本〈孝經〉類纂》，臺北：燕京文化事業股份有限公司，一九七七年，一一七至一二〇、一五七至一五八頁（圖、録）；《敦煌寶藏》三二册，臺北：新文豐出版公司，一九八二年，五三二頁（圖）；《敦煌孝道文學研究》，臺北：石門圖書公司，一九八二年，五三五至五四一頁；《經典釋文》，上海古籍出版社，一九八五年，一三四六至一三四七頁；《英藏敦煌文獻》五卷，成都：四川人民出版社，一九九二年，一五八頁（圖）；《十三經注疏》下册，上海古籍出版社，一九九七年，二五六一頁；《文史》二〇〇〇年三輯，一二一頁；《法藏敦煌西域文獻》一七册，上海古籍出版社，二〇〇一年，一八六頁（圖）；《敦煌經籍敘録》，北京：中華書局，二〇〇六年，四一六至四一八頁；《敦煌經部文獻合集》四册，北京：中華書局，二〇〇八年，一九二六、一九三五、一九五六頁（録）；《中國典籍與文化論叢》一五輯，二〇一三年，五〇至六六、六七至七五、七六至八六、八七至一一五、一一六至一三四頁（録）。

斯三八二四背　二　御注孝經讚抄（天子章、諸侯章）

釋文

廣敬敬親，博愛愛人。惟德届遠，志誠感神。睿澤存物，王言如綸。兆兆人恃賴〔一〕，四海皆臣。

諸侯章第三讚〔二〕

説明

此件首尾完整，朱書，前寫『大通神秀』四字篆文，應爲習字，後面抄寫『御注孝經天子章第二讚』的讚文和『諸侯章第三讚』的標題。敦煌文獻中保存的《御注孝經讚》尚有伯三八一六和斯五七三九，與此件内容有重合者是伯三八一六。伯三八一六爲卷子本，有界欄，首全尾缺，共存六十行，起『臣嵩』，訖『廣揚名章第十四讚　任物則易知人』。

以上釋文以斯三八二四背爲底本，用伯三八一六（稱其爲甲本）參校。

校記

〔一〕第二個『兆』，甲本無，據文義係衍文，當删。

〔二〕『第』，底本作『弟』，按寫本中『弟』『第』形近易混，故據文義逕釋作『第』。

參考文獻

《敦煌寶藏》三一册，臺北：新文豐出版公司，一九八二年，五三二頁（圖）；《敦煌孝道文學研究》，臺北：石門圖書公司，一九八二年，五三五至五四一頁；《敦煌簡策訂存》，臺北：臺灣商務印書館，一九八三年，一六頁（録）；《英藏敦煌文獻》五卷，成都：四川人民出版社，一九九二年，一五八頁（圖）；《敦煌學》一八輯，臺北：學生書局，一九九二年，一〇九至一一五頁（録）；《法藏敦煌西域文獻》二八册，上海古籍出版社，二〇〇一年，一六四至一六五頁（圖）；《全敦煌詩》六册，北京：作家出版社，二〇〇六年，二三〇九至二三一二頁。

斯三八二四背　三　宣宗皇帝御製勸百寮文抄

釋文

遠非道之財〔一〕，戒過度之酒〔二〕。敖慢[莫]起於心〔三〕，讒佞勿宣於口〔四〕。學[必]近善〔五〕，交儀擇友〔六〕。骨肉貧者莫疏〔七〕，他門須（雖）富勿厚〔八〕。常性（思）已過之非〔九〕，每慮未來之咎〔一〇〕。克己儉約爲先〔一一〕，處衆謙恭爲首〔一二〕。慚食祿而忝切〔一三〕，效農力而未有〔一四〕。

說明

此件首尾完整，中間略有殘缺，朱書，無題，起『遠非道之財』，訖『效農力而未有』，卷後有墨書藏文四行疊壓其上，係後人所書，不録。《英藏敦煌文獻》擬名爲『雜抄（遠非道之財）』，考此件文字與斯五五五八《宣宗皇帝御製勸百寮文》相同，因擬今名。除此件外，敦煌文獻中保存的《宣宗皇帝御製勸百寮文》還有六件。斯五五五八、伯二六三三、伯二九一四背（一）、伯三七三八均首尾完整，起首題『宣宗皇帝御製勸百寮』，訖『效農力而未有』。伯二九一四背（二）原未抄完，起首題，訖『慠慢莫氣於心』。伯三八〇六背無首題，起『遠非道之財』，訖『效農力而未有』。這幾件前後抄寫的内容或多或少與蒙書有關，可見《宣宗皇帝御製勸百寮文》由於篇幅短小、文字簡單，而且具有勸誡意義，故晚唐五代時期常作爲蒙書使用。

以上釋文以斯三八二四背爲底本，用斯五五五八（稱其爲甲本）、伯二六三三（稱其爲乙本）、伯二九一四背（一）（稱其爲丙本）、伯二九一四背（二）（稱其爲丁本）、伯三七三八（稱其爲戊本）、伯三八〇六背（稱其爲己本）參校。

校記

〔一〕『道』，甲、乙、丙、戊、己本同，丁本脱；『財』，甲、乙、戊、己本同，丙、丁本作『裁』，『裁』爲『財』之借字。

〔二〕『戒』，戊本同，甲、乙、丙、丁、己本作『誡』，均可通。

〔三〕『敖』，甲、丙本作『傲』，『敖』有『傲』義，乙、戊、丁、己本作『慠』，均可通；『莫』，據甲、乙、丙、丁、戊、己本補；『起』，乙、戊、己本同，甲本作『去』，『去』爲『起』之借字，丙本作『斯』，誤，丁本作『氣』，『氣』爲『起』之借字。丁本止於此句。

〔四〕『讒』，甲、乙、丙、戊本同，己本作『諂』；『佞』，甲、乙、戊、己本同，丙本作『你』，誤。

〔五〕『必』，據甲、乙、丙、戊、己本補。

〔六〕『儀』，戊本同，甲本作『語』，『語』爲『儀』之借字，乙、丙、己本作『義』，均可通。

〔七〕『疏』，甲、乙、戊、己本同，丙本作『捖』，『捖』爲『疏』之借字。

〔八〕『須』，甲、丙本同，當作『雖』，據乙、戊、己本改，『須』爲『雖』之借字；『勿』，乙、戊、己本同，甲、丙本作『物』，『物』爲『勿』之借字。

〔九〕『性』，當作『思』，據甲、乙、丙、戊、己本改。

〔一〇〕『慮』，乙、丙、戊、己本同，甲本作『離』，『離』爲『慮』之借字；『未來之』，甲、丙、戊、己本同，乙本作『之未來』，誤；『咎』，丙、戊、己本同，甲本作『久』，『久』爲『咎』之借字，乙本作『各』，誤。

〔一一〕『克』，己本同，甲、乙、丙、戊本作『剋』；『儉』，乙、丙、戊、己本同，甲本作『撿』，『撿』爲『儉』之借字；『約』，乙、戊、己本同，甲本作『釪』，丙本作『欲』，『釪』『欲』均爲『約』之借字。

〔一二〕『處』，甲、丙、戊、己本同，乙本作『恥』，『恥』爲『處』之借字；『謙』，甲、丙、戊、己本同，乙本脱；『恭』，甲、乙、戊、己本同，丙本作『躬』，『躬』爲『恭』之借字；『首』，乙、丙、戊、己本同，甲本作『守』，『守』爲『首』之借字。

〔一三〕『慙』，戊本同，甲、丙本作『慚』，均可通，乙、己本作『暫』，『暫』爲『慙』之借字；『而』，甲、乙、戊、己本同，丙本作『兒』，『兒』爲『而』之借字；『切』，甲、乙、丙、己本同，《古代文學特色文獻研究》校改作『竊』，按『切』有『竊』意，不煩校改。

〔一四〕『而』，甲、乙、丙、己本同，戊本脱。

參考文獻

Descriptive Catalogue of the Chinese Manuscripts from Tunhuang in the British Museum, The Trustees of the British Museum, London1957, p. 132；《敦煌寶藏》三一册，臺北：新文豐出版公司，一九八二年，五三二至五三三頁（圖）；《英藏敦煌文獻》五卷，成都：四川人民出版社，一九九二年，一五八至一五九頁（圖）；《英藏敦煌文獻》八卷，成都：四川

人民出版社，一九九二年，一五頁（圖）；《敦煌詩集殘卷輯考》，北京：中華書局，二〇〇〇年，六二九頁；《法藏敦煌西域文獻》一七册，上海古籍出版社，二〇〇一年，一六至一七頁（圖）；《法藏敦煌西域文獻》二〇册，上海古籍出版社，二〇〇一年，五三頁（圖）；《法藏敦煌西域文獻》二七册，上海古籍出版社，二〇〇二年，一九八頁（圖）；《法藏敦煌西域文獻》二八册，上海古籍出版社，二〇〇四年，一一三頁（圖）；《古代文學特色文獻研究》一輯，上海古籍出版社，二〇一六年，二〇一頁。

斯三八二四背　　四　己亥歲（公元八一九年）具注曆日抄

釋文

十八日甲午金建　　天赦〔二〕
十九日乙未金除
廿日丙申火滿
廿一日丁酉火平
廿二日戊戌木定
廿三日己亥木執
廿四日庚子土破
廿五日辛丑土危
廿六日壬寅金成
廿七日癸卯金收
廿八日甲辰火開

廿九日乙巳火閉
卅日丙午水建
六月小，建辛未
一日丁未水除
二日戌（戊）申土滿〔二〕
三日己酉土平
四日庚戌金執（定）〔三〕
五日辛亥金執
六日壬子木執
七日癸丑木破
八日甲寅水危
九日乙卯水成〔四〕

説明

此件曆日的年代，藤枝晃定爲乾符三年（公元八七六年）（參看《敦煌曆日譜》，《東方學報》四五册，一九七三年，三九五頁）；施萍婷定爲北宋開寶二年（公元九六九年）（參看《敦煌石窟與文獻研究》，二六七至二六八、二八三頁）；鄧文寬推定爲元和十四年（公元八一九年）（參看《敦煌天文曆法文獻輯校》，一二四至一二七頁），兹從之。

校記

〔一〕『天赦』後原寫一『歲』字，内容與此件無關，不録。

〔二〕『戌』，當作『戊』，據文義改。

〔三〕『執』，當作『定』，《敦煌天文曆法文獻輯校》據文義校改。

〔四〕『水』，《敦煌天文曆法文獻輯校》據殘筆劃及文義校補；『成』，《敦煌天文曆法文獻輯校》據文義校補。

參考文獻

《東方學報》四五册，一九七三年，三九五頁；《敦煌寶藏》三一册，臺北：新文豐出版公司，一九八二年，五三三頁（圖）；《英藏敦煌文獻》五卷，成都：四川人民出版社，一九九二年，一五九至一六〇頁（圖）；《敦煌天文曆法文獻輯校》，南京：江蘇古籍出版社，一九九六年，一二四至一二七頁（録）；《三千五百年曆日天象》，鄭州：大象出版社，一九九七年，二四一頁；《敦煌石窟與文獻研究》，杭州：浙江大學出版社，二〇一五年，二六七至二六八、二八三頁。

斯三八二四背　五　正月七日南交（郊）曲子抄

釋文

敇下月。

敇下：正月七日南交（郊）〔一〕，諸門捕（鋪）設不相撓〔二〕；就中兩軍垓最高〔三〕，三門樓閣入雲霄。座頭强圖帳金銀〔四〕，共日爭光清聲巾（警）〔五〕；六軍用（勇）猛如郎（狼）〔六〕，甚能執弓箭槍戚（戟）〔七〕；遠軍兵馬挽山王。甚人得見我皇〔八〕；太常卿，辭（祠）天大監〔九〕，專候軍（君）王〔一〇〕。

乾夫（符）三年〔一一〕，是□高苟奴，年已。

南交（郊）人之〔一二〕。

敇是高苟奴，年已是五月二十七日已〔一三〕。

生人諳千年〔一四〕

説明

此件首尾完整，抄寫於『己亥歲（公元八一九年）具注曆日』原紙的下半部分，卷末有題記，『乾夫（符）三年』爲公元八七六年。首行『勑下月』疑抄寫脱字，故第二行重抄，末句『生人詣千年』則可能是另抄一首之開頭，因故後來未抄。《英藏敦煌文獻》定名爲『正月七日南交曲子』，《〈英藏敦煌文獻〉第五卷敘録》定名作『「正月七，日南交」曲子』，兹從《英藏敦煌文獻》。

校記

〔一〕『交』，當作『郊』，據文義改，『交』爲『郊』之借字。

〔二〕『捕』，當作『鋪』，據文義改，『捕』爲『鋪』之借字。

〔三〕『垓』，《〈英藏敦煌文獻〉第五卷敘録》釋作『項』，校改作『功』。

〔四〕『强』，《〈英藏敦煌文獻〉第五卷敘録》疑當作『烛』。

〔五〕『清』，《〈英藏敦煌文獻〉第五卷敘録》校改作『磬』，不必；『巾』，當作『警』，《〈英藏敦煌文獻〉第五卷敘録》據文義校改，『巾』爲『警』之借字。

〔六〕『用』，當作『勇』，《〈英藏敦煌文獻〉第五卷敘録》據文義校改，『用』爲『勇』之借字；『郎』，當作『狼』，據文義改，『郎』爲『狼』之借字。

〔七〕『甚』，《〈英藏敦煌文獻〉第五卷敘録》疑當釋作『羌』；『戚』，當作『戟』，《〈英藏敦煌文獻〉第五卷敘録》據文義校改，『戚』爲『戟』之借字。

〔八〕『甚』，《〈英藏敦煌文獻〉第五卷敘録》疑當釋作『羌』。

〔九〕『辭』，當作『祠』，據文義改，『辭』爲『祠』之借字。『辭』後《〈英藏敦煌文獻〉第五卷敘録》疑有『王』字，按此字實爲『天』之誤寫，底本已刪。

〔一〇〕『軍』，當作『君』，《〈英藏敦煌文獻〉第五卷敘録》據文義校改，『軍』爲『君』之借字。

〔一一〕『夫』，當作『符』，《〈英藏敦煌文獻〉第五卷敘録》據文義校改，『夫』爲『符』之借字。

〔一二〕『交』，當作『郊』，據文義改，『交』爲『郊』之借字，《中國古代寫本識語集録》釋作『文』，誤，此句《〈英藏敦煌文獻〉第五卷敘録》漏録。

〔一三〕『二十』，《〈英藏敦煌文獻〉第五卷敘録》釋作『廿』，誤。

〔一四〕此五字《〈英藏敦煌文獻〉第五卷敘録》未録。

參考文獻

Descriptive Catalogue of the Chinese Manuscripts from Tunhuang in the British Museum, The Trustees of the British Museum, London1957, p. 132；《敦煌寶藏》三一册，臺北：新文豐出版公司，一九八二年，五三三至五三四頁（圖）；《中國古代寫本識語集録》，東京大學東洋文化研究所，一九九〇年，四三一頁；《英藏敦煌文獻》五卷，成都：四川人民出版社，一九九二年，一五九頁（圖）；《英國收藏敦煌漢藏文獻研究》，北京：中國社會科學出版社，二〇〇〇年，一四三頁（録）。

斯三八二五背　齋文（四門轉經文、轉經文）

釋文

（前缺）

莊嚴梵釋四王、龍天八部，伏願威光熾盛，福力彌增，興運慈悲，救人護國。遂使年消九横，月殄二（三）災[一]，萬姓饒豐樂之祥，合國無傷離之苦。又持勝福[二]，伏（復）用莊嚴我　司空貴位[三]，伏願敷弘至道，濟育蒼生，寶位以乾像而不傾[四]，遐壽以坤儀而不易[五]。然後陰楊（陽）順序[六]，日月貞明[七]，五稼豐登，萬人安樂[八]。

厥今霞開玉殿[九]，敷備瓊宫；奯金容以（與）日月爭暉[一〇]，建幢幡以（與）祥雲競彩[一一]。四部會臻於蓮宇，官寮虔敬於三尊；〔請〕〔千〕〔聖〕〔於〕〔大〕〔尊〕[一二]，邀摩利首（之）之（首）坐[一三]。經轉如來之教，玉軸環周[一四]；爐焚龍寶之香，徘徊靉靆。如斯廣會[一五]，誰知（之）作焉[一六]？則我　附（府）主司空先奉爲國泰人安[一七]，次爲己躬聖壽無疆諸（之）所建也[一八]。伏惟　我附（府）主司空[一九]，鷹（膺）天明命[二〇]，握符而理金渾；〔運〕屬璿樞[二一]，啓天心而承霸業。是以聖人誕世，必候時而鷹（膺）圖〔二二〕；睿哲際（降）祥〔二三〕，亦盤桓〔而〕獨秀〔二四〕。況上標文星〔二五〕，深藏武德，乘時御宇，豈不休哉！故得八關在念〔二六〕，六度明（冥）懷〔二七〕，每歲春秋，弘施兩會。更能降十方淨土，隱影來湊瑞於衆中〔二八〕；小界聲聞，並湊雲奔於此供〔二九〕。是日也，緇留（流）修定〔三〇〕，俗輩練心，合境虔敬〔三一〕，傾國懇顡〔三二〕。供筵大會〔三三〕，該法界而召淨人，饌備七珍〔三四〕，味烈（列）香積〔三五〕。遂乃樂音前引，鈴梵後從〔三六〕；幢幡叵匝於盈場，鍾唄鴻鳴而城滿〔三七〕。總斯多善，罕側（測）良緣〔三八〕，先用莊嚴上界四王、下方八部，伏願威光轉盛，福力彌增，興運慈悲，救人護國。遂請恒沙大士，不違洪願以濟人〔三九〕；賢劫千尊，慈悲平等而護救。雞山大聖〔四〇〕，擁佑國人〔四一〕；守界善神，不離此府〔四二〕。龍王歡喜，風雨順時於四時〔四三〕；五稼豐饒，行謌堯舜之大樂〔四四〕。又持勝福〔四五〕，伏（復）用莊嚴我　　司空貴位〔四六〕，伏願形同大地，福極西江，廣闡開真宗〔四七〕，罕增佛日。然後河清海晏，不聞刁斗之聲；四寇降階，永絶煙塵之戰。三災殄滅，九横不侵於海嵎；癘疫消除〔四八〕，送飢荒於地戶。摩訶〔四九〕。

説明

此件抄於《大般若波羅蜜多經》卷五四〇卷背，首缺尾全，起『莊嚴梵釋四王』，訖『摩訶』，其内容包括兩部分：第一部分是『四門轉經文』之尾部『莊嚴』部分，第二部分是『轉經文』。『轉經文』

省略了『號頭』部分，説明此件殘缺前應是齋文合集；所記録的活動不限於轉經，也涉及行像、建幡等活動，可能是歸義軍節度使在春秋官齋大會上使用的齋文（參見郝春文《讀敦煌文獻札記（又二則）》，《張廣達先生八十華誕祝壽論文集》，七九三至七九六頁）。《英藏敦煌文獻》定名爲『發願文』，不確，茲擬今名。此件文中有『府主司空』，説明此件流行於歸義軍時期。

敦煌文獻中保存的同類文本尚有有四件。斯五九五七首缺尾全，起『徒課誦於四臺』，訖『萬人安爾云云』；伯二八三八背首尾完整，起首題『四門轉經文』，訖『摩訶般若』；伯三七六五首缺尾全，起『伏願威光熾盛』，訖『摩訶般若』；俄Φ二六三+Φ三二六首尾完整，起首題『四門轉經文』，訖『摩訶般若』。

以上釋文以斯三八二五背爲底本，用斯五九五七（稱其爲甲本）、伯二八三八背（稱其爲乙本）、伯三七六五（稱其爲丙本）、俄Φ二六三+Φ三二六（稱其爲丁本）參校。

校記

〔一〕『二』，當作『三』，據甲、乙、丙、丁本改。

〔二〕『持』，甲、乙、丁本同，丙本作『時』，『時』爲『持』之借字；『福』，甲、乙、丙、丁本作『善』。

〔三〕『伏』，乙、丙、丁本同，當作『復』，據甲本改，『復』爲『伏』之借字；『我』，甲、乙、丁本同，丙本作『秘金』；『司空』，甲本作『府主』，乙、丁本作『令公』；『貴位』，甲、乙本同，丁本無。

〔四〕『以』，甲、乙、丙、丁本同，《敦煌佛教願文研究》校改作『與』，按『以』亦可通，不煩校改；『像』，乙、丙、丁本同，甲本作『坤』，誤，《敦煌佛教願文研究》校改作『象』，按『像』亦可通，不煩校改。

〔五〕『遐』，乙、丙、丁本同，甲本作『霞』，『霞』爲『遐』之借字；『以』，《敦煌佛教願文研究》校改作『與』，按『以』亦可通，不煩校改。

〔六〕『楊』，當作『陽』，據甲、乙、丙、丁本改，『楊』爲『陽』之借字。

〔七〕『明』，甲、乙、丁本同，丙本作『朋』，誤。

〔八〕此句後甲本有『云云』，乙、丙、丁本有『摩訶般若』。

〔九〕『霞』，甲、乙、丙、丁本同，《敦煌願文集》據文義校改作『遐』，按『霞』通『遐』，不煩校改。

〔一〇〕『以』，甲、乙、丙、丁本同，當作『與』，《敦煌願文集》據文義校改，『以』爲『與』之借字；『暉』，乙、丙、丁本同，甲本作『輝』。

〔一一〕『以』，甲、乙、丙、丁本同，當作『與』，《敦煌願文集》據文義校改，『以』爲『與』之借字；『競彩』，甲、丙、丁本同，乙本作『彩競』，誤。

〔一二〕『請千聖於大尊』，據乙本補，甲本作『請千聖大師』，丙、丁本作『請千大尊』。

〔一三〕『利』，甲、乙、丙、丁本作『梨』；『首之』，當作『之首』，據甲、乙、丙、丁本改；『坐』，甲、乙、丙、丁本作『座』，均可通。

〔一四〕『環』，甲、乙、丙、丁本作『還』，『還』爲『環』之借字。

〔一五〕『如斯』，甲、乙、丁本同，丙本作『斯如』，誤。

〔一六〕『知』，甲、乙、丁本同，當作『之』，據丙本改，『知』爲『之』之借字。

〔一七〕『附』，乙、丁本作『令』，丙本作『金』，當作『府』，據甲本改，『附』爲『府』之借字；『主司空』，甲本作『主某公』，乙本作『公神武』，丙本作『山天子』，丁本作『公』。

〔一八〕『諸』，乙、丙、丁本同，當作『之』，據甲本改，『諸』通『之』。

〔一九〕「附」，甲本作「使」，乙、丁本作「令」，丙本作「金」，當作「府」，據文義改，「附」爲「府」之借字；「主司空」，甲本作「主某公」，乙、丁本作「公」，丙本作「山天子」。

〔二〇〕「鷹」，當作「膺」，據甲、乙、丙、丁本改，「鷹」爲「膺」之借字；「府主司空」，甲本作「使主某公」，乙、丁本作「令公」，丙本作「金山天子」。

〔二一〕「運」，丙、丁本亦脱，據乙本補，甲本作「春」，誤。

〔二二〕「鷹」，當作「膺」，據甲、乙、丙、丁本改，「鷹」爲「膺」之借字。

〔二三〕「際」，當作「降」，據甲、乙、丙、丁本改。

〔二四〕「而」，據甲、乙、丙、丁本補。

〔二五〕「星」，乙本同，甲、丙、丁本作「皇」，誤。

〔二六〕「關」，甲、乙、丙本同，丁本作「開」，誤。

〔二七〕「明」，甲、乙、丙、丁本同，當作「冥」，《敦煌願文集》據文義校改，「明」爲「冥」之借字。

〔二八〕「瑞」，乙、丙、丁本同，甲本無。此句底本原寫作「隱影來湊瑞於衆中」，據甲本之「轉經文」和「結壇發願文」，此處「湊瑞」爲兩可異文，故作雙行並列格式。

〔二九〕「湊」，乙、丙、丁本同，甲本作「驟」，均可通。

〔三〇〕「留」，當作「流」，據甲、乙、丙、丁本改，「留」爲「流」之借字。

〔三一〕「敬」，甲、乙、丙、丁本作「恭」。

〔三二〕「國」，乙、丁本同，甲本作「城」；「懇」，乙、丙、丁本同，甲本作「墾」，「墾」爲「懇」之借字。

〔三三〕「筵」，甲、乙、丙、丁本作「延」，《敦煌願文集》釋作「延」，校改作「筵」，不必。

〔三四〕「饌備」，乙、丙、丁本同，甲本作「備饌」。

〔三五〕『味』，甲、乙本同，丙、丁本作『未』，『未』为『味』之借字；『烈』，甲、乙、丙、丁本同，當作『列』，《敦煌願文集》據文義校改，『烈』爲『列』之借字。

〔三六〕『後』，乙、丙、丁本同，甲本作『相』。

〔三七〕『鍾』，甲、乙、丙、丁本同，《敦煌願文集》校改作『鐘』，按『鍾』通『鐘』，不煩校改。

〔三八〕『側』，甲、乙、丙、丁本同，當作『測』，《敦煌願文集》據文義校改，『側』爲『測』之借字。

〔三九〕『洪』，甲、乙、丙、丁本同，《敦煌願文集》校改作『弘』，按『洪』可通，不煩校改；『濟』，甲、乙、丙本同，丁本作『齊』，誤。

〔四〇〕『山』，甲、乙、丙本同，丁本作『足』。

〔四一〕『擁』，乙、丙本同，甲、丁本作『護』。

〔四二〕『府』，甲、乙本同，丙、丁本作『苻』，『苻』爲『府』之借字。

〔四三〕『風雨』，乙、丙、丁本同，甲本作『調順』；『順時』，丁本同，甲本作『風雨』，乙、丙本作『調順』；『於四時』，甲、乙、丙本同，丁本無。

〔四四〕『謌』，乙、丙、丁本同，甲本作『歌』，均可通。

〔四五〕『福』，甲、乙、丙、丁本作『善』。

〔四六〕『伏』，乙、丙、丁本同，當作『復』，據甲本改，『復』爲『伏』之借字；『司空』，甲本作『府主』，乙、丁本作『令公』，丙本作『金山白帝』。

〔四七〕『開』，甲、乙、丙、丁本無，據文義與『闡』爲同義選擇異文，故作雙行並列格式。

〔四八〕『癘疫』，乙、丙、丁本同，甲本作『疫癘』。

〔四九〕『摩訶』，甲本作『云云』，乙本作『摩訶般若』，丙本無，丁本作『摩』。

參考文獻

《敦煌寶藏》三一册，臺北：新文豐出版公司，一九八二年，五三五頁（圖）；《英藏敦煌文獻》五卷，成都：四川人民出版社，一九九二年，一六〇頁（圖）；《英藏敦煌文獻》九卷，成都：四川人民出版社，一九九四年，二三九頁（圖）；《俄藏敦煌文獻》五册，上海古籍出版社、俄羅斯科學出版社東方文學部，一九九四年，四五至四六頁（圖）；《敦煌願文集》，長沙：岳麓書社，一九九五年，四八七至四九一頁（録）；《法藏敦煌西域文獻》一九册，上海古籍出版社，二〇〇一年，六五頁（圖）；《法藏敦煌西域文獻》二七册，上海古籍出版社，二〇〇二年，三三五頁（圖）；《敦煌西漢金山國文學考述》，蘭州：甘肅人民出版社，二〇〇九年，一九五至一九九頁；《張廣達先生八十華誕祝壽論文集》，臺北：新文豐出版公司，二〇一〇年，七九三至七九六頁（録）。

斯三八三一　太玄真一本際經卷第三

釋文

（前缺）

校定圖録〔一〕，調政琁璣，攝制酆都，降魔伏鬼，勑命水帝，召龍上雲。天地劫期，聖真名諱，所治城臺，衆聖境界，廣宣分別，種種階差，服御元精，化形之法，皆演玄妙，自然虚無，正真妙趣，明了具足。神符者，雲篆之文，神真之信，召攝衆魔，威制神鬼，總炁御運，保命留年。玉訣者，天真上聖述釋天書八會之字，以爲正音，開示大道。靈圖者，衆聖化跡，應現無方，圖寫變通，令物悟解。譜録者，衆聖記述，仙真名諱，宗本胄胤，神官位緒。戒律者，條制勑約，防非檢過，詮量罪福，分別輕重。威儀者，具示齋戒，進退楷模，俯仰節度，軌式容止。方法者，衆聖著述，丹藥秘要，神草靈芝，柔金水玉，脩養之道。術數者，明辯思神，存真念道，心齊虚忘〔二〕，遊空飛步，餐吸六炁，導引三光，練質化形，仙度之法。記傳者，是諸衆聖，載述學業，得道成真，通玄入妙，脩因方所，證果時節。讚頌者，衆真大聖，巧飾法言，稱揚正道，令物信樂，發起迴向，生尊重心。章表者，師資授受，妙寶奇文，登壇告盟，啓誓傳度，悔謝請福，開（關）告之辭[三]。此十二事，總繞（統）衆法[四]，一切意趣，無不備周，化引三乘，入一乘道。既從明師，禀受尊教，具得要訣，聞已思惟，洞解玄妙。通達明了，覺悟俗境，皆非真實；分析觀察，知世俗相，皆悉空寂。入無相門，離愛染心，斷滅煩惱；到解脱地，詣長壽宫，常住清淨。自在無礙，安隱快樂。非身離身，亦不不身，而以一形，周遍六道，現一切相，隨類色像。非心離心，亦非非心，而以一念，了一切法，以圓通眼，照道真性。深達緣起，了法本源，解衆生性，即真道性。天眼了達，一切衆生，死此生彼，善惡苦樂，已（無）不悉知[五]。山河石壁，徹見無礙。肉根眼淨，了一切色。若近若遠，莫不皆見。法眼明了，善知諸法。明見衆生，根性差别。若人厭苦，佈畏世間。虚妄不真，如夢如幻，無我無主，不久摩滅。見身無常，不淨臭穢。但樂長生，以自過度。求世俗行，改練尸形。爲説小乘，導引丹藥，現得延年，地仙之道。中根之人，力能進趣，樹德立功，志欲騰舉。爲説次品，飛天之法。習中乘道，淨三業行，飛昇三界，諸天之宫，轉練信根，伏諸結習。至於四民，離色（免）災横[六]，隨願生人，轉形練質。若諸上士，志度一切，忘己外身，濟他利物，但求道場，成無上道。爲説三洞大乘法門，使得脩習，悟真實性，生無漏品，白日仙度，登上清道。進業圓滿，超昇大羅，證太一果，紹法王位，惡根永斷，衆德普會。智慧之眼，曉了真俗。一切法中，空有之相，非空非有，正觀平等，畢竟清淨，猶如虚空。以此五種，明眼淨智，能照世法及出世法。於一念中，了達三世一切諸法，無所罣礙，深解法相，知是知非。了衆生根，利鈍差別，所欲不同，志樂各異。隨所稟行，各成其性。造世間業，作善惡因。脩習静定，專炁柔軟。學道念真，志求出世。以天眼智，覺未來事。以宿命通，知過去法。以漏盡故，知現在相。巧説諸法，而無窮盡。知如是等，種種之相。智力分明，如觀指掌。以一切智，滅諸煩惱。亦復令人，離苦盡欲。能知能説，決定無畏。異道邪論，無不摧伏。於諸世間，獨一無侣。以大悲故，捨寂静樂。遊於五濁，化度衆生。憐愍將來，劫運多惱，水火兵災，種種疾疫。其中衆生多造惡行，偷盜傷殺，具諸不善，貪著諸見，不識正道，滯染我人，封執邪行，起貪恚癡，憍慢自恣，煩惱自纏，不得解脱，年命短促，任業死生，造不善行，輪轉無極。爲此五濁諸衆生故，開教三乘及人天道，調伏其心，淨三業惡。既調淨已，然後乃爲演説假名，隨機利益，開方便門，令得悟入，曉因緣相，正觀正解，究竟真一平等大道。道陵當知，元始天尊所脩所證無量功德，若具説者，終天窮載，不能宣一，唯得道眼，乃能了知。今略顯示，宜諦信受。時會大聖，聞是妙法，歡喜作禮，一時稱善，各還本坐，諦想思惟，同時發聲，説頌歎曰：

妙哉元始尊，功業叵思議。太上不敷演，一切豈能知？
善忍捨憎愛，惠救適所宜。弘誓荷群生，勇猛志不移。
勤施信師戒，精進守柔雌。忍非常諫諍，酒色不能疵。

天眼六神通，明達無所畏。智力無礙辯，巧説無終既。
魔精喪鬼兵，異道息邪謂。世間諸天人，一切所尊貴。
名稱普十方，聞者無毁誹。我等宿福慶，預餐甘露味。
善哉大道君，演説真實道。善開方便門，痴瞑皆明曉。
若有見此經，誦詠思所表。必定乘大乘，出離生死惱。
雖有重障人，不預聞法音。由此經力故，發起迴向心。
亦以我等力，冥導悟幽深。終得不退位，嬉遊七寶林。
我等咸隨喜，今故稽首吟。

衆真大聖説是頌已，諸天各奏神龍妓樂，散衆名花，燒無價香，以用供養太上大道君。經七億載，時衆謂如一彈指頃。所以者何？皆由神力，延役（促）自在不可思議之所爲也〔七〕。於是道陵從座而起，稽首道前，上白道言：我自覿對天尊已來，未聞妙法，神通感動，乃至如此，心自欣慶，不知所陳。唯蒙慈愍，重垂告示。不審元始天尊未得道時，宗祖所因、本根源起，其事云何？伏願顯示，令衆見明。道君答曰：夫道無也，無祖無宗，無根無本，一相無相，以此爲源，了此源故，成無上道，而獨能爲萬物之始。以是義故，名爲元始。既稱元始，何得復有宗本者邪？雖復運導一切，道爲極尊而常處三清，出諸天上。以是義故，故稱天尊。亦曰高皇：高出無上，莫能過者，故謂爲高；皇者光明也。以智慧光照明一切，故號高皇。亦曰玉帝：其德真淳，潤益一切，不可染汙，諦了諸法，所説的當，定爲物宗，故稱玉帝。諸如此等，名稱不同，隨順世間人君假號，引物歸依，使重尊敬。總一切有，名曰世間；共所寶貴，號天尊也。於時道陵避座而起，頭面作禮，上白道君：臣以凡鄙，忝預真儔，雖叨總司，多所不了。今蒙弘愍，示以衆要，始知天尊神德巍巍，諒不虚矣。諸疑頓盡，無復餘滯，銜荷而已，非辭可謝。是時十方諸來大衆，聞所説法，心開意解，各隨品位而得增長。道君即皆授與記别：於當來世決定成道，具一切智，如我今日名號國土，無有異也。仙人紀法成，承道威神，與其同類卅三人，於大衆中而自言曰：我等志小，慕求小乘，厭畏死魔，患無常苦，覺身不淨，穢惡如賊，速求免離，學地仙道，遊遁仙宫，不求出世。今睹斯會，始悟大乘奇特希有，發真道意，誓捨小乘，迴向大乘，普度一切，俱得昇玄。當竭身命擁護此法，爲當來世開道津梁。太上告曰：善哉！善哉！子能建意作大法師，於此身後，必得解悟，成無漏慧，登乎上清。即勅道陵案筆書撰，清齋三日，付授流通，使藏經文於玉清玄闕高上虚皇丹房之裏。素靈玉女三千人，紫房金童三千人，侍衛其文，檢制漏慢，有信樂者，稽首而傳。是諸大聖，東海小童、四極真人、大谷先生、太真丈人、扶桑太帝、九皇上真、太素元君、上清太真、玄都仙王、太極元景君等無量之衆，受經畢訖，作禮而退，各還本國，忽然不見。天師治舍，還復如本。

太玄真一本際經卷第三

説明

此件首缺尾全，有界欄，字體工整，起『校定圖録』，訖尾題『太玄真一本際經卷第三』。原卷『民』字缺筆，當爲避唐諱。關於敦煌文獻中保存此經第三卷的概况，請參看本書第五卷斯一二四六及第十六卷斯三三八七《太玄真一本際經聖行品》之『説明』。本書在釋録斯一二四六號及斯三三八七號時，都曾以此件爲校本，故諸本之異同，均可見斯一二四六號及斯三三八七號之校記，以上釋文以斯三八三一爲底本，僅用斯三三八七（稱其爲甲本）校改錯誤和校補缺文，如甲本亦有脱、誤，則據其他相關寫本補、改。

校記

〔一〕『校定圖』，據甲本補。
〔二〕『齊』，當讀作『齋』。
〔三〕『開』，當作『關』，據甲本改。
〔四〕『繞』，當作『統』，據甲本改。
〔五〕『已』，當作『無』，據甲本改。
〔六〕『色』，當作『免』，據甲本改。
〔七〕『役』，甲本同，當作『促』，據伯二七九五改。

參考文獻

《敦煌道經·目録篇》，東京：福武書店，一九七八年，一四七至一四八頁；《敦煌寶藏》三一册，臺北：新文豐出版公司，一九八二年，五五三至五五七頁（圖）；《英藏敦煌文獻》五卷，成都：四川人民出版社，一九九二年，一六一至一六三頁（圖）；《敦煌道藏》一册，北京：全國圖書館文獻縮微複製中心，一九九九年，三五八至四七四頁；《唐初道教思想史研究》，京都：平樂寺書店，一九九九年，五六至七一頁；《敦煌道教文獻研究：綜述·目録·索引》，北京：中國社會科學出版社，二〇〇四年，一九三至二〇〇頁；《中華道藏》五册，北京：華夏出版社，二〇〇四年，二二八至二三一頁；《英藏敦煌社會歷史文獻釋録》五卷，北京：社會科學文獻出版社，二〇〇六年，二九〇至二九三頁；《敦煌本〈太玄真一本際經〉輯校》，成都：巴蜀書社，二〇一〇年，八〇至一一九頁。

斯三八三三背　　齋儀抄（亡考妣）

釋文

亡妣

世想（相）巡（循）還[一]，刹那生滅，無而忽有，有以還無。如來有雙樹之悲，孔丘有兩盈（楹）之歎[二]。然今施主捧爐所申意者，奉爲亡孝（考）某七追福之加（嘉）會也[三]。亡孝（考）乃英樊（譽）早聞[四]，芳猶（猷）[五]（以下原缺文）

説明

此件抄於《金光明最勝王經》卷五背面，首尾完整，起首題『亡妣』，訖『芳猶』，原未抄完，係時人隨手摘録《齋儀》中之『亡妣』部分，但將『亡妣』誤抄成了『亡孝（考）』。《敦煌遺書總目索引》《敦煌遺書總目索引新編》《敦煌遺書最新目録》皆擬名爲『追福文』，不確，兹擬今名。

校記

〔一〕『想』，當作『相』，據文義改，『想』爲『相』之借字；『巡』，當作『循』，據文義改，『巡』爲『循』之借字。

〔二〕「盈」，當作「楹」，據文義改，「盈」爲「楹」之借字。
〔三〕「孝」，當作「考」，據斯三四三《亡文》改；「加」，當作「嘉」，據斯三四三《亡文》改，「加」爲「嘉」之借字。
〔四〕「孝」，當作「考」，據文義改；「樊」，當作「礬」，據斯三四三《亡文》改。
〔五〕「猶」，當作「猷」，據斯三四三《亡文》改，「猶」爲「猷」之借字。

參考文獻

《敦煌寶藏》三一册，臺北：新文豐出版公司，一九八二年，五六九頁（圖）；《英藏敦煌文獻》五卷，成都：四川人民出版社，一九九二年，一六三頁（圖）。

斯三八三五　一　太公家教一卷

釋文

（前缺）

勿行欺巧〔一〕。

孝子事父，晨省暮參，飢（知）知（飢）知渴〔二〕，知暖知寒〔三〕，憂則共慼〔四〕，樂則同歡〔五〕。父母有疾，甘美不餐，食無求飽，飢（居）無求安〔六〕，聞樂不樂，聞喜不歡（歡）〔七〕，不修身體，不整衣冠，父母疾愈，正亦不難。

弟子事師，敬同於父。習〔其〕道術〔八〕，學其言語。〔有〕〔疑〕〔則〕〔問〕〔九〕，〔有〕〔教〕〔則〕〔受〕〔一〇〕。〔鳳〕〔凰〕〔愛〕〔其〕〔毛〕〔羽〕〔一一〕，〔賢〕〔士〕〔惜〕〔其〕〔言〕〔語〕〔一二〕。黃金白銀，乍可相與；好言好述，莫滿（漫）出口〔一三〕。臣無境外之教（交）〔一四〕，弟子有束修之好。一日爲君，終日爲主；一日爲師，終日爲父。

教子之法，常令自慎，勿得隨宜。言不可失，行不可驅（虧）〔一五〕。他離莫驀，〔他〕

〔户〕〔莫〕〔窺〕〔一六〕，〔他〕〔嫌〕〔莫〕〔道〕〔一七〕，他事莫知，他貧莫笑，他病莫譏，他財莫願，他色莫思，他强莫觸，他弱莫欺，他弓莫挽，他馬莫騎。弓折馬死，償他無疑。

財能害己，必須遠之；酒能敗身，必須誡之；色能致害，必須棄之；忿能積惡，必須忍之；心能造惡，必須裁之；口能招禍，必須慎之；見人善事，必須讚之；見人惡事，必須掩之；見人不是，必須語之；鄰有災難，必須救之；見人鬬打，必須諫之；見人好事，必須歎之；好言好術，必須學之；意欲去處，必須審之；不如意者，必須教之；非是時流，必須棄之；惡人欲染，必須避之。羅網之鳥，悔不高飛；吞鈎之魚，恨不〔忍〕飢〔一八〕；人生吴（誤）計〔一九〕，恨不三思；禍將及己，悔不慎之。

其父出行，子則從後；路逢尊者，齊腳劍（斂）手〔二〇〕。〔尊〕〔人〕〔之〕〔前〕〔二一〕，〔不〕〔得〕〔唾〕〔地〕〔二二〕；尊者賜酒，即須拜受；尊者賜肉，骨不與狗；尊者賜果，懷挾（核）在手〔二三〕，勿得去之，違禮大醜。對客之前，不得叱狗；對食之前，亦不得嗽口。憶而慎之，終身無苦。

立身之本，義讓爲先。賤莫與交，貴莫與親。他奴莫與語，他婢莫與言。商販之家〔二四〕，莫與爲婚。市道接利，莫與爲鄰。敬上愛下，泛愛尊賢。孤兒寡婦，特可矜憐。乃可無官，不得失婚。身須擇行，口須擇言。共惡人同會，禍必及身。

養男之法，莫聽强（誑）言〔二五〕；育女之法，莫聽離母。男年長大，莫聽好酒；女年長大，莫聽遊走。丈夫飲酒，揎拳捋肘，行不擇地，言不擇口，觸突尊賢，鬬亂朋友。女人遊走，程其資（姿）首〔二六〕，男女雜合，風聲大醜，慙恥宗親，損辱門户。

婦人送客，莫出齊（閨）廳（庭）〔二七〕；〔所〕〔有〕〔言〕〔語〕〔二八〕，〔下〕〔氣〕〔低〕〔聲〕〔二九〕；〔出〕〔行〕〔逐〕〔伴〕〔三〇〕，〔隱〕〔影〕〔藏〕〔形〕〔三一〕；〔門〕〔前〕〔有〕〔客〕〔三二〕，〔莫〕〔出〕〔齊〕〔聽〕〔三三〕；一行有失，百行俱傾；能於（依）此禮〔三四〕，無事不精。

新婦事君〔三五〕，同於事父〔三六〕，音聲莫交〔三七〕，形影不睹〔三八〕。夫之婦（父）兄〔三九〕，不得對語〔四〇〕。孝養翁婆〔四一〕，敬事夫主。泛愛尊賢〔四二〕，教示男女〔四三〕。行則緩步〔四四〕，言必細語〔四五〕。勤事女工〔四六〕，莫學謌舞。小爲人子〔四七〕，長爲人母〔四八〕，出則斂容〔四九〕，動則祥序〔五〇〕，敬慎口言〔五一〕，終身無苦。希見金（今）時〔五二〕，貧家養女，不解絲麻，不閑針縷，貪食不作，好戲遊走，〔不〕〔事〕〔女〕〔功〕〔五三〕，〔不〕〔敬〕〔父〕〔母〕〔五四〕。女年長大，聘爲人婦，不敬君家，不委（畏）夫主〔五五〕；大人所命，説辛道苦，夫馬（罵）一言〔五六〕，返應十口。損辱弟兄，連累父母，本不是人，狀同豬狗。〔含〕〔血〕〔損〕〔人〕〔五七〕，〔先〕〔惡〕〔其〕〔口〕〔五八〕。十語九種（中）〔五九〕，不語者勝。

小爲人子，長爲人父；居必擇鄰，暮（慕）近良友〔六〇〕；側立聽傍，候時賓客；侶無親疏，來者當受；合食與食，合酒與酒；閉門不看，不如豬狗。拔貧作富，事須方寸；

看客不貧，古今實語。惡（握）發（髮）吐餐〔六一〕，先有嘗（常）處（據）〔六二〕；閉門不看，不而（如）豬冢（鼠）〔六三〕。

高山之樹，苦於風雨；路傍之樹，苦於刀斧；當道作舍，苦於客施；不慎之家，苦於官府；牛羊不圈，苦於狼虎；禾熟不收，苦於省（雀）鼠〔六四〕；屋漏不覆，壞於（其）梁柱〔六五〕；兵將不慎，敗於軍旅；人生不學，費其言語。

近朱者赤，近墨者黑；蓬生麻中，不扶自直；白玉投泥，不汙其色；近佞者諂，近偷者賊。近遇（愚）者癡〔六六〕，近聖者明〔六七〕，近賢者德〔六八〕，〔近〕〔淫〕〔者〕〔色〕〔六九〕。貧人由嬾〔七〇〕，富人愬力〔七一〕。勤耕之人，必豐穀食〔七二〕；勤學之人〔七三〕，必居官職〔七四〕。良田不耕〔七五〕，損人功力〔七六〕；養子不教〔七七〕，費人衣食〔七八〕。

與人共食，慎莫先嘗〔七九〕；與人同飲〔八〇〕，莫先把嘗（觴）〔八一〕。行不當路〔八二〕，坐不皆（背）堂〔八三〕。路逢尊者〔八四〕，側立道傍〔八五〕，有語即對〔八六〕，必須審詳〔八七〕。子從外來，先須就常（堂）〔八八〕，未見尊者，莫入私房。若得飲食，慎莫先嘗〔八九〕；嚮其宗祖〔九〇〕，始對（到）耶孃〔九一〕，次霑兄弟〔九二〕，後及兒郎〔九三〕。食必先讓〔九四〕，謬（勞）必自當〔九五〕。知過必改〔九六〕，得能莫忘〔九七〕。

與人相職（識）〔九八〕，先整容儀〔九九〕，稱名道姓〔一〇〇〕，然後相知〔一〇一〕，位（倍）年已長〔一〇二〕，則父是（事）之〔一〇三〕；十年已長〔一〇四〕，則兄事之〔一〇五〕；五年已長〔一〇六〕，則肩隨之〔一〇七〕。〔群〕〔居〕〔五〕〔人〕〔一〇八〕，〔長〕〔者〕〔必〕〔跪〕〔一〇九〕。三人同行〔一一〇〕，必有我師焉，擇其善者如（而）從之〔一一一〕，其不善者如（而）改〔之〕〔一一二〕。滯不擇職，貧不擇妻，飢不擇食，寒不擇衣。小人爲財相煞，君子得義相知。

欲求其短，先取其長；欲求其圓，先取其方；欲求其强（弱）〔一一三〕，先取其弱（强）〔一一四〕；欲求其剛（柔）〔一一五〕，先取其桑（剛）〔一一六〕。欲方（防）外敵〔一一七〕，先須内防；欲揚人惡，還是自揚；傷人之語，還是自傷。凡人不可貌相，海水不可斗量。茅茨之家，或出公王；蒿艾之下，或出蘭香。助祭得食，助斗（鬭）得傷〔一一八〕；人慈者壽，兇暴者亡。清清之水，爲土所傷；濟濟之人，爲酒所殃。聞人善事，乍可稱揚；知人有過，密掩深藏。是故忘（罔）談彼短〔一一九〕，靡恃己長。

鷹鷂雖迅，不能決（快）於風雨〔一二〇〕；日月雖明，不照覆盆之下；唐虞雖聖，〔不〕〔能〕〔化〕〔其〕〔明〕〔主〕〔一二一〕；〔微〕〔子〕〔雖〕〔賢〕〔一二二〕，不能揀（諫）其暗君〔一二三〕；比干雖惠，不能自免其身；蛟龍雖聖，不能煞岸上之人；刀劍雖利，不斬無罪之人；羅網雖細，不能執無事之人；非災横禍，不入慎家之門。人無遠慮，必有近憂。

敘（斜）逕敗於良田〔一二四〕，讒言敗於善人。君子以含鴻（弘）爲大〔一二五〕，海水以博納爲深。寬則德衆，慜則有功。以法治人，民則得安。國信讒言，必煞忠臣；治家信讒，必（家）敗（必）國（敗）虚（亡）〔一二六〕；兄弟信讒，别分異居；夫婦信讒，男女生分；朋友信讒，必至死怨。天雨五穀，荊棘蒙恩。犯（抱）薪救火[一二七]，火必成（盛）煙（燃）[一二八]；揚湯致（止）沸[一二九]，不而（如）去薪[一三〇]。千人排門，不而（如）一人拔關[一三一]。一人潘（拚）命[一三二]，萬夫不當。貪心害己，利口傷身。瓜田不整腹（履）[一三三]，梨下不整冠。聖君難（雖）渴[一三四]，不飲道（盗）泉之水[一三五]；暴風疾雨，不入寡婦之門。孝子不消（隱）情依（於）父[一三六]，忠臣〔不〕隱情依（於）君[一三七]。法不家（加）於君子[一三八]，禮不下於小人。軍（君）濁則用武[一三九]，君清則用文。多言不益其體，百伎不妨其身。

明君不愛邪佞之語（臣）[一四〇]，慈父不愛不孝之子。道之以德，齊之以禮。凡人負重，不擇地而置（息）[一四一]；君子困窮，小人窮斯覽（濫）矣[一四二]；屈厄之人，不羞執鞭之仕；飢寒在身，不羞乞食之恥。貧不可欺，富不可侍（恃）[一四三]。陰楊（陽）相催[一四四]，周而復始。太公未達，釣魚於水；相而（如）未達[一四五]，賣藥於匝。巢父居山，路（魯）連海（赴）水（海）[一四六]。孔明盤桓，候時而去（起）[一四七]。

鶴鳴九皋，聲徹於天；竈底然火，火必成煙。家中有惡，外必〔知〕聞[一四八]；身有得行，人自稱傳。惡不可作，善不可冠；人能弘道，非道弘人。孟母三思（徙）[一四九]，爲子擇鄰。不患人之不己之（知）[一五〇]，患己不之（知）人也[一五一]。己欲立，先立人；己欲達，先達人。立身行道，始於事親；孝無終始，不離其身；修身慎行，恐辱先人。己所不欲，勿施於人。近鮑者嗅（臭）[一五二]，近蘭者香；近愚者癡，近志（智）者良[一五三]。明朱（珠）不瑩[一五四]，焉發其光；人生不學，語不成章。小兒（而）學者[一五五]，如日出之光；長兒（而）學者[一五六]，如日中之光；老兒（而）學者[一五七]，如日暮之光。人生不學，冥冥如夜行。柔必勝剛，弱必勝强；齒剛則折，舌柔則長；兇必横死，欺敵者亡。女慕貞潔，男効才良。行善獲福，行惡得殃。行來不遠，所見不長；學問〔不〕廣[一五八]，智惠不長。

欲求其君，視其所事（使）[一五九]；欲親其父，先觀其子；欲知其父（木）[一六〇]，視其父（文）理[一六一]；欲知其人，視其奴婢。君子因（困）窮[一六二]，不擇官而仕。病則有藥，醉則無憂。飲人健藥，不得責人具禮。君子避其醉客，聖人恐其酒事。智者不見人之過，少（小）人好見人之事[一六三]。兵將分（之）家[一六四]，必出勇夫；學問之家，必出君子。

人相知於道術，魚相望於江湖。女無明鏡，不知面上之精麤；人無良友，不知行之虧盈。是以結交朋友，〔須〕〔擇〕〔良〕〔賢〕[一六五]，寄死就孤。意重則蜜，情薄則疏；榮則同榮，辱則同辱；難則相救，危則於（相）扶[一六六]。勤是無價之寶，學是明月神朱（珠）[一六七]。積財千萬，不如明解〔經〕書[一六八]；良田萬傾（頃）[一六九]，不如薄藝隨軀。慎是龍宮海藏，忍是護身之符。香餌之下，必有懸鈎之魚；重償（賞）之下[一七〇]，必有勇夫。有功者償（賞）〔一七一〕，欠過者誅。〔慈〕〔父〕不念無功之子〔一七二〕，只愛有力之奴。養男不教，不如養奴；養女不教，不如養豬。癡兒畏婦，賢女敬夫。孝是百行之本，故云其大者乎。

余之志也，四海爲宅，五常爲家；不思恩愛，不樂榮華；食不重味，衣不絲麻。爲（唯）貪此書一卷〔一七三〕，不用黄金千車，集之數韻，未辯雌（疵）瑕〔一七四〕，本不呈於君子，意欲教於童兒了也。

太公家教一卷

説明

此卷首缺尾全，正面存《太公家教》《千字文》《百鳥名》，三件筆跡相同，卷末有題記『庚寅年十二月日押牙索不子自手記□』，則正面爲索不子一人所抄。汪泛舟認爲此處之『庚寅年』爲咸通十一年（公元八七〇年）（參見《敦煌古代兒童課本》，二一五頁）。卷背抄『馬保定賣宅舍契抄』以及雜寫、離合詩等。

此件有烏絲欄，起『行欺巧』，訖尾題『太公家教一卷』。敦煌文獻中保存的《太公家教》有五十餘件，可分爲三種類型，此件屬於第一種類型，有關情況請參看本書第二卷斯四七九《太公家教》之『説明』。本書第五卷在對斯一一六三和斯一二九一＋斯一二九一背《太公家教》進行釋録時，曾以此件爲校本，此件之内容大部分包括在該件中。但自『新婦事君』至『出則斂容』和自『近偷者賊』至『三人同行』兩段内容爲斯一一六三和斯一二九一+斯一二九一背所未見。

以上釋文以斯三八三五爲底本，底本與斯一一六三和斯一二九一+斯一二九一背《太公家教》相重複的部分，僅用相關寫本校改錯誤、校補脱文，各本之異同請參看斯一一六三和斯一二九一+斯一二九一背《太公家教》之校記。不重複的部分，用與其相關的伯二五六四（稱其爲甲本）、伯二七三八（稱其爲乙本）、伯二八二五（稱其爲丙本）、伯二九三七（稱其爲丁本）、伯二九八一背（稱其爲戊本）、伯三一〇四（稱其爲己本）、伯三二四八背（稱其爲庚本）、伯三四三〇（稱其爲辛本）、伯三五九九（稱其爲壬本）、伯三六二三（稱其爲癸本）、伯三七六四（稱其爲甲二本）、伯三八九四（稱其爲乙二本）、伯四〇八五（稱其爲丙二本）、伯四九九五背（稱其爲丁二本）、斯五七七三（稱其爲戊二本）、斯六一七三（稱其爲己二本）參校。

校記

〔一〕『勿』，據斯一二九一補。

〔二〕『飢知』，當作『知飢』，據斯一二九一改。

〔三〕『知暖知寒』，據斯一二九一補。

〔四〕『憂則共慼』，據斯一二九一補。

〔五〕『樂』，據殘筆劃及斯一二九一補。

〔六〕『飢』，當作『居』，據斯一二九一改，『飢』爲『居』之借字。

〔七〕『勸』，當作『歡』，據伯三六二三改。

〔八〕『其』，據斯一二九一補。
〔九〕『有疑則問』，據斯一二九一補。
〔一〇〕『有教則受』，據斯一二九一補。
〔一一〕『鳳凰愛其毛羽』，據斯一二九一補。
〔一二〕『賢士惜其言語』，據斯一二九一補。
〔一三〕『滿』，當作『漫』，據斯一二九一改，『滿』爲『漫』之借字。
〔一四〕『教』，當作『交』，據斯一二九一改，『教』爲『交』之借字。
〔一五〕『驅』，當作『虧』，據斯一二九一改。
〔一六〕『他户莫窺』，據斯一二九一補。
〔一七〕『他嫌莫道』，據斯一二九一補。
〔一八〕『忍』，據斯一二九一補。
〔一九〕『吴』，當作『誤』，據伯二七三八改。
〔二〇〕『劍』，當作『斂』，據甲本改。
〔二一〕『尊人之前』，據斯一二九一背補。
〔二二〕『不得唾地』，據斯一二九一背補。
〔二三〕『挾』，當作『核』，據甲本改。
〔二四〕『商』，底本原寫作『⿱商貝』，係涉下文『販』而成之類化俗字。
〔二五〕『强』，當作『誑』，據伯二七三八改。
〔二六〕『資』，當作『姿』，據斯一二九一背改，『資』爲『恣』之借字。

〔二七〕『齊』，當作『閨』，據伯二七三八改；『廳』，當作『庭』，據斯一二九一背改，『廳』爲『庭』之借字。

〔二八〕『所有言語』，據斯一二九一背補。

〔二九〕『下氣低聲』，據斯一二九一背補。

〔三〇〕『出行逐伴』，據斯一二九一背補。

〔三一〕『隱影藏形』，據伯二五六四補。

〔三二〕『門前有客』，據斯一二九一背補。

〔三三〕『莫出齊聽』，據斯一二九一背補。

〔三四〕『於』，當作『依』，據伯二八二五改，『於』爲『依』之借字。

〔三五〕『君』，丁、庚、壬、癸、甲二、乙二、丙二、丁二、戊二、己二本同，甲本作『夫』，均可通，乙本作『婦』，『婦』爲『夫』之借字，辛本作『親』，誤。

〔三六〕『同於』，庚、癸、甲二、戊二本同，甲、丁、壬、乙二、丙二、丁二、己二本作『敬同』，乙本脱；『事』，庚、癸、甲二、戊二本同，甲、壬、乙二、丙二、己二本作『於』，丁本作『依』，乙、丁二本脱；『父』，甲、丁、庚、壬、癸、甲二、乙二、丙二、丁二、戊二、己二本同，乙本脱。

〔三七〕『莫』，乙、丙、壬、癸、甲二、丁二、己二本同，甲、丁、庚、乙二、丙二本作『不』；『交』，丁、庚、癸、乙二本同，甲本作『看』，誤，乙、丙、壬、甲二、丁二、己二本作『聽』，丙二本作『教』，『教』爲『交』之借字。

〔三八〕『形』，甲、乙、庚、壬、甲二、丙二、丁二、戊二本同，丙、丁、癸、乙二、己二本原作『刑』，按寫本中『刑』『形』形近易混，故可視作『形』；『影』，甲、乙、丙、庚、壬、癸、甲二、乙二、丁二、戊二、己二本同，丁、丙二本作『容』。

〔三九〕『婦』，乙、丁、庚、壬、癸、己二本同，當作『父』，據甲、丙、辛、甲二、乙二、丙二、丁二、戊二本改。

〔四〇〕『得』，甲、乙、丁、庚、壬、癸、乙二、丙二、丁二、戊二、己二本同，丙、甲二本作『德』，『德』通『得』。

〔四一〕『養』，乙、丙、丁、庚、辛、壬、癸、甲二、乙二、丁二、戊二、己二本同，甲本作『順』；『翁』，甲、乙、庚、辛、壬、癸、甲二、乙二、丁二、戊二、己二本同，丁、戊本作『君』，誤，丙二本作『姑』；『婆』，庚、辛、壬、癸本同，甲、乙、丙、丁、戊、甲二、乙二、丁二、己二本作『家』，丙二本作『翁』。

〔四二〕『泛』，乙、丙、丁、甲二、乙二、己二本同，甲本作『親』，庚、壬、丁二、戊二本作『凡』，『凡』爲『泛』之借字，癸本脱；『賢』，乙、丙、丁、壬、甲二、乙二、戊二、己二本同，甲、丙二本作『卑』，丁二本作『親』。

〔四三〕『教』，甲、乙、丙、丁、壬、癸、甲二、乙二、丁二、戊二、己二本同，丙二本作『誨』；『示』，甲、乙、丙、丁、壬、甲二、丁二、戊二、己二本同，癸本作『持』，乙二本作『成』，丙二本作『爾』。

〔四四〕『則』，甲、乙、丙、丁、戊、庚、壬、癸、甲二、丁二、戊二、己二本同，乙二本作『必』。

〔四五〕『細』，甲、丁、庚、辛、壬、癸、丁二、己二本同，乙、丙、乙二本作『小』，甲二本作『少』，均可通。

〔四六〕『工』，甲、乙、丙、庚、辛、壬、癸、甲二、乙二、丙二、丁二、戊二、己二本作『功』，丁本作『公』，『公』爲『工』之借字。

〔四七〕『小』，甲、乙、丙、丁、戊、甲二、乙二、丁二、戊二、己二本同，壬、丙二本作『少』；『爲』，乙、丙、丁、壬、癸、甲二、乙二、丁二、戊二本同，甲、戊、己二本作『作』；『子』，乙、丙、壬、癸、甲二、乙二、丁二、戊二本同，甲、丁、戊、己二本作『妻』，均誤。

〔四八〕『母』，甲、丁、戊、壬、乙二、丁二、己二本同，乙、丙、庚、癸、甲二、戊二本作『父』，誤。

〔四九〕『則』，甲、乙、丁、戊、壬、癸、甲二、丁二本同，己二本作『即』；『斂』，甲、丁、戊、壬、癸、甲二、乙二、丁二、己二本同，乙本作『劍』，誤；『容』，甲、乙、戊、壬、癸、甲二、乙二、丙二、丁二、己二本同，丁本脱。

〔五〇〕「祥」，甲、乙、丁、戊、壬、癸、甲二、乙二本同，丙二、己二本作「庠」，「庠」爲「祥」之借字，丁二本作「常」。

〔五一〕「敬」，甲、乙、丁、戊、壬、癸、甲二、乙二、丁二本同，丙二本作「竟」，「竟」爲「敬」之借字，己二本作「先」。

〔五二〕「金」，當作「今」，據斯一二九一改，「金」爲「今」之借字。

〔五三〕「不事女功」，據斯一二九一補。

〔五四〕「不敬父母」，據斯一二九一補。

〔五五〕「委」，當作「畏」，據斯一二九一改，「委」爲「畏」之借字。

〔五六〕「馬」，當作「罵」，據斯一二九一改。

〔五七〕「含血損人」，據伯二七三八補。

〔五八〕「先惡其口」，據伯二七三八補。

〔五九〕「種」，當作「中」，據伯二七三八改，「種」爲「中」之借字。

〔六〇〕「暮」，當作「慕」，據斯一二九一改，「暮」爲「慕」之借字。

〔六一〕「惡發」，當作「握髮」，據伯三七六四改，「惡」爲「握」之借字，「發」爲「髮」之借字。

〔六二〕「嘗處」，當作「常據」，據伯三七六四改，「嘗」爲「常」之借字，「處」爲「據」之借字。

〔六三〕「而」，當作「如」，據伯三七六四改，「而」爲「如」之借字；「豕」，當作「鼠」，據伯三七六四改。

〔六四〕「省」，當作「雀」，據斯一二九一改。

〔六五〕「於」，當作「其」，據斯一二九一改，「於」爲「其」之借字。

〔六六〕『遇』，丁二本同，當作『愚』，據丙、辛、壬、癸、甲二、乙二、己二本改，『遇』爲『愚』之借字，甲、丁、己本作『癡』；『癡』，丙、辛、壬、癸、甲二、乙二、丁二、己二本同，甲、己本作『愚』，丁本作『遇』，『遇』爲『愚』之借字。此句乙本脱。

〔六七〕『近聖者明』，乙、丙、辛、壬、癸、甲二、乙二、丁二、己二本同，己本置於『近賢者德』句後，甲本無此句，而在『近賢者德』句後有『近智者良』一句，丁本脱。

〔六八〕『德』，甲、丁、戊、己、辛、壬、癸、甲二、乙二、己二本同，乙、丁二本作『得』，均可通。

〔六九〕『近淫者色』，據甲、乙、丙、辛、壬、甲二、乙二、丁二、己二本補，丁、戊、己、癸本亦脱。

〔七〇〕『由』，甲、丁、戊、辛、癸本同，乙、丙、壬、甲二、乙二、丁二、己二本作『多』，己本作『猶』，『猶』通『由』；『嬾』，甲、丁、戊、己、辛、癸本同，乙、丙、乙二本作『力』，壬、甲二、丁二本作『賴』，『賴』通『嬾』，己二本作『來』。

〔七一〕『人』，甲、丁、戊、己、辛、癸、甲二、己二本同，壬、丁二本作『兒』；『懇』，己、癸本同，甲、戊、壬、丁二、己二本作『勤』，丁、辛、甲二本作『多』。此句乙、丙、乙二本脱。

〔七二〕『豐』，甲、乙、丙、丁、戊、己、壬、癸、甲二、乙二、丁二、己二本同，辛本作『居』；『穀』，甲、乙、丙、戊、己、辛、壬、癸、甲二、乙二、丁二、己二本同，丁本作『衣』。

〔七三〕『勤』，乙、丙、丁、戊、己、辛、壬、癸、甲二、乙二、丁二、己二本同，甲本作『近』，『近』爲『勤』之借字。

〔七四〕『必』，乙、丙、丁、戊、己、辛、壬、癸、甲二、乙二、丁二、己二本同，甲本脱；『居』，甲、乙、丙、丁、戊、己、辛、壬、癸、甲二、乙二、己二本同，丁二本作『其』，誤；『官』，甲、乙、丙、丁、戊、辛、壬、癸、甲二、乙二、丁二、己二本同，己本作『官義』，據文義衍『義』字，當删。此句後丁二本有『辯設事第十一』六字。

〔七五〕『良田不耕』，甲、乙、丙、己、辛、壬、癸、甲二、乙二、丁二、己二本同，丁、戊本脱。
〔七六〕『損』，甲、乙、己、辛、壬、癸、甲二、乙二、丁二、己二本同，丙本作『費』。此句丁、戊本脱。
〔七七〕『養子不教』，甲、乙、丙、己、辛、壬、癸、甲二、乙二、丁二、己二本同，丁、戊本脱。
〔七八〕『衣』，甲、乙、己、辛、壬、癸、甲二、乙二、己二本同，丙本作『依』，『依』通『衣』，丁二本作『於』，『於』爲『衣』之借字。此句丁、戊本脱。
〔七九〕『嘗』，甲、乙、丙、戊、己、辛、壬、甲二、乙二、己二本同，丁、癸本作『常』，丁二本作『賞』，『常』『賞』均爲『嘗』之借字。
〔八〇〕『同』，甲、乙、丁、辛、壬、癸、甲二、乙二、丁二、己二本同，丙本作『周』，誤，戊、己本作『共』。
〔八一〕『把』，乙、丙、己、癸、甲二本同，甲、丁、戊、辛、壬、乙二、丁二、己二本作『執』；『嘗』，甲、己本同，當作『觴』，據乙、丙、丁、戊、辛、壬、甲二、乙二、己二本改，癸本作『常』，丁二本作『腸』，『嘗』『常』『腸』均爲『觴』之借字。
〔八二〕『不』，甲、乙、丙、丁、己、辛、壬、癸、甲二、乙二、丁二、己二本同，戊本作『勿』；『當』，甲、乙、丙、己、辛、壬、癸、甲二、乙二、丁二、己二本同，丁、戊本作『中』；『路』，甲、乙、丙、丁、己、辛、壬、癸、甲二、乙二、丁二、己二本同，戊本作『道』。
〔八三〕『坐』，甲、乙、丙、丁、戊、己、辛、壬、癸、甲二、乙二、丁二本同，己二本作『座』，均可通；『不』，甲、乙、丙、丁、己、辛、壬、癸、甲二、乙二、丁二、己二本同，戊本作『勿』；『皆』，丁本同，當作『背』，據甲、乙、丙、辛、壬、癸、甲二、乙二、己二本改，戊本作『中』，己、丁二本作『倍』，『倍』爲『背』之借字。
〔八四〕『路』，甲、乙、己、壬、癸、甲二、丁二、己二本同，丙、丁、辛本作『道』，戊本作『行』，乙二本作『逢』，誤；『逢』，甲、乙、丙、丁、戊、壬、癸、甲二、丁二、己二、辛二本同，己本作『風』，『風』爲『逢』之借字，乙二本作『路』，誤。

〔八五〕『道』，甲、丁、戊、己、壬、癸、甲二、乙二、丁二、己二本同，乙、丙、辛本作『其』，誤。

〔八六〕『語』，己、癸本同，甲、丙、丁、戊、辛、甲二、乙二、丁二、己二本作『問』，乙本作『聞』，『聞』爲『問』之借字，壬本作『周』，誤；『即』，丁、戊、己、癸本同，甲、乙、丙、壬、辛、甲二、乙二、丁二、己二本作『善』。

〔八七〕『必須』，乙、丙、辛、壬、癸、甲二、乙二、丁二、己二本同，甲、丁、戊本作『語必』，己本作『不必』，誤；『詳』，乙、丙、戊、己、辛、壬、癸、甲二、乙二、丁二本同，甲、丁本作『常』，己二本作『祥』，『常』『祥』均爲『詳』之借字。

〔八八〕『先』，甲、乙、丙、己、辛、壬、癸、甲二、乙二、丁二、己二本同，丁、戊本作『必』；『就』，甲、丁、戊、己、壬、癸、甲二、乙二、丁二、己二本同，乙、丙、辛本作『省』；『常』，己本作『嘗』，當作『堂』，據甲、乙、丙、丁、戊、辛、壬、癸、甲二、乙二、丁二、己二本改，『常』『嘗』均爲『堂』之借字。

〔八九〕『慎莫』，甲、乙、丙、丁、己、辛、壬、癸、甲二、乙二、丁二、己二本同，戊本作『未可』；『嘗』，甲、丙、戊、己、辛、壬、癸、甲二、乙二、己二本同，乙、丁、丁二本作『常』，『常』爲『嘗』之借字。

〔九〇〕『鄉』，丙、丁二本同，甲、乙、辛、甲二本作『饗』，丁、癸本作『向』，戊、壬、己二本作『享』，己本作『響』，『向』『響』均爲『鄉』之借字，乙二本作『庶』，誤；『宗』，甲、乙、己、壬、癸、甲二、乙二、丁二、己二本同，丙、辛本作『曾』，丁本作『尊』，戊本作『翁』，『曾』『尊』『翁』均爲『宗』之借字。

〔九一〕『對』，乙本同，當作『到』，據甲、丙、丁、戊、己、辛、壬、癸、甲二、乙二、丁二、己二本改。

〔九二〕『次』，甲、乙、丙、己、辛、壬、癸、甲二、乙二、丁二、己二本同，丁、戊本作『普』，誤；『弟』，底本原作『第』，按寫本中『弟』『第』形近易混，故據文義逕釋作『弟』。

〔九三〕『及』，甲、丙、丁、戊、己、辛、壬、癸、甲二、乙二、丁二、己二本同，乙本脱；『皃』，甲、丙、丁、戊、己、辛、壬、癸、甲二、乙二、丁二、己二本同，乙本作『而』，『而』爲『皃』之借字。

〔九四〕『先』，甲、乙、丙、丁、己、辛、壬、癸、甲二、乙二、丁二、己二本同，戊本作『須』，誤。

〔九五〕『醪』，癸本同，當作『勞』，據甲、乙、丙、丁、戊、己、辛、壬、甲二、丁二、己二本改，『醪』爲『勞』之借字；『自』，甲、乙、丙、丁、戊、己、辛、壬、甲二、丁二、己二本同，乙二本作『先』。

〔九六〕『知』，甲、乙、丙、己、辛、壬、癸、甲二、乙二、丁二、己二本同，丁、戊本作『有』；『必』，甲、乙、丙、戊、己、辛、壬、癸、甲二、乙二、丁二、己二本同，丁本作『則』；『改』，甲、丙、丁、戊、己、辛、壬、癸、甲二、乙二、丁二、己二本同，乙本作『蓋』，『蓋』爲『改』之借字。

〔九七〕『得』，甲、乙、丙、丁、戊、己、辛、壬、癸、乙二、丁二本同，甲二、己二本作『德』，『德』通『得』；『忘』，甲、乙、丙、丁、己、辛、壬、癸、甲二、乙二、丁二、己二本同，戊本作『妄』，『妄』爲『忘』之借字。此句後丁二本有『辯信□第十二』六字。

〔九八〕『人』，甲、丙、丁、戊、己、辛、壬、癸、甲二、乙二、丁二、己二本同，乙本脱；『職』，乙二本同，當作『識』，據甲、乙、丙、丁、戊、己、辛、壬、癸、甲二、丁二、己二本改。

〔九九〕『先』，底本原寫作『光』，按寫本中『先』『光』形近易混，故據文義逕釋作『先』；『整』，己、辛、壬、癸、乙二、丁二、己二本同，甲、戊本作『正』，乙、丙、甲二本作『政』，『政』爲『整』之借字；『儀』，甲、乙、丙、丁、戊、己、辛、壬、甲二、乙二、丁二、己二本同，癸本作『語』，誤。

〔一〇〇〕『姓』，己本同，甲、乙、丙、丁、辛、甲二、乙二、己二本作『字』，戊、癸本作『性』，『性』爲『姓』之借字，壬本作『自』，丁二本作『子』，『自』『子』均爲『字』之借字。

〔一〇一〕『知』，甲、乙、丙、丁、戊、己、辛、壬、癸、乙二、丁二、己二本同，甲二本作『之』，『之』爲『知』之借字。

〔一〇二〕『位』，甲本作『陪』，當作『倍』，據乙、丙、丁、戊、己、辛、壬、癸、甲二、乙二、丁二、己二本改；『已』，甲、乙、丁、戊、己、辛、壬、癸、甲二、丁二、己二本同，丙本作『以』；『長』，甲、丙、戊、己、壬、癸、甲二、丁二、己二本同，乙本作『外』，辛本作『上』。

〔一〇三〕『是』，當作『事』，據甲、乙、丙、戊、辛、壬、癸、甲二、乙二、丁二、己二本改，『是』爲『事』之借字。

〔一〇四〕『已長』，甲、丁、己、癸本同，乙二本作『以長』，乙、戊、甲二、丁二本作『已上』，丙、辛、壬本作『以上』，己二本作『□長』。

〔一〇五〕『則』，甲、乙、丙、丁、己、辛、壬、癸、甲二、乙二、丁二、己二本同，戊本作『即』。

〔一〇六〕『已』，甲、乙、戊、己、癸、丁二、己二本同，丙、辛、壬、乙二本作『以』，甲二本作『與』，『與』爲『已』之借字；『長』，甲、己、癸、乙二本同，戊、辛本作『上』，乙、丙、壬、甲二、丁二、己二本作『外』。此句丁本脱。

〔一〇七〕『則』，甲、乙、丙、己、辛、壬、癸、甲二、乙二、丁二、己二本同，戊本作『即』；『肩』，乙、丙、戊、己、辛、壬、癸、甲二、乙二、丁二、己二本同，甲本作『堅』，『堅』爲『肩』之借字。此句丁本脱。

〔一〇八〕『群居五人』，據甲、戊本補，乙、丙、丁、己、辛、壬、癸、甲二、乙二、丁二、己二本亦脱。

〔一〇九〕『長者必』，據甲、戊本補，乙、丙、丁、己、辛、壬、癸、甲二、乙二、丁二、己二本亦脱；『跪』，據戊本補，甲本作『危』，乙、丙、丁、己、辛、壬、癸、甲二、乙二、丁二、己二本亦脱。

〔一一〇〕『人』，乙、丙、丁、戊、己、辛、壬、癸、甲二、乙二、丁二本同，甲本脱。

〔一一一〕『如』，當作『而』，據伯二九八一背改，『如』爲『而』之借字。

〔一一二〕『如』，當作『而』，據斯一一六三改，『如』爲『而』之借字；『之』，據斯一一六三補。

〔一一三〕『强』，當作『弱』，據伯二九八一背改。
〔一一四〕『弱』，當作『强』，據伯二九八一背改。
〔一一五〕『剛』，當作『柔』，據伯二九八一背改。
〔一一六〕『桑』，當作『剛』，據伯二九八一背改，『桑』爲『剛』之借字。
〔一一七〕『方』，當作『防』，據伯一一六三改，『方』爲『防』之借字。
〔一一八〕『斗』，當作『鬪』，據斯一一六三改，『斗』爲『鬪』之借字。
〔一一九〕『忘』，當作『罔』，據斯一一六三改，『忘』爲『罔』之借字。
〔一二〇〕『決』，當作『快』，據斯一一六三改。
〔一二一〕『不能化其明主』，據斯一一六三補。
〔一二二〕『微子雖賢』，據斯一一六三補。
〔一二三〕『揀』，當作『諫』，據斯一一六三改。
〔一二四〕『敘』，當作『斜』，據斯一一六三改。
〔一二五〕『鴻』，當作『弘』，據斯一一六三改，『鴻』爲『弘』之借字。
〔一二六〕『必敗國虚』，當作『家必敗亡』，據伯三七六四改。
〔一二七〕『犯』，當作『抱』，據伯三七六四改。
〔一二八〕『成煙』，當作『盛燃』，據伯三四三〇改。
〔一二九〕『致』，當作『止』，據伯二九八一背改。
〔一三〇〕『而』，當作『如』，據斯一一六三改，『而』爲『如』之借字。
〔一三一〕『而』，當作『如』，據斯一一六三改，『而』爲『如』之借字。

〔一三二〕『潘』，當作『拚』，據文義改，『潘』爲『拚』之借字。
〔一三三〕『腹』，當作『履』，據伯二八二五改。
〔一三四〕『難』，當作『雖』，據斯一一六三改。
〔一三五〕『道』，當作『盗』，據斯一一六三改，『道』爲『盗』之借字。
〔一三六〕『消』，當作『隱』，據斯一一六三改；『依』，當作『於』，據斯一一六三改，『依』爲『於』之借字。
〔一三七〕『不』，據斯一一六三補；『依』，當作『於』，據斯一一六三改，『依』爲『於』之借字。
〔一三八〕『家』，當作『加』，據伯二九八一背改，『家』爲『加』之借字。
〔一三九〕『軍』，當作『君』，據斯一一六三改，『軍』爲『君』之借字。
〔一四〇〕『語』，當作『臣』，據伯二八二五改。
〔一四一〕『置』，當作『息』，據斯一一六三改。
〔一四二〕『覽』，當作『濫』，據伯二七七四改，『覽』爲『濫』之借字。
〔一四三〕『侍』，當作『恃』，據伯二八二五改，『侍』爲『恃』之借字。
〔一四四〕『楊』，當作『陽』，據斯一一六三改，『楊』爲『陽』之借字。
〔一四五〕『而』，當作『如』，據伯二八二五改，『而』爲『如』之借字。
〔一四六〕『路』，當作『魯』，據伯三五六九改，『路』爲『魯』之借字；『海』，當作『赴』，據伯三七九七改；『水』，當作『海』，據斯一一六三改。
〔一四七〕『去』，當作『起』，據伯二八二五改，『去』爲『起』之借字。
〔一四八〕『知』，據伯二八二五補。
〔一四九〕『思』，當作『徙』，據伯二九八一背改。

〔一五〇〕『之』，當作『知』，據伯二九八一背改，『之』爲『知』之借字。
〔一五一〕『之』，當作『知』，據伯二九八一背改，『之』爲『知』之借字。
〔一五二〕『嗅』，當作『臭』，據伯二八二五改。
〔一五三〕『志』，當作『智』，據斯一一六三改，『志』爲『智』之借字。
〔一五四〕『朱』，當作『珠』，據斯一一六三改，『朱』爲『珠』之借字。
〔一五五〕『兒』，當作『而』，據文義改，『兒』爲『而』之借字。
〔一五六〕『兒』，當作『而』，據伯二七三八改，『兒』爲『而』之借字。
〔一五七〕『兒』，當作『而』，據伯二七三八改，『兒』爲『而』之借字。
〔一五八〕『不』，據斯一一六三補。
〔一五九〕『事』，當作『使』，據斯一一六三改，『事』爲『使』之借字。
〔一六〇〕『父』，當作『木』，據伯三七六四改。
〔一六一〕『父』，當作『文』，據斯一一六三改。
〔一六二〕『因』，當作『困』，據斯一一六三改。
〔一六三〕『少』，當作『小』，據伯二八二五改，『少』爲『小』之借字。
〔一六四〕『分』，當作『之』，據伯三〇六九改。
〔一六五〕『須擇良賢』，據斯一一六三補。
〔一六六〕『於』，當作『相』，據伯二八二五改。
〔一六七〕『朱』，當作『珠』，據斯一一六三改，『朱』爲『珠』之借字。
〔一六八〕『經』，底本此處原空一字，據斯一一六三補。

〔一六九〕『傾』，當作『頃』，據伯二八二五改，『傾』爲『頃』之借字。
〔一七〇〕『償』，當作『賞』，據伯二八二五改。
〔一七一〕『償』，當作『賞』，據伯三五六九改。
〔一七二〕『慈父』，據伯二八二五補。
〔一七三〕『爲』，當作『唯』，據斯一一六三改，『爲』爲『唯』之借字。
〔一七四〕『雌』，當作『疵』，據文義改，『雌』爲『疵』之借字。

參考文獻

《周叔弢先生六十生日紀念論文集》，香港：龍門書店，一九五一年，六九至七六頁；《福井博士頌壽記念東洋思想論集》，東京：福井博士頌壽紀念論文集刊行會，一九六〇年，三一至六〇頁；Mair，*Chinoperl Papers*，vol. 10（1981），P. 57；《敦煌寶藏》三一册，臺北：新文豐出版公司，一九八二年，五七六頁（圖）；《敦煌學輯刊》一九八四年一期，六四至七七頁；《鄭因百先生八十壽慶文史論文集》，臺北：商務印書館，一九八五年，五一三至五五八頁；《敦煌兒童文學》，臺北：學生書局，一九八五年，六〇至八〇頁；《敦煌寫本太公家教研究》，臺北：明文書局，一九八六年，八至二七頁（録）；《敦煌研究》一九八六年一期，四八至五五頁；《敦煌語言文學研究》，北京大學出版社，一九八八年，二四〇至二四七頁；《敦煌民俗學》，上海文藝出版社，一九八九年，一一二至一四二頁；《第二屆敦煌學國際研討會論文集》，臺北：漢學研究中心，一九九一年，一二五、一二六頁；《英藏敦煌文獻》五卷，成都：四川人民出版社，一九九二年，一六四至一六五頁（圖）；《英藏敦煌文獻》九卷，成都：四川人民出版社，一九九四年，一三三頁（圖）；《英藏敦煌文獻》一〇卷，成都：四川人民出版社，一九九四年，一四一至一四二頁（圖）；《敦煌古代兒童課本》，蘭州：甘肅人民出版社，二〇〇〇年，一七〇至二二五頁；《法藏敦煌西域文獻》一六册，上海古籍出版社，二〇〇一年，一五至一六頁（圖）；《法藏敦煌西域文獻》一八册，上海古籍出版社，二〇〇一年，二六至二八頁（圖）；《法藏敦煌西域文獻》一九册，上海古籍出版社，二〇〇一年，一至四頁（圖）；《法藏敦煌西域文獻》二〇册，上海古籍出版社，二〇〇二年，一六四至一六五頁（圖）；《法藏敦煌西域文獻》一九册，上海古籍出版社，二〇〇二年，三一二至三一三頁（圖）；《法藏敦煌西域文獻》二一册，上海古籍出版社，二〇〇二年，三〇三頁（圖）；《法藏敦煌西域文獻》二二册，上海古籍出版社，二〇〇二年，三一五頁（圖）；《法藏敦煌西域文獻》二四册，上海古籍出版社，二〇〇二年，一七七至一七九頁（圖）；《法藏敦煌西域文獻》二六册，上海古籍出版社，二〇〇二年，五三至五五頁（圖）；《法藏敦煌西域文獻》二六册，上海古籍出版社，二〇〇二年，一一八至一二一頁（圖）；《法藏敦煌西域文獻》二七册，上海古籍出版社，二〇〇二年，三二八至三三二頁（圖）；《敦煌蒙書研究》，蘭州：甘肅教育出版社，二〇〇二年，三四九至三七六頁（録）；《法藏敦煌西域文獻》二九册，上海古籍出版社，二〇〇三年，一〇四至一〇六頁（圖）；《英藏敦煌社會歷史文獻釋録》二卷，北京：社會科學文獻出版社，二〇〇三年，三九九至四一一頁；《法藏敦煌西域文獻》三一册，上海古籍出版社，二〇〇五年，九三至九四頁（圖）；《法藏敦煌西域文獻》三三册，上海古籍出版社，二〇〇五年，三四七至三四八頁（圖）；《敦煌文獻研究》，長沙：湖南師範大學出版社，二〇〇五年，一七四至一七九頁；《全敦煌詩》，北京：作家出版社，二〇〇六年，三八一九至三八七五頁；《英藏敦煌社會歷史文獻釋録》五卷，北京：社會科學文獻出版社，二〇〇六年，一八五至二二五頁。

斯三八三五　二　千字文

釋文

千字文〔一〕　敕員外散騎侍郎周興嗣次韻〔二〕

天地玄黄，宇宙洪荒〔三〕。日月盈昃〔四〕，辰宿烈（列）張〔五〕。寒來暑往〔六〕，秋收冬藏〔七〕。潤（閏）餘成歲〔八〕，律侶（呂）調陽〔九〕。雲騰致雨〔一〇〕，露結爲霜。金生麗水，玉出崑崗〔一一〕。劍號巨闕〔一二〕，珠稱夜光〔一三〕。果珍李柰〔一四〕，菜重芥薑〔一五〕。海鹹河淡，鱗潛羽祤（翔）〔一六〕。

龍師火帝〔一七〕，鳥官人皇〔一八〕。始製文字〔一九〕，乃服衣裳〔二〇〕。推位讓國〔二一〕，有虞陶唐〔二二〕。弔民伐罪〔二三〕，周發殷湯〔二四〕。坐朝問道〔二五〕，誰（垂）供（拱）平章〔二六〕。愛育黎首〔二七〕，臣伏戎羌〔二八〕。遐邇壹體〔二九〕，率賓歸王。鳴鳳在樹，白駒食場。化被草木〔三〇〕，賴及萬方〔三一〕。

蓋此身髮，四大五常。恭惟鞠養〔三二〕，豈敢毀傷。女慕貞潔〔三三〕，男效才良〔三四〕。知過必改，德能莫忘〔三五〕。罔談彼短〔三六〕，靡恃己長〔三七〕。信使可覆，器欲難量。墨悲絲染〔三八〕，詩讚羔羊〔三九〕。景行唯賢〔四〇〕，尅念作聖。得（德）建名立〔四一〕，形端表正〔四二〕。空谷傳聲〔四三〕，虚堂習聽〔四四〕。禍因惡織（積）〔四五〕，福緣善慶〔四六〕。尺壁（璧）非寶〔四七〕，寸陰是競。資父事君〔四八〕，曰嚴以（與）敬〔四九〕。孝當竭力，忠則盡命。臨深履薄〔五〇〕，夙興温清〔五一〕。似蘭斯馨，如松之盛。川流不息，淵澄取映。容止若思〔五二〕，言辭安定〔五三〕。篤初成（誠）美〔五四〕，慎終宜令。榮業所基〔五五〕，籍甚無竟〔五六〕。學憂（優）登仕〔五七〕，攝職從政〔五八〕。存以甘當（棠）〔五九〕，去而益詠〔六〇〕。樂殊貴賤，禮别尊卑〔六一〕。上和下睦〔六二〕，夫唱婦隨。外受傅訓，入奉母儀。諸姑伯叔，猶子比兒。孔懷兄弟，同氣連枝。交友投分，切磨箴規。仁慈隱側（惻）〔六三〕，造次沸（弗）離〔六四〕。節義廉退，顛沛匪虧。性静情逸，心動神疲。守真志滿，逐物意移。堅持雅操，好爵自糜（縻）〔六五〕。

都邑華夏，東西貳京。背邙面洛，浮渭據涇。宫殿盤鬱，樓觀飛驚。圖寫禽獸，畫採（彩）仙靈〔六六〕。丙舍傍啓，甲帳對楹。肆筵設席，鼓瑟吹笙。星昇階納陛〔六七〕，弁轉疑星。右通廣内，左達承明。既集墳典，亦聚群英。杜稾鍾隸，漆書碧（壁）經〔六八〕。府羅將相，路挾（俠）槐卿〔六九〕。户封八縣，家給千兵。高冠陪輦，驅穀（轂）振纓〔七〇〕。世禄侈富，車駕肥輕。策功茂實，勒碑刻銘。磻磎伊尹，佐侍（時）阿衡〔七一〕。奄宅曲阜，微旦熟營。恒（桓）公匡合〔七二〕，濟弱扶傾。綺迴漢惠，悦（説）感武丁〔七三〕。俊刈（乂）

密勿〔七四〕，多仕（士）寔寧〔七五〕。晉楚更霸，趙魏困横。假途滅虢，踐土會盟。何遵約法，韓弊煩刑〔七六〕。起翦頗牧，勇（用）軍最精〔七七〕。宣威沙莫（漠）〔七八〕，馳譽丹青。九州禹跡，百郡秦併。嶽宗恒岱，禪主雲亭。雁門紫塞，荆（鷄）田赤城〔七九〕。混（昆）池碣石〔八〇〕，矩（鉅）野洞庭〔八一〕。曠遠綿邈，巖〔岫〕杳冥〔八二〕。治本於農，務慈（滋）稼穡〔八三〕。俶載南畝，俄（我）藝黍稷〔八四〕。税熟貢新，勸償（賞）黜陟〔八五〕。孟軻敦素，史魚秉直。庶幾中庸，勞謙謹勑。聆音察理，鑑貌辯（辨）色〔八六〕。貽厥嘉猷，勉其祇植。省躬譏誡，寵增抗極。殆辱近恥，臨（林）皋幸即〔八七〕。兩疏見機，解組誰逼。索居閑處，沈默寂寮（寥）〔八八〕。求古尋論，散慮逍遥。欣奏累遣，戚謝歡招。渠河（荷）滴歷〔八九〕，園莽抽條。笓（枇）笆（杷）晚翠〔九〇〕，梧桐早彫。陳根委翳，落葉飄飖。遊鵾獨運，陵（淩）磨（摩）降（絳）霄〔九一〕。耽獨（讀）翫市〔九二〕，寓目囊箱。易輶攸畏，屬耳垣〔牆〕〔九三〕。具膳餐飯，適口充惕（腸）〔九四〕。飽餧（飫）烹宰〔九五〕，飢猒糟糠。親戚故舊，老少異糧。妾御績訪（紡）〔九六〕，侍巾帷房。紈扇圓潔，銀燭煒煌。晝眠夕寐，藍笋象牀。弦歌酒燕，接杯舉觴。撟（矯）手頓足〔九七〕，悦豫且康。續（嫡）後詞（嗣）續〔九八〕，祭祀蒸嘗。稽顙再拜，悚懼恐惶。〔牋〕牒間（簡）要〔九九〕，顧答審詳。骸垢相（想）浴〔一〇〇〕，執熱願涼。驢騾特犢，駭躍超驤。誅斬賊盜，捕獲叛亡。布射遼丸，嵇琴阮嘯。恬筆倫紙，鈎（鈞）巧任釣〔一〇一〕。釋紛利俗，並皆佳妙。毛施叔（淑）姿〔一〇二〕，工頻研

（妍）笑〔一〇三〕。年失（矢）每催〔一〇四〕，羲（曦）輝朗曜〔一〇五〕。旋機（璣）縣斡〔一〇六〕，晦魄環昭（照）〔一〇七〕。指新修祜，永綏吉紹（劭）〔一〇八〕。矩步引領，府（俯）仰廊廟〔一〇九〕。束帶矜莊，徘徊瞻眺。孤陋寡聞，遇（愚）蒙等誚〔一一〇〕。謂語助者，焉哉乎也。

千字文一卷

説明

此件首尾完整，有烏絲欄，起首題『千字文』，訖尾題『千字文一卷』。敦煌文獻中涉及《千字文》的寫卷達一四〇件之多，有關情況請參看本書第十五卷斯三二八七《千字文》之『説明』。本書第十五卷在對斯三二八七《千字文》進行釋録時，曾以此件爲校本。斯三二八七首部殘缺，而此件保存了該件所缺的從卷首至『切磨箴規』，對這部分内容具有校勘價值的敦煌寫本有二十七件。

以上釋文以斯三八三五爲底本，底本與斯三二八七相重複的部分，僅用相關寫本校改錯誤、校補脱文，各本之異同請參看斯三二八七《千字文》之校記。不重複的部分，用伯二〇五九背（稱其爲甲本）、伯二四五七背（稱其爲乙本）、伯二六六七背（稱其爲丙本）、伯二七五九背（稱其爲丁本）、伯二七六九背（稱其爲戊本）、伯二八八八（稱其爲己本）、伯三〇六二（稱其爲庚本）、伯三一〇八（稱其爲辛本）、伯三三九一背（稱其爲壬本）、伯三四一六（稱其爲癸本）、伯三四一九（稱其爲甲二本）、伯三六一四（稱其爲乙二本）、伯三六二六（稱其爲丙二本）、伯三九七三背（稱其爲丁二本）、伯四〇六六背（稱其爲戊二本）、伯四八〇九（稱其爲己二本）、伯四九三七背（稱其爲庚二本）、伯五五四六背（稱其爲辛二本）、斯四五〇四背（稱其爲壬二本）、斯五四五四（稱其爲癸二本）、斯五四七一（稱其爲甲三本）、斯五七一一（稱其爲乙三本）、斯五八一四（稱其爲丙三本）、斯五八二九（稱其爲丁三本）、Дх一一〇九二（稱其爲戊三本）、北京大學圖書館D一一六背（稱其爲己三本）參校。

校記

〔一〕此句前癸本尚有『千字文一卷』，壬二本尚有『千文一卷』。

〔二〕『騎』，甲、乙、丙、丁、戊、辛、癸、乙二、丙二、戊二、庚二、辛二、壬二、癸二、丙三、己三本同，乙三本作『奇』，『奇』爲『騎』之借字；『興』，據甲、乙、丙、丁、戊、辛、癸、乙二、丙二、戊二、庚二、辛二、壬二、癸二、乙三、丙三、己三本補；『嗣』，據殘筆劃及甲、乙、丙、丁、戊、辛、癸、乙二、丙二、戊二、庚二、辛二、壬二、癸二、乙三、丙三、己三本補；『次』，甲、乙、丙、丁、戊、辛、壬、癸、乙二、丙二、戊二、庚二、辛二、壬二、癸二、丙三、己三本同，乙三本作『自』，『自』爲『次』之借字；『韻』，甲、乙、丙、丁、戊、辛、壬、癸、乙二、丙二、戊二、庚二、壬二、癸二、丙三、己三本同，乙三本脱。

〔三〕『洪』，甲、乙、丁、戊、辛、癸、乙二、丙二、庚二、壬二、癸二、丙三、己三本同，丙本作『荒』，誤，乙三本作『共』，『共』爲『洪』之借字；『荒』，甲、乙、丁、戊、辛、癸、乙二、丙二、庚二、壬二、癸二、丙三、己三本同，丙本作『洪』，誤，乙三本作『光』，『光』爲『荒』之借字。

〔四〕『昃』，甲、乙、丙、丁、戊、辛、癸、乙二、丙二、壬二、癸二、乙三、丙三、己三本同，庚二本作『冥』，誤。

〔五〕『辰』，甲、乙、丙、丁、戊、辛、癸、乙二、丙二、戊二、庚二、壬二、癸二、丙三、己三本同，乙三本作『神』，『神』爲『辰』之借字；『宿』，甲、乙、丙、丁、戊、辛、癸、乙二、丙二、戊二、庚二、辛二、癸二、乙三、丙

三、己三本同，壬二本脱；『烈』，當作『列』，據甲、乙、丙、丁、戊、庚、辛、壬、癸、丙二、戊二、辛二、癸二、乙三、丙三、己三本改，『烈』爲『列』之借字，乙二本脱。庚本始於此句之『列張』。

〔六〕『往』，據甲、乙、丙、丁、戊、庚、辛、壬、乙二、丙二、戊二、庚二、癸二、乙三、丙三、己三本補，癸本作『使』，誤。丁三本始於此句，戊本止於此句。

〔七〕『秋』，據甲、乙、丙、丁、戊、庚、辛、壬、癸、乙二、丙二、戊二、庚二、癸二、乙三、丙三、丁三、己三本補；『收』，甲、乙、丙、丁、戊、庚、辛、壬、癸、乙二、丙二、戊二、庚二、癸二、乙三、丁三、己三本同，丙三本脱。

〔八〕『潤』，甲、丙、辛、乙二、丙二、庚二、壬二、癸二、己三本同，當作『閏』，據乙、丁、庚、癸、戊二、丙三、丁三本改，『潤』爲『閏』之借字，乙三本作『民』，誤；『餘』，甲、乙、丁、庚、辛、癸、乙二、丙二、庚二、壬二、癸二、丙三、丁三、己三本同，丙本作『爲』，誤，乙三本脱；『成』，乙、丙、丁、庚、辛、乙二、丙二、庚二、壬二、乙三、丙三、丁三、己三本同，甲本作『城』，癸二本作『誠』，『城』『誠』均爲『成』之借字。

〔九〕『侣』，丁、乙二本同，當作『吕』，據甲、乙、丙、庚、辛、壬、丙二、戊二、庚二、辛二、壬二、癸二、乙三、丁三、己三本改，『侣』爲『吕』之借字，丙三本脱；『陽』，乙、丙、丁、庚、辛、壬、乙二、丙二、戊二、庚二、辛二、壬二、癸二、乙三、丙三、丁三、己三本同，甲本作『楊』，『楊』爲『陽』之借字。

〔一〇〕『致』，甲、乙、丙、丁、庚、辛、壬、乙二、丙二、戊二、庚二、壬二、癸二、乙三、丙三、丁三、己三本同，癸本作『至』，『至』爲『致』之借字。

〔一一〕此句甲本作『崑光崗』。乙、壬本止於此句。

〔一二〕『巨』，甲、丁、庚、辛、癸、乙二、丙二、戊二、庚二、壬二、癸二、丙三、丁三、己三本同，丙本作『矩』，『矩』爲『巨』之借字，乙三本作『鉅』，均可通。

〔一三〕『珠』，丙、丁、庚、辛、丙二、庚二、壬二、癸二、乙三、丁三、己三本同，甲、丙三本作『朱』，戊二本作『殊』，『朱』『殊』均爲『珠』之借字；『光』，丙、丁、庚、辛、丙二、戊二、庚二、辛二、壬二、癸二、乙三、丙三、丁三、己三本同，甲本脱。

〔一四〕『李』，甲、丁、庚、辛、癸、丙二、戊二、庚二、辛二、壬二、癸二、乙三、丙三、丁三、己三本同，丙本作『梨』，『梨』爲『李』之借字。甲三本始於此句。

〔一五〕『芥』，丁、庚、辛、丙二、戊二、壬二、癸二、甲三、乙三、丙三、丁三、己三本同，甲、丙、癸二本作『界』，『界』爲『芥』之借字；『薑』，丙、丁、庚、辛、癸、丙二、戊二、壬二、癸二、甲三、乙三、丙三、丁三、己三本同，甲本作『韁』，『韁』爲『薑』之借字。

〔一六〕『鱗』，甲、丙、丁、庚、辛、癸、乙二、庚二、辛二、壬二、癸二、甲三、乙三、丙三、丁三、己三本同，丙二本作『鄰』，『鄰』爲『鱗』之借字；『羽』，丙、丁、庚、辛、癸、乙二、丙二、庚二、辛二、壬二、癸二、甲三、乙三、丁三、己三本同，丙三本作『雨』，『雨』爲『羽』之借字；『翔』，辛二本作『祥』，當作『翔』，據丁、庚、辛、癸、乙二、丙二、庚二、壬二、癸二、甲三、乙三、丙三、丁三、己三本改，『翔』『祥』均爲『翔』之借字。甲本止於此句之『鱗』字。

〔一七〕『帝』，丙、丁、辛、乙二、丙二、庚二、壬二、癸二、甲三、乙三、丙三、丁三、己三本同，庚本脱。

〔一八〕『人』，丁、庚、辛、乙二、丙二、庚二、辛二、壬二、癸二、甲三、乙三、丙三、丁三、己三本同，丙本作『民』。

〔一九〕『製』，丙、丁、庚、辛、乙二、丙二、庚二、壬二、癸二、甲三、乙三、丙三、丁三、己三本同，辛二、甲三本作『制』，均可通。

〔二〇〕『服』，丙、丁、庚、辛、乙二、丙二、庚二、壬二、癸二、甲三、乙三、丁三、己三本同，丙三本作『伏』，

『伏』爲『服』之借字。

〔二一〕丁二本始於此句，丁三本止於此句之『推』字。

〔二二〕『陶』，丙、丁、辛、乙二、丁二、庚二、壬二、癸二、甲三、乙三、己三本同，辛二本脱，丙二本作『淘』，丙三本作『桃』，『淘』『桃』均爲『陶』之借字；『唐』，丙、丁、庚、辛、乙二、丙二、庚二、壬二、癸二、甲三、乙三、丙三、己三本同，丁二本作『堂』，『堂』爲『唐』之借字。

〔二三〕『弔』，丁、庚、辛、乙二、丙二、丁二、庚二、辛二、壬二、癸二、甲三、乙三、丙三、己三本同，丙本作『鳥』，『鳥』爲『弔』之借字；『民』，丁、庚、辛、乙二、丙二、丁二、壬二、癸二、甲三、乙三、丙三本同，丙、癸、庚二、己三本作『人』。

〔二四〕『發』，丁、庚、辛、癸、乙二、丙二、庚二、壬二、癸二、甲三、乙三、丙三、己三本同，丙本作『髪』，『髪』爲『發』之借字。此句至『男效才良』，丁二本脱。

〔二五〕『坐』，丁、庚、辛、癸、丙二、庚二、辛二、壬二、癸二、甲三、乙三、丙三、己三本同，乙二本作『座』，均可通；『道』，丁、庚、辛、癸、乙二、丙二、庚二、辛二、壬二、癸二、甲三、乙三、己三本同，丙三本脱。

〔二六〕『誰』，辛、乙二、丙三本同，當作『垂』，據丁、庚、癸、丙二、庚二、辛二、壬二、癸二、甲三、乙三、己三本改，『誰』爲『垂』之借字；『供』，乙二本同，庚、辛、辛二、丙三本作『共』，當作『拱』，據丁、癸、丙二、庚二、壬二、癸二、甲三、乙三、己三本改，『供』『共』均爲『拱』之借字。辛二本止於此句。

〔二七〕丙三本止於此句之『愛』字。

〔二八〕『戎』，丙、丁、庚、辛、癸、乙二、丙二、庚二、壬二、癸二、乙三、己三本同，甲三作『羌』，誤；『羌』，丁、庚、辛、癸、乙二、丙二、庚二、壬二、癸二、乙三、己三本同，丙本作『匡』，『匡』爲『羌』之借字，甲三本作『戎』，誤。

〔二九〕『壹』，丙、丁、庚、辛、乙二、丙二、庚二、壬二、癸二、甲三、乙三、己三本同，癸本作『一』。

〔三〇〕『化』，丙、丁、庚、辛、癸、乙二、丙二、壬二、甲三、乙三、己三本同，庚二本作『理』，誤，癸二本作『花』，『花』爲『化』之借字；『被』，丁、辛、乙二、丙二、庚二、壬二、癸二、甲三、乙三本同，丙、己三本作『彼』，誤。

〔三一〕『賴』，丙、丁、庚、辛、乙二、丙二、庚二、壬二、癸二、甲三、乙三、己三本同，癸本作『賚』，『賚』爲『賴』之借字。

〔三二〕戊三本始於此句。

〔三三〕『慕』，丙、丁、庚、辛、癸、壬二、癸二、甲三、乙三本同，乙二本作『幕』，丙二、庚二、戊三、己三本作『暮』，『幕』『暮』均爲『慕』之借字。

〔三四〕『男』，丙、丁、庚、辛、癸、乙二、庚二、壬二、癸二、甲三、乙三、戊三、己三本同，丙二本脱。

〔三五〕『德』，辛、乙二、癸二本同，丁、庚、丙二、丁二、庚二、壬二、甲三、乙三、己三本作『得』，『德』通『得』。

〔三六〕『罔』，丁、庚、辛、癸、乙二、丁二、庚二、壬二、癸二、甲三、乙三、己三本同，丙二本作『網』，『網』爲『罔』之借字；『彼』，丙、丁、庚、辛、癸、乙二、丁二、庚二、壬二、癸二、甲三、乙三、戊三本同，丙二、己三本作『被』，誤。己三本止於此句。

〔三七〕『恃』，丁、庚、癸、乙二、丙二、丁二、庚二、壬二、癸二、甲三、乙三、戊三本同，丙、辛本作『侍』，『侍』爲『恃』之借字。丙本止於此句。

〔三八〕甲三本止於此句。

〔三九〕『詩』，庚、辛、乙二、丙二、丁二、庚二、壬二、癸二、乙三、戊三本同，丁本脱。

〔四〇〕『景』，丁、庚、辛、乙二、丙二、庚二、壬二、癸二本同，乙三本作『念景』，據文義『念』係衍文，當删；

『行』，丁、庚、辛、癸、乙二、丙二、丁二、壬二、癸二、乙三本同，庚二本作『幸』，『幸』爲『行』之借字；『唯』，乙二本同，丁、庚、癸、丁二、壬二、乙三、戊三本作『維』，辛本作『爲』，癸二本作『惟』，『維』『爲』均爲『唯』之借字，丙二本作『儒』，誤，庚二本作『誰』，誤。

〔四一〕『得』，辛、乙二本同，丁、庚、癸、丙二、丁二、壬二、癸二本作『德』，均可通，庚二、乙三本脱。

〔四二〕『形』，丁、庚、辛、癸、乙二、丙二、丁二、壬二、癸二、乙三本同，庚二本原寫作『刑』，按寫本中『形』『刑』形近易混，故可視作『形』；『正』，丁、庚、癸、乙二、丙二、丁二、庚二、壬二、癸二、甲三、乙三本同，辛本作『政』，均可通。

〔四三〕『谷』，丁、庚、辛、癸、乙二、丁二、庚二、壬二、癸二、乙三、戊三本同，丙二本作『俗』，誤。

〔四四〕『虚』，丁、庚、辛、癸、丁二、庚二、壬二、癸二、乙三、戊三本同，乙二本原寫作『靈』，按寫本中『虚』『靈』形近易混，故可視作『虚』；『習』，丁、庚、辛、癸、乙二、丁二、庚二、壬二、癸二、乙三、戊三本同，丙二本作『翟』，誤。

〔四五〕『織』，乙二本同，當作『積』，據丁、庚、辛、癸、丙二、丁二、庚二、壬二、癸二、乙三本改。己二本始於此句之『惡積』。

〔四六〕『緣』，丁、庚、辛、癸、乙二、丙二、丁二、己二、庚二、壬二、癸二本同，乙三本作『員』，『員』爲『緣』之借字。

〔四七〕『壁』，當作『璧』，據丁、庚、辛、癸、乙二、丙二、丁二、己二、庚二、壬二、癸二本改，『壁』爲『璧』之借字。丁二本止於此句。

〔四八〕『資』，丁、庚、辛、癸、乙二、庚二、壬二、癸二、乙三本同，丙二本作『慈』，『慈』爲『資』之借字。

〔四九〕『以』，辛、乙二、丙二、己二本同，當作『與』，據丁、庚、癸、壬二、癸二、乙三、戊三本改，『以』爲『與』

之借字。

〔五〇〕『深』，丁、庚、辛、癸、乙二、丙二、己二、壬二、癸二本同，庚二本脱，乙三本作『心』，『心』爲『深』之借字。

〔五一〕壬二本止於此句。

〔五二〕『止』，丁、庚、癸、乙二、丙二、己二、庚二、癸二、乙三本同，辛本作『旨』，『旨』爲『止』之借字；『思』，丁、庚、乙二、丙二、己二、庚二、癸二、乙三本同，癸本作『斯』，『斯』爲『思』之借字。

〔五三〕『言』，丁、庚、辛、癸、乙二、丙二、己二、癸二、乙三本同，庚二本作『立』，誤。己本始於『安定』。

〔五四〕『成』，辛、癸、乙二、丙二、己二、癸二、乙三本同，當作『誠』，據丁、己、庚、戊三本改，『成』爲『誠』之借字。

〔五五〕『業』，丁、庚、辛、癸、丙二、己二、庚二、癸二、乙三本同，乙二本作『葉』，『葉』爲『業』之借字。

〔五六〕『籍』，丁、庚、辛、癸、乙二、丙二、己二、庚二、癸二本同，乙三本作『蘇』，誤；『竟』，丁、庚、辛、癸、乙二、丙二、癸二、乙三本同，己二、庚二本作『競』，『競』爲『竟』之借字。乙三本止於此句。

〔五七〕『憂』，己、辛、乙二、丙二本同，己二本作『幽』，當作『優』，據丁、庚、癸、庚二、癸二、戊三本改，『憂』『幽』均爲『優』之借字；『仕』，丁、己、庚、辛、癸、乙二、己二、庚二、癸二、戊三本同，丙二本作『時』，『時』爲『仕』之借字。

〔五八〕『政』，丁、庚、辛、癸、乙二、丙二、癸二本同，己二本作『正』，均可通。

〔五九〕『當』，乙二本同，庚本作『堂』，癸二本作『償』，當作『棠』，據丁、辛、癸、丙二、己二、庚二本改，『當』『堂』『償』均爲『棠』之借字。

〔六〇〕甲二本始於此句之『而』字。

〔六一〕『卑』，丁、己、庚、辛、癸、甲二、乙二、丙二、己二、癸二本同，庚二本脱。

〔六二〕『和』，己、庚、辛、癸、甲二、乙二、丙二、己二、庚二、癸二本同，丁本脱；『睦』，庚、辛、癸、甲二、乙二、丙二、己二、庚二、癸二本同，己本作『穆』。

〔六三〕『側』，當作『惻』，據斯三二八七改，『側』爲『惻』之借字。

〔六四〕『沸』，當作『弗』，據斯三二八七改，『沸』爲『弗』之借字。

〔六五〕『糜』，當作『縻』，據斯三二八七改。

〔六六〕『採』，當作『彩』，據斯三二八七改，『採』爲『彩』之借字。

〔六七〕『星』，據斯三二八七係衍文，當删。

〔六八〕『碧』，當作『壁』，據斯三二八七改，『碧』爲『壁』之借字。

〔六九〕『挾』，當作『俠』，據斯三二八七改，『挾』爲『俠』之借字。

〔七〇〕『穀』，當作『轂』，據斯三二八七改，『穀』爲『轂』之借字。

〔七一〕『侍』，當作『時』，據斯三二八七改，『侍』爲『時』之借字。

〔七二〕『恆』，當作『桓』，據斯三二八七改。

〔七三〕『悦』，當作『説』，據斯三二八七改，『悦』爲『説』之借字。

〔七四〕『刈』，當作『乂』，據伯二八八八改。

〔七五〕『仕』，當作『士』，據伯三一七〇改，『仕』爲『士』之借字。

〔七六〕『刑』，底本原寫作『形』，按寫本中『形』『刑』形近易混，故據文義逕釋作『刑』。

〔七七〕『勇』，當作『用』，據斯三二八七改。

〔七八〕『莫』，當作『漠』，據斯三二八七改，『莫』爲『漠』之借字。

〔七九〕『荆』，當作『鷄』，據斯三二八七改。
〔八〇〕『混』，當作『昆』，據斯三二八七改。
〔八一〕『矩』，當作『鉅』，據斯三二八七改。
〔八二〕『岫』，底本原留有空格，據斯三二八七補。
〔八三〕『慈』，當作『滋』，據斯三二八七改。
〔八四〕『俄』，當作『我』，據斯三二八七改。
〔八五〕『償』，當作『賞』，據斯三二八七改。
〔八六〕『辯』，當作『辨』，據斯三二八七改，『辯』爲『辨』之借字。
〔八七〕『臨』，當作『林』，據斯三二八七改，『臨』爲『林』之借字。
〔八八〕『寮』，當作『寥』，據斯三二八七改。
〔八九〕『河』，當作『荷』，據伯三一七〇改，『河』爲『荷』之借字。
〔九〇〕『笣笆』，當作『枇杷』，據斯三二八七改。
〔九一〕『陵』，當作『凌』，據伯三一七〇改，『陵』爲『凌』之借字；『磨』，當作『摩』，據伯三一七〇改，『磨』爲『摩』之借字；『降』，當作『絳』，據伯三一七〇改，『降』爲『絳』之借字。
〔九二〕『獨』，當作『讀』，據斯三二八七改，『獨』爲『讀』之借字。
〔九三〕『牆』，據斯三二八七補。
〔九四〕『惕』，當作『腸』，據斯三二八七改。
〔九五〕『餧』，當作『飫』，據斯三二八七改。
〔九六〕『訪』，當作『紡』，據斯三二八七改，『訪』爲『紡』之借字。

〔九七〕『燆』，當作『矯』，據斯三三八七改。

〔九八〕『續』，當作『嫡』，據斯三三八七改；『詞』，當作『嗣』，據斯三三八七改。

〔九九〕『牋』，據斯三三八七補；『間』，當作『簡』，據斯三三八七改。

〔一〇〇〕『相』，當作『想』，據斯三三八七改，『相』爲『想』之借字。

〔一〇一〕『鈎』，當作『鈞』，據伯三〇六二改。

〔一〇二〕『叔』，當作『淑』，據斯三三八七改，『叔』爲『淑』之借字。

〔一〇三〕『研』，當作『妍』，據伯三一七〇改，『研』爲『妍』之借字。

〔一〇四〕『失』，當作『矢』，據伯三〇六二改，『失』爲『矢』之借字。

〔一〇五〕『羲』，當作『曦』，據斯三三八七改，『羲』爲『曦』之借字。

〔一〇六〕『機』，當作『璣』，據斯三三八七改。

〔一〇七〕『昭』，當作『照』，據斯三三八七改，『昭』爲『照』之借字。

〔一〇八〕『紹』，當作『劭』，據斯三三八七改，『紹』爲『劭』之借字。

〔一〇九〕『府』，當作『俯』，據斯三三八七改，『府』爲『俯』之借字。

〔一一〇〕『遇』，當作『愚』，據斯三三八七改，『遇』爲『愚』之借字。

參考文獻

《敦煌寶藏》三一册，臺北：新文豐出版公司，一九八二年，五七八頁（圖）；《敦煌兒童文學》，臺北：學生書局，一九八五年，三二至三四頁；《1983 年全國敦煌學術討論會文集·文史遺書編下》，蘭州：甘肅人民出版社，一九八七年，三三四至三六二頁；《第二屆敦煌學國際研討會論文集》，臺北：漢學研究中心，一九九一年，二一六頁；《英藏敦煌文獻》五卷，成都：四川人民出版社，一九九二年，一六五至一六六頁（圖）；《英藏敦煌文獻》六卷，成都：四川人民出版社，一九九二年，一一五頁（圖）；《英藏敦煌文獻》七卷，成都：四川人民出版社，一九九二年，一〇三至一〇七頁（圖）；《英藏敦煌文獻》七卷，成都：四川人民出版社，一九九二年，一二九至一三七頁（圖）；《英藏敦煌文獻》九卷，成都：四川人民出版社，一九九四年，九二頁（圖）；《英藏敦煌文獻》九卷，成都：四川人民出版社，一九九四年，一六三、一七〇頁（圖）；《法藏敦煌西域文獻》四册，上海古籍出版社，一九九五年，八頁（圖）；《北京大學藏敦煌文獻》二册，上海古籍出版社，一九九五年，一〇〇頁（圖）；《敦煌研究》一九九七年一期，一四八至一五四頁；《俄藏敦煌文獻》一五册，上海古籍出版社，一九九八年，一七四至一七五頁（圖）；《法藏敦煌西域文獻》一四册，上海古籍出版社，二〇〇一年，二二四頁（圖）；《法藏敦煌西域文獻》一七册，上海古籍出版社，二〇〇一年，一四九頁（圖）；《法藏敦煌西域文獻》一八册，上海古籍出版社，二〇〇一年，一一四至一一五頁（圖）；《法藏敦煌西域文獻》一八册，上海古籍出版社，二〇〇一年，一三六頁（圖）；《法藏敦煌西域文獻》一九册，上海古籍出版社，二〇〇一年，二八六至二八七頁（圖）；《法藏敦煌西域文獻》二一册，上海古籍出版社，二〇〇二年，二〇九至二一三、三二一至三二二頁（圖）；《法藏敦煌西域文獻》二四册，上海古籍出版社，二〇〇二年，五九、一三六、一五五至一五七頁（圖）；《法藏敦煌西域文獻》二六册，上海古籍出版社，二〇〇二年，八三至八四、一二九至一三三頁（圖）；《敦煌蒙書研究》，蘭州：甘肅教育出版社，二〇〇二年，一一至五一頁；《法藏敦煌西域文獻》三〇册，上海古籍出版社，二〇〇三年，三〇六至三〇七頁（圖）；《法藏敦煌西域文獻》三一册，上海古籍出版社，二〇〇五年，七〇頁（圖）；《法藏敦煌西域文獻》三三册，上海古籍出版社，二〇〇五年，一九三至一九五、二五〇、二八九頁（圖）；《敦煌經部文獻合集》八册，北京：中華書局，二〇〇八年，三八九〇至三九二九頁。

斯三八三五　三　百鳥名君臣儀仗

釋文

百鳥名　君臣義（儀）仗〔一〕

是時二月向盡，纔始三春〔二〕。百鳥林中而弄翼，魚翫水而躍鱗，花照勺（灼）〔三〕，色輝鮮〔四〕，花初發而笑日，葉含芳而起津〔五〕。山有大蟲爲長〔六〕，鳥有鳳凰爲尊。是時之鳥即至，雨集雲奔〔七〕，排備儀仗，一恢（放）人君〔八〕。

白鶴身爲宰相〔九〕，山鳫鞨直諫忠臣〔一〇〕。翠碧鳥爲紈（糺）壇（彈）侍御〔一一〕，鷂子爲爲遊弈將軍〔一二〕。倉鷹作六軍神策〔一三〕，孔雀王專知禁門。護澤鳥偏知別當（堂）〔一四〕，細逕（脛）子通事舍人〔一五〕。鴻雁專知禮部〔一六〕，鴻鶴太史修文。日月鳥夜觀星象，赤觜鴉晝望煙雲。突厥鳥權知蕃館，老鵶專望煙雲。印尾鳥爲無才技，專心遏舞鄉忖（村）〔一七〕。白練帶，色如銀，久在山間別作群〔一八〕。聞道鳳凰林裏現，將男挾女悉來臻。

薰胡鳥〔一九〕、鴿鴿師〔二〇〕、鴻娘子、鴝鵒兒〔二一〕、赤觜鴨、碧生（玉）鷄〔二二〕，鴛鴦作伴，對對雙飛，奉符追喚〔二三〕，不敢延遲，從此是鳥即至，亦不相違〔二四〕。

濤（淘）河鳥〔二五〕，腳躧跡〔二六〕，尋常傍水覓魚喫。野鴨遥見角鴟來，刺頭水底覓不得〔二七〕。白鸚鵡，赤鷄赤，身上毛衣有五色，兩兩三三傍水波，向日遥觀真錦翼。巧女子，可憐喜（許）〔二八〕，樹梢頭，養男女，銜茅花，拾柳絮，窠裏金針誰解取？隴有（右）道〔二九〕，出鸚鵡〔三〇〕，教得分明解人語。人衷（中）般糧（量）總不如〔三一〕，籠裏將來獻明珠（主）〔三二〕。鸜鵒亦曾作老鼠，身上無毛生肉羽，恰至黄昏即出來，白日何曾慕風雨！念佛鳥，提胡盧，尋常道酒不曾酤。澤雉沿身百種有，鶺鴒向後一物無。獨春鳥，悉鼻卑，出性爲便高樹枝，雀公身寸（才）惹子大〔三三〕，卻謙（嫌）老鴟没毛衣〔三四〕。吉祥鳥，最靈善〔三五〕，出在臺山巖長（嶂）裏〔三六〕，忽然現出彩雲中，但是人人皆頂禮。花没鴿，色能姜（美）〔三七〕，一生愛踏伽藍地。野鵲人家最有靈，好事於先來送喜。黑鸛鴒，黄花樓，飛來飛去傍山頭。山鵲觜紅得人愛，群神身獨處飛〔三八〕。寒豪（號）〔蟲〕〔三九〕，夜夜號號〔四〇〕。青雀兒，色能青，毛衣五色甚明〔四一〕。聞道鳳凰林裏現，皆來拜舞在天庭。了也，訖。

百鳥名一卷

庚寅年十二月日押牙索不子自手記□。

説明

此件首尾完整，有烏絲欄，起首題『百鳥名君臣義（儀）仗』，訖尾題『百鳥名一卷』，有題記『庚寅年十二月日押牙索不子自手記□』。

敦煌文獻中保存的『百鳥名君臣儀仗』還有斯五七五二、伯三七一六背、斯五二五六背。斯五七五二抄寫三通，第一通首尾完整，原未抄完，起首題『百鳥名君臣儀仗』，訖『山有大蟲爲』；第二通首全尾缺，起首題『百鳥名君臣義（儀）仗』，訖『排備儀仗，一放（倣）』；第三通抄寫於背面，首缺尾全，原未抄完，起『間別作群』，訖『出鸚武』；伯三七一六背首尾完整，原未抄完，起首題『百鳥名君臣義（儀）仗』，訖『通事舍人，鴻』；斯五二五六背爲雜寫，僅存『百鳥名壹卷了也』七字。

以上釋文以斯三八三五爲底本，用斯五七五二中之第一通（稱其爲甲本）、第二通（稱其爲乙本）、第三通（稱其爲丙本）和伯三七一六背（稱其爲丁本）參校。

校記

〔一〕『義』，乙、丁本同，當作『儀』，據甲本改，『義』爲『儀』之借字，《敦煌變文集》《敦煌變文集新書》《敦煌變文校注》均逕釋作『儀』。

〔二〕『始』，甲、丁本同，乙本脱。

〔三〕『勺』，甲、乙、丁本同，當作『灼』，《敦煌變文集》據文義校改。

〔四〕『輝』，甲、乙、丁本作『暉』，均可通。

〔五〕「葉」，甲、乙、丁本作「業」，「業」爲「葉」之借字。
〔六〕甲本止於此句之「爲」字。
〔七〕「奔」，乙、丁本作「屯」。
〔八〕「慠」，當作「放」，據乙、丁本改，「慠」爲「放」之借字，《敦煌變文集新書》校改作「倣」，按「放」有「倣」義。乙本止於此句。
〔九〕「身」，丁本作「充」。
〔一〇〕「鵪鶉」，丁本作「鷓鴣」，《敦煌變文集新書》認爲當從丁本；「直」，丁本作「真」，誤。
〔一一〕「紈」，當作「紇」，據丁本改；「壇」，當作「彈」，據丁本改，「壇」爲「彈」之借字。
〔一二〕第二個「爲」，丁本無，據文義係衍文，當删。
〔一三〕「倉」，底本原作「鶬」，係涉下文「鷹」而成之類化俗字，
〔一四〕「澤」，丁本作「宅」；「當」，當作「堂」，據丁本改。
〔一五〕「逕」，當作「脛」，據丁本改，「逕」爲「脛」之借字。
〔一六〕丁本止於此句之「鴻」字。
〔一七〕「忖」，當作「村」，「忖」爲「村」之借字，《敦煌變文集》《敦煌變文集新書》《敦煌變文校注》《敦煌變文選注》（增訂本）逕釋作「村」。
〔一八〕丙本始於此句。
〔一九〕「胡」，丙本作「狐」。
〔二〇〕「鴇鴇」，甲本作「保報」。
〔二一〕「鶬」，甲本作「鶬」。

〔二二〕「生」，丙本同，當作「玉」，《敦煌變文集》據文義校改。

〔二三〕「符」，丙本作「府」，「府」爲「符」之借字。

〔二四〕「亦」，丙本同，《敦煌變文校注》認爲當讀作「一」。

〔二五〕「濤」，當作「淘」，據丙本改，「濤」爲「淘」之借字。

〔二六〕「䟐趚」，丙本作「曆剌」。

〔二七〕「底」，丙本作「中」。

〔二八〕「可」，丙本同，底本原寫作「呵」，係涉下文「憐」而成之類化俗字；「喜」，當作「許」，據丙本改，「喜」爲「許」之借字。

〔二九〕「有」，丙本同，當作「右」，《〈敦煌變文集〉校記補正》據文義校改，「有」爲「右」之借字。

〔三〇〕「鵡」，丙本作「武」，均可通。丙本止於此句。

〔三一〕「衷」，當作「中」，《敦煌變文字義通釋》據文義校改，「衷」爲「中」之借字；「糧」，當作「量」，《敦煌變文字義通釋》據文義校改，「糧」爲「量」之借字。

〔三二〕「珠」，當作「主」，《敦煌變文集》據文義校改，「珠」爲「主」之借字。

〔三三〕「寸」，當作「才」，《敦煌抄卷〈百鳥名〉研究》據文義校改。

〔三四〕「謙」，當作「嫌」，《敦煌變文集》據文義校改，「謙」爲「嫌」之借字。

〔三五〕「善」，《敦煌變文集》《敦煌變文集新書》《敦煌變文校注》《敦煌變文選註》（增訂本）均釋作「喜」，誤。

〔三六〕「長」，當作「嶂」，《敦煌變文選註》（增訂本）據文義校改，「長」爲「嶂」之借字。

〔三七〕「姜」，當作「美」，《〈敦煌變文集〉校記補正》據文義校改。

〔三八〕「群神」，《敦煌變文校注》疑當讀作「君臣」。

〔三九〕『豪』，當作『號』，《敦煌變文集》據文義校改，『豪』爲『號』之借字；『蟲』，《敦煌變文選注》（增訂本）據文義校補。

〔四〇〕第二個『號』，應爲誤加之重文符號，當删，《敦煌變文集》《敦煌變文集新書》《敦煌變文校注》《敦煌變文選注》（增訂本）均未録。

〔四一〕《〈敦煌變文集〉校記補正》認爲『明』上當脱一『鮮』或『分』字。

參考文獻

《敦煌變文集》，北京：人民文學出版社，一九五七年，八五一至八五四頁；《華東師大學報》一九五八年一期，三二至四六頁；《敦煌寶藏》三二册，臺北：新文豐出版公司，一九八二年，五七八至五七九頁（圖）；《敦煌遺書總目索引》，北京：中華書局，一九八三年，一八六頁（録）；《敦煌講唱文學作品選注》，蘭州：甘肅人民出版社，一九八七年，三七至四三頁（録）；《敦煌學輯刊》一九八九年二期，三七至四八頁；《英藏敦煌文獻》五卷，成都：四川人民出版社，一九九二年，一六六至一六七頁（圖）；《英藏敦煌文獻》九卷，成都：四川人民出版社，一九九四年，一一八頁（圖）；《敦煌變文集新書》，臺北：文津出版社有限公司，一九九四年，一二〇七至一二一一頁（録）；《敦煌變文校注》，北京：中華書局，一九九七年，一二〇七至一二一二頁（録）；《法藏敦煌西域文獻》二七册，上海古籍出版社，二〇〇二年，八〇頁（圖）；《敦煌變文選注》（增訂本），北京：中華書局，二〇〇六年，一〇一七至一〇三二頁（録）；《隴上學人文存·張鴻勛卷》，蘭州：甘肅人民出版社，二〇一五年，九四至九七頁。

斯三八三五背 一 離合詩圖四首

釋文

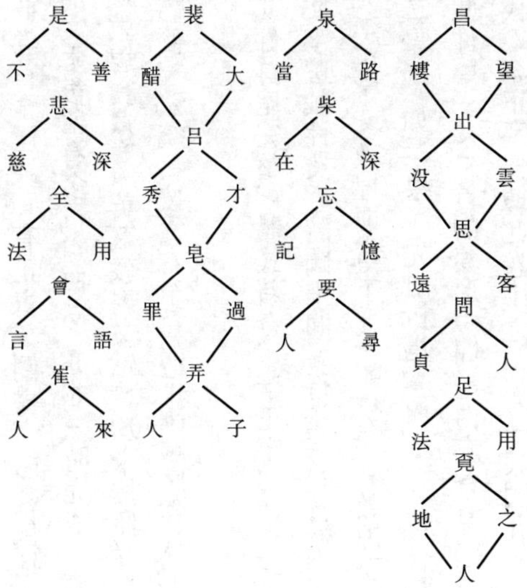

説明

此卷首全尾缺，有正書、倒書，内容包括離合詩圖、雜寫、馬保定賣宅舍契抄等，既非連續抄寫（有的文本後留有多行空白），亦非一時完成，應是不同人在不同時間利用卷背空白抄寫的結果。經查原卷，《敦煌寶藏》《英藏敦煌文獻》均未按照從右至左的順序影印圖版，而是將背面翻倒之後影印。依照本書體例，兹統一按從右至左的正確順序釋録，與《敦煌寶藏》《敦煌英藏文獻》圖版的排列順序不盡相同。

此件首尾完整，體式新奇，李正宇、項楚考出是『離合詩圖』。離合詩是一種拆離和拼合字形的詩，帶有文字遊戲性質，詩圖中間一行是每句首字，先離析讀爲二字，再相合讀爲一字，先離後合，共得三字（參見李正宇《敦煌遺書宋人詩輯校》，《敦煌研究》一九九二年二期，四三頁；項楚《敦煌詩歌導論》，二二二頁）。如『泉』先離析爲『白水』，再合爲『泉』，讀作『白水泉』，依此類推。

此件第一、二首的菱形中間空白處各有一雪花形裝飾，第三、四首中間有佛經三行，未録。此件之抄寫年代，李正宇根據此卷中之『太平興國九年（公元九八四年）四月二日莫高鄉百姓馬保定賣宅舍契抄』，推斷此詩圖後題『辛卯年十月廿八日』爲宋淳化二年（公元九九一年）（參見《敦煌遺書宋人詩輯校》，四四頁）。由於『辛卯年十月廿八日』字跡與離合詩明顯不同，所以不能據之確定此件之抄寫年代，但可以確定此件抄寫於『辛卯年（公元九九一年）十月廿八日』之前的十世紀晚期。

以下參考學界相關研究（參看《敦煌詩歌導論》，臺北：新文豐出版公司，一九九三年，二二二至二二三頁；《敦煌文學論集》，成都：四川人民出版社，一九九七年，九至二〇頁；《敦煌詩集殘卷輯考》，北京：中華書局，二〇〇〇年，八八一至八八二頁；《全敦煌詩》一〇册，北京：作家出版社，二〇〇六年，四三四四至四三五一頁），按照離合詩體式復原這四首詩，諧音字用括號將正字置於其後：

日日昌（倡）樓望，山山出没雲。田（填）心思遠客，門口問貞（征）人。口之（知）足法用，不見覓地之人。

白水泉（錢）當路，此木柴在深。亡心忘記憶，西（仙）女要人尋。

非（緋）衣裴醋大，口口吕秀才。白七皂（造）罪過，王廾弄人子。

旦（但）之（知）是不善，非心悲慈深。八王全法用，人曾會言語。山佳崔（催）人來。

第一首詩前四句又見於伯三五九七《唐詩叢鈔》：『日日樓昌（娼樓）望，出（山山）出没雲。田（填）心思遠客，問（門）口問貞（征）人。』（參見《敦煌詩集殘卷輯考》，二八六頁。）

參考文獻

《敦煌寶藏》三一册，臺北：新文豐出版公司，一九八二年，五八二頁（圖）；《敦煌遺書總目索引》，北京：中華書局，一九八三年，一八六頁（録）；《英藏敦煌文獻》五卷，成都：四川人民出版社，一九九二年，一七〇頁（圖）；《敦煌研究》一九九二年二期，三八至四七頁（録）；《敦煌詩歌導論》，臺北：新文豐出版公司，一九九三年，二一二至二一三頁（録）；《敦煌文學論集》，成都：四川人民出版社，一九九七年，九至二〇頁（録）；《敦煌詩集殘卷輯考》，北京：中華書局，二〇〇〇年，二八六、八八一至八八二頁（録）；《全敦煌詩》一〇册，北京：作家出版社，二〇〇六年，四三四四至四三五一頁（録）。

斯三八三五背　二　雜寫（社司轉帖等）

釋文

王王王合　群君君君
辛巳年
辛卯年十月廿八日
爲此
法界
法界清淨善
清淨善
爲爲
爲爲我
我
我我我之弟子貴興（？）中女

我如是世尊誦囊
我我如是世尊□甲□
爲憑五日爲憑五日
女，兩個合，人不久（？），兩（？）家巷
陰家巷，陽家兒；杜家巷，令狐家
不小不大大馬
敕牒（？）□軍郎（？）□□
千字文敕員外散
　　四月四日來風月
　　薩食
　　　史汜三史汜三
社司轉帖□又人各麥壹
斗，油半升□如噲（滯？）帖
爲憑
爲憑廿九日

爲憑廿九日

爲憑十五日

爲

説明

以上文字係時人隨手所寫，第一行寫於離合詩第三首後、佛經前，其餘均寫於離合詩後；第二行爲倒書；『社司轉帖抄』兩行爲逆書。此件内容龐雜，包括判文、社司轉帖抄、《千字文》標題、『陰家巷』歌等，筆跡不一，非一人一時所寫。

參考文獻

《敦煌寳藏》三二册，臺北：新文豐出版公司，一九八二年，五八一頁（圖）；《英藏敦煌文獻》五卷，成都：四川人民出版社，一九九二年，一六八至一六九頁（圖）。

斯三八三五背　三　太平興國九年（公元九八四年）四月二日莫高鄉百姓馬保定賣宅舍契抄

釋文

政教坊巷東壁上舍壹院，內西房壹口。東西併基貳仗（丈）伍尺[一]，南北併基壹仗（丈）貳尺三寸[二]，東至安信住，西至安針子，南至楊定住，北至王保富。於時太平興國九年甲申歲四月二日立契[三]。莫高鄉百姓馬保定爲緣家中貧闕[四]，債負繁多，祝（促）索之間[五]，填還無計，今將前件祖父口分舍遂出買（賣）與平康鄉百姓武恆員[六]，斷作舍價每尺貳斗（以下原缺文）

說明

此件首尾完整，原未抄完，倒書，起『政教坊巷東壁上舍壹院』，訖『斷作舍價每尺貳斗』，所抄內容爲太平興國九年（公元九八四年）四月二日莫高鄉百姓馬保定賣宅舍契的一部分。

校記

〔一〕『仗』，當作『丈』，《敦煌社會經濟文獻真蹟釋録》據文義校改，『仗』爲『丈』之借字。

〔二〕『仗』，當作『丈』，《敦煌契約文書輯校》據文義校改，『仗』爲『丈』之借字。

〔三〕『契』後《敦煌社會經濟文獻真蹟釋録》另釋有『人』字，按原卷實無。

〔四〕『爲』，《敦煌契約文書輯校》釋作『伏』，誤；『貧』，《敦煌社會經濟文獻真蹟釋録》釋作『欠』，誤。

〔五〕『祝』，當作『促』，《敦煌契約文書輯校》據文義校改，『祝』爲『促』之借字，《敦煌社會經濟文獻真蹟釋録》逕釋作『促』。

〔六〕『買』，當作『賣』，《敦煌契約文書輯校》據文義校改，『買』爲『賣』之借字，《敦煌社會經濟文獻真蹟釋録》逕釋作『賣』。

參考文獻

《敦煌資料》一輯，北京：中華書局，一九六一年，三一七頁（録）；《敦煌寶藏》三一册，臺北：新文豐出版公司，一九八二年，五八〇頁（圖）；《敦煌社會經濟文獻真蹟釋録》二輯，北京：全國圖書館文獻縮微複製中心，一九九〇年，一五頁（圖）（録）；《英藏敦煌文獻》五卷，成都：四川人民出版社，一九九二年，一六八頁（圖）；《中國歷代契約會編考釋》，北京大學出版社，一九九五年，五二〇頁（録）；《敦煌契約文書輯校》，南京：江蘇古籍出版社，一九九八年，三九頁（録）；《走進日常：唐代社會生活考論》，上海：中西書局，二〇一六年，一五四頁（録）。

斯三八三五背　四　雜寫（太公家教等）

釋文

佛説東方不

弟弟弟

弟子弟弟弟弟弟　弟弟弟子

弟子

第

揬裹壓譃鉏槍檀諼訡層爺

騎，弓折馬死，償他無疑。財能害己，必須

爲憑

爲憑廿九日

庚（？）□

説明

此件爲時人隨手所寫，各行之間空白較大，前六行爲倒書，第六行似爲『字書』，第七行所抄爲《太公家教》。

參考文獻

《敦煌寶藏》三一册，臺北：新文豐出版公司，一九八二年，五八〇頁（圖）；《英藏敦煌文獻》五卷，成都：四川人民出版社，一九九二年，一六七至一六八頁（圖）。

斯三八三六背　雜集時要用字

釋文

（前缺）

蒸餅 棗餻 餝（餺）飥〔一〕 □□ 饠 □□ □□ 䭔𩛩 饘餅 索餅 饆羅 煎餅 餅饊 廬子 皿分豆半〔二〕。

酒肉 羊肉 豬肉 胡酒 清酒 蒲菊酒〔三〕 白醪 麥酒 生肝 𩸞鱠 豬蹄〔四〕 韭爛伴（飦）〔五〕 魚鮁 魚鯆 魚[鮓]（？）〔六〕 乾脯 析肋 湯藥 腌臉。

醬〔七〕 酢乳 腐酪 漿 乳酪 麨團 壏鹹 蕪荑醬 芥□醬 脂葱醬 蒜醬 五刺（醬）〔八〕 黑豆醬。

百草 麥䴛〔九〕 □實（？） 蘆茭 苜蓿 轂車 蕁草 黃金 皂頰（莢）〔一〇〕 砂蓬。

馬藺 苦草 苦參 白頭 老翁 駝蹄 茨萁 羊蹄 落梨 萱草 盿秀 蕢草 蒼耳〔一一〕 白蒿 赤蒿 龍𨄅（鬚）〔一二〕 闌（藺）草〔一三〕 接續 紫草 緋草 黃草 地甚 馬乳 地榆 黃柏 没蘇子 胡𩚬子。

畜生 蟲蟻 駱

騾䮫 驢 牛□

白象 師子 龍 蛇□

豬 狗

牛羊鹿大蟲豹豺生。

熊猯 猿猴 胡孫

野狐 狼兕 黄牛 野駝 犛牛 老鼠 撻（鼧）拔鼠[一四] 鼯鼠 狢子 兔雙 鼠狼 鼠豹 獱兒。

蝦蟆 黿鼊 鼉 蝮蜴[一五] 蜣蜋 紇螞 蟻子 蜘蛛。

風虱 狗搔（蚤）[一六] 壁虱 羯羊 羝羊 羖羊 母羊 羔[羊][一七] 留（騮）馬[一八] 草馬 父馬 馬

駒兒 犍牛 將牛[一九] 牸牛 [犢]子[二〇] 父驢 草驢 驢駒兒 留（騮）駝[二一] 草駝 駱駝兒。

飛獸 金翅 大鵬 鳳凰 鸚鵡 生生。

鷹鳥 鵰 鷲 鶻 鵪鶻 老鵪 角鵄 鳩鴿 雀兒 鷹鴨 白鵝[二二] 鶬鶴 浸河 濤河 梢魚[二三] 大澤 鴛

鴦 持鸛 鵪鴇 澤澤[二四] 卜卜師 家雞 野雞 □□

（後缺）

說明

此件抄寫於《佛經戒律問答》卷背，首尾均缺，有烏絲欄。但有的地方烏絲劃線不直，各欄間隔亦不等，且抄寫隨意，文字稚拙，有些文字抄寫於欄上，頗疑係學童所爲。另，中間幾行留有空白，可能是所據底本不全，故預留出來以備後補。

此件失題，《敦煌遺書總目索引》《敦煌遺書總目索引新編》《英藏敦煌文獻》等均擬名『類書』，《敦煌音義匯考》擬名爲《雜集時要用字》，兹從之（參看張金泉、許建平《敦煌音義匯考》，七四五頁）。此件之年代，《敦煌經部文獻合集》認爲約在唐末五代（參看《敦煌經部文獻合集》八册，四一八二頁）。

如按一般敦煌寫本抄寫慣例，自右至左閱讀此件，很難看出此件編排的次序。故《敦煌唐本字書敘録》和《敦煌經部文獻合集》均認爲其文中無標目（參看周祖謨《敦煌唐本字書敘録》，《敦煌語言文學研究》，五一頁；《敦煌經部文獻合集》八册，四一八二頁）。但如果自左至右閱讀此件，則可看出此件基本是按類抄寫的。現存的類目有『酒肉』『醬』『百草』『畜生』『飛獸』等，多與標目相合。

以上釋文以斯三八三六背爲底本，將從左至右逆書改爲符合古代抄寫習慣的自右至左順序釋録，類目用黑體字標示。

校記

〔一〕『飭』，當作『餺』，《敦煌音義匯考》據文義校改。

〔二〕『半』，《敦煌音義匯考》認爲當校改作『鉡』。
〔三〕『菊』，底本原寫作『洶』，係涉上文『蒲』字而成之類化俗字。
〔四〕『蹄』，底本作『蹄』，是『蹄』之换旁俗字。
〔五〕『伴』，當作『鉡』，據文義改，『伴』爲『鉡』之借字。
〔六〕『鮓』，據殘筆劃及文義補。
〔七〕『醬』，《敦煌經部文獻合集》認爲係抄手習字闌入，誤，下同，不另出校。
〔八〕『醬』，據文義補。
〔九〕『麨』，底本作『麨』，是『麨』之俗字。《敦煌經部文獻合集》認爲係『麨』字俗訛，『麥麨』指以麥熬磨成的乾糧，然據文義，此處『麥麨』非指乾糧，而是『百草』的一種，故此説似不確。
〔一〇〕『頰』，當作『莢』，《敦煌音義匯考》據文義校改，『頰』爲『莢』之借字。
〔一一〕『耳』，底本原寫作『茸』，係涉上文『蒼』而成之類化俗字，《敦煌音義匯考》釋作『茸』，校改作『耳』。
〔一二〕『鬊』，當作『鬢』，據文義改。
〔一三〕『闌』，當作『蘭』，《敦煌音義匯考》據文義校改，『闌』爲『蘭』之借字。
〔一四〕『撻』，當作『鼥』，據文義改，《敦煌經部文獻合集》未能釋讀；『拔』，《敦煌經部文獻合集》未能釋讀。
〔一五〕『蝎』，《敦煌經部文獻合集》認爲係『蝎』之訛。
〔一六〕『操』，當作『蚤』，《敦煌音義匯考》據文義校改，『操』爲『蚤』之借字。
〔一七〕『羊』，據文義補。
〔一八〕『留』，當作『騮』，據文義改，『留』爲『騮』之借字，《敦煌音義匯考》認爲『留』通『騮』。
〔一九〕『將』，《敦煌經部文獻合集》疑爲『將』之訛。

〔二〇〕『犢』，據文義補。

〔二一〕『留』，當作『騮』，據文義改，『留』爲『騮』之借字，《敦煌音義匯考》認爲『留』通『騮』。

〔二二〕『鵝』，《敦煌經部文獻合集》釋作『鴸』。

〔二三〕『梢』，《敦煌音義匯考》認爲係『鮹』之借字。

〔二四〕第二個『澤』，底本原作重文符號，《敦煌音義匯考》認爲係『雉』之殘。

參考文獻

《敦煌寶藏》三一册，臺北：新文豐出版公司，一九八二年，五八四頁（圖）；《敦煌語言文學研究》，北京大學出版社，一九八八年，五一頁；《英藏敦煌文獻》五卷，成都：四川人民出版社，一九九二年，一七一頁（圖）；《敦煌音義匯考》，杭州大學出版社，一九九六年，七七六至七八〇頁（圖、録）；《敦煌經部文獻合集》八册，北京：中華書局，二〇〇八年，四一八二至四一八九頁（圖、録）。

斯三八三九　大道通玄要

釋文

（前缺）

施爲福田[一]；若見疾病，當願一切以道自安，勉此苦厄；若見死喪，當願一切學道常存，濟度三塗；若見魚獵，當願一切不爲罪始，終入無爲；若見夷狄，當願一切賓王中國，不生邊地；若見少年，當願一切及時學問，遂成盛令；若見老病，當願一切以道攝生，不更衰耄；若見三光，當願一切並明靈曜，闇冥即消；若見雲雨，當願一切惠澤盈溢，無所不宜；若見素雪，當願一切常居潔白，逍遥自在；若見靈風，當願一切藴懷披散，德流遐邇；若見淨水，當願一切洗垢清虚，平等其心；若見名香，當願一切受姿芳盛，衆穢蕭然；若見好華，當願一切樂散諸聖，相好具足；若見車馬，當願一切得道無爲，乘鳳駕龍；若見弦歌，當願一切玩經散説，以道娱樂；若見福食，當願一切無不飽滿，世享天廚，德流主人，如水歸海，宗廟胤長，常居貴盛，世與四輩，俱生王家；若見致施，當願一切禍滅九陰，福起十方，德如山海，莫不興隆，七世生天，子孫賢忠，富貴巍巍〔二〕，所欲皆從。學道飛仙，駕雲乘龍，道士坐卧，常願我等四大合德，同體道真，長存玄都，師友自然，濟度十方，天下受恩，逍遥有無，洞觀妙門。

念品

昇玄經卷第五

太上曰：道陵，有十想念，當一心學。何等爲十？一者思念道法，無有差别想；二當思念聖人威神，悉皆等同，無優劣想；三當思念聖人之恩，起慈父想；四當思念經法，生乳哺想；五當思念法師，生慈母想；六當思念一切有識，禀受形質，若干不同，或醜長短白黑，皆如幻化，非有常法，皆歸消滅，死病臭爛，無一可貪之想；七當思念聖人，形相端嚴，華色豐潔，然亦非常，會有遷變，非定一想；八當思念聖人出世，留念慇勤，方宜教示，愚矇衆生，變化随物，形無定方，我等云何，反自懈墮，生精進想；九當思念本師恩重難可得報，令我今日得見神尊，聞受經法，皆是本師之恩，生感恩想；十當思念得聞上法，思還本土，宣布未聞，欲令衆人得法利想。道陵，是爲十想念。

靈寶經勸戒法輪卷

道言：若學神仙，思念無量，普得長生，身與我神，入定妙通。若奉師宗，思念無量，普得訓厲〔三〕，身與我神，同受制度。若奉經教，思念無量，普得聰慧，身與我神，同得昇仙。

若見講説，思念無量，普得瞻聽，身與我神，了解玄義。
若見齋誡，思念無量，普入法門，身與我神，内外清肅〔四〕。
若見行香，思念無量，普入芳盛，身與我神，不履穢塵。
若見三光，思念無量，闇冥普消，身與我神，長處光明。
若見行雲，思念無量，普得蔭覆，身與我神，同入雲輪。
若見雨注，思念無量，普得灑潤，身與我神，得天廕流。
若見素雪，思念無量，普居潔白，身與我神，凝炁成真。
若見霜露，思念無量，保真不落，身與我神，無不制伏。
若見淨水，思念無量，普得沐浴，身與我神，洗垢除穢。
若見大江，思念無量，普注淵澤，身與我神，無不苞容。
若見大山，思念無量，普得障遏，身與我神，棲託巖穴。
若見樹木，思念無量，普無彫悴，身與我神，欝成茂林。
若見種殖，思念無量，普得滋長，身與我神，學曰成生。
若見果林，思念無量，普得成就，身與我神，结實生根。
若見飛鳥，思念無量，普得空行，身與我神，時生羽翮。
若見禽獸，思念無量，不生害心，身與我神，隱學幽林。

若見宫闕，思念無量，普得瞻仰，身與我神，轉輪國王。
若見城社，思念無量，普得入朝，身與我神，脩整嚴飾。
若見臺觀，思念無量，普瞻八極，身與我神，洞見幽微。
（後缺）

説明

此件首尾均缺，失題，起『爲福田』，訖『洞見幽微』。大淵忍爾從抄寫體例、筆跡等方面比定出其來自《大道通玄要》，但卷次不詳（參看《敦煌道經·目録篇》，三四七頁）。《大道通玄要》是開元七年編纂而成的道教類書，編撰者不詳，《正統道藏》未收。有關該書的情況，可以參看本書十六卷斯三六一八之『説明』。此件卷首至『念品』間的内容見於《太上靈寳消魔保真安志智慧本願大戒上品經》；『靈寳經勸戒法輪卷』以下内容見於《太上洞玄靈寳真一勸戒法輪妙經》。

敦煌文獻中保存的《大道通玄要》寫本，除此件外可以確定的尚有七件，但内容與此件均不重合。另有斯六三九四内容與此略同，起『成儒宗』，訖『學道飛』，無題，大淵忍爾、王卡均認爲是《太上靈寳消魔保真安志智慧本願大戒上品經》，《英藏敦煌文獻》則定名《大道通玄要》。

校記

〔一〕『施』，據斯六三九四補。

〔二〕『巍巍』，《敦煌本〈大道通玄要〉研究》《中華道藏》均釋作『魏魏』，誤。
〔三〕『厲』，《敦煌本〈大道通玄要〉研究》校改作『勵』，按不改亦可通。
〔四〕『肅』，《中華道藏》釋作『蕭』，誤。

參考文獻

《敦煌道經目録》，京都：法藏館，一九六〇年，九七頁；《スタイン將來大英博物館藏敦煌文獻分類目録・道教之部》，東京：東洋文庫，一九六九年，二〇至二一頁；《敦煌道經・目録編》，東京：福武書店，一九七八年，三四七至三四八頁；《敦煌寶藏》三一册，臺北：新文豐出版公司，一九八二年，五九一至五九三頁（圖）；《敦煌寶藏》四六册，臺北：新文豐出版公司，一九八二年，三四頁（圖）；《英藏敦煌文獻》五卷，成都：四川人民出版社，一九九二年，一七二至一七三頁（圖）；《道家文化研究》一三輯，北京：生活・讀書・新知三聯書店，一九九八年，三四二至三四六頁（録）；《敦煌道藏》五册，北京：全國圖書館文獻縮微複製中心，一九九九年，二六二五至二六二八頁（圖）；《中華道藏》二八册，北京：華夏出版社，二〇〇四年，三三五至三三六頁（録）；《敦煌道教文獻研究：綜述・目録・索引》，北京：中國社會科學出版社，二〇〇四年，二二七至二二九頁。

斯三八三九背　沙彌七十二威儀文

釋文

沙彌七十二威儀文

說明

此件寫於《大道通玄要》卷背，僅此一行。《英藏敦煌文獻》未收，現予增收。

參考文獻

Descriptive Catalogue of the Chinese Manuscripts from Tunhuang in the British Museum, The Trustees of the British Museum, London 1957, p. 6（録）；《敦煌寶藏》三一册，臺北：新文豐出版公司，一九八二年，六〇二頁（圖）；《敦煌遺書總目索引新編》，北京：中華書局，二〇〇〇年，一一六頁（録）。

斯三八四一　大般若波羅蜜多經卷第二卅二題記

釋文

懷惠勘

説明

此件寫於斯三八四一《大般若波羅蜜多經》卷第二百卅二卷末，《英藏敦煌文獻》未收，現予增收。《敦煌遺書總目索引新編》將其誤作斯三八四二《佛説無量壽宗要經》之題記。池田温認爲此件的年代大約在公元九世紀前期（參《中國古代寫本識語集録》，東京大學東洋文化研究所，一九九〇年，三六四頁）。

參考文獻

Descriptive Catalogue of the Chinese Manuscripts from Tunhuang in the British Museum, The Trustees of the British Museum, London 1957, p. 6（録）；《敦煌寶藏》三一册，臺北：新文豐出版公司，一九八二年，六〇二頁（圖）；《中國古代寫本識語集録》，東京大學東洋文化研究所，一九九〇年，三六四頁（録）；《敦煌遺書總目索引新編》，北京：中華書局，二〇〇〇年，一一六頁（録）。

斯三八四三　大乘無量壽經題記

張興國

釋文

説明

此件寫於斯三八四三《大乘無量壽經》卷末，《英藏敦煌文獻》未收，現予增收。《中國古代寫本識語集録》認爲此件抄寫年代大約在公元九世紀前期。

參考文獻

Descriptive Catalogue of the Chinese Manuscripts from Tunhuang in the British Museum, The Trustees of the British Museum, London1957, p. 150（録）；《敦煌寶藏》三一册，臺北：新文豐出版公司，一九八二年，六〇六頁（圖）；《中國古代寫本識語集録》，東京大學東洋文化研究所，一九九〇年，三八九頁（録）。

斯三八四四　大乘無量壽經題記

釋文

裴文達

裴達

説明

此件抄寫兩遍《大乘無量壽經》，『裴文達』寫於第一遍尾題下方，『裴達』寫於卷末。『裴達』與『裴文達』是同一人，『裴達』是『裴文達』的雙名單稱。《英藏敦煌文獻》未收，現予增收。

參考文獻

Descriptive Catalogue of the Chinese Manuscripts from Tunhuang in the British Museum, The Trustees of the British Museum, London 1957, p. 147（録）；《敦煌寶藏》三一册，臺北：新文豐出版公司，一九八二年，六〇八、六一〇頁（圖）；《中國古代寫本識語集録》，東京大學東洋文化研究所，一九九〇年，三九一頁（録）；《敦煌遺書總目索引新編》，北京：中華書局，二〇〇〇年，一一六頁（録）。

斯三八六三　三洞奉道科誡經

釋文

（前缺）

理須遐絶，宜近精思院，或兩殿別院，出迴（迴）建立〔一〕，遣風露不侵，使雲霞無閡〔二〕，眇通天漢，遠矚星躔。外啓四景之門，旁開八風之牖，令仙斬（軿）出入〔三〕，真騎往來，可仰可希，彌高彌廣。則子晉攜手〔四〕，常生撫袂，旦夕可得矣。

科曰：衆妙之門，往來之徑〔五〕，群真之户，出入所由，如口之在身〔六〕，方目之居面〔七〕，不可闕也。凡諸觀門，皆須造閣，或立樓，上安觀額以標傑出。重級大小，事屬一時，兩下三間（門）〔八〕，在時奢儉。凡是別院，皆須造立，莊嚴彫飾〔九〕，各盡所宜，不可守常，用爲恆式〔一〇〕。

科曰：凡觀門，左右皆別開車馬牛驢出入〔一一〕，不得於正門中來往。

科曰：師房在天尊殿堂周迴四面安置〔一二〕，間架多少，各依當時所造。

科曰：凡道士女官入道〔一三〕，即須受持經誡符録〔一四〕，須別作受道院，造壇及對，齋堂靜室，緣所須〔一五〕，皆備此院。

科曰：凡道士女官身亡〔一六〕，皆別置遷化院〔一七〕，須別立一院，造堂容（室）〔一八〕，供喪所須〔一九〕，皆備此院。

科曰：凡道士女官死〔二〇〕，法衆同義，須相開度，宜近遷化院造燒香院〔二一〕，安几席牀座，一事以上〔二二〕，備此院内。

科曰：凡觀，天尊殿前，皆須築土，或壘塼砌石〔二三〕。若構木作壇，三級五級，乃至十二級〔二四〕，皆案木（本）經〔二五〕，蘭蓦門牓〔二六〕，並須如法。

科曰：凡是殿堂樓閣、臺榭別院〔二七〕，並須作行廊、步廊、軒廊、房宇，使四面周匝。

（後缺）

說明

此件首尾均缺，失題，起『理須遐絶』，訖『四面周匝』，其内容爲《三洞奉道科誡經》。《三洞奉道科誡經》原題金明七真撰，約出於隋唐之際，是輯録早期道教科儀的重要文獻，原書三卷，《正統道藏》本爲六卷，題作《洞玄靈寶三洞奉道科戒營始》（參看王卡《敦煌道教文獻研究：綜述·目録·索引》，一三七至一三九頁）。

現知敦煌文獻中保存的《三洞奉道科誡經》尚有斯八〇九＋伯五五八九、伯二三三七、伯三六八二和Дх一一六〇六，内容與此件均不重合。

以上釋文以斯三八六三爲底本，用《正統道藏》本（稱其爲甲本）參校。

校記

〔一〕「迴」，當作「迴」，據甲本改。

〔二〕「閡」，甲本作「礙」，均可通。

〔三〕「斬」，當作「軿」，據甲本改。

〔四〕「子」，甲本脱。

〔五〕「徑」，甲本作「逕」，均可通。

〔六〕「如口」，甲本作「譬」；「在」，甲本作「於」。

〔七〕「方」，甲本作「若」。

〔八〕「間」，當作「門」，據甲本改。

〔九〕「莊」，甲本作「裝」，「裝」爲「莊」之借字；「彫」，甲本作「雕」，均可通。

〔一〇〕「用」，甲本作「周」，誤；「恒」，甲本作「定」。

〔一一〕「入」，甲本作「入門」。

〔一二〕「面」，甲本作「方」。

〔一三〕「官」，甲本作「冠」。

〔一四〕「誡」，甲本作「戒」，均可通。

〔一五〕「緣」，甲本作「緣法」。

〔一六〕『官』，甲本作『冠』。
〔一七〕『遷化』，甲本作『昇遐』。
〔一八〕『容』，當作『室』，據甲本改。
〔一九〕『喪』，甲本作『器』，《中華道藏》未能釋讀。
〔二〇〕『官』，甲本作『冠』。
〔二一〕『遷化』，甲本作『昇遐』。
〔二二〕『以』，甲本作『已』。
〔二三〕『塼』，甲本作『甎』。
〔二四〕『乃』，甲本無。
〔二五〕『案』，甲本作『按』，均可通；『木』，當作『本』，據甲本改。
〔二六〕『蘭纂』，甲本作『欄纂』。
〔二七〕『别』，甲本作『引』，疑誤。

參考文獻

《スタイン將來大英博物館藏敦煌文獻分類目録·道教之部》，東京：東洋文庫，一九六九年，五〇頁；《敦煌道經·目録編》，東京：福武書店，一九七八年，一一五頁；《敦煌寶藏》三二册，臺北：新文豐出版公司，一九八二年，二四頁（圖）；《道藏》二四册，北京等：文物出版社、上海書店、天津古籍出版社，一九八八年，七四六頁；《英藏敦煌文獻》五卷，成都：四川人民出版社，一九九二年，一七四頁（圖）；《敦煌道藏》四册，北京：全國圖書館文獻縮微複製中心，一九九九年，一六八一至一六八二頁（圖）；《敦煌道教文獻研究：綜述·目録·索引》，北京：中國社會科學出版社，二〇〇四年，一三七至一三九頁；《中華道藏》四二册，北京：華夏出版社，二〇〇六年，二八頁（録）；《敦煌道經寫本與詞彙研究》，成都：巴蜀書社，二〇〇七年，一〇二頁。

斯三八七〇　金光明最勝王經卷第八題記

釋文

大周長安三年歲次癸卯十月己未朔四日壬戌，三藏法師義淨奉　制長安西明寺新譯并綴文正字。

説明

此件寫於《金光明最勝王經》卷第八末。長安三年爲公元七〇三年，屬於武周時期寫經，但年、月、日均未用武周新字。《英藏敦煌文獻》未收，現予增收。

參考文獻

Descriptive Catalogue of the Chinese Manuscripts from Tunhuang in the British Museum, The Trustees of the British Museum, London 1957, p. 59;《敦煌寶藏》三二册，臺北：新文豐出版公司，一九八二年，七〇頁（圖）；《敦煌遺書總目索引》，北京：中華書局，一九八三年，一八七頁（録）；《敦煌遺書總目索引新編》，北京：中華書局，二〇〇〇年，一一六頁（録）。

斯三八七一　一　雜寫（勸善經一卷、乾元寺四三人和尚等）

釋文

卷卷卷卷卷下

勸善經一卷勸一勸勑來賈賈賈衆衆

賈耽耽耽耽耽耽耽

[勑]右右承（丞）相賈耽僧衆衆身耽西賈〔一〕

勑　右承（丞）相賈耽〔二〕，頒下諸州，普勸衆。乾元寺四三人和尚趙寺。

説明

以上文字爲時人隨手寫於《勸善經》首題前。《英藏敦煌文獻》未收，現予增收。

校記

〔一〕『勑』，據殘筆劃及斯九一二《勸善經》補；『承』，當作『丞』，據斯九一二《勸善經》改。

〔二〕『承』，當作『丞』，據斯九一二一《勸善經》改，『承』爲『丞』之借字。

參考文獻

《敦煌寶藏》三册，臺北：新文豐出版公司，一九八一年，四三一頁（圖）；《敦煌寶藏》三二册，臺北：新文豐出版公司，一九八二年，七一頁。

斯三八七一　二　勸善經一卷

釋文

勸善經一卷

勑右丞相賈耽，頒下諸州，普勸衆生，每日念阿彌陀佛一千口，斷惡行善。今年大熟，無人收刈。有數種病死：第一危（虐）病死〔一〕，第二天行病死，第三赤白（痢）病死〔二〕，第四赤眼〔病〕〔死〕〔三〕，第五女人産生病死，第六痢病〔死〕〔四〕，第七風病死。勸寫此經一本，免一門；寫兩本，免六親。見此經不寫者，滅門。門上牓之，此得過此難〔五〕。無福者不可得見此經，其經從南來。正月八日雷電霹靂〔六〕，空中有小童子，年四歲。又見一老人，在路見一大蛇，身長萬萬尺，人頭鳥足，遠（遂）呼老人曰〔七〕：爲太山崩，須女人萬萬衆，須牛萬萬頭，著病者難差，須此經即免此難。不信者但看四月一日，三家使一牛，五男同一婦。僧尼巡門，遣寫此經流傳，〔若〕被卒風吹卻〔八〕，不免此難。聖人流傳真言報汝，莫信邪師。聞者遞相勸念阿彌陀佛〔九〕，不久即見太平睹時〔一〇〕。貞元。

貞貞元十九年甲申歲正月廿三日寫〔一〕

説明

此件首尾完整，首有原題，尾有題記，貞元十九年即公元八〇三年。其内容是以預言災害將至的形式，勸世俗百姓抄寫此經弭災，故收入本書。敦煌文獻中保存的《勸善經》抄本甚多，相關情況請參看本書斯九一二『勸善經一卷』説明。

以上釋文以斯三七九二爲底本，因相關各寫本之異同已見於本書斯九一二『勸善經一卷』校記，故此件僅用斯四一一七（稱其爲甲本）校補脱文、校改錯誤，如甲本亦有脱、誤，則據其他相關文本補、改。

校記

〔一〕『危』，當作『虐』，據甲本改。
〔二〕『痢』，據甲本補。
〔三〕『病死』，據甲本補。
〔四〕『死』，據甲本補。
〔五〕『此』，甲本無，據文義係衍文，當删。
〔六〕『正』，據殘筆劃及甲本補；『月』，據甲本補。
〔七〕『遠』，當作『遂』，據甲本改。
〔八〕『若』，據甲本補。

〔九〕『遞』，據斯九一三『勸善文』補。
〔一〇〕『睹』，甲本無，據文義係衍文，當刪。
〔一一〕第二個『貞』，據文義係衍文，當刪。

參考文獻

《敦煌寶藏》三二册，臺北：新文豐出版公司，一九八一年，七一頁（圖）；《敦煌寶藏》三册，臺北：新文豐出版公司，一九八一年，四三一頁（圖）；《中國古代寫本識語集録》，東京大學東洋文化研究所，一九九〇年，三八六頁（録）；《敦煌研究》一九九二年一期，五一至六二頁；《道教術儀與密教典籍》，臺北：新文豐出版公司，一九九四年，四九六頁（圖）；《英藏敦煌社會歷史文獻釋録》四卷，北京：社會科學文獻出版社，二〇〇六年，三八一至三九〇頁（録）；《英藏敦煌社會歷史文獻釋録》五卷，北京：社會科學文獻出版社，二〇〇六年，二八三至二八五頁（録）；《英藏敦煌社會歷史文獻釋録》七卷，北京：社會科學文獻出版社，二〇一〇年，三〇一至三〇四頁（録）；《英藏敦煌社會歷史文獻釋録》一一卷，北京：社會科學文獻出版社，二〇一四年，四五二至四五四頁（録）。

斯三八七二　維摩詰經講經文

釋文

（前缺）

經：『爾時長者〔子〕寶積說此偈已〔一〕，□諸菩薩淨土之行。』

經：『爾時長者子寶積經（說）云此偈已〔二〕，白佛言：世尊，是五百長〔者〕子皆已發阿耨多羅三藐三菩提心〔三〕，願聞得佛國土清淨，唯願世尊說諸菩薩淨土之行。〔直〕〔心〕即是菩薩淨土〔四〕，當來不諂衆生來生其國，若有不諂不詐心無所曲衆生，即生菩薩淨土中，隨其直心，則能發行。若隨一切衆生，皆有直心，則□起一切善行〔五〕。隨其發行，則得深心。若發一切衆善，則具甚深□〔六〕。若具深妙之心，則能調伏其意。若調伏意已，則所聞如其所說修行〔七〕。若依其說修行，則衆善悉能迴向與一切衆生。若能迴向與一切衆生，則具足種種方便。既具足種種方便，則能成就一切衆生。若成就得一切衆〔生〕〔八〕，即便佛國嚴淨。隨佛土淨，即說法淨。佛土既得嚴淨，則一切之法皆淨。若說法淨，則智惠淨。智惠能淨，其心清淨。其心淨已，則一切功德清淨。是故寶積！若菩薩欲得淨土，當淨其心。菩薩摩訶薩若要身居淨土，即先〔淨〕其心〔九〕。如何淨心？不嫉、不妒、不諂、不誑、不憍慢、不掉舉、不兩舌、不惡口、無貪、無嗔、無諍、無競、不煞、不盜、不婬、不忘〔語〕〔一〇〕、不飲酒，常行慈悲，濟貧拔苦，歸將有餘救不足者，將安樂施危厄者。乃頭目髓腦，身肉手足，將內外財帛，施身爲牀座，求聞妙法。

淨土深沈理，聞來莫可知。那邊通穩便，何處是修□〔一一〕。
望救衆生苦，希求出淤泥。此時申請問，幸願賜慈悲。
必可除邪見，應須滅衆災。幸逢金色相，欣遇法門開。
禮拜親花坐，虔心近寶臺。此時垂教遵〔一二〕，決定絕疑猜。
欲望開真路，專希振法雷。勑交令諦聽，便請唱將來。

經：『諦聽諦聽，善思念之』，乃至『受教而聽』云云。

爾時長〔者〕子寶積及五百百長者子〔一三〕，既獻七寶蓋已，乃說偈讚歎世尊訖，乃白佛言：『世尊世尊，我等五百長者子發無上正等道心，願聞如來國土清淨之事，唯願世尊說諸菩薩摩訶薩所修行淨土之行〔一四〕。世尊大慈，爲我廣說，我等聞已，誓願修學』云云。

佛言：善哉，寶積。善哉者，言義我佛又贊成寶積長者〔一五〕，能問於我菩薩修行淨土之行，及爲諸菩薩又問如來淨土之行，我爲汝等說之，汝等諦聽諦聽。言諦聽者，諦者，審也，個個審實思慮，用心淨（靜）聽〔一六〕，勿生疑惑，聞已修學，善思念之。我説與汝，汝聞應善歎思量其義，聞其義已，記念在心，令莫忘失云云。

欲得聞真妙，還須志意聽。言言宜穩審，句句要分明。
莫慮寶難會，何愁理不精。此時申講説，隨類心均平。
定見除迷路，終息斷所猜〔一七〕。然須消放逸，莫遣亂心懷〔一八〕。
自此邪門開（閉）〔一九〕，因兹法户開，有情皆得果，無處不消災。
禱祝須心志，虔誠莫縱乖，一齋（齊）咸悄悄〔二〇〕，説也唱將來。

經〔二一〕：『如是寶積、菩薩隨其直心別（則）能發行〔二二〕』，乃至『是故寶積，若菩薩欲得淨土，當淨其心，隨其心淨，則佛土淨』。

於是長者子寶積五百人等，受佛誨淨心，淨（靜）聽佛言〔二三〕，寶積當知直心是菩薩淨土。菩薩成佛時，不諂衆生來生其國。衆生其心正直，無有邪曲，入佛知見，悟佛知見，悲歎平等。勸一切衆生，皆如赤子。知身是空，了達實法。即佛是心，即心是佛，心外無法，法外無心，淨穢同體，無有分別。穢方淨土，皆猶心變，無有根本，亦無生滅，三界唯識，萬法唯心。了悟心源，即是淨土。若悟真理，菩薩土與〔穢〕土〔二四〕，悉同是一也。即是心淨，即佛土淨云〔二五〕。別（則）佛土淨云云〔二六〕。側

淨土何曾遠，認得還須顯。都來咫尺間，迷心終不見。

見了只在心，心了淨方現。莫更苦尋求，只此除方便。

淨方道理只居心，心拙唯言義校深。悟了只於心上取，心迷何處漫追尋。

心明自在來還去，心亂空論古與今。畢竟若未除心内黑[二七]，定隨心意定漂沈。

心了了，意哈哈，心若尋常有亂猜。若解分明生曉悟，眼前便是寶花開。

清淨土，紫蓮臺，莫遠尋求使意懷。會内一人都不悟，忽然起問唱將來。

經：『爾時舍利弗，承佛威神，作是念』，乃至『而是佛土不淨若此』。

爾時舍利弗，承佛之威神，又不敢發問，默然作念。作念者，是舍利弗内心思惟佛言。若菩薩心淨則佛土淨者。我世尊本爲菩薩之時，如是萬行精修[二八]，意豈不淨。意豈不淨者，云佛過去因中佛之心意，豈是不淨，感果來於穢土。此之佛土，便不得清淨，被有而（如）此穢濁之事云[二九]。

忽整威儀從坐起，合掌殷勤申敬禮。迷心此際有疑猜，唯願慈悲説妙義。

世尊身，在因地，豈不修持清淨意。如斯穢土顯然間，難會如斯深道理。

今辰幸乞賜慈悲，願決昏昏一段疑。適道墮（隨）其心意淨[三〇]，如何穢土現如斯。

終不曉，周難知，衆惡山川總見之。我佛當爲菩薩日，爭無臻志苦修持。

猶未悟，尚疑猜，特望金言借辯才。所貴衷心生了悟，輒然方敢近花臺[三一]。

垂憫念，賜悲裹（哀）[三二]，幸乞毫光照下懷[三三]。大聖呵呵添幸色，與他説喻唱將來。

經：『佛知其念，即告之言』，乃至『日月豈不淨也』云云。

佛知其念者，世尊以他心智，知舍利弗作念。佛便告言：『汝舍利弗，於汝意云何，日月豈是不淨也？舍利弗，日之與月，兩耀齊明，一日一夜，照四天下，消（曉）昏攸睹〔三四〕，除熱得涼，蕩蕩巍巍，淨無瑕穢，功德廣大，難贊難思，引導衆生，豈不清淨。而盲者不見，佛言譬如生盲之人，自無肉眼，不見日月，豈日月無也。』爾（舍）利弗曰〔三五〕：『不也世尊，不也世尊。不然，世尊，即是生盲之人，自己過罪，非是日月之愆也、各（咎）也〔三六〕。』佛告舍利弗：『衆生種（總）不見如來佛國嚴淨〔三七〕，非如來各（咎）〔三八〕。即是衆生宿業深重，根智差殊，小果之徒，障累未除，不能自覺，又不覺他，因甚得見佛國嚴淨，且十住菩薩尚不見佛智，況乎小果識劣智微，如何觀見佛國嚴淨之事』云云。

日光兼與天邊月，常向天邊多晈潔。非於日月没光明，自是盲人不分别。

佛國土，事不遠，汝爲迷莫可見〔三九〕。若交智惠得開張，佛國淨方皆總現。

韻　他家日月自分明，不科之才目已盲。不解略言光晈晈，無非只道色冥冥。

終不曉，尚含情，何異時人帶恨誠。若解持心開了悟，須臾便是淨方生。

認取理，莫疑猜，休縱迷心繼在懷。莫更恨他日月闇，自緣紉目不曾開。

世尊說，振春雷，百萬天人唱善哉。螺髻梵王請指引〔四〇〕，分明更說唱將來。

經：『爾時螺髻梵王語舍利弗，勿作是意，謂此佛土，以爲不淨』，乃至『心有高下，不依佛惠，故見此土爲不淨耳』。

『爾時螺髻梵王語舍利弗：勿作是意，謂此佛土，將爲不淨。』螺髻梵王者，即是初禪梵王，髮如螺髻，與佛無殊，修四空四禪，有大智大惠，根熱（熟）果滿〔四一〕，識量弘深，見此穢土，如似自在天宮，言舍利弗勿作是意，便將此土爲不淨世界。舍利弗又云：『我見此土丘陵坑坎，荊棘沙礫，土石諸山，穢惡充滿。』丘陵坑坎，即是高下不平；荊棘沙礫，麗（麤）惡之義〔四二〕；土石諸山，方是穢垢。緣舍利弗身居小果，與佛及菩薩所見不同。似甚？似瑩（螢）火對於日光〔四三〕，泥彈同於月愛，全不相承，故但見穢惡，不見清淨。螺髻梵王又告舍利弗：『仁者心有高下，不依佛惠，故見此土爲不淨耳。』云仁者自己心中高下不平，穢惡充滿〔四四〕，何不依佛智惠，除遣疑或？淨穢兩途，皆是自生分別。淨穢無殊，不悟不淨，不下不高，無有差殊，即爲平等云云。

梵王既見生疑悞，引接發言尋保護：『汝今勿作此輕言〔四五〕，自爲未明清淨土。

我心誠，看此境，瑩徹分明如寶鏡。略無穢惡眼前生，只見真如兼大聖。』

舍利弗：『我見處，荊棘丘山及惡趣。裹心常有此疑猜，一段疑猜終不去。

我見如來土，坑丘自顯然。雖聞螺髻說，猶訝梵王言。

迷意終難段，癡心尚繼纏。窮思深妙理，不可會幽玄。
聞説依希悞（悟）〔四六〕，愚心漸次開。目前觀穢濁，莫可決疑猜。』
大聖施神變，天人國未裁。十方清淨土，齊現唱將來。

經：『於是佛以足指案地，即時三千大千世界若干百千珍寶』，乃至『自見坐寶蓮花』云云。

『於是佛將足指案地〔四七〕。』爾時世尊見舍利弗心疑，言此佛土決定穢濁，世尊即以足指案地〔四八〕。『即時三千大千世界若干百千珍寶嚴飾。』若干者，無數百千雜寶間廁，不狀不及。『譬如寶莊嚴佛無量功德寶莊嚴土。』如寶莊嚴佛國，以無量無邊珍寶嚴飾其土。佛爲舍利弗有疑，乃變即丘陵坑坎之屬〔四九〕，示其衆寶莊嚴。

忽然大聖施神變，應是有靈皆總見。淨方次第眼前生〔五〇〕，快樂莊嚴無不現。
玉爲樓，金作殿，鸚鵡頻迦咸讚歎。非論菩薩似恆沙，光内親觀諸佛面。
如來神力忽昭彰，淨國從空便顯揚。紫殿總將白玉砌，碧霄皆是白毫光。
菩薩衆，貌堂堂，瓔珞渾身百寶莊。千衆（種）樂音齊響亮〔五一〕，萬般花木自芬芳。
聞法衆，百千侅（垓）〔五二〕，並睹莊嚴讚善哉。尊者忽然瞻囑後〔五三〕，便同陰裏撥雲開。
咸頂禮，各徘徊，諸佛分明座法臺。大聖迴看舍利弗，問見與不見唱將來。

經：『一切大衆，歎未曾〔有〕[五四]』，乃至『佛告舍利佛（弗）嚴淨悉現[五五]』。又佛告一切大衆，歎未曾有，而皆見坐寶蓮花，是會中一切大衆各各自見，身坐蓮花。又佛告舍利弗，汝且觀是佛土嚴淨，令舍利弗自觀佛土嚴淨之事。舍利弗告佛唯然。唯然者，信受之辭。本所不見，本所不聞，云我未曾見者，今見；未曾聞者，今聞；今佛國土嚴淨，悉皆顯現，我已見聞。

側 淨土莊嚴汝見否，可煞丘山有衆苦。如斯顯現一場間，王乃都（睹）之如不都（睹）[五六]。

舍利弗，尋讚歎，我本眼看全不見。今朝比並極分明，迷意當時皆已遣。
祈心瞻禮又瞻依，此事千年萬劫希。自喜想生新覺悞（悟）[五七]，旋知已遣舊時疑。
託聖力，賴慈悲，息卻多生無限迷。又更會前申禮讚，聲聲唯道不思議。
添福惠，斷疑情，今日裏（衷）心喜又台[五八]。恨發疑情多貇意，莫非專切禮花臺。
我淨土，鎮鋪排，令汝今朝智惠開。更怕人心猶不悞（悟）[五九]，分明説喻唱將來。

經：『佛語舍利弗，我佛國土當淨若此』，乃至『若人心淨，便見此土功德莊嚴』。

『佛語舍利弗，我佛國土常淨若此。』告云：我之國土尋常清淨如此，是汝小果小智隔（所）所（隔）[六〇]，智鏡不同，不見我土嚴淨，常生不淨之見。『爲欲度斯下劣人，故示是衆惡不淨〔土〕耳[六一]。』我爲度下劣之輩，個個漸入佛智，示現如是衆惡不淨土耳。『譬如諸天共寶器食，隨其福德，飯色有異。』如諸天之人，共一寶器中食，各隨自己福力，其飯各各差別，滋味不等，聖凡福業有異，所以觀淨穢不同如是。『舍利弗，若人心淨，便見此土功德莊嚴。』人若心淨，平等無差，即見佛國清淨之事云云〔六二〕。

清幽國土長如此，衆寶莊嚴皆若是。只緣自意有高低，迷意凡心難得至。

似諸天，一寶器，食饌臨時各有異。福微之者遂蔬餐，福盛之人皆上味。

修行少，心未至，即見穢方皆若此。既能意氣達菩提，便都（睹）莊嚴極樂事〔六三〕。

長者蒙垂勸，明明斷所猜。自然知勝法，各各了奇才。

居士聞言化，尋時悞（悟）意開〔六四〕。既無貪繼半（絆）〔六五〕，淨（爭）肯愛珍財〔六六〕。

所喜旋添意，清涼迥愜懷。幾多方便處，便請唱將來。

經：『若在刹利，刹利中尊，除（教）其（以）我（忍）慢（辱）〔六七〕。若在婆羅門，婆羅門中尊，除其我慢。』

『若在刹利，刹利中尊，教以忍辱〔六八〕。』刹利者，是西天王種，爲厭居王佐〔六九〕，不樂諠囂，棄捨國城，入於林藪，修忍辱力，除瞋恚心，内能捨頭目身軀，外能捨珠珍妻兒，自能忍辱，亦勸教人，終歲無閑，經年不倦。

在婆羅門，除其我慢。婆羅門者，是淨行之種，世祖已來，修閭（於）淨行〔七〇〕，自有堅志，勸人無厭，求離世間，希生天果。或偏緣臥棘，五熱炙身，持鷄狗戒，事日月天。但知執我執人，亦説無因無報。邪山增長，慢海添流，自是他非，常生我慢。居士在彼，亦爲其尊，説法化之，令除慢易，皆令出衆，未使入流故云云。

意爲衆生故，權爲羅（刹）刹（利）尊[七一]。初還行嫉妒，後即斷貪嗔。
指示心歸正，令交懇募（慕）真[七二]。但行忍辱行，必見脱泥津。
既遇婆羅衆，其中亦作尊。令除我慢意，卻作善和人。
便去貪邪意，抛離外道因。忙然歸大道，當下出囂塵。
各各除疑意，人人有悟懷。莫作含喜捨，尋便抱悲哀。
我慢何曾有，貪嗔已遣迴。總達方便理，請爲唱將來。

經：『若在大臣，大臣中尊，教以正法。若在王子，王子中尊，示以忠孝。』

『若在大臣，大臣中尊，教以正法。』大臣者，或是當朝相座，或是出鎮藩方，爲天子之腹心，作　聖人之耳目。成邦立國，爲社稷之柱石；定難除兇，作朝庭之籬屏[七三]。然須示其正法常王[七四]，遂訓人，陳以直言，無施邪教命。天子金枝永茂，玉葉長榮，子子孫孫，相承相代，出將入相，燮理陰陽，愍物接人，行思（恩）布惠[七五]。使千年萬歲，皇風不墜，帝道無傾，顯名於鳳閣之中，畫影向驎臺之上[七六]。以著書史，紀德紀功，是名大臣。我維摩居士於此大臣之中，亦爲第一。更以方便，令其不枉人民，是故於此中尊云云。

『若在王子，王子中尊，示以忠孝。』言王子者，是國王之太子，或是遠從，或是親王，但是皇屬，總得名爲王子。並須鏘鏘濟濟，有孝有忠，始末一心，無懷二意。同匡家社，其治邦家。使根固枝繁永不枯，四海萬方爲一統。上則忠勤於主，次則孝養於親，是王子之行。我維摩居士亦於次中〔七七〕，而得第一。仍以微妙方策而教海（誨）之〔七八〕，王子信行，又使　皇圖霸盛云云。

爲人不得多愚奥〔七九〕，認取真常深妙教。若悟永不受沈輪（淪）〔八〇〕，真（直）須在意行忠孝〔八一〕。

忠不施，孝不展，神道虚空皆總見。須臾致得禍臨身，妻男眷囑（屬）遭除剪〔八二〕。忠既行，孝既展，必見官高名位顯。善神密護鎮隨身，自然災分（氛）常除遣〔八三〕。事須依勸莫因巡（循）〔八四〕，切要修持此個身。凡有行藏平隱作，低（堤）防禍幻（患）使心神〔八五〕。

常孝順，母（每）忠貞〔八六〕，必遂高遷得顯榮。儻若欺謾小子事，當時迍厄便施行。蒙化後，轉情開，節勒之心斂意懷。行孝行忠無少闕，修仁修德有所咍。然福祐，息迍災，各願歸依近法臺。總待周旋行化後，現身有病唱將來。

『〔經〕〔八七〕：「〔若〕〔在〕〔内〕〔官〕〔八八〕，〔内〕〔官〕〔中〕〔尊〕〔八九〕。〔化〕

〔政〕〔宮〕〔女〕〔九〇〕。」』

『若在内官，内官中尊，化政宮女。』云内官者，是黄門也，亦名閹官。近代無記，及四十餘年，此官絶滅。西天亦有此色，不唯中國有之。凡是官（宮）禁食宿中〔九一〕，皆爲親蜜，出銜帝命，入當絲綸，食宿不離於殿庭，行坐常隨於輦輅。宮人妓女，無不依屬；内監嬪妃，皆令處治。爲四方之監護，作一國之威權，百辟禀承，千官取別。重佛重法，好侈好奢，共佐　皇風，同居紫禁。我維摩居士，亦於此中，爲其法則，教化是等，悉使發心云云。

不可思議居士，化誘有千般道理。非論説法多途，勸誨王孫帝子。

宰官居士之屬，和愜如同魚水。婆羅門人我如山，悉遣除慢易〔九二〕。

最是難化調伏，豪貴尊嚴刹利，盡因大士歸旋，滅卻貢高之意〔九三〕。

更有國主兒孫，遠近宗枝王子，皆令忠孝君親，悉使皇風不墜。

又有國内庶民，博勢修生意氣，盡因開士指南，個個聞經會儀。

又逢閹竪之徒，直至宮中侍婢，忽逢居士誡呵，一一消亡罪累。

内侍黄門輩，無非執化權。見僧常禮重，求法每精專。

起敬傾家産，營齋請福田。寫經兼鑄像，謀後世良緣。

空（恐）不支那有〔九四〕，多應在五天。少時還美妙，醜拙是臨年。

富貴學宫裏，憍奢倣殿前。忽然思（恩）寵盡〔九五〕，被配守陵原。恰愚（遇）維摩詰〔九六〕，談空甚喜歡。一時生厭離，合掌入菴園。

有一内侍罷官，居於山水，忽得疾病，令人尋醫。有人言某村、某聚落，有一處士名醫，急令人召到，便令候脈。候脈了，其人云：更不是别疾病，是坐後風。其大官甚怒，便令從人拖出，數人一時打決。其人叫呼。更有一人内侍，亦是罷官，看來見外面鬧，内使多露頭插梳，於墻頭出面曰：此人村坊下輩（輩）〔九七〕，不識大官，不要打棒，便令放去。其醫人忽爾擡頭，見此中官，更言曰：阿姨道底是那。

『長者維摩詰以如是等無量方便』，云何名『以如是等無量方便』？即是上來兑（説）『在刹利，刹利中尊』，直至兑（説）『在護戈（世）〔九八〕，護戈（世）中尊』已來〔九九〕，居士以種種百千方便，於中誘誨，善説諸法，教化多般，悉令信受，隨其類趣，依稟修學，皆於本事通達解了，又令速發無上正等之心。居士爲愍衆生及小果之輩（輩）〔一〇〇〕，意欲廣談妙法，示現有疾於方丈室中，獨寢一牀，以疾而卧。是要度脱迷暗，總出昬衢，令知身命不堅，幻化爲體；四大假合，五藴成形；欻爾無常，颯然空寂。維摩居士尚悟如斯，況我輩之徒，如何不覺云云。

到處行方便，頭頭盡化情。心無刹異事〔一〇一〕，意即爲衆生。若獲清涼果，皆弘喜悦誠。因兹親引力，切切事分明。

以此多饒益，尋時現病身。廣談人世事，四大似浮塵。
遂顯身羸掇〔一〇二〕，令交歸正真。只徒來問疾〔一〇三〕，意要話其因。
既有委黄貌，兼陳捎弱懷〔一〇四〕。説人如電轉，言也似雲雷。
若有一生質，乃憂四大災。總交知若此，普爲唱將來。

經：『以其疾故，國王、大臣、長者、居士、婆羅門等，及諸王子并餘官屬無數千人，皆往問疾』云云。

『以其疾故，國王、大臣、長者、居士、婆羅門等，及諸王子并餘官屬無數千人，皆往問疾。』長者即寶積等五百獻蓋之徒，居士即與如維摩居士之輩〔一〇五〕，婆羅門即淨行之衆〔一〇六〕，及諸國王兼國王子，并國内官屬百千萬衆，聞居士有疾，皆來體問。言：『居士，居士，何故有疾？爲移（復）是四大違和〔一〇七〕，爲復是教化疲倦？願爲我等説此病緣。』

纔聞居士疾榮（縈）身〔一〇八〕，凡是有靈皆怪訝。病卧只居方丈内，飢羸起坐甚艱難。
國王王子盡奔波，居士宰官咸禮覲。一切天人皆到會，果然見一病維摩。
多將湯藥問因依，大照國師尋斬候〔一〇九〕。雖即志心申體察，莫知來處辯其因。
謝諸人者賜相哀，四大元知有此災。舊日神情威似虎，今來體骨瘦如柴。
深貴汝，倍憂懷，我此身形自歎（剸）裁〔一一〇〕。因有如斯縈病故，廣陳妙法唱將來。

經：『其往者，維摩結（詰）因以身〔疾〕〔一一一〕，廣爲説法。諸仁者，見（是）身無常〔一一二〕、無强、無力、無堅，速朽之法，不可信也。爲苦、爲惱、衆病所集』云云。『其往者，維摩詰因以身疾，廣爲説法。』因爲國王、居士等百千萬人皆來體問，居士便以身疾，廣博解説，令其人輩，生厭捨心。『諸仁者，是身無常。』無常者，即不常也，上生非想處，下至轉輪王云云，無有常定也。『無强、無力。』人若無疾無惱，身心强盛，氣力勁直。若或有病，故是身力衰羸。人有四百四病，皆屬四大主持，若或一脈不調，百一病起。緣地水火風，假立其體，諸邪相收〔一一三〕。今日脈陳（沈）〔一一四〕，頭疼口苦，唱死唱生，腹脹喉乾，稱怨乞命，四支不舉〔一一五〕，兩眼無光，坐卧人扶，飲食小味，脣騫耳返，齒黑爪青，身生紫黶，語話非常，見鬼見神，乍寒乍熱。有時似如湯火，有時冰鐵何殊。腸胃内恰似車鳴，筋骨中也似刀攪。渾家怕怖，滿坐驚張。一時拍臆搥胸，忙亂澆茶酹酒，醫□□□□脈候，直是□□□者又道年災過

早時鬱霧最分芳，並向園中廣到行。九夏取涼招掃洒，三春賞翫到宫商。
枝垂嬈妸朝盛露，花坼輕風晚帶香。恰到斧刀斫折從〔一一六〕，便同人質即無常。
又無斤（勁）〔一一七〕，又無力，何處得堅難可惜。葉彫枝落並皆枯〔一一八〕，況植萬般爭改易〔一一九〕。
漫行行，徒歷歷，舞蝶飛蜂休覓覓。根株除併暫時間，看來只是留蹤跡。

人身病，似枯樹，苦惱災危成積聚。看看即是落黄泉，何處令人能久住。直須認取速行行，不請無端戀意情。且要健時爲利益，莫交病卧善心生。我此病，似花榮，葉若黄金葉又青〔一二〇〕。及到遮身今有疾，何殊枯樹即須傾。何處圻，幾時開，只是枯危掩夜臺。莫待此身有疾病，即宜聞早使心懷。休愛美（羨）〔一二一〕，莫疑情（猜）〔一二二〕，卻要分明自摶（剸）才（裁）〔一二三〕。更怕衆中迷未息，廣鋪此喻唱將來。

〔經〕〔一二四〕：『諸仁者〔一二五〕，如此身〔一二六〕，明知者所不怙。是身如聚沐（沫）〔一二七〕，不可撮摩。是身如泡，不得久立。是身如炎，從渴愛生。是身如芭蕉，中無有堅。是身如幻，從顛到起〔一二八〕。是身如夢，爲虚妄見。是身如影，〔從〕業緣現〔一二九〕。是身如浮雲，須臾變〔滅〕〔一三〇〕』，乃至『念念不住』。

『是身如聚沐（沫）〔一三一〕。』譬如水中聚沐（沫）〔一三二〕，如河（何）撮摩〔一三三〕？以手觸之，自然後壞。『是身如泡』者，亦如水上浮嘔（漚）〔一三四〕，念念之間，即當壞滅。『如炎』者，如似荒郊陽炎，那得久停？瞬息之間，自然消歇。又如芭蕉不堅，芭蕉雖葉緑花紅，爭那彼中不實，皆是虚朽。又如夢想，如人夜眠作夢，覺時一段虚華，千般萬種之中，無有一件實處。又身如人影，及衆物皆有影逐，人物若在，影即隨之，人物段無，影從何有？身滅影沈，影生人顯。『是身如電，念念不住。』譬如雲裏電光，瞥然之間，即便不見。又如石中有火，欻有忽滅，豈可久留？又如風中秉燭，不易保持十全。也似河水東流，一去似難再復。輕志（花）易落[一三五]，更無返樹之期[一三六]；細雨辟（辭）天[一三七]，豈有歸雲之日？也似機關傀儡，皆因繩索抽牽，或舞或歌，或行或走，曲罷事畢，抛向一邊，直饒萬劫驅遣，不肯行得[一三八]。轉動皆是之緣共助，便被幻或人情。若夜（也）斷卻諸緣[一三九]，甚處有傀儡各□[一四〇]。所以玄宗皇帝從剛（蜀）地迴[一四一]，肅宗代位，册玄宗爲上皇，在於西内。是政已歸於太子，凡事皆不自專，四十八年爲君，一旦何曾自在。齒衰髮白，面皺身羸，乃裁請（詩）自喻[一四二]。甚遂[一四三]？『刻木牽絲作老翁，鷄皮鶴髮與真同。須臾曲罷還無事，也似人生一世中。』玄宗尚自如此，我等寧不傷身，奉勸門徒云云。

是身如聚沫，不可能摩撮。將喻一生身，誰人得免脱。
是身如泡起，盤旋於淥水。將喻一生身，那能得久俟。
如炎自渴愛，尤艷須臾昧[一四四]。將喻一生身，要君生曉會。
身如芭蕉樹，莫見堅實處。將喻一生身，要君深會取。
是身如夢幻[一四五]，顛倒爲其見。將喻一生身，何曾事得現。
是身如影現，一切莫緣見[一四六]。將喻一生身，實處何曾顯。
是身如雷電，何曾得久現。將喻一生身，須臾即不見。

上來說喻要君知，還把身心細認之。清旦何妨專繼念〔一四七〕，夜深卻請細尋思。人身事，豈堅持，聚散都來幾許時。若冤寶珍論實處〔一四八〕，只須歸佛不思議。無常事，掩泉臺，虛幻身軀自摶（剸）才（裁）〔一四九〕。認取一真深妙理，休交六道受輪迴。

　惠虛假，只貪才，早晚曾將智惠開。更怕會中還不悟，說伊四大處唱將來。經：『是身無主爲如地，是身無我爲如火，是身無壽爲如風，是身無人爲如水，是身不實，四大爲家。』

　『是身無主爲如地』。譬如大地，得河（何）爲主〔一五〇〕，高山鎮壓，深海橫截，枕木聚（叢）林〔一五一〕，悉生生（其）上〔一五二〕，穢濁盈溢，淹浸於中，鑿穿斸掘，有何主相。『是身無我爲如火。』譬如大火，我相終無，熱性周遍，有何差殊。若夜（也）起得〔一五三〕，悉□平等〔一五四〕，不以玉石金土，一等焦然，揀甚大地山河，一時傾滅。『是身無事（壽）爲如風〔一五五〕。』風無定性，亦是一種，更無多般，忽若動時，拔樹鳴條，傾江覆海，無其形影，不見蹤由，既無定期，有何壽相？『是身如（無）水（人）無（爲）人（如）〔水〕〔一五六〕。』水亦無定質，分流分流萬谷千山〔一五七〕，能方能圓，曲直自若，擁之則住，決之則流，霧露泉源，皆是一性。是身不實，四大爲家，既：

　騁我騁人何曾久，四大合成爲所有。假饒富貴似石崇，持爲長如彭祖壽〔一五八〕。

執我身，我眼手，地水火風假合就。他家四大一齊歸，便見形體總枯朽。逐緣生，隨業報，魂魄游游無去處。曾終（修）十善重佛僧〔一五九〕，敬莫交身沈六趣〔一六〇〕。

四大身何執，持身自酌量。亦非多巧説，不是漫分張。地水終須去，火風没處藏。唯存魂與識，不免受忙忙。爭似修真路，何如募法財。不逢地獄苦，必見紫蓮臺。永處清虚道，令君斷有裁〔一六一〕。猶疑未曉了，更説唱將來。

經：『是身爲虚偽〔一六二〕，雖以澡浴衣食〔一六三〕，必歸磨滅〔一六四〕。』

是身虚偽，雖假以澡浴衣食，畢歸磨滅。我等凡夫，内心不淨，雜惡充滿，三十六物，共成此身。糞穢增多，猶如行厠。愚癡不悟，常將世間清冷之水，澡浴磨滅，只是洗得外邊塵垢，心中諸惡，不能去除。貪嗔癡慢，諂誑邪偽，覆藏其中，未曾少許改悔。更有大小便利，膿血交流，不唯一日三時，以皂莢水浣濯，未得果位間；假使百千萬年，以滄海水洗之，亦不能淨。又常以衣裳覆蓋，不令倮露身形，年年裁剪綾羅，歲歲割截綺綵，以遮醜拙，用障筋骸。如似畫瓶，用盛糞穢，忽然破裂，一段乖張。又假以飲食，以活其命。若何充其口腹，濟以飢瘡？饘粥之屬，可以救療，不須廣爲宰剝，漫作烹庖。直饒煮鴨蒸鵝，熊生虎炙，新羅阿魏，福見建乾薑〔一六五〕，恣意齟嚼，欣心吞啖，終是傾於糞讓

（壞）〔一六六〕，不免填彼溝坑。應須裝束誡奢，飲食知足，一旦身殂命殞，自受自一生。雖福力如斯，臨去時勢盡還墮。如何（河）邊枯桂〔一六七〕，不久摧折；似天畔閑雲，片時散滅。速生厭離，不用攀緣，求生四禪四空，莫受八寒八熱云云。

〔經〕〔一六八〕：『是身爲災，百一病惱』，已至説也。

想此色身無準定，愛逞無明多諍競。業莊癡心莫可當，不悟年秋身有病。有此身，便有病，荒語心迷猶惜命。若或五月炎天死，遍體蠅蛆甚處淨。勸門徒，須覺悟，一世爲人難值遇。粧束於身道是榮，來往娑婆千萬度。誡身心，少嫉妒，逡速時光早已暮。貪活貪計入黄泉，男女不肯替受苦。此個色身何準則，澡浴之時如洗墨。若交淨潔似珍寄（奇）〔一六九〕，使盡江何（河）終不得〔一七〇〕。

自還知，自要見，休苦貪求添愛羨，不論富貴與高低，皆似水中墨一片。若徒淨潔淨其心〔一七一〕，要頻將熱水霖（淋）〔一七二〕。直饒便得洗至骨，恰如將水洗烏金。

虛後覓，亂求尋，意淨終無穢惡侵。我佛世尊陳此喻，恐人不會受漂沈。要君察，道心開，此事因依義理排。使卻幾多江海水，定應不得離塵埃。真道理，決疑猜，若解迴心必免災。居士萬般施教化，説身如毒蛇唱將〔來〕〔一七三〕。

經：『是身如毒〔蛇〕[一七四]，如怨賊，如空聚，陰界諸人（入）所共合成[一七五]。

（後缺）

説明

此件首尾均缺，中間已斷裂爲兩截，兩截間亦殘缺部分文字，失題，起『經：爾時長者〔子〕寶積説此偈已』，訖『陰界諸人（入）所共合成』，演繹的是《維摩詰所説經·佛國品第一》之下半部分和《方便品第二》之大部（參看黄征、張涌泉校注《敦煌變文校注》，八三七頁）。

此件由多紙粘貼而成，從筆跡和内容判斷，大致出於兩人之手：唱詞和經文部分文字比較疏朗，字跡稍大；對經文的演繹部分，文字緊密，字跡較小。有些地方是緊貼文字剪裁的，有些地方下層的文字被遮蓋住部分。這都説明此件是由兩人分别抄的講經文交錯粘接而成的。拼接後又做了朱筆圈點。此件中提到『内官』，『近代無記，及四十餘年，此官絶滅』，應指朱温剷除唐代宦官之事，故其年代當在天復三年（公元九〇三年）以後。

敦煌寫本中保留的《維摩詰經講經文》還有斯四五七一、Φ一〇一、伯二二九二、伯三〇七九、BD五三九四、BD一五二四五、Φ二五二，但内容與此件均不重合。

校記

〔一〕『子』，據《維摩詰所説經》補；『積説此偈已』，據殘筆劃及《維摩詰所説經》補。

〔二〕『經』，當作『説』，《敦煌變文校注》據文義校改；『云』，《敦煌變文校注》認爲據文義係衍文，當删。
〔三〕『者』，《敦煌變文校注》據文義校補；『耨多』，《敦煌變文集》據《維摩詰所説經》校補，按底本實不殘缺。
〔四〕『直心』，據文義補，《敦煌變文校注》認爲此二字殘缺，當據《維摩詰所説經》補，按原卷實不殘缺，係脱文。
〔五〕『□』，《敦煌變文校注》疑當作『發』。
〔六〕『□』，《敦煌變文校注》認爲當作『心』。
〔七〕『行』，《敦煌變文校注》據殘筆劃及文義校補，《敦煌變文集新書》逕釋作『行』。
〔八〕『生』，《敦煌變文集》據文義校補。
〔九〕『淨』，據《維摩詰所説經》補。
〔一〇〕『忘』，《敦煌變文校注》校改作『妄』，按『忘』通『妄』；『語』，《敦煌變文校注》據文義校補。
〔一一〕『□』，《〈敦煌變文集〉校記再補》認爲當補『持』字。
〔一二〕『遵』，《敦煌變文校注》校改作『導』。
〔一三〕第一個『者』，《敦煌變文校注》據文義校補；第二個『百』，據文義係衍文，當删。
〔一四〕『唯』，《敦煌變文集新書》《敦煌變文校注》釋作『惟』，雖義可通而字誤。
〔一五〕『義』，《敦煌變文校注》疑爲衍文，當删。
〔一六〕『淨』，當作『静』，《敦煌變文集》據文義校改，『淨』爲『静』之借字。
〔一七〕『息』，底本原作『䊐』，疑爲『息』之增旁俗字。
〔一八〕『懷』，底本原作『壞』，按寫本中『懷』『壞』形近易混，故據文義逕釋，以下同，不另出校。
〔一九〕『開』，當作『閉』，《敦煌變文校注》據文義校改。
〔二〇〕『齋』，當作『齊』，《敦煌變文集》據文義校改。

〔二一〕『經』，《敦煌變文集》據文義校補。
〔二二〕『别』，當作『則』，據《維摩詰所説經》改。
〔二三〕『淨』，當作『静』，《敦煌變文集》據文義校改，『淨』爲『静』之借字。
〔二四〕『穢』，據文義補。
〔二五〕此句《敦煌變文校注》認爲似爲誤書而未删去者，當删。按此件是將兩份抄本剪裁粘貼而成，此句位於前一份抄本此段末尾，下句屬另一份抄本，二者有重合，應非誤書。
〔二六〕『别』，當作『則』，據《維摩詰所説經》改。
〔二七〕『竟』，《敦煌變文字義通釋》認爲係衍文，當删。
〔二八〕『如』，《敦煌變文集》《敦煌變文集新書》《敦煌變文校注》均漏録。
〔二九〕『而』，當作『如』，據文義改，『而』爲『如』之借字。
〔三〇〕『墮』，當作『隨』，《敦煌變文集》據文義校改。
〔三一〕『敢』，底本原書作『敢』，後又在其旁校改作『放』，據文義似以『敢』字爲是。
〔三二〕『裏』，當作『哀』，《敦煌變文集》據文義校改。
〔三三〕『幸』，《〈維摩詰講經文〉新校》認爲當作『喜』。
〔三四〕『消』，當作『曉』，《敦煌變文集》據文義校改，『消』爲『曉』之借字；『攸』，《〈敦煌變文校注·維摩詰經講經文〉商補》釋作『假』，誤。
〔三五〕『爾』，當作『舍』，《敦煌變文集》據文義校改。
〔三六〕『各』，當作『咎』，據文義改，《敦煌變文集》《敦煌變文校注》《敦煌變文集新書》釋作『荅』，均誤。
〔三七〕『種』，當作『總』，《敦煌變文校注》據文義校改，『種』爲『總』之借字。

〔三八〕「各」，當作「咎」，《敦煌變文集新書》據文義校改。

〔三九〕「迷」後《敦煌變文集新書》認爲脱「心」字，《敦煌變文校注》認爲脱「意」字。

〔四〇〕「螺」，底本原寫作「騾」，係涉下文「髻」而成之類化俗字，以下同，不另出校。

〔四一〕「熱」，當作「熟」，《敦煌變文集》據文義校改。

〔四二〕「麗」，當作「麤」，據文義改。

〔四三〕「營」，當作「螢」，《敦煌變文集》據文義校改，「營」爲「螢」之借字。

〔四四〕「充」，《敦煌變文校注》認爲原卷缺文，按原卷實不缺。

〔四五〕「令」，底本原作「令」，按寫本中「令」「令」形近易混，故據文義逕釋。

〔四六〕「悮」，當作「悟」，《敦煌變文集》據文義校改，「悮」爲「悟」之借字。

〔四七〕「案」，《敦煌變文校注》校改作「按」，不必。

〔四八〕「案」，《敦煌變文校注》校改作「按」，不必。

〔四九〕「變即」，《〈敦煌變文集〉校記再補》認爲當作「即變」，《敦煌變文校注》認爲或當作「變却」。

〔五〇〕「第」，底本作「弟」，按寫本中「第」「弟」形近易混，故可視作「第」，以下同，不另出校。

〔五一〕「衆」，當作「種」，《敦煌變文校勘零拾》據文義校改，「衆」爲「種」之借字；「嚮」，《敦煌變文校注》釋作「響」，按「嚮」通「響」。

〔五二〕「侅」，當作「垓」，《敦煌變文集新書》據文義校改。

〔五三〕「囑」，《〈敦煌變文集〉校記再補》校改作「矚」。

〔五四〕「有」，《敦煌變文集》據文義校補。

〔五五〕「佛」，當作「弗」，《敦煌變文集》據文義校改。

〔五六〕「王」，《〈敦煌變文校注·維摩詰經講經文〉商補》認爲通「往」；「都」，當作「睹」，《敦煌變文集》據文義校改，「都」爲「睹」之借字。
〔五七〕「悮」，當作「悟」，《敦煌變文集》據文義校改，「悮」爲「悟」之借字。
〔五八〕「裏」，當作「衷」，《〈維摩詰講經文〉新校》據文義校改。
〔五九〕「悮」，當作「悟」，《敦煌變文集》據文義校改，「悮」爲「悟」之借字。
〔六〇〕「隔所」，當作「所隔」，《敦煌變文校注》據文義校改。
〔六一〕「土」，據《維摩詰所説經》補。
〔六二〕「事」，《敦煌變文集》《敦煌變文集新書》《敦煌變文校注》釋作「耳」，均誤。
〔六三〕「都」，當作「睹」，《敦煌變文集》據文義校改，「都」爲「睹」之借字。
〔六四〕「悮」，當作「悟」，《敦煌變文集》據文義校改，「悮」爲「悟」之借字。
〔六五〕「半」，當作「絆」，《〈敦煌變文集〉校記再補》據文義校改，「半」爲「絆」之借字。
〔六六〕「淨」，當作「爭」，《敦煌變文字義通釋》據文義校改。
〔六七〕「除其我慢」，當作「教以忍辱」，據《維摩詰所説經》改。
〔六八〕「忍」，《敦煌變文校注》釋作「尋」，校改作「忍」，按底本「尋」字已塗抹，在右上角添寫「忍」字，但部分筆劃被紙縫壓住。
〔六九〕「佐」，《敦煌變文校注》疑當作「位」。
〔七〇〕「間」，當作「於」，《敦煌變文校注》據文義校改。
〔七一〕「羅刹」，當作「刹利」，《〈維摩詰經講經文〉補校》據文義校改。
〔七二〕「募」，當作「慕」，《敦煌變文集》據文義校改，「募」爲「慕」之借字。

〔七三〕「庭」，《敦煌變文集》《敦煌變文集新書》《敦煌變文校注》均釋作「廷」，雖義可通而字誤。
〔七四〕「須」，《敦煌變文集》《敦煌變文集新書》《敦煌變文校注》釋作「後」，均誤。
〔七五〕「思」，當作「恩」，《敦煌變文集》據文義校改。
〔七六〕「驎」，《敦煌變文集》校改作「麟」，按「驎」可通，不煩校改。
〔七七〕「次」，《敦煌變文校注》認爲當讀作「此」。
〔七八〕「海」，當作「誨」，《敦煌變文集》據文義校改。
〔七九〕「奥」，《敦煌變文校注》疑當讀作「拗」。
〔八〇〕「輪」，當作「淪」，《敦煌變文集》據文義校改，「輪」爲「淪」之借字。
〔八一〕「真」，當作「直」，《敦煌變文集》據文義校改。
〔八二〕「囑」，當作「屬」，《敦煌變文校注》據文義校改，「囑」爲「屬」之借字。
〔八三〕「分」，當作「氛」，據文義改，《敦煌變文集》《敦煌變文集新書》《敦煌變文校注》釋作「行」。
〔八四〕「巡」，當作「循」，《〈敦煌變文集〉校記再補》據文義校改，「巡」爲「循」之借字。
〔八五〕「低」，當作「隄」，《〈敦煌變文集〉校補（二）》據文義校改，「低」爲「隄」之借字；「幻」，當作「患」，《敦煌變文集》據文義校改，「幻」爲「患」之借字。
〔八六〕「母」，當作「每」，據文義改。
〔八七〕「經」，據《維摩詰所説經》補。
〔八八〕此句據《維摩詰所説經》補。
〔八九〕此句據《維摩詰所説經》補。
〔九〇〕此句據《維摩詰所説經》補。

〔九一〕「官」，當作「宮」，《敦煌變文集》據文義校改。
〔九二〕「除」後《敦煌變文校注》疑脱一「其」字。
〔九三〕「滅」，《敦煌變文集》《敦煌變文集新書》《敦煌變文校注》釋作「減」，均誤。
〔九四〕「空」，當作「恐」，《〈維摩詰經講經文〉新校》據文義校改，「空」爲「恐」之借字。
〔九五〕「思」，當作「恩」，《敦煌變文集》據文義校改。
〔九六〕「愚」，當作「遇」，《敦煌變文集》據文義校改，「愚」爲「遇」之借字。
〔九七〕「輂」，當作「輩」，據文義改，《敦煌變文集》《敦煌變文集新書》《敦煌變文校注》逕釋作「輩」。
〔九八〕「兑」，當作「説」，《敦煌變文集》據文義校改，前一「兑」字同此；「戈」，當作「世」，據《維摩詰所説經》改。
〔九九〕「戈」，當作「世」，據《維摩詰所説經》改。
〔一〇〇〕「輂」，當作「輩」，《敦煌變文集》據文義校改。
〔一〇一〕「刹」，《敦煌變文校注》疑當作「差」或「煞」。
〔一〇二〕「掇」，《敦煌變文字義通釋》校改作「惙」，按「掇」可通，不煩校改。
〔一〇三〕「徒」，《敦煌變文校注》認爲當讀作「圖」。
〔一〇四〕「捎」，《敦煌變文校注》疑當作「悄」。
〔一〇五〕「與」，《敦煌變文校注》認爲係衍文，當删。
〔一〇六〕「行」，《敦煌變文集》《敦煌變文集新書》釋作「門」，《敦煌變文校注》釋作「門」校改作「行」。
〔一〇七〕「移」，當作「復」，《敦煌變文字義通釋》據文義校改。
〔一〇八〕「榮」，當作「縈」，《敦煌變文集》據文義校改，「榮」爲「縈」之借字。
〔一〇九〕「大照」，《敦煌變文集新書》校改作「待詔」；「斬」，《敦煌變文集新書》疑當作「證」。

〔一一〇〕「歎」，當作「歏」，《〈維摩詰經講經文〉新校》據文義校改。
〔一一一〕「結」，當作「詰」，據文義改，「結」爲「詰」之借字，《敦煌變文集》《敦煌變文集新書》《敦煌變文校注》均逕釋作「詰」，雖義可通而字誤；「疾」，據《維摩詰所説經》補。
〔一一二〕「見」，當作「是」，《敦煌變文集》據文義校改。
〔一一三〕「收」，《敦煌變文集》《敦煌變文集新書》《敦煌變文校注》釋作「伏」。
〔一一四〕「陳」，當作「沈」，《敦煌變文校注》據文義校改，「陳」爲「沈」之借字。
〔一一五〕「支」，《敦煌變文集》校改作「肢」，按「支」可通，不煩校改。
〔一一六〕「從」，《敦煌變文校勘零札》疑當作「後」。
〔一一七〕「斤」，當作「勁」，《敦煌變文集》據文義校改，「斤」爲「勁」之借字。
〔一一八〕「彫」，《敦煌變文集》校改作「凋」，按「彫」可通，不煩校改。
〔一一九〕「植」，《敦煌變文校注》疑當作「值」。
〔一二〇〕第一個「葉」，《〈敦煌變文集〉校記再補》疑當作「蕊」。
〔一二一〕「美」，當作「羨」，《〈維摩詰經講經文〉新校》據文義校改。
〔一二二〕「情」，當作「猜」，《敦煌變文集》據文義校改。
〔一二三〕「搏」，當作「剸」，《敦煌變文集新書》據文義校改，「搏」爲「剸」之借字；「才」，當作「裁」，《敦煌變文集新書》據文義校改，「才」爲「裁」之借字。
〔一二四〕「經」，《敦煌變文校注》據文義校補。此段底本原在下一段之後，《敦煌變文校注》據文例移置此處，兹從之。
〔一二五〕「仁者」，據《維摩詰所説經》補。
〔一二六〕「如此」，據《維摩詰所説經》補。

〔一二七〕「沐」，當作「沫」，據《維摩詰所説經》改，「沐」爲「沫」之借字。

〔一二八〕「到」，《敦煌變文集》校改作「倒」，按「到」可通，不煩校改。

〔一二九〕「從」，據《維摩詰所説經》補。

〔一三〇〕「臾」，據《維摩詰所説經》補；「滅」，據《維摩詰所説經》補。

〔一三一〕「沐」，當作「沫」，據《維摩詰所説經》改，「沐」爲「沫」之借字。

〔一三二〕「沐」，當作「沫」，據《維摩詰所説經》改，「沐」爲「沫」之借字，《敦煌變文校注》逕釋作「沫」。

〔一三三〕「河」，當作「何」，《敦煌變文校勘零札》據文義校改，「河」爲「何」之借字。

〔一三四〕「嘔」，當作「漚」，《敦煌變文集》據文義校改。

〔一三五〕「志」，當作「花」，據文義改，《敦煌變文集新書》逕釋作「花」。

〔一三六〕「更」，底本原有兩個「更」字，一在行末，一在次行行首，此爲當時的一種抄寫習慣，可以稱作「提行添字例」，第二個「更」應不讀，故未録。

〔一三七〕「辟」，當作「辭」，據文義改。

〔一三八〕「得」，底本右側有卜形删字符號，「得」後有「時」字，《敦煌變文校注》認爲抄手欲删「時」字而誤加卜號於「得」字右側。

〔一三九〕「夜」，當作「也」，據文義改，「夜」爲「也」之借字。

〔一四〇〕「各」，《敦煌變文校注》釋作「聲」，誤；「□」，《敦煌變文校注》疑當作「音」。

〔一四一〕「剛」，當作「蜀」，《敦煌變文集》據文義校改，《敦煌變文校注》逕釋作「蜀」。

〔一四二〕「請」，當作「詩」，《敦煌變文集》據文義校改。

〔一四三〕「遂」，《敦煌變文集新書》疑當作「道」。

〔一四四〕『尤』，《敦煌變文集新書》《敦煌變文校注》均釋作『大』，《敦煌變文集》《敦煌變文集新書》校改作『猶』，《敦煌變文校注》校改作『火』，按『尤』可用同『猶』；『艷』，《敦煌變文集》《敦煌變文集新書》校改作『炎』，似不必。

〔一四五〕『身』，《敦煌變文校注》釋作『在』，誤。

〔一四六〕『莫』，《敦煌變文校注》認爲當作『業』。

〔一四七〕『繼』，《敦煌變文集新書》認爲當作『繫』。

〔一四八〕『冤』，《敦煌變文集新書》疑當作『覓』，《敦煌變文校注》疑當讀作『怨』。

〔一四九〕『虚』，底本原作『靈』，按寫本中『虚』『靈』形近易混，故據文義逕釋；『摶』，當作『剸』，《敦煌變文校注》據文義校改，『摶』爲『剸』之借字；『才』，當作『裁』，《敦煌變文校注》據文義校改，『才』爲『裁』之借字。

〔一五〇〕『河』，當作『何』，《〈維摩詰經講經文〉新校》據文義校改，『河』爲『何』之借字。

〔一五一〕『聚』，當作『叢』，《敦煌變文校注》據文義校改。

〔一五二〕第二個『生』，當作『其』，《〈敦煌變文集〉校記再補》據文義校改。

〔一五三〕『夜』，當作『也』，《敦煌變文字義通釋》據文義校改，『夜』爲『也』之借字。

〔一五四〕『悉』後，底本作一字空白。

〔一五五〕『事』，當作『壽』，據文義改，《敦煌變文集》《敦煌變文集新書》《敦煌變文校注》逕釋作『壽』。

〔一五六〕『如水無人』，當作『無人爲如』，據《維摩詰所説經》改；『水』，據《維摩詰所説經》補。

〔一五七〕第二個『分流』，據文義應係衍文，當删。

〔一五八〕『持』，《敦煌變文校注》疑當讀作『直』。

〔一五九〕『終』，當作『修』，《〈維摩詰經講經文〉新校》據文義校改，《敦煌變文校注》疑當讀作『種』。
〔一六〇〕『敬』，《敦煌變文校注》認爲當讀作『竟』，《〈維摩詰經講經文〉新校》認爲當讀作『更』。
〔一六一〕『裁』，《敦煌變文校注》疑當作『財』。
〔一六二〕『僞』，據《維摩詰所説經》補，《敦煌變文集》《敦煌變文集新書》《敦煌變文校注》均釋作『爲』，校改作『僞』。
〔一六三〕『雖』，據殘筆劃及《維摩詰所説經》補，《敦煌變文集》《敦煌變文集新書》《敦煌變文校注》校補作『雖假』；『以澡浴衣食』，據殘筆劃及《維摩詰所説經》補，《敦煌變文集》《敦煌變文集新書》《敦煌變文校注》逕釋作『以澡浴衣食』。
〔一六四〕『必歸磨滅』，據殘筆劃及《維摩詰所説經》補，《敦煌變文集》《敦煌變文集新書》《敦煌變文校注》逕釋作『必歸磨滅』。
〔一六五〕『見』，《敦煌變文校注》認爲係衍文，當删。
〔一六六〕『讓』，當作『壤』，《敦煌變文集》據文義校改，『讓』爲『壤』之借字，《〈敦煌變文校注·維摩詰經講經文〉商補》釋作『瀼』。
〔一六七〕『何』，當作『河』，《敦煌變文集》據文義校改，『河』爲『何』之借字。
〔一六八〕『經』，《敦煌變文集》據文義校補。
〔一六九〕『寄』，當作『奇』，《敦煌變文集》據文義校改，『寄』爲『奇』之借字。
〔一七〇〕『何』，當作『河』，據文義改，『何』爲『河』之借字，《敦煌變文集》《敦煌變文集新書》《敦煌變文校注》逕釋作『河』。
〔一七一〕『徒』，《敦煌變文校注》認爲當讀作『圖』。

〔一七二〕『霖』，當作『淋』，《敦煌變文集》據文義校改，『霖』爲『淋』之借字。此句當脱一字。

〔一七三〕『來』，《敦煌變文集》據文義校補。

〔一七四〕『蛇』，據《維摩詰所説經》補。

〔一七五〕『人』，當作『入』，據《維摩詰所説經》改。

參考文獻

Descriptive Catalogue of the Chinese Manuscripts from Tunhuang in the British Museum，The Trustees of the British Museum，London 1957，p. 168；《敦煌變文集》，北京：人民文學出版社，一九五七年，五六二至五八八頁（録）；《華東師大學報》一九五八年二期，一一〇至一二六頁；《敦煌寶藏》三二册，臺北：新文豐出版公司，一九八二年，七一至八三頁（圖）；《社會科學》一九八三年六期，九三至一〇〇頁；《華東師大學報》一九八五年二期，六六至七〇頁；《語文研究》一九八六年二期，一七五至一七六頁；《敦煌研究》一九八九年四期，七九至九〇頁；《英藏敦煌文獻》五卷，成都：四川人民出版社，一九九二年，一四七至一八四頁（圖）；《湖南師範大學學報》一九九二年一期，五七至五九頁；《敦煌變文集新書》，臺北：文津出版社，一九九四年，二七三至三〇四頁（録）；《敦煌變文校注》，北京：中華書局，一九九七年，八二五至八五六頁（録）；《敦煌研究》二〇〇三年三期，一〇五至一〇六頁；《敦煌研究》二〇〇三年四期，六五至六六頁；《四川大學學報》二〇〇五年四期，六〇至六一頁。

斯三八七三　唐咸通某年十一月索淇狀

釋文

（前缺）

［　　］上代[一]，水磑三所，園田、家

［　　］督信敬心重[二]，建造報恩寺

［　　］齋，兩所水磑、園田、家客施入

［　　］供養三寶，不絶願心

［　　］□其磑是時被殿下欺（？）[三]

［　　］日，出賣與報恩寺

［　　］□五十餘載，師僧受[四]

［　　］淇自力微，無處申[五]

照察，訖（乞）賜上祖水〔六〕

牒〔七〕

咸通年十一月〔八〕　日索淇　謹　狀

説明

此件首尾均缺，上半部亦缺。其内容是索淇就報恩寺水磑歸屬爭端所上的狀。最後一行年號中有『通』字，應係咸通。敦煌最早獲知咸通年號，在二年三月前後（榮新江《歸義軍史研究》，四五頁），故此件撰寫時間當在咸通二年或其後咸通某年的十一月。

索淇即索琪，出自敦煌大族索氏，鄭炳林考證其爲索崇恩之侄，索勳之父，在歸義軍時期任都督，是沙州地區的上層人物（參見《〈索勳紀德碑〉研究》，《敦煌學輯刊》一九九四年二期，六六至六七頁）。

校記

〔一〕『上』，《敦煌碑銘讚輯釋》（增訂本）釋作『二』。

〔二〕『督』，《敦煌社會經濟文獻真蹟釋録》《敦煌碑銘讚輯釋》（增訂本）均未能釋讀。

〔三〕『欺』，《敦煌社會經濟文獻真蹟釋録》漏録，《敦煌所出唐宋書牘整理與研究》釋作『其』，《敦煌碑銘讚輯釋》（增訂本）未能釋讀。

〔四〕『受』，《敦煌社會經濟文獻真蹟釋録》未能釋讀，《敦煌寺院碾磑經營的兩種形式》《敦煌所出唐宋書牘整理與研究》釋作『虔』，《敦煌碑銘讚輯釋》（增訂本）釋作『與』，均誤。

〔五〕『申』，《敦煌社會經濟文獻真蹟釋録》漏録，《敦煌所出唐宋書牘整理與研究》釋作『日』，《敦煌碑銘讚輯釋》（增訂本）未能釋讀。

〔六〕『訖』，當作『乞』，《敦煌寺院碾磑經營的兩種形式》據文義校改，『訖』爲『乞』之借字，《敦煌碑銘讚輯釋》（增訂本）逕釋作『乞』；『水』，《敦煌寺院碾磑經營的兩種形式》《敦煌所出唐宋書牘整理與研究》釋作『收』，誤。

〔七〕『牒』，《敦煌社會經濟文獻真蹟釋録》漏録，《敦煌碑銘讚輯釋》（增訂本）據殘筆劃及文義校補。《敦煌碑銘讚輯釋》（增訂本）在『牒』前補『牒件狀如前，謹』。

〔八〕『咸』，《敦煌社會經濟文獻真蹟釋録》據文義校補；『通』『年』之間《敦煌碑銘讚輯釋》（增訂本）認爲還有一字，按底本實無。

參考文獻

《敦煌寶藏》三二册，臺北：新文豐出版公司，一九八二年，八三頁（圖）；《五十年來漢唐佛教寺院經濟研究》，北京師範大學出版社，一九八六年，二二二至二二三頁；《唐五代敦煌寺户制度》，北京：中華書局，一九八七年，一二至一三頁；《敦煌社會經濟文獻真蹟釋録》三輯，北京：全國圖書館文獻縮微複製中心，一九九〇年，八三頁（圖）（録）；《敦煌碑銘讚輯釋》，蘭州：甘肅教育出版社，一九九二年，二九二頁（録）；《英藏敦煌文獻》五卷，成都：

四川人民出版社，一九九二年，一八四頁（圖）；《日本學者研究中國史論著選譯》七卷，北京：中華書局，一九九三年，三五〇至三六〇頁；《敦煌學輯刊》一九九四年二期，六六至六七頁；《敦煌吐魯番文獻研究》，蘭州大學出版社，一九九五年，一八八頁；《敦煌學輯刊》一九九七年一期，二七頁；《敦煌歸義軍史專題研究》，蘭州大學出版社，一九九七年，三一四至三一五頁；《敦煌吐魯番研究》八卷，北京：中華書局，二〇〇五年，八三頁；《傳統中國研究集刊》一輯，二〇一四年，一〇一頁；《敦煌所出唐宋書牘整理與研究》，成都：西南交通大學出版社，二〇一六年，一七二頁（録）；《敦煌碑銘讚輯釋》（增訂本），上海古籍出版社，二〇一九年，七三二頁（録）。

斯三八七三背　僧名及斛斗抄

釋文

（前缺）

（前缺）□　神皈　福禮　惠燈　神書
（前缺）□　義賢　道洪　義淨
（前缺）友抱　常吼　禪念　二人□
（前缺）斗六升　龍九斗六
（前缺）升

説明

此件首缺尾全，上半部亦缺，所存内容有僧名及斛斗抄。其中之『龍』，似爲敦煌龍興寺之簡稱。

此件《敦煌寶藏》和《英藏敦煌文獻》均未收，現予增收。

釋文

諸雜齋文一本

啓請文

弟子某甲等，合道場人，同發勝心，歸依啓請：十方諸佛，三世如來，湛若虛空，真如法體。蓮花藏界，百億如來；大賢劫中，一千化佛。誓居三界，功德山王；同侶白衣，維摩羅詰。菩提樹下，降摩（魔）如來[一]；兜率宮中，化天大覺。無量劫前，大通智勝，十六王子；恆沙劫後，釋迦牟尼，五百徒衆。東方世界，阿閦毗佛；南方世界，日月燈佛；西方世界，無量壽佛；北方世界，最勝音佛。四維上下，亦復如是：一一法身，恆沙世界；一一世界，百千如來；一一如來，微塵大衆；一一大衆，皆是菩薩；一一菩薩，具六神通。三界有情，誓當濟拔。唯願起金剛座，取鐵圍山，來赴道場，證盟弟子，發露懺悔。

又更啓請：天上龍宮，五乘奧典；人間鷲領[二]，十二部經，大涅槃山，大般若海，願垂沃潤，濟拔沈淪。

又更啓請：無學壁支、斷惑羅漢、三賢十聖、五眼六通，發慈悲心，從禪定起，來降道場。

又更啓請：東方提頭賴賴吒天王，主領一切乾闥婆神、毗舍闍鬼，并諸眷屬，來赴道場。

又更啓請：南方毗樓勒叉天王，主領一切鳩盤荼鬼、毗荔（脅）多鬼〔三〕，并諸眷屬，來赴道場。

又更啓請：西方毗樓博叉天王，主領一切諸大毒龍及富單那鬼，并諸眷屬，來赴道場。

又更啓請：北方毗沙門天王，主領一切夜叉羅刹、二十八部、藥叉大將，并諸眷屬，來赴道場。

又更啓請：上方釋提桓因，主領一切日月天子、星宿五官、三十二神、四金剛首，并諸眷屬，來赴道場。

又更啓請：下方堅牢地神，主領一切山嶽靈祈（祇）〔四〕、江河鬼魅，并諸眷屬，來赴來（道）場〔五〕。

又更啓請：三界九地、二十八部、那羅延神、散支大將、金剛密跡、轉輪聖王、護塔善神、護伽藍神、三歸五戒、菩薩藏神、閻羅天子、啖人羅刹、行病鬼王、五道大神、太山傅（府）君〔六〕、察命司録、五羅八王、三月六府、奏使考典、預定是非、善惡童子、大阿毗獄、夜叉羅刹、小捺洛迦、牛頭獄卒，諸如是等雜類鬼〔神〕〔七〕，皆有不思儀（議）大威神力〔八〕。

并願：空（風）飛雨驟〔九〕，電擊雲奔，來赴道場，〔證〕〔明〕〔弟〕〔子〕〔一〇〕，可修功德。

并願：發歡喜心，誓當懺悔。既蒙賢聖，來赴道場，我等至誠，深生慙愧，至心歸命，敬禮常住三寶。

結壇文

仰啓蓮花藏界，清淨法身；百億如來，恆沙化佛；清涼山頂，大聖文殊；鷄足巖中，得道羅漢；龍宮秘典，就（鷲）嶺微言〔一一〕；道眼他心，一切賢聖：惟願發神足，運悲心，降臨道場，證（以下原缺文）

說明

此件首部完整，首題『諸雜齋文一本』，子目有『啓請文』和『結壇文』，背面接續正面抄寫，但未抄完，『結壇文』只抄寫了起首三行。其後是四行雜寫，筆跡與齋文一致，係同一人所抄，最後一行是『清泰三年丙申歲十一月十一日新造筆一管　寫此文本』，可知此卷抄寫於後唐末帝清泰三年（公元九三六年）。

現知敦煌文獻中保存的『啓請文』有多件，有關情況可參看本書第五卷斯一一三七、第十三卷斯二六八五背之『説明』。現存敦煌文獻中的《結壇文》亦有多件，但與此件均不相同。此件『結壇文』之文字見於斯六六六三《水陸無遮大會疏文》。

以上釋文，正背文字視爲一件文書釋録。本書在釋録斯一一三七、斯二六八五背時，都曾以此件中之『啓請文』爲校本，各本之異同，均可見斯一一三七、斯二六八五背之校記，故以上『啓請文』之釋文以斯三八七五爲底本，僅用斯三四二七（稱其爲甲本）校改錯誤、校補缺文。

校記

〔一〕『摩』，當作『魔』，據甲本改，『摩』爲『魔』之借字。
〔二〕『領』，甲本作『嶺』，『領』通『嶺』。
〔三〕『荔』，當作『脅』，據甲本改。
〔四〕『祈』，當作『祇』，據甲本改。
〔五〕『來』，當作『道』，據甲本改。
〔六〕『傅』，當作『府』，據甲本改，『傅』爲『府』之借字。
〔七〕『神』，據甲本補。
〔八〕『儀』，當作『議』，據甲本改，『儀』爲『議』之借字。
〔九〕『空』，當作『風』，據甲本改，『空』爲『風』之借字。

〔一〇〕『證明弟子』，據甲本補。
〔一一〕『就』，當作『鷲』，據斯六六三改，『就』爲『鷲』之借字。

參考文獻

《敦煌寶藏》三三册，臺北：新文豐出版公司，一九八二年，九二頁（圖）；《英藏敦煌文獻》五卷，成都：四川人民出版社，一九九二年，八五至八六、一八五頁（圖）；《英藏敦煌文獻》七卷，成都：四川人民出版社，一九九二年，一〇七至一一〇頁（圖）；《英藏敦煌文獻》九卷，成都：四川人民出版社，一九九四年，二三五至二三六頁（圖）；《敦煌願文集》，長沙：岳麓書社，一九九五年，四〇七至四〇九頁（録）；《英藏敦煌社會歷史文獻釋録》五卷，北京：社會科學文獻出版社，二〇〇五年，一一七至一二二頁；《英藏敦煌社會歷史文獻釋録》一三卷，北京：社會科學文獻出版社，二〇一五年，三八六至三九六頁。

斯三八七五背　一　雜寫（清泰叁年丙申歲等）

釋文

應管内外釋門都僧統、臨壇拱（供）奉大德謙（兼）闡揚三教大法師〔一〕、紫（賜）賜

（紫）沙門〔二〕

勑河西歸議（義）等軍節度使〔三〕、銀青光禄大夫、兼（檢）校國子祭酒兼御使（史）

中丞〔四〕、上柱

清泰叁年丙申歲

説明

此件書於斯三八七五背《結壇文》之後，行間距較大，字間距甚小，前兩條所抄官銜錯訛較多，應是隨手所寫。

校記

〔一〕『拱』，當作『供』，據文義改，『拱』爲『供』之借字，《敦煌願文集》逕釋作『供』；『大』，《敦煌願文集》釋作

『太』，校改作『大』，按底本實作『大』；『德』，《敦煌願文集》釋作『□』，校補作『德』，按底本『德』字可辨；『謙』，當作『兼』，據文義改，『謙』爲『兼』之借字，《敦煌願文集》釋作『佛課』，誤。

〔二〕『紫』，當作『賜』，《敦煌願文集》據文義校改；『賜』，當作『紫』，《敦煌願文集》據文義校改。

〔三〕『西』，《敦煌願文集》釋作『河』，校改作『西』，誤；『議』，當作『義』，據文義改，『議』爲『義』之借字，《敦煌願文集》逕釋作『義』。

〔四〕第一個『兼』，當作『檢』，據文義改，『兼』爲『檢』之借字；『國』，《敦煌願文集》釋作『□』，校補作『國』，按底本『國』字清晰；第二個『兼』，《敦煌願文集》漏録；『御』，《敦煌願文集》釋作『□』，校補作『御』；『使』，當作『史』，《敦煌願文集》據文義校改，『使』爲『史』之借字。

參考文獻

《敦煌寶藏》三二册，臺北：新文豐出版公司，一九八二年，九二頁（圖）；《英藏敦煌文獻》五卷，成都：四川人民出版社，一九九二年，一八五頁（圖）；《敦煌願文集》，長沙：岳麓書社，一九九五年，四〇九頁（録）；《敦煌吐魯番研究》一四卷，上海古籍出版社，二〇一四年，四五三頁（録）。

斯三八七五背　二　清泰叁年丙申歲十一月十一日題記

釋文

清泰叁年丙申歲十一月十一日新造筆一管，寫此文本。

説明

此件書於斯三八七五背尾部，應爲此卷『諸雜齋文一本』的題記，其前空白處有後人隨手所寫的文字。

參考文獻

《敦煌寶藏》三二册，臺北：新文豐出版公司，一九八二年，九二頁（圖）；《英藏敦煌文獻》五卷，成都：四川人民出版社，一九九二年，一八五頁（圖）；《敦煌吐魯番研究》一四卷，上海古籍出版社，二〇一四年，四五三頁（録）。

斯三八七六　乾德六年（公元九六八年）九月釋門法律慶深買舍請判憑牒

釋文

釋門法律慶深

右慶深祖業教（較）少〔一〕，居止不寬。於儒風坊巷張祐子院

中有張清奴絶嗣舍兩口，今慶深於

官納價訖。伏恐後時再有攪撓，特乞

台造判印

憑由。伏聽　處分。

牒件狀如前，謹牒。

乾德六年九月　日釋門法律慶深牒

説明

此件首尾完整，字跡工整，其内容是僧官慶深請求官府給予買房判憑的牒文，但无判印。此件後接佛

經，應係廢棄後被用來抄寫佛經。乾德六年即公元九六八年。

校記

〔一〕『教』，當作『較』，《敦煌社會經濟文獻真蹟釋録》據文義校改，『教』爲『較』之借字，《敦煌殘卷爭訟文牒集釋》逕釋作『較』。

參考文獻

《敦煌寶藏》三二册，臺北：新文豐出版公司，一九八二年，九二頁（圖）；《敦煌遺書總目索引》，北京：中華書局，一九八三年，一八七頁（録）；《敦煌社會經濟文獻真蹟釋録》第二輯，北京：全國圖書館文獻縮微複製中心，一九九〇年，三〇五頁（圖）（録）；《英藏敦煌文獻》五卷，成都：四川人民出版社，一九九二年，一八六頁（圖）；《敦煌殘卷爭訟文牒集釋》，蘭州：甘肅人民出版社，一九九三年，四〇至四一頁（録）；《敦煌吐魯番學研究論文集》，北京：書目文獻出版社，一九九六年，八三五頁（録）；《周紹良先生欣開九秩慶壽文集》，北京：中華書局，一九九七年，一七二至一七三頁；《唐後期五代宋初敦煌僧尼的社會生活》，北京：中國社會科學出版社，一九九八年，八一至八二頁（録）；《敦煌遺書總目索引新編》，北京：中華書局，二〇〇〇年，一一六頁（録）；《中國中古史論集》，天津古籍出版社，二〇〇三年，八六至八七頁；《歷史文獻學叢稿》下册，長春：吉林人民出版社，二〇〇五年，六一頁（録）；《郝春文敦煌學論集》，上海古籍出版社，二〇一〇年，三二頁；《敦煌所出唐宋書牘整理與研究》，成都：西南交通大學出版社，二〇一六年，一七二頁（録）；《霍存福教授從教三十年紀念文集》，北京：知識産權出版社，二〇一五年，八二至八三頁。

斯三八七七　一　葬經（崗原吉凶圖解）

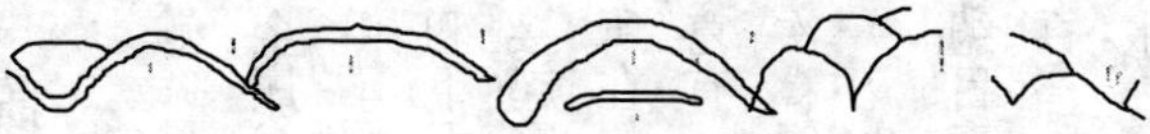

釋文

（前缺）

□大吉。

葬得此地，富貴不絕。

抱子崗。

凶。

出二千石　令長。

凶。

散（傘）蓋山崗[一]。

出九卿、相。

雄龍山崗。

出方伯。

（後缺）

説明

此卷首尾均缺，起首部分上半截亦有殘缺。現存部分由八紙粘接而成，現在被人們當作正面的部分有烏絲欄，繪製、抄寫葬經『崗原吉凶圖解』，後人又利用『崗原吉凶圖解』的空白處抄寫了社司轉帖、籯金序、緇門百歲篇、張訥鷄顧工契、千字文等内容。這些後抄的文字既非一人所寫，亦非一時所寫，而是由不同的人在不同的時間隨手所寫。此卷背面前兩紙正書抄録社司轉帖和葬經，後五紙倒書抄録各種契約和下女夫詞，接縫處亦抄有文字。這表明背面的前兩紙和後五紙原本是各自獨立的兩個寫本，時人將其粘接起來，利用其背面空白來抄寫『崗原吉凶圖解』。從翟理斯訖今，一直都把『葬書（崗原吉凶圖解）』所在的一面作爲正面，原件的卷存方式也以此爲正面，但實際情況應該相反。爲避免造成混亂，本書仍將寫有『崗原吉凶圖解』的一面標注爲正面。以下先釋録葬經『崗原吉凶圖解』，然後按自右至左的次序依次釋録抄寫在『崗原吉凶圖解』空白處的文字。

此件首尾均缺，首部上半截殘損較爲嚴重，其内容是繪製山崗地勢，並標注了葬地吉凶，《敦煌遺書總目索引》擬名『葬經』，黄正建擬名『山崗占圖』（參看《敦煌占卜文書與唐五代占卜研究》，二一五頁；《敦煌占卜文書與唐五代占卜研究（增訂版）》，一八六頁），馬克（Marc Kalinowski）擬名『相墓風水』（topomancie funéraire）（參看 *Divination et société dans la Chine médiévale: étude des manuscrits de Dunhuang de la Bibliothèque nationale de France et de la British Library*, p. 599），關長龍擬名『卜葬書』（參看《敦煌本堪輿文書研究》，四八六頁）。余欣考出『抱子崗』『散（傘）蓋崗』『雄龍崗』在北宋初編撰的大型葬書《地理新書》卷三《崗原吉凶》中均有對應解釋（參看《敦煌的博物學世界》，一五四至一六一頁），此據以擬定今名。

校記

〔一〕『散』，當作『傘』，《敦煌寫本宅經葬書校注》據文義校改，『散』爲『傘』之借字。

參考文獻

《敦煌遺書總目索引》，北京：中華書局，一九八三年，一八七頁；《敦煌寶藏》三二册，臺北：新文豐出版公司，一九八二年，九四至九八頁（圖）；《敦煌遺書最新目録》，臺北：新文豐出版公司，一九八六年，一三八頁；《英藏敦煌文獻》五卷，成都：四川人民出版社，一九九二年，一八六至一八九頁（圖）；《敦煌遺書總目索引新編》，北京：中華書局，二〇〇〇年，一一六頁（録）；《敦煌占卜文書與唐五代占卜研究》，北京：學苑出版社，二〇〇一年，八六至八七頁；*Divination et société dans la Chine médieévale：étude des manuscrits de Dunhuang de la Bibliothèque nationale de France et de la British Library*，Bibliothèque nationale de France，2003，p. 599；《敦煌寫本宅經葬書校注》，北京：民族出版社，二〇〇七年，三二四至三二五頁（録）；《敦煌寫本研究年報》二〇一一年五號，七一頁；《敦煌占卜文獻敘録》，蘭州大學出版社，二〇一三年，一〇五頁；《敦煌占卜文獻與社會生活》，蘭州：甘肅教育出版社，二〇一三年，三八九頁；《敦煌本堪輿文書研究》，北京：中華書局，二〇一三年，四八六至四八七頁（録）；《敦煌的博物學世界》，蘭州：甘肅教育出版社，二〇一三年，一五四至一六一頁；《敦煌占卜文書與唐五代占卜研究》（增訂版），北京：中國社會科學出版社，二〇一四年，一八六頁；《敦煌喪葬文書輯注》，成都：巴蜀書社，二〇一七年，三二三頁（録）；《敦煌本數術文獻輯校》，北京：中華書局，二〇一九年，八六八至八六九頁（録）。

斯三八七七　二　雜寫（社司轉帖等）

釋文

（前缺）大吉。

（前缺）□於衙門前取齊。

（前缺）來者，〔罰〕酒半升[一]。其〔帖〕[二]，各自署。

丙辰年五月十五日仲付帖

説明

以上文字爲時人隨手所寫，『大吉』寫於《葬經》正文『□大吉』的前面，與正文筆跡不同。『社司轉帖』上半截殘缺，不能確定是否從頭抄起。因第二行與第三行之間有數行空白，所以也不能確定第三行和前兩行屬於同一件。此卷背有唐昭宗乾寧四年（公元八九七年）文書，故此『丙辰』年或爲乾寧三年（公元八九六年）。

校記

〔一〕『罰』，據其他轉帖例補。
〔二〕『帖』，據其他轉帖例補。

參考文獻

《敦煌寶藏》三三册，臺北：新文豐出版公司，一九八二年，九四頁（圖）；《英藏敦煌文獻》五卷，成都：四川人民出版社，一九九二年，一八六頁（圖）。

斯三八七七　三　籯金序抄

釋文

蓋聞經絡百〔王〕之書[一]，總聯千載之善，固有八索九伍（丘）[二]、三墳五典，然而述作多門，衆製鋒起，其流甚廣。

説明

此件僅抄兩行，爲唐代類書《籯金》之序文。後爲雜寫（緇門百歲篇）。

校記

〔一〕『王』，據伯三九〇七補。

〔二〕『伍』，當作『丘』，據伯三九〇七改。

參考文獻

《敦煌寶藏》三二册，臺北：新文豐出版公司，一九八二年，九五頁（圖）；《敦煌歌辭總編》下册，上海古籍出版社，一九八七年，一三六五至一三六六頁；《中國佛教文學》，北京：今日中國出版社，一九九〇年，一六六頁；《英藏敦煌文獻》四卷，成都：四川人民出版社，一九九一年，二六一頁（圖）；《英藏敦煌文獻》五卷，成都：四川人民出版社，一九九二年，一八七頁（圖）；《英藏敦煌文獻》八卷，成都：四川人民出版社，一九九二年，一三一頁（圖）；《法藏敦煌西域文獻》一五册，上海古籍出版社，二〇〇一年，二一〇頁（圖）；《法藏敦煌西域文獻》二三册，上海古籍出版社，二〇〇二年，三五二頁（圖）；《敦煌石窟僧詩校釋》，香港和平圖書有限公司，二〇〇二年，一一七至一一八頁；《法藏敦煌西域文獻》二九册，上海古籍出版社，二〇〇三年，一八二頁（圖）；《法藏敦煌西域文獻》二八册，上海古籍出版社，二〇〇四年，一八五至一八六頁（圖）；《法藏敦煌西域文獻》三一册，上海古籍出版社，二〇〇五年，三六七頁（圖）；《全敦煌詩》一二册，北京：作家出版社，二〇〇六年，五四三六頁；《敦煌學輯刊》二〇〇六年二期，一至二〇頁；《敦煌佛教音樂文學研究》，福州：福建人民出版社，二〇〇七年，五四九至五五〇頁；《敦煌學輯刊》二〇一一年一期，一五三至一六五頁。

斯三八七七　四　雜寫（緇門百歲篇）

釋文

壹拾辭〔親〕願〔出〕家〔一〕。　緇門百歲篇。大。壹拾辭親願出家，手

説明

以上文字係時人隨手所寫，從筆跡看，與上件『籝金序抄』係同一人所寫。兩件有些文字避開了『嵩原吉凶圖解』的繪圖綫條，故抄寫時間應在該件之後。

校記

〔一〕『親』，據伯三八二一補；『出』，據伯三八二一補。

參考文獻

《敦煌寶藏》三一册，臺北：新文豐出版公司，一九八二年，九五頁（圖）；《敦煌歌辭總編》下册，上海古籍出版社，一九八七年，一三六五至一三六六頁；《中國佛教文學》，北京：今日中國出版社，一九九〇年，一六六頁；《英藏

敦煌文獻》四卷，成都：四川人民出版社，一九九一年，二六一頁（圖）；《英藏敦煌文獻》五卷，成都：四川人民出版社，一九九二年，一八七頁（圖）；《英藏敦煌文獻》八卷，成都：四川人民出版社，一九九二年，一三一頁（圖）；《法藏敦煌西域文獻》一五册，上海古籍出版社，二〇〇一年，二一〇頁（圖）；《法藏敦煌西域文獻》二三册，上海古籍出版社，二〇〇二年，三五二頁（圖）；《敦煌石窟僧詩校釋》，香港和平圖書有限公司，二〇〇二年，一一七至一一八頁；《法藏敦煌西域文獻》二九册，上海古籍出版社，二〇〇三年，一八二頁（圖）；《法藏敦煌西域文獻》二八册，上海古籍出版社，二〇〇四年，一八五至一八六頁（圖）；《法藏敦煌西域文獻》三一册，上海古籍出版社，二〇〇五年，三六七頁（圖）；《全敦煌詩》一二册，北京：作家出版社，二〇〇六年，五四三六頁；《敦煌學輯刊》二〇〇六年二期，一至二〇頁；《敦煌佛教音樂文學研究》，福州：福建人民出版社，二〇〇七年，五四九至五五〇頁；《敦煌學輯刊》二〇一一年一期，一五三至一六五頁。

斯三八七七　五　雜寫（搜神記、太公家教等）

釋文

『病得除。何要令食此蛭？』便捨膳夫之罪。因此已來〔一〕，國内再興，風調雨大（順）〔二〕，此之爲也。也搜。

搜神記一卷。太公家教一卷。孝經一卷。百鳥名一卷。茶酒一卷。

説明

此件先抄《搜神記》『楚惠王食蛭』故事的最後部分，緊接又抄『搜神記一卷』等書目。筆跡與前面『纂金序』『緇門百歲篇』不同，係另一人所寫，其中一些文字亦避開了『崗原吉凶圖解』的繪圖綫條。

校記

〔一〕『因此』，據殘筆劃及伯五五四五補。

〔二〕『大』，當作『順』，據伯五五四五改。

參考文獻

《敦煌變文集》，北京：人民文學出版社，一九五七年，八八八至八九〇頁；Victor Mair，*Chinoperl Papers*，vol. 10 (1981)，P. 57；《文學評論叢刊》十六輯，北京：中國社會科學出版社，一九八二年，二九四至二九六頁；《敦煌寶藏》三二册，臺北：新文豐出版社公司，一九八二年，九六頁（圖）；《漢學研究》四卷二期，一九八六年，三八一頁；《英藏敦煌文獻》五卷，成都：四川人民出版社，一九九二年，一八八頁（圖）；《敦煌變文集新書》，臺北：文津出版社，一九九四年，一二三七至一二三八、一二五五頁（録）；《英藏敦煌社會歷史文獻釋録》三卷，北京：社會科學文獻出版社，二〇〇三年，一四至一五頁；《法藏敦煌西域文獻》三四册，上海古籍出版社，二〇〇五年，二二九頁（圖）；《敦煌典籍與唐五代歷史文化》下卷，北京：中國社會科學出版社，二〇〇六年，六九四至六九五頁；《敦煌小説合集》，杭州：浙江文藝出版社，二〇一〇年，一〇七、一三二、一七七至一七八頁（録）。

斯三八七七　六　甲寅年（公元八九四年）龍勒鄉百姓張訥鷄僱工契抄

釋文

甲寅年五月廿八日立契[一]，龍鄉百姓張訥鷄家内欠少人力[二]，遂取神鄉百姓就聰兒造作一年[三]，從正月至九月末。斷僱價（？）每月麥粟一馱[四]，春衣汗衫一禮（領）[五]，褸一要[六]，鞋一兩共一對。自從入作已後，比限滿[七]，驅驅造

説明

此件爲甲寅年龍勒鄉百姓張訥鷄僱工契的抄件，原未抄完，筆跡與前面幾件都不同。其中之「龍鄉」應指敦煌縣之「龍勒鄉」；「神鄉」指敦煌縣之「神沙鄉」。同卷背面有唐乾寧四年（公元八九七年）、天復二年（公元九〇二年）、天復三年（公元九〇三年）等幾年的契約文書抄件，故此件之甲寅年可能是八九四年。『就聰兒』又見於同卷背面之『戊戌年（公元八七八）正月廿五日洪潤鄉百姓令狐安定僱工契抄』。

校記

〔一〕『五』，《敦煌契約文書輯校》校改作『正』。

〔二〕『訥』，《敦煌社會經濟文獻真蹟釋録》《敦煌契約文書輯校》均釋作『納』。

〔三〕『聰』，《敦煌社會經濟文獻真蹟釋録》《敦煌契約文書輯校》均釋作『憨』，誤。

〔四〕『每』，《敦煌契約文書輯校》漏録。

〔五〕『禮』，當作『領』，《敦煌契約文書輯校》據文義校改，『禮』爲『領』之借字。

〔六〕『要』，《敦煌契約文書輯校》校改作『腰』，按『要』爲『腰』之古字，不煩校改。

〔七〕『限』，《敦煌契約文書輯校》釋作『期』，誤。

參考文獻

Tun-Huang and turfan Documents concerning Social and Economic history I，東京：東洋文庫，一九七八年，Legal Text（A）P. 120；《敦煌寶藏》三二册，臺北：新文豐出版公司，一九八二年，九六頁（圖）；《敦煌社會經濟文獻真蹟釋録》二輯，北京：全國圖書館文獻複製縮微中心，一九九〇年，五六頁（圖）（録）；《英藏敦煌文獻》五卷，成都：四川人民出版社，一九九二年，一八八頁（圖）；《敦煌契約文書輯校》，南京：江蘇古籍出版社，一九九八年，二五〇至二五一頁（録）；《敦煌歸義軍史專題研究三編》，蘭州：甘肅文化出版社，二〇〇五年，六二二至六二三頁；《小農經濟的發展與鄉村社會變遷：以唐代爲中心來考察》，貴陽：貴州大學出版社，二〇〇七年，八六頁。

斯三八七七　七　雜寫（籯金序）

釋文

蓋聞經絡百王之書，總[聯]千[載]之善〔一〕，固有八索九低（丘）〔二〕、三墳〔五〕典〔三〕，然而述作多門，衆製鋒起，其流

蓋聞經絡百王之□，總蓮（聯）千載之善〔四〕，故（固）有八色（索）九〔五〕

説明

此件抄寫兩遍《籯金·序》，墨色較淡，中間間隔較多空白，從筆跡看應係不同時間不同人所抄，均未抄完。抄寫時避開了『崗原吉凶圖解』的繪圖綫條。

校記

〔一〕『聯』，據殘筆劃及伯三九〇七補；『載』，據殘筆劃及伯三九〇七補。

〔二〕『低』，當作『丘』，據伯三九〇七改。

〔三〕『五典』，據伯三九〇七補。

〔四〕『蓮』，當作『聯』，據伯三九〇七改，『蓮』爲『聯』之借字。

〔五〕『故』，當作『固』，據伯三九〇七改，『故』爲『固』之借字；『色』，當作『索』，據伯三九〇七改，『色』爲『索』之借字。

參考文獻

《敦煌寶藏》三二册，臺北：新文豐出版公司，一九八二年，九六頁（圖）；《英藏敦煌文獻》五卷，成都：四川人民出版社，一九九二年，一八八頁（圖）；《英藏敦煌文獻》八卷，成都：四川人民出版社，一九九二年，一三一頁（圖）；《法藏敦煌西域文獻》一五册，上海古籍出版社，二〇〇一年，二一〇頁（圖）；《法藏敦煌西域文獻》二三册，上海古籍出版社，二〇〇二年，三五二頁（圖）；《法藏敦煌西域文獻》二九册，上海古籍出版社，二〇〇三年，一八二頁（圖）；《敦煌本堪輿文書研究》，北京：中華書局，二〇一三年，四八六至四八七頁。

斯三八七七　八　雜寫（出方伯、人像、千字文、賣地契抄、社司轉帖等）

釋文

出方伯。

千字文。勑員〔外〕散騎侍郎周興嗣次韻〔一〕。天地玄〔黄〕〔二〕，宇宙洪

階和渠地壹段兩畦，共五畝，東至某乙，西至某乙，南至某

乙，北至某乙。社司轉帖：右緣年支春坐局席，次於

説明

此件抄寫出方伯、千字文、契約、社司轉帖。『出方伯』三字抄寫於《葬經》正文『出方伯』的前面，關長龍認爲可能是正式抄寫《葬經》前的試筆（參看《敦煌本堪輿文書研究》，四八七頁）。『出方伯』下還畫有人像一幅。其後之千字文、契約、社司轉帖等筆跡相同，係同一人所抄。契約的起首部分『階和渠地壹段兩畦，共五畝』與此卷背面『天復九年（公元九〇九年）十月七日洪潤鄉百姓安力子賣地契抄』的開頭完全一致。

校記

〔一〕『外』，據斯三八三五《千字文》補。

〔二〕『黄』，據斯三八三五《千字文》補。

參考文獻

《敦煌寶藏》三三册，臺北：新文豐出版公司，一九八二年，九四至九八頁（圖）；《英藏敦煌文獻》五卷，成都：四川人民出版社，一九九二年，一八六至一八九頁（圖）；《敦煌寫本宅經葬書校注》，北京：民族出版社，二〇〇七年，三二四頁（録）；《敦煌本堪輿文書研究》，北京：中華書局，二〇一三年，四八七頁（録）；《敦煌本數術文獻輯校》，北京：中華書局，二〇一九年，八六八至八六九頁（録）。

斯三八七七背　一　社司轉帖抄

釋文

（前缺）

□席，次至閻兵馬家送

□今月廿五日於龍興寺〔一〕

捉二人後到者〔二〕，罰酒半甕；全不來者〔三〕，

罰酒壹甕〔四〕。其帖立遞相□

如滯帖者，准條科□

□用憑告罰。〔五〕

（後缺）

説明

此件首尾及上半部均缺，字跡頗爲潦草，所抄内容爲『社司轉帖』。

校記

〔一〕『寺』，據殘筆劃及文義補。

〔二〕『捉二人』，據文義及其他社司轉帖例補；『後』，據殘筆劃及文義補。

〔三〕『不』，據殘筆劃及其他社司轉帖例補；『來者』，據文義及其他社司轉帖例補。

〔四〕『罰酒』，據文義及其他社司轉帖例補。

〔五〕『用憑告罰』，據殘筆劃及其他社司轉帖例補。

參考文獻

《敦煌寶藏》三三册，臺北：新文豐出版公司，一九八二年，九八頁（圖）；《英藏敦煌文獻》五卷，成都：四川人民出版社，一九九二年，一八九頁（圖）；《2013 敦煌學國際聯絡委員會通訊》，上海古籍出版社，二〇一三年，九八頁。

斯三八七七背　二　葬書（昭穆葬圖）抄

釋文

世是其吉地〔一〕。

其吉地

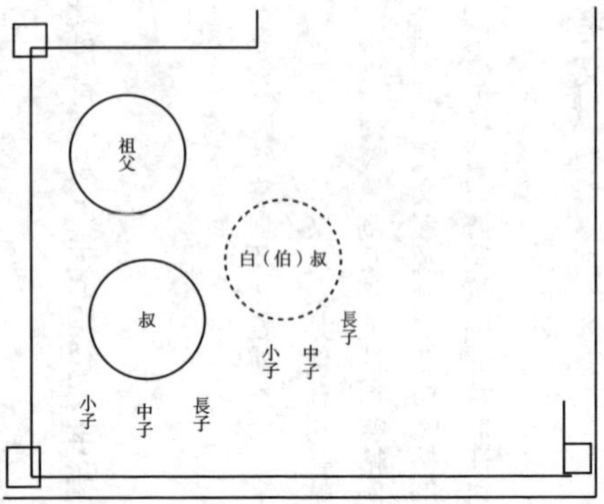

説明

此件首缺尾全，存一條占辭及一幅圖，圖與斯二二六三《葬録》中的墓葬位置圖略同。《敦煌寶藏》《英藏敦煌文獻》擬名爲《葬經》，黄正建據與其同類的伯四九三〇之子目擬名爲《造冢墓取土及墓内尊卑法》（參見《敦煌占卜文書與唐五代占卜研究》，二一三頁；《敦煌占卜文書與唐五代占卜研究（增訂版）》，一八六頁》）。關長龍認爲此件與正面的山崗圖是同一件，擬名《卜葬書》（《敦煌本堪輿文書研究》，四八六至四八七頁）。此件的筆跡與正面山崗圖明顯不同，恐非同一件。而其殘存的一行占辭亦未見於斯二二六三和伯四九三〇，故所存墓圖不能確定是否爲『造冢墓取土』所繪，故另擬今名。

校記

〔一〕『是』，《敦煌本堪輿文書研究》《敦煌本數術文獻輯校》釋作『受』，誤；『地』，《敦煌寫本宅經葬書校注》釋作『也』。此行筆跡與後文不同，疑爲後人所添加。

參考文獻

《白沙宋墓》，北京：文物出版社，一九五七年，八二頁；《敦煌寶藏》三二册，臺北：新文豐出版公司，一九八二年，九八頁（圖）；《英藏敦煌文獻》五卷，成都：四川人民出版社，一九九二年，一八九頁（圖）；《敦煌占卜文書與唐五代占卜研究》，北京：學苑出版社，二〇〇一年，八五頁；《白沙宋墓（二版）》，北京：文物出版社，二〇〇二年，一〇二頁；《敦煌寫本宅經葬書校注》，北京：民族出版社，二〇〇七年，二九九至三〇〇頁（録）；《王重民向達所攝敦煌西域文獻照片合集》二八册，北京圖書館出版社，二〇〇八年，一〇四一三頁（圖）；《敦煌占卜文獻敘録》，蘭州大學出版社，二〇一三年，一〇五頁；《敦煌占卜文獻與社會生活》，蘭州：甘肅教育出版社，二〇一三年，三八二頁；《敦煌本堪輿文書研究》，北京：中華書局，二〇一三年，四八六至四八八頁（録）；《敦煌本數術文獻輯校》，北京：中華書局，二〇一九年，八六八至八六九頁（録）。

斯三八七七背　三　乾寧四年（公元八九七年）正月廿九日平康鄉百姓張義全賣舍契抄

釋文

永寧坊巷東壁上舍内東房子一口並屋木〔一〕，東西一丈叁尺五寸基，南北貳丈貳尺五寸並基；東至張加潤，南至氾文君，西至張義全，北至吴支支。又房門外院落地並簷櫨柱，東西肆尺，南北一丈一尺叁寸；又門道地，南北二尺，東西三[丈]六尺伍寸〔二〕。其大門道三家共合出入。從乾寧四年丁巳歲正月二十九日，平康鄉百姓張義全爲闕少糧用，遂將上件祖父舍兼屋木出賣與洪潤鄉百姓令狐信通兄弟，都斷作價直伍拾碩，内斛斗乾貨各半。其上件舍價，立契當日交相分付訖，一無懸欠。其舍一買已後，中間若有親姻兄弟兼及别人稱爲主己者，一仰舊舍主張義全及男粉子、支子祗當還替，不忏（干）買舍人之事〔三〕。或有恩勑赦書行下，亦不在論理之限。一定已後，兩不休悔，如有先悔者，罰麥叁拾馱，充入不悔人。恐人無信，兩共對面平章，故勒此契，各各親自押署，用後憑驗。住一二子〔四〕。

説明

此件首尾完整，倒書，其内容爲平康鄉百姓張義全出賣房屋的契約抄本。

校記

〔一〕「一」，《敦煌資料》一輯、《隋唐五代經濟史料彙編校注》、《敦煌契約文書輯校》均釋作「壹」，誤。

〔二〕「丈」，《敦煌資料》一輯據殘筆劃及文義校補。

〔三〕「忏」，當作「干」，《敦煌資料》一輯據文義校改，「忏」爲「干」之借字。

〔四〕「住一二子」，《敦煌資料》一輯、《敦煌社會經濟文獻真蹟釋録》漏録，《中國歷代契約會編考釋》釋作「□信」，誤。

參考文獻

《敦煌資料》一輯，北京：中華書局，一九六一年，二八八至二八九頁（録）；*Tun-Huang and turfan Documents concerning Social and Economic history* III，東京：東洋文庫，一九七八年，Contracts（A）p. 83 /（B）p. 77；《敦煌寶藏》三二册，臺北：新文豐出版公司，一九八二年，九八頁（圖）；《隋唐五代經濟史料彙編校注》，北京：中華書局，一九八七年，九六一至九六二頁（録）；《敦煌社會經濟文獻真蹟釋録》二輯，北京：全國圖書館文獻縮微複製中心，一九九〇年，五頁（圖）（録）；《英藏敦煌文獻》五卷，成都：四川人民出版社，一九九二年，一八九至一九〇頁（圖）；《中國歷代契約會編考釋》，北京大學出版社，一九九五年，二三五至二三六頁（録）；《敦煌契約文書輯校》，南京：江蘇古籍出版社，一九九八年，一〇至一一頁（録）；《王重民向達所攝敦煌西域文獻照片合集》二八册，北京圖書館出版社，二〇〇八年，一〇四一四頁（圖）；《敦煌莫高窟法律文獻和法律故事》，蘭州：甘肅文化出版社，二〇一一年，二一九至三〇頁。

斯三八七七背　四　天復貳年（公元九〇二年）赤心鄉百姓曹大行與令狐進通迴换舍地契抄

釋文

天成（復）貳年壬戌歲拾叁日〔一〕，赤心鄉百姓曹大行遂將前件舍地迴换與洪潤鄉百姓令狐進通，取同坊南壁上進通上件屋舍兩口〔二〕，内一口無屋，東西叁仗（丈）五尺〔三〕，南北一仗（丈）二尺並基〔四〕。其舍准數□其（？）斗玖石〔五〕，内伍碩准折進通屋木，更肆碩〔六〕，當日交相分付，一無玄欠〔七〕。一定已後，其舍各自永爲主記（己）〔八〕，若有别人作主，一仰大行悋（另）覓上好舍充替〔九〕。或有天恩赦〔書〕流行〔一〇〕，不在論理之限。共（兩）共對面平章〔一一〕，不許休悔，如先悔者，罰麥貳馱，入不悔人。官有〔政〕法〔一二〕，人從此契，用爲後憑。

説明

此件首尾完整，倒書，其内容爲赤心鄉百姓曹大行與令狐進通交换舍地的契約抄本。

校記

〔一〕『成』，當作『復』，《敦煌社會經濟文獻真蹟釋録》據文義校改；『拾叁日』前疑脱月份。
〔二〕『件』，《敦煌社會經濟文獻真蹟釋録》據文義校補；『舍』，《敦煌社會經濟文獻真蹟釋録》據文義校補。
〔三〕『仗』，當作『丈』，《敦煌資料》一輯據文義校改，『仗』爲『丈』之借字。
〔四〕『仗』，當作『丈』，《敦煌資料》一輯據文義校改，『仗』爲『丈』之借字。
〔五〕『石』，《隋唐五代經濟史料彙編校注》《敦煌契約文書輯校》均釋作『碩』，誤。
〔六〕『更』，《敦煌社會經濟文獻真蹟釋録》釋作『價』，誤。
〔七〕『玄』，通『懸』。
〔八〕『爲』，《敦煌契約文書輯校》釋作『充』，誤；『記』，當作『己』，據文義改，『記』爲『己』之借字。
〔九〕『佫』，當作『另』，《敦煌社會經濟文獻真蹟釋録》據文義校改，『佫』爲『另』之借字。
〔一〇〕『書』，據文義及其他契約例補。
〔一一〕第一個『共』，當作『兩』，《敦煌社會經濟文獻真蹟釋録》據文義校改。
〔一二〕『政』，《敦煌資料》一輯據文義及其他契約例校補。

參考文獻

《敦煌資料》一輯，北京：中華書局，一九六一年，三一一頁（録）；*Tun-Huang and turfan Documents concerning Social and Economic history* III，東京：東洋文庫，一九七八年，Contracts（A）pp. 83-84 /（B）p. 77；《敦煌寶藏》三一

册，臺北：新文豐出版公司，一九八二年，九九頁（圖）；《西北史地》一九八三年四期，八五頁；《隋唐五代經濟史料彙編校注》，北京：中華書局，一九八七年，九八二頁（録）；《敦煌社會經濟文獻真蹟釋録》二輯，北京：全國圖書館文獻縮微複製中心，一九九〇年，七頁（圖）（録）；《英藏敦煌文獻》五卷，成都：四川人民出版社，一九九二年，一九〇頁（圖）；《中國歷代契約會編考釋》，北京大學出版社，一九九五年，二三〇至二三一頁（録）；《唐代歷史與社會》，武漢大學出版社，一九九七年，五三二至五三三頁；《敦煌契約文書輯校》，南京：江蘇古籍出版社，一九九八年，一二至一三頁（録）；《敦煌吐魯番法制文書研究》，蘭州：甘肅人民出版社，二〇〇〇年，六〇頁；《王重民向達所攝敦煌西域文獻照片合集》二八册，北京圖書館出版社，二〇〇八年，一〇四一五頁（圖）。

斯三八七七背　五　乾寧肆年（公元八九七年）正月拾貳日平康鄉百姓張義全賣舍契抄

釋文

永寧坊巷東壁上舍内東房子壹口並屋木，東西壹丈叁尺伍寸基，南北貳仗（丈）貳尺伍寸并基〔一〕；東至張加潤，南至氾文君，西至張義全，北至吴豬豬〔二〕。又門外院落地并簷櫳柱，東西肆尺，南北壹仗（丈）壹尺叁寸〔三〕；又門道地，南北二尺，東西三丈陸尺五寸。其大門道叁家合出入。從乾寧肆年丁巳歲正月拾貳日，平康（鄉）百姓張義全爲緣闕小糧用〔四〕，遂將上件祖父舍兼屋木，出買（賣）與洪潤鄉百姓令狐信通兄弟〔五〕，都斷作價直伍拾碩，内斛斗乾貨各半〔六〕。其上件舍價，立契當日已後交相分付訖，壹無玄欠〔七〕。其舍一賣已後〔八〕，中間若有親姻兄弟兼及别人稱爲主已者〔九〕，一仰舊舍主張義全及男粉子祗當還替，不忓（干）買舍人之事〔一〇〕。或有恩勑赦書行不（下）〔一一〕，亦不在論理之限。一定已後，兩不休悔，如先悔者，罰麥貳拾碩，充入不悔人。恐人無信，兩共對面平章，故勒此契，各各親自押署，用爲後驗。

説明

此件爲上一通『張義全賣舍契抄』的另一抄件，倒書。兩件内容基本相同，僅在日期、人名和價值數量上有少許變化。

校記

〔一〕『仗』，當作『丈』，《敦煌社會經濟文獻真蹟釋録》據文義校改，『仗』爲『丈』之借字；『並』，《敦煌契約文書輯校》未能釋讀。

〔二〕『豬豬』，《敦煌社會經濟文獻真蹟釋録》疑作『箸箸』，《敦煌契約文書輯校》疑作『翁翁』。

〔三〕『仗』，當作『丈』，《敦煌社會經濟文獻真蹟釋録》據文義校改，『仗』爲『丈』之借字。

〔四〕『鄉』，《敦煌社會經濟文獻真蹟釋録》據上一通『張義全賣舍契抄』校補。

〔五〕『買』，當作『賣』，《敦煌社會經濟文獻真蹟釋録》據文義校改，『買』爲『賣』之借字。

〔六〕『乾』後《敦煌社會經濟文獻真蹟釋録》校補『濕』字，誤。

〔七〕『玄』，通『懸』。

〔八〕『舍』，《敦煌社會經濟文獻真蹟釋録》據殘筆劃及上一通『張義全賣舍契抄』校補；『二』，《敦煌社會經濟文獻真蹟釋録》據上一通『張義全賣舍契抄』校補；『賣』，《敦煌社會經濟文獻真蹟釋録》據上一通『張義全賣舍契抄』校補，《中國歷代契約會編考釋》校補作『買』。

〔九〕『主』，《敦煌社會經濟文獻真蹟釋録》據殘筆劃及上一通『張義全賣舍契抄』校補；『己』，《敦煌社會經濟文獻真蹟釋録》據上一通『張義全賣舍契抄』校補。

〔一〇〕『忏』，當作『干』，據文義改，『忏』爲『干』之借字。

〔一一〕『不』，當作『下』，《敦煌契約文書輯校》據文義校改，《敦煌社會經濟文獻真蹟釋録》逕釋作『下』。

參考文獻

Tun-Huang and turfan Documents concerning Social and Economic history III，東京：東洋文庫，一九七八年，Contracts（A）p. 83 /（B）p. 77；《敦煌寶藏》三一册，臺北：新文豐出版公司，一九八二年，九九頁（圖）；《敦煌社會經濟文獻真蹟釋録》二輯，北京：全國圖書館文獻縮微複製中心，一九九〇年，六頁（圖）（録）；《英藏敦煌文獻》五卷，成都：四川人民出版社，一九九二年，一九〇頁（圖）；《中國歷代契約會編考釋》，北京大學出版社，一九九五年，二二六至二二七頁（録）；《敦煌契約文書輯校》，南京：江蘇古籍出版社，一九九八年，八至九頁（録）；《王重民向達所攝敦煌西域文獻照片合集》二八册，北京圖書館出版社，二〇〇八年，一〇四一五頁（圖）。

斯三八七七背　六　戊戌年（公元八七八年）正月廿五日洪潤鄉百姓令狐安定僱工契抄

釋文

戊戌年正月廿五日立契，洪潤鄉百姓令狐安定爲緣家内欠闕人力，遂於龍勒鄉百姓就聽兒造作一年，從正月至九（月）末〔一〕，斷作價直每月五斗。現與春肆個月價，與（餘）外勒到秋〔二〕。春衣壹對，汗衫褄襠并鞋壹兩，更無交加。其人立契，便任入作，不得抛功〔三〕。（抛）（功）一日〔四〕，勒物一斗。忽有死生，寬容三日，然後則須驅驅。所有農具付（什）（物）等〔五〕，並分付與聽兒，不得非理打損牛畜，違打，倍在作人身〔六〕。兩共對面穩審平章，更不許休悔，如先（悔）者〔七〕，罰羊一口，充入不悔人。恐人無信，[故]勒此契〔八〕，用爲後憑。

説明

此件首尾完整，倒書，爲洪潤鄉百姓令狐安定僱工的契約抄本。此卷有乾寧四年（公元八九七年）

和丙子年（公元九一六年），故此處之戊戌年可能爲距以上兩件較近之公元八七八年。

校記

〔一〕『月』，《敦煌資料》一輯據文義校補。

〔二〕『與』，當作『餘』，《敦煌契約文書輯校》據文義校改，『與』爲『餘』之借字；『外』，《敦煌資料》一輯、《敦煌社會經濟文獻真蹟釋録》、《敦煌契約文書輯校》釋作『收』，均誤。

〔三〕『功』，《敦煌社會經濟文獻真蹟釋録》《敦煌契約文書輯校》均釋作『工』，誤。

〔四〕『抛』，《敦煌、吐魯番社會經濟文獻詞彙研究》據文義校補；『功』，據文義補，《敦煌、吐魯番社會經濟文獻詞彙研究》校補作『工』，再校改作『功』。

〔五〕『付』，當作『什』，據文義改，《敦煌社會經濟文獻真蹟釋録》《敦煌契約文獻輯校》均逕釋作『什』；『物』，《敦煌社會經濟文獻真蹟釋録》據文義校補。

〔六〕『倍』，通『賠』。

〔七〕『悔』，《敦煌社會經濟文獻真蹟釋録》據文義校補。

〔八〕『故』，《敦煌資料》一輯據殘筆劃及文義校補。

參考文獻

《敦煌資料》一輯，北京：中華書局，一九六一年，三四四頁（録）；*Tun-Huang and turfan Documents concerning Social and Economic history* III，東京：東洋文庫，一九七八年，Contracts（A）p. 120／（B）p. 78；《敦煌寶藏》三二册，

臺北：新文豐出版公司，一九八二年，九九頁（圖）；《隋唐五代經濟史料彙編校注》，北京：中華書局，一九八七年，六八四至六八五頁（録）；《敦煌社會經濟文獻真蹟釋録》二輯，北京：全國圖書館文獻縮微複製中心，一九九〇年，五五頁（圖）（録）；《中國社會經濟史研究》一九八七年二期，二二頁；《英藏敦煌文獻》五卷，成都：四川人民出版社，一九九二年，一九〇頁（圖）；《中國歷代契約會編考釋》，北京大學出版社，一九九五年，四三六至四三七頁（録）；《敦煌契約文書輯校》，南京：江蘇古籍出版社，一九九八年，二四八至二四九頁（録）；《敦煌吐魯番法制文書研究》，蘭州：甘肅人民出版社，二〇〇〇年，七六至七七頁；《中國中古良賤身份制度研究》，南京師範大學出版社，二〇〇四年，四一〇至四一一頁；《王重民向達所攝敦煌西域文獻照片合集》二八册，北京圖書館出版社，二〇〇八年，一〇四一六頁（圖）；《敦煌、吐魯番社會經濟文獻詞彙研究》，北京：民族出版社，二〇一〇年，四八三頁；《敦煌吐魯番契約文書中的群體及其觀念、行爲探微》，北京：中國政法大學出版社，二〇一三年，四七至五八頁；《敦煌社會經濟文獻詞語論考》，上海人民出版社，二〇一三年，一二四至一二五頁。

斯三八七七背　七　丙子年（公元九一六年）正月廿五日阿吴賣兒契抄

釋文

赤心鄉百姓王再盈妻阿吴，爲緣夫主早亡，男女碎小，無人求（救）濟〔一〕，供急（給）依食〔二〕，債負深壙（廣）〔三〕，今將福（腹）生兒慶德柒歲〔四〕，時丙子年正月廿五日，立契出賣與洪潤鄉百姓令狐信通，斷作時價乾濕共叁拾石，當日交相分付訖，一無玄欠〔五〕。其兒慶德自出賣與（以）後〔六〕，永世一任令狐進通家充[爲]家僕〔七〕，不許別人論理。其物所買兒斛斗，亦須生利。或有恩　勑流行，亦不在論理之限。官有政法，人從私契，恐後無憑，故立此契，用爲後驗。

説明

此件首尾完整，倒書，爲赤心鄉百姓王再盈妻子阿吴賣兒的契約抄件。『丙子年』應爲距以上各件年代較近之公元九一六年。

校記

〔一〕「求」，當作「救」，《敦煌社會經濟文獻真蹟釋録》據文義校改，「求」爲「救」之借字，《敦煌資料》一輯、《隋唐五代經濟史料彙編校注》逕釋作「救」。

〔二〕「急」，當作「給」，《敦煌社會經濟文獻真蹟釋録》據文義校改，「急」爲「給」之借字；「依」，通「衣」。

〔三〕「壙」，當作「廣」，《隋唐五代經濟史料彙編校注》據文義校改，「壙」爲「廣」之借字。

〔四〕「福」，當作「腹」，《隋唐五代經濟史料彙編校注》據文義校改，「福」爲「腹」之借字。

〔五〕「玄」，通「懸」。

〔六〕「與」，當作「以」，《中國歷代契約會編考釋》據文義校改，「與」爲「以」之借字。

〔七〕「充」，《敦煌社會經濟文獻真蹟釋録》釋作「□」，校補作「世」，誤；《敦煌契約文書輯校》未能釋讀；「爲」，據殘筆劃及文義補，《敦煌社會經濟文獻真蹟釋録》校補作「代」，《敦煌契約文書輯校》校補作「充」；「家僕」，《敦煌社會經濟文獻真蹟釋録》釋作「□□」，校補作「爲主」，誤。

參考文獻

《敦煌資料》一輯，北京：中華書局，一九六一年，二九七頁（録）；《歷史教學》一九六二年六期，三七頁；*Tun-Huang and turfan Documents concerning Social and Economic history* III，東京：東洋文庫，一九七八年，Contracts（A）p. 85 /（B）p. 78；《華學月刊》一九七九年九四期，一三頁；《敦煌寶藏》三三册，臺北：新文豐出版公司，一九八二年，九九頁（圖）；《敦煌簡策訂存》，臺北：臺灣商務印書館，一九八三年，九九至一〇〇頁；《敦煌學輯刊》一九八四年二期，一四一頁；《敦煌學輯刊》一九八六年一期，一五〇頁；《隋唐五代經濟史料彙編校注》，北京：中華書局，一九八七年，二〇六至二〇七頁（録）；《敦煌學輯刊》一九九〇年一期，一九九頁；《敦煌社會經濟文獻真蹟釋録》二輯，北京：全國圖書館文獻縮微複製中心，一九九〇年，四七頁（圖）（録）；《英藏敦煌文獻》五卷，成都：四川人民出版社，一九九二年，一九〇至一九一頁（圖）；《中國歷代契約會編考釋》，北京大學出版社，一九九五年，二三四至二三五頁（録）；《敦煌契約文書輯校》，南京：江蘇古籍出版社，一九九八年，七五至七六頁（録）；《王重民向達所攝敦煌西域文獻照片合集》二八册，北京圖書館出版社，二〇〇八年，一〇四一六頁（圖）。

斯三八七七背　八　天復九年（公元九〇九年）十月七日洪潤鄉百姓安力子賣地契抄

釋文

階和渠地壹段兩畦，共五畝，東至唐榮德，西至道、氾温子，南至唐榮德及道，北至子渠兼及道；又地壹段兩畦，共貳畝，東至吴通通，西至安力子，南至子渠及道，北至吴通通。已上計地肆畦，共柒畝。自天復玖年己巳歲十月七日〔一〕，洪潤鄉百姓安力子及男擖撻等，爲緣闕小用度，遂將本户口分地出賣與同鄉百姓令狐進通，斷作價直生絹一疋，長肆仗（丈）〔二〕。其地及價當日交相分付訖，一無玄欠〔三〕。自賣已後，其地永任進通男子孫息姪世上（世）爲主記（己）〔四〕，中間或有迴换户狀之次，任進通抽入户内。地内所著差稅河作，隨地柢（祇）當〔五〕。中間若親姻兄弟及别人諍論上件地者，一仰口承人男擖撻兄弟柢（祇）當〔六〕，不忓（干）買人之事〔七〕。或有恩勑流行，亦不在論理之限。兩共對面平章，准法不許休悔，如先悔者，罰上耕牛一頭，充入不悔人。恐人無信，故立私契，用爲後驗。㇇

地主安力子

說明

此件爲天復九年，即後梁開平三年（公元九〇九年）十月七日洪潤鄉百姓安力子賣地的契約抄件，倒書。

校記

〔一〕『自』，《中國歷代契約會編考釋》《敦煌契約文書輯校》釋作『曰』，《敦煌資料》一輯、《敦煌社會經濟文獻真蹟釋録》漏録。

〔二〕『仗』，當作『丈』，《中國歷代契約會編考釋》據文義校改，『仗』爲『丈』之借字。

〔三〕『玄』，通『懸』。

〔四〕『上』，當作『世』，《敦煌資料》一輯據文義校改；『記』，當作『己』，據文義改，『記』爲『己』之借字。

〔五〕『低』，當作『祇』，據文義改，《敦煌資料》一輯、《敦煌社會經濟文獻真蹟釋録》《敦煌契約文書輯校》逕釋作『祇』，《中國歷代契約會編考釋》釋作『祇』，校改作『支』，誤。

〔六〕『低』，當作『祇』，據文義改，《敦煌資料》一輯、《敦煌社會經濟文獻真蹟釋録》《敦煌契約文書輯校》逕釋作『祇』，《中國歷代契約會編考釋》釋作『祇』，校改作『支』，誤。

〔七〕『忓』，當作『干』，《中國歷代契約會編考釋》據文義校改，『忓』爲『干』之借字，《敦煌資料》一輯、《敦煌社會經濟文獻真蹟釋録》逕釋作『干』。

參考文獻

《敦煌資料》一輯，北京：中華書局，一九六一年，三〇九至三一〇頁（録）；*Tun-Huang and turfan Documents concerning Social and Economic history* III，東京：東洋文庫，一九七八年，Contracts（A）pp. 84-85 /（B）p. 78；《敦煌寳藏》三二册，臺北：新文豐出版公司，一九八二年，一〇〇頁（圖）；《西北史地》一九八三年四期，八五頁；《莫高窟年表》，上海古籍出版社，一九八五年，四七〇頁；《敦煌研究》一九八六年四期，五二頁；《敦煌學輯刊》一九八八年一至二期，二三頁；《敦煌社會經濟文獻真蹟釋録》二輯，北京：全國圖書館文獻縮微複製中心，一九九〇年，八頁（圖、録）；《北京師範學院學報》一九九〇年一期，九一頁；《均田制研究》，昆明：雲南人民出版社，一九九二年，一九一至一九四頁；《貴州社會科學》一九九二年六期，五〇頁；《英藏敦煌文獻》五卷，成都：四川人民出版社，一九九二年，一九一頁（圖）；《中國歷代契約會編考釋》，北京大學出版社，一九九五年，二三二至二三四頁（録）；《民俗研究》一九九五年一〇期，八六至八七頁；《歸義軍史研究》，上海古籍出版社，一九九六年，二一七頁；《敦煌研究》一九九七年二期，五四頁；《唐代的歷史與社會》，武漢大學出版社，一九九七年，二九六頁；《敦煌契約文書輯校》，南京：江蘇古籍出版社，一九九八年，一八至一九頁（録）；《1994年敦煌學國際研討會文集》，蘭州：甘肅民族出版社，二〇〇〇年，二〇六至二〇七頁；《唐代土地買賣研究》，北京：中國財政經濟出版社，二〇〇二年，二六八至二六九頁；《周秦漢唐文化研究》三輯，西安：三秦出版社，二〇〇四年，一三二至一三三頁；《王重民向達所攝敦煌西域文獻照片合集》二八册，北京圖書館出版社，二〇〇八年，一〇四一七頁（圖）；《敦煌文書與中古社會經濟》，杭州：浙江大學出版社，二〇一六年，二七七頁。

斯三八七七背　　九　戊戌年正月洪潤鄉百姓令狐安定請射地狀抄

釋文

洪潤鄉百姓令狐安定〔一〕

右安定一户，兄弟二人，總受田拾伍畝，非常地少窄狹〔二〕，今又同鄉女户陰什伍地壹拾伍畝，先共安定同渠合宅〔三〕，連伴（畔）耕種〔四〕，其地主今緣年來不辦承料〔五〕，恐後別人攙擾，安定今欲請射此地。伏望司空照察貧下，乞公憑，伏請　處分〔六〕。

戊戌年正月　日令狐安定

説明

此件係抄件，首尾完整，倒書，筆跡潦草且模糊不清，其内容爲洪潤鄉百姓令狐安定請田狀。關於此件抄寫的年代，池田温定爲八七八年（參看《中國古代籍帳研究》，五八三頁），楊際平認爲應該是九三八年（《唐末宋初敦煌土地制度初探》，《敦煌學輯刊》一九八八年一至二期，二四頁）。從其中的「司空」稱號來看，其似應是公元九三八年。

校記

〔一〕「洪」，《中國古代籍帳研究》據文義校補；「潤」，《「不辨承料」辨正》《歸義軍時代〈戊戌年洪潤鄉百姓令狐安定請地狀〉釋文訂補》均釋作「閏」，校改作「潤」。

〔二〕「狹」，底本原作「窚」，係涉上文「窄」而成之類化俗字。

〔三〕「宅」，《歸義軍時代〈戊戌年洪潤鄉百姓令狐安定請地狀〉釋文訂補》釋作「管」，誤。

〔四〕「伴」，當作「畔」，《「不辨承料」辨正》據文義校改，「伴」爲「畔」之借字，《敦煌社會經濟文獻真蹟釋録》《敦煌殘卷爭訟文牒集釋》《「不辨承料」別解》《也談「不辨承料」》逕釋作「畔」。

〔五〕「料」，《歸義軍時代〈戊戌年洪潤鄉百姓令狐安定請地狀〉釋文訂補》釋作「科」，誤。

〔六〕「分」，《中國古代籍帳研究》據殘筆劃及文義校補。

參考文獻

《中國古代籍帳研究》，東京大學出版社，一九七九年，五八三頁（録）；《敦煌寶藏》三二册，臺北：新文豐出版公司，一九八二年，一〇〇頁（圖）；《敦煌學輯刊》一九八五年二期，五七至五八頁（録）；《敦煌學輯刊》一九八八年一至二期，一二頁（録）；《敦煌社會經濟文獻真蹟釋録》二輯，北京：全國圖書館文獻縮微複製中心，一九九〇年，四六九頁（圖）（録）；《英藏敦煌文獻》五卷，成都：四川人民出版社，一九九二年，一九一頁（圖）；《敦煌殘卷爭訟文牒集釋》，蘭州：甘肅人民出版社，一九九三年，一八至一九頁（録）；《段文傑敦煌研究五十年紀念文集》，北京：

世界圖書出版公司北京公司，一九九六年，二三〇至二三一頁；《歸義軍史研究》，上海古籍出版社，一九九六年，一〇八頁；《敦煌研究》一九九七年二期，五三頁；《文史》二〇〇六年三期，一五六頁（録）；《絲綢之路民族古文字與文化學術討論會文集》，西安：三秦出版社，二〇〇七年，八九六至八九七頁；《王重民向達所攝敦煌西域文獻照片合集》二八册，北京圖書館出版社，二〇〇八年，一〇四一八頁（圖）；《唐宋分家制度》，北京：商務印書館，二〇一〇年，六七至六八頁；《文史》二〇一三年二期，一七五至一七六頁（録）；《文獻》二〇一六年六期，一三〇至一三一頁（録）；《敦煌研究》二〇一八年五期，六三至六六頁（録）。

斯三八七七背　一〇　下女夫詞一本

釋文

下女夫詞一首〔一〕

下女夫詞一本〔二〕

兒家初發言〔三〕：賊來須打，客來須看，報道姑嫂〔四〕，出來相看。

女答〔五〕：門門相對，户户相堂（當）〔六〕，通問刺使（史）〔七〕，是何低（祇）當〔八〕？

兒答：心遊方外，意遂（逐）恒娥〔九〕。日爲西至，更蘭至此〔一〇〕。人皮（疲）馬乏〔一一〕，暫欲亭流〔一二〕，幸願姑嫂，請垂接引〔一三〕。

女答：更深月郎（朗）〔一四〕，星斗齊明〔一五〕，不審何方貴客，侵夜得至門庭〔一六〕？

兒答：鳳凰故來之（至）此〔一七〕，合得百鳥參迎。姑嫂若無（祇）疑〔一八〕，火急反身卻迴〔一九〕。

女答：本是何方君子〔二〇〕，何處英才？精神磊郎（朗）〔二一〕，因何到來？

兒答：本是長安君子，進士出身〔二二〕。選德（得）刺使（史）〔二三〕，故至高門。

女答：既是高門君子，貴勝英流，不審來意，有何所求？

兒答：聞君高語，故來相頭（投）〔二四〕，窈窕淑女〔二五〕，君子好求！

女答〔二六〕：金鞍駿馬，繡褥交横〔二七〕，何方君子〔二八〕，至〔此〕門庭〔二九〕？

兒答〔三〇〕：本是長安君子，赤縣名家〔三一〕，故來參謁，遼（聊）作榮華〔三二〕。

女答〔三三〕：使君貴客，遠步（涉）沙磧〔三四〕，將郎通問〔三五〕，體内如何？

兒答：刺使（史）無才〔三六〕，得至高門〔三七〕，皆蒙所問，不勝戰陳。

再問：更深夜久〔三八〕，故來相過〔三九〕，姑嫂已下〔四〇〕，體内如何？

女答：庭前井水，金木爲蘭〔四一〕，姑嫂已下〔四二〕，並得平安。

兒答：上古王嬌（喬）是先（仙）客〔四三〕，傳聞列使（士）有荆軻〔四四〕。今過某公來此問〔四五〕，未知體内意如何〔四六〕？

女答〔四七〕：孟春已暄〔四八〕，車馬來前〔四九〕，使君貴客〔五〇〕，體内如何？〔五一〕

兒答：此非公管（館）〔五二〕，實不亭流〔五三〕。有事速問〔五四〕，請莫乾羞。

女答：亦非公管（館）〔五五〕，實不亭流〔五六〕。發君歸路，莫失前逞（程）〔五七〕。

兒答：車行輞盡，馬行蹄川（穿）〔五八〕。故來相過〔五九〕，任自方圓〔六〇〕。

女答：何方所管？誰人伴涣（换）〔六一〕？次遞（第）申陳〔六二〕，不須潦（遼）

亂〔六三〕。

兒答〔六四〕：□攝〔六五〕，公子伴涉〔六六〕，三史名（明）閑〔六七〕

（後缺）

説明

此件首全尾缺，倒書，起首題『下女夫詞一本』，訖『三史名（明）』。敦煌文獻中保存的《下女夫詞》共十七件，可分爲三個系統：甲系統包括伯三三五〇等十五件寫本；乙系統爲伯二九七六；丙系統爲綴合本（參見宋雪春《敦煌本〈下女夫詞〉的寫本考察及相關問題研究》，《敦煌學輯刊》二〇一二年四期，七四頁）。此件屬於甲系統，與之内容有重合者爲伯三三五〇、斯五九四九和北大圖書館二四六。其中伯三三五〇首殘尾全，前半部分斷作四截，中缺數行，起首題『下女詞一本』，訖『傍人與下簾』；斯五九四九首全尾缺，起首題『下女夫詞一本』，訖『請便自狀』；北大圖書館二四六首全尾缺，起首題『下女夫詞一本』，訖『敦煌所攝，公子』。

此件的抄寫年代，宋雪春推測應不早於公元九三八年（參見《敦煌本〈下女夫詞〉的寫本考察及相關問題研究》，七六至七七頁）。

以上釋文以斯三八七七背爲底本，用伯三三五〇（稱其爲甲本）、斯五九四九（稱其爲乙本）、北大圖書館二四六（稱其爲丙本）參校。

校記

〔一〕此標題寫於『下女夫詞一本』前，但筆跡與後文不同，疑爲後人所添加。

〔二〕『夫』，乙、丙本同，甲本無。

〔三〕此句甲本作『兒答』，乙、丙本無。

〔四〕『報』，甲、丙本同，乙本作『保』，『保』爲『報』之借字。

〔五〕此句甲、丙本同，乙本誤植於『門門相對』後。

〔六〕『堂』，當作『當』，據乙、丙本改，『堂』爲『當』之借字。

〔七〕『使』，乙本同，當作『史』，據甲、丙本改，『使』爲『史』之借字。

〔八〕『低』，甲本作『禃』，乙本作『知』，當作『祇』，據丙本改，『禃』『知』均爲『祇』之借字。

〔九〕『遂』，當作『逐』，據乙、丙本改；『恒』，乙、丙本同，《敦煌婚姻文化》釋作『姮』，雖義可通而字誤；『娥』，丙本同，乙本作『鵝』，『鵝』爲『娥』之借字。

〔一〇〕『蘭』，乙、丙本同，《敦煌變文集》《敦煌變文集新書》釋作『南』，誤，《敦煌變文集補編》校改作『闌』，按『蘭』可通，不煩校改。

〔一一〕『皮』，乙本作『卑』，當作『疲』，據丙本改，『皮』『卑』均爲『疲』之借字，《敦煌變文集》《敦煌變文集新書》釋作『先』，誤。

〔一二〕『亭』，乙本作『提』，『提』爲『亭』之借字，丙本作『停』，均可通；『流』，乙本同，丙本作『留』，均可通。

〔一三〕『請』，甲、丙本同，乙本作『清』，『清』爲『請』之借字；『垂』，乙、丙本作『須』；『接』，甲、丙本同，乙本作『絞』，誤；『引』，甲、丙本同，乙本作『印』，『印』爲『引』之借字。

〔一四〕『深』，甲、乙本同，丙本作『心』，『心』爲『深』之借字；『郎』，乙本同，當作『朗』，據丙本改，『郎』爲

「朗」之借字。

〔一五〕「星」，乙、丙本作「西」，「西」爲「星」之借字；「齊」，乙本同，丙本作「情」，「情」爲「齊」之借字。

〔一六〕「庭」，丙本同，乙本作「停」，「停」爲「庭」之借字。

〔一七〕「之」，當作「至」，據甲、乙、丙本改，「之」爲「至」之借字。

〔一八〕「祇」，據丙本補，乙本作「之」；「疑」，丙本作「回」。

〔一九〕「反」，乙、丙本作「返」，均可通。

〔二〇〕「本是」，乙本同，丙本無。

〔二一〕「郎」，當作「朗」，據乙、丙本改，「郎」爲「朗」之借字。

〔二二〕「士」，乙本同，丙本作「仕」，「仕」爲「士」之借字。

〔二三〕「使」，當作「史」，據乙、丙本改，「使」爲「史」之借字。

〔二四〕「頭」，乙本同，當作「投」，據丙本改，「頭」爲「投」之借字。

〔二五〕「窕」，底本原作「雿」，係涉上文「窈」之俗字「穷」而成之類化俗字；「淑」，乙本同，丙本作「叔」，「叔」爲「淑」之借字，底本原作「婌」，係涉下文「女」而成之類化俗字。

〔二六〕「女答」，乙本同，丙本脱。

〔二七〕「褥」，乙本同，丙本作「辱」，「辱」爲「褥」之借字。

〔二八〕「何」，丙本同，甲、乙本作「本是何」。

〔二九〕「此」，據甲、乙、丙本補。

〔三〇〕「兒」，乙本同，丙本作「女」，誤。

〔三一〕「縣」，甲、乙、丙本作「懸」，「懸」爲「縣」之借字；「名」，甲、丙本同，乙本作「明」，「明」爲「名」之借字。

〔三二〕『遼』，甲、乙本作『尞』，丙本作『料』，當作『聊』，《敦煌變文集》據文義校改，『遼』『尞』『料』均爲『聊』之借字。

〔三三〕『女』，甲、乙本同，丙本作『兒』，誤。

〔三四〕『步』，當作『涉』，據甲、乙、丙本改；『沙』，甲、乙本同，丙本脱；『磧』，乙本同，甲本作『埸』，丙本作『愎』，誤。

〔三五〕『將』，甲、乙本同，丙本作『相』。

〔三六〕『使』，當作『史』，據甲、乙、丙本改，『使』爲『史』之借字。

〔三七〕『得』，乙、丙本同，甲本作『德』，『德』爲『得』之借字。

〔三八〕『夜』，甲、乙本同，丙本作『位』，『位』爲『夜』之借字。

〔三九〕『相』，據殘筆劃及甲、乙、丙本補。

〔四〇〕『已』，甲、丙本作『如』，誤，乙本作『與』，『與』爲『已』之借字。

〔四一〕『木』，據甲、乙、丙本補；『蘭』，甲、乙本同，丙本作『難』，『難』爲『蘭』之借字，《敦煌變文集》校改作『欄』，按『蘭』可通，不煩校改。

〔四二〕『已』，乙、丙本同，甲本作『如』，誤。

〔四三〕『古』，甲本作『姑』，乙、丙本作『故』，『姑』『故』均爲『古』之借字；『嬌』，甲、乙、丙本同，當作『喬』，《敦煌變文集》據文義校改，『嬌』爲『喬』之借字；『先』，甲、乙、丙本同，當作『仙』，《敦煌變文集》據文義校改，『先』爲『仙』之借字；『客』，據殘筆劃及甲、乙、丙本補。

〔四四〕『傳』，甲、乙本同，丙本作『得』；『聞』，乙本同，甲本作『文』，丙本作『問』，『文』『問』均爲『聞』之借字；「使」，乙本同，甲本作「所」，當作「士」，據丙本改，「使」爲「士」之借字；「荆」，乙、丙本同，甲本作「經」，「經」爲「荆」之借字；「軻」，乙、丙本同，甲本作「詞」，誤。

〔四五〕「今」，丙本同，甲、乙本作「金」，「金」爲「今」之借字；「某」，丙本同，甲、乙本作「母」，「母」爲「某」之借字。

〔四六〕「知」，乙、丙本同，甲本作「之」，「之」爲「知」之借字；「意」，乙本同，甲本無，丙本作「有」。

〔四七〕「女答」，乙本同，甲、丙本脱。

〔四八〕「孟」，丙本同，甲本脱，乙本作「蓋」，誤；「春」，乙、丙本同，甲本脱；「已」，丙本同，甲本脱，乙本作「與」，「與」爲「已」之借字；「暄」，乙、丙本同，甲本脱。

〔四九〕「車」，丙本同，甲本脱，乙本作「卓」，誤；「馬」，乙、丙本同，甲本脱；「來」，乙、丙本同，甲本脱；「前」，乙、丙本同，甲本脱。

〔五〇〕「使君」，甲本脱，乙、丙本作「刺史」；「貴客」，乙、丙本同，甲本脱。

〔五一〕「體内如何」，乙、丙本同，甲本脱。

〔五二〕「管」，甲、乙、丙本同，當作「館」，《敦煌變文集》據文義校改，「管」爲「館」之借字。

〔五三〕「實」，甲、丙本同，乙本作「亦」；「亭」，丙本同，甲、乙本作「停」，均可通；「流」，甲、乙、丙本同，《敦煌變文集》校改作「留」，按「流」有「留」義，不煩校改。

〔五四〕「問」，甲、乙、丙本作「語」。

〔五五〕「管」，甲、乙、丙本同，當作「館」，《敦煌變文集》據文義校改，「管」爲「館」之借字。

〔五六〕「亭」，丙本同，甲、乙本作「停」，均可通，甲本原有兩個「停」字，一在行末，一在次行首，此爲當時的一種抄寫習慣，可以稱作「提行添字例」，第二個「停」字應不讀；「流」，甲、乙、丙本同，《敦煌變文集》校改作『留』，按『流』有『留』義，不煩校改。

〔五七〕『前』，甲、乙本同，丙本作『程』，誤；『逞』，甲、乙本同，丙本作『前』，當作『程』，《敦煌變文集》據文義校改，『逞』爲『程』之借字。

〔五八〕『川』，甲、乙、丙本同，當作『穿』，《敦煌變文集》據文義校改，『川』爲『穿』之借字。

〔五九〕『故』，乙、丙本同，甲本作『姑』，『姑』爲『故』之借字；『相過』，丙本同，甲、乙本作『過此』。

〔六〇〕『自』，甲、丙本同，乙本脱；『方』，據甲、乙、丙本補；『圓』，據殘筆劃及甲、乙、丙本補。

〔六一〕『涣』，丙本作『奂』，當作『换』，據甲、乙本改，『涣』『奂』均爲『换』之借字。

〔六二〕『遞』，甲本作『厎』，當作『第』，據文義改，『遞』『厎』爲『第』之借字，乙、丙本作『弟』，因寫本中『弟』『第』形近易混，故可視作『第』。

〔六三〕『不』，甲、丙本同，乙本作『必』，誤；『潦』，甲本同，當作『遼』，據乙、丙本改，『潦』爲『遼』之借字；『亂』，據甲、乙、丙本補。

〔六四〕『兒答』，據甲、乙、丙本補。

〔六五〕『攝』，據殘筆劃及甲、乙、丙本補。

〔六六〕『涉』，甲本同，乙本作『沙』，誤。丙本止於此句之『公子』。

〔六七〕『史』，乙本同，甲本作『使』，『使』爲『史』之借字；『名』，當作『明』，據文義改，『名』爲『明』之借字；『閑』，據殘筆劃及甲、乙本補。

參考文獻

《敦煌變文集》，北京：人民文學出版社，一九五七年，二七三至二八四頁（録）；Victor Mair，*Chinoperl Papers*，

No. 10（1981），p. 57（R）；《敦煌寶藏》三二册，臺北：新文豐出版社公司，一九八二年，一〇〇至一〇一頁（圖）；《1983 年全國敦煌學術討論會文集·文史遺書編下》，蘭州：甘肅人民出版社，一九八七年，一六二頁；《敦煌研究》一九八七年二期，四五頁；《敦煌語言文學研究》，北京大學出版社，一九八八年，二六七至二六九頁；《敦煌民俗學》，上海文藝出版社，一九八九年，一五〇至一五七頁；《敦煌變文集補編》，北京大學出版社，一九八九年，一四三至一四七頁（録）；《第二届敦煌學國際研討會論文集》，臺北：漢學研究中心，一九九一年，四六〇至四六二頁；《英藏敦煌文獻》五卷，成都：四川人民出版社，一九九二年，一九一至一九二頁（圖）；《敦煌文學概論》，蘭州：甘肅人民出版社，一九九三年，三七九至三八〇頁；《敦煌婚姻文化》，蘭州：甘肅人民出版社，一九九三年，三四至四〇頁（録）；《英藏敦煌文獻》九卷，成都：四川人民出版社，一九九四年，二三二頁（圖）；《社科縱横》一九九四年四期，一九頁；《敦煌變文集新書》，臺北：文津出版社，一九九四年，一一七九至一一九二頁（録）；《北京大學圖書館藏敦煌文獻》二册，上海古籍出版社，一九九五年，二六六至二六七頁（圖）；《法藏敦煌西域文獻》二三册，上海古籍出版社，二〇〇〇年，二八五頁（圖）；《敦煌俗文學研究》，蘭州：甘肅教育出版社，二〇〇二年，四〇七至四二七頁；《王重民向達所攝敦煌西域文獻照片合集》二八册，北京圖書館出版社，二〇〇八年，一〇四一八至一〇四一九頁（圖）；《敦煌學輯刊》二〇一二年四期，七六至七七頁。

斯三八七八　維摩詰經義記卷第一題記

釋文

空藏禪師修〔一〕。

説明

此件《英藏敦煌文獻》未收，現予增收。池田温認爲此件的年代大約在公元七世紀（參看《中國古代寫本識語集録》，二五四頁）。

校記

〔一〕『修』，《敦煌遺書總目索引新編》未能釋讀。

參考文獻

Descriptive Catalogue of the Chinese Manuscripts from Tunhuang in the British Museum，The Trustees of the British Museum，London 1957，p. 167（録）；《敦煌寶藏》三二册，臺北：新文豐出版公司，一九八二年，一〇二頁（圖）；《敦煌遺書

總目索引》，北京：中華書局，一九八三年，一八七頁（録）；《中國古代寫本識語集録》，東京大學東洋文化研究所，一九九〇年，二五四頁（録）；《敦煌遺書總目索引新編》，北京：中華書局，二〇〇〇年，一一七頁（録）。

斯三八七九　一　乾祐四年（公元九五一年）四月四日河西都僧統全照帖諸寺綱管所由等

釋文

應管内外都僧統　帖

諸僧尼寺綱管所由等〔一〕

右奉　處分，今者四月大會，

準常例轉念三日，應有僧尼

大衆〔二〕，除枕疾在牀，餘者總須

齊來。一則功德圓滿，共報

佛恩；二乃薦國資君〔三〕，廓

清河隴〔四〕，同發勝心，莫違上願。

限五日早晨，並於報恩寺雲

集，不得一前一後〔五〕，互勸齊來〔六〕，
便是自家福分〔七〕。其帖仰倉司
於寺丁寧告報〔八〕。如有故犯前
戒〔九〕，不齊同者〔一〇〕，責罰取此不輕〔一一〕。氈褥
準舊〔一二〕，香花桃葉〔一三〕，不令闕少一色〔一四〕。
諸寺寺宇掃略〔一五〕，不令惡穢。
右仰準此指撝〔一六〕，不得違犯者〔一七〕。
乾祐四年四月四日。
　　應管内外都僧統全照〔一八〕

說明

此件首尾完整，其内容是河西僧都統爲四月八日佛誕日轉念大會給諸寺所下的文帖，帖首、轉經集會時間和發帖時間處各鈐『河西都僧統印』方形陽文朱印一方。乾祐四年即公元九五一年。

河西都僧統是晚唐五代宋初歸義軍駐錫敦煌的最高僧官。榮新江考出此件中的河西都僧統爲九四五年繼任的氾僧統（參看《歸義軍史研究》，二八九、二九二、二九七頁）。

校記

〔一〕『所由』，《敦煌遺書總目索引新編》未能釋讀。此句《敦煌所出唐宋書牘整理與研究》漏録。

〔二〕『大衆』，據殘筆劃及文義補。

〔三〕『薦』，《敦煌社會經濟文獻真蹟釋録》據殘筆劃及文義校補。

〔四〕『清』，《敦煌社會經濟文獻真蹟釋録》據文義校補；『河』，據殘筆劃及文義補，《敦煌社會經濟文獻真蹟釋録》《敦煌所出唐宋書牘整理與研究》逕釋作『河』。

〔五〕『一前二』，《敦煌遺書總目索引新編》未能釋讀。

〔六〕『互』，《敦煌社會經濟文獻真蹟釋録》《敦煌所出唐宋書牘整理與研究》釋作『盡』，《敦煌遺書總目索引新編》釋作『再』，均誤。

〔七〕『便』，《敦煌社會經濟文獻真蹟釋録》《敦煌遺書總目索引新編》《敦煌所出唐宋書牘整理與研究》均釋作『更』，誤。

〔八〕『於』，《敦煌遺書總目索引新編》《敦煌所出唐宋書牘整理與研究》均未能釋讀；『寺』，《敦煌社會經濟文獻真蹟釋録》疑作『庭』，《敦煌遺書總目索引新編》未能釋讀，《敦煌所出唐宋書牘整理與研究》釋作『庭』，誤；『丁』，《敦煌社會經濟文獻真蹟釋録》《敦煌所出唐宋書牘整理與研究》均未能釋讀；『寧』，《敦煌社會經濟文獻真蹟釋録》未能釋讀，《敦煌所出唐宋書牘整理與研究》校補作『名』，誤；『告』，《敦煌所出唐宋書牘整理與研究》校改作『先』。

〔九〕『戒』，《敦煌社會經濟文獻真蹟釋録》《敦煌所出唐宋書牘整理與研究》均未能釋讀。

〔一〇〕『不齊』，《敦煌社會經濟文獻真蹟釋録》《敦煌所出唐宋書牘整理與研究》均未能釋讀；『同』，《敦煌社會經濟文獻真蹟釋録》《敦煌遺書總目索引新編》《敦煌所出唐宋書牘整理與研究》均未能釋讀；『者』，《敦煌社會經濟文獻真蹟釋録》未能釋讀，《敦煌所出唐宋書牘整理與研究》釋作『名』，誤。

〔一一〕『取』，《敦煌所出唐宋書牘整理與研究》釋作『於』，誤。

〔一二〕『氈褥』，《敦煌遺書總目索引新編》未能釋讀；『準舊』，《敦煌社會經濟文獻真蹟釋録》《敦煌所出唐宋書牘整理與研究》均未能釋讀。

〔一三〕『香』，《敦煌社會經濟文獻真蹟釋録》《敦煌所出唐宋書牘整理與研究》均未能釋讀；『花』，《全唐文新編》據殘筆劃及文義校補；『桃』，據殘筆劃及文義補；『葉』，《敦煌社會經濟文獻真蹟釋録》《敦煌遺書總目索引新編》《敦煌所出唐宋書牘整理與研究》均未能釋讀。

〔一四〕『闕』，《敦煌社會經濟文獻真蹟釋録》釋作『口』，《全唐文新編》釋作『闋』，《敦煌所出唐宋書牘整理與研究》釋作『明』，均誤，《敦煌遺書總目索引新編》未能釋讀；『少』，《敦煌遺書總目索引新編》未能釋讀。

〔一五〕『諸』，《全唐文新編》據殘筆劃及文義校補；第一個『寺』，《敦煌社會經濟文獻真蹟釋録》《敦煌所出唐宋書牘整理與研究》釋作『等』，誤，《敦煌遺書總目索引新編》未能釋讀；第二個『寺』，《敦煌社會經濟文獻真蹟釋録》釋作『等』，誤，《敦煌遺書總目索引新編》《敦煌所出唐宋書牘整理與研究》均未能釋讀；『宇』，《敦煌社會經濟文獻真蹟釋録》《敦煌遺書總目索引新編》《敦煌所出唐宋書牘整理與研究》均未能釋讀；『略』，《敦煌社會經濟文獻真蹟釋録》《敦煌所出唐宋書牘整理與研究》均未能釋讀。

〔一六〕『右』，《敦煌遺書總目索引新編》未能釋讀；『撝』，《敦煌遺書總目索引新編》未能釋讀，《敦煌所出唐宋書牘整理與研究》釋作『揮』，誤。

〔一七〕『犯』，《敦煌所出唐宋書牘整理與研究》釋作『反』，誤。

〔一八〕『全照』，《敦煌社會經濟文獻真蹟釋録》《敦煌遺書總目索引新編》《敦煌所出唐宋書牘整理與研究》均未能釋讀，《歸義軍史研究》釋作『光惠』。

參考文獻

《敦煌寶藏》三二册，臺北：新文豐出版公司，一九八二年，一〇三頁（圖）；《敦煌學園零拾》上册，臺北：臺灣商務印書館，一九八六年，二三五頁；《敦煌社會經濟文獻真蹟釋録》四輯，北京：全國圖書館文獻縮微複製中心，一九九〇年，一五一至一五二頁（圖、録）；《英藏敦煌文獻》五卷，成都：四川人民出版社，一九九二年，一九二至一九三頁（圖）；《歸義軍史研究》，上海古籍出版社，一九九六年，二三、二八九、二九七頁；《敦煌遺書總目索引新編》，北京：中華書局，二〇〇〇年，一一七頁（録）；《二〇〇〇年敦煌學國際學術討論會文集·歷史文化卷下》，蘭州：甘肅民族出版社，二〇〇三年，一八九至一九〇頁；《敦煌研究》二〇〇一年一期，九九至一〇〇頁；《全唐文新編》，長春：吉林文史出版社，二〇〇〇年，一二六六四頁（録）；《敦煌歸義軍史專題研究三編》，蘭州：甘肅文化出版社，二〇〇五年，四八至七四頁；《全唐文補遺》九輯，西安：三秦出版社，二〇〇七年，二八五至二八六頁（録）；《敦煌的民俗》，蘭州：甘肅教育出版社，二〇〇八年，四五至四六頁；《敦煌所出唐宋書牘整理與研究》，成都：西南交通大學出版社，二〇一六年，二〇四至二〇五頁（録）。

斯三八七九　二　奉爲釋迦降誕大會知轉經僧尼帖抄

釋文

右奉　處分，今者四月八日是釋迦降誕之晨〔一〕，大會轉經，僧尼切須齊整，除卻染疾患卧〔二〕，餘者老小不容，於時赴會齊來〔三〕。一則僧家儀式從法〔四〕，爲報　佛恩，二乃薦國資君。各各念誦，遂見風調雨順；個個澄心，蓮府必獲康寧。不得違越上願，限至五日早晨於報恩寺雲集。齊整威儀，雍雍而來。不許一前一後，失於軌範。若有不稟條流，面掃裝眉〔五〕，納鞋赴衆〔六〕，髮長逐伴者，施罰不輕〔七〕。今遣倉〔司〕遞帖告報〔八〕。

説明

此件首尾完整，筆跡潦草，塗改之處甚多，似是其前之『河西都僧統帖』之抄件，兩件基本内容相同，但文字有出入。

校記

〔一〕『晨』，通『辰』。

〔二〕『卧』，《敦煌遺書總目索引新編》釋作『外』。

〔三〕『會』，《敦煌遺書總目索引新編》漏録；『齊』，《敦煌遺書總目索引新編》釋作『齋』，誤。

〔四〕『僧家儀式從法』，《敦煌社會經濟文獻真蹟釋録》漏録，《敦煌遺書總目索引新編》釋作『家儀例式，從常教法』，按底本『例』『常教』已被塗抹。

〔五〕『面掃』，《敦煌遺書總目索引新編》釋作『而歸』。

〔六〕『衆』，《敦煌遺書總目索引新編》未能釋讀。

〔七〕『罰』，《敦煌遺書總目索引新編》未能釋讀。

〔八〕『司』，《全唐文新編》據『斯三八七九　一　乾祐四年（九五一）四月四日河西都僧統全照知諸寺綱管所由帖』校補；『告』，《全唐文新編》釋作『先』，誤。

參考文獻

《敦煌寶藏》三二册，臺北：新文豐出版公司，一九八二年，一〇三至一〇四頁（圖）；《敦煌遺書總目索引》，北京：中華書局，一九八三年，一八七頁（録）；《莫高窟年表》，上海古籍出版社，一九八五年，五四六頁（録）；《五代宗教史年表》，臺北：華宇出版社，一九八六年，一一七頁；《敦煌社會經濟文獻真蹟釋録》四輯，北京：全國圖書館文獻縮微複製中心，一九九〇年，一五三頁（圖、録）；《英藏敦煌文獻》五卷，成都：四川人民出版社，一九九二年，一九三頁（圖）；《敦煌佛學·佛事篇》，蘭州：甘肅人民出版社，一九九五年，二六一頁（録）；《敦煌遺書總目索引新編》，北京：中華書局，二〇〇〇年，一一七頁（録）；《全唐文新編》，長春：吉林文史出版社，二〇〇〇年，一二一八七頁（録）；《全唐文補遺》九輯，西安：三秦出版社，二〇〇七年，二八七頁（録）；《敦煌所出唐宋書牘整理與研究》，成都：西南交通大學出版社，二〇一六年，二〇五頁（録）。

斯三八七九　三　雜寫

釋文

右奉　處分，今者四月八日是釋迦降誕

之晨，大會轉經，僧尼切須

處分，今者誕筵

説明

以上文字係後人隨手書於『奉爲釋迦降誕大會知轉經僧尼帖抄』前後。

參考文獻

《敦煌寶藏》三二册，臺北：新文豐出版公司，一九八二年，一〇四頁（圖）；《英藏敦煌文獻》五卷，成都：四川人民出版社，一九九二年，一九三頁（圖）。

斯三八七九　四　謝大王賜酒食牒抄

釋文

伏蒙〔一〕
大王鴻慈〔二〕，特賜酒食〔三〕，贶卑充頓〔四〕，無任感激
屏營之至。謹修狀陳
謝，伏惟〔五〕照察。　　　　某月日某姓某字牒〔六〕

説明

此件首尾完整，抄寫於『奉爲釋迦降誕大會知轉經僧尼帖抄』後，書法稚拙，明顯有别於前件。

校記

〔一〕『伏蒙』，《敦煌遺書總目索引》《敦煌遺書總目索引新編》此二字歸屬前件，誤。
〔二〕『鴻慈』，《敦煌遺書總目索引》《敦煌遺書總目索引新編》均釋作『賜宴』，誤。

〔三〕「賜」，《敦煌遺書總目索引》《敦煌遺書總目索引新編》均釋作「贈」，誤。

〔四〕「𤰞」，《敦煌遺書總目索引》《敦煌遺書總目索引新編》釋作「畁」，均可通；「頓」，《敦煌遺書總目索引》釋作「頭」，誤，《敦煌遺書總目索引新編》未能釋讀。

〔五〕「惟」，《敦煌遺書總目索引》釋作「唯」，《敦煌遺書總目索引新編》釋作「爲」，均誤。

〔六〕「姓」，《敦煌遺書總目索引新編》釋作「勝」，誤。

參考文獻

《敦煌寶藏》三二册，臺北：新文豐出版公司，一九八二年，一〇四頁（圖）；《敦煌遺書總目索引》，北京：中華書局，一九八三年，一八七頁（録）；《英藏敦煌文獻》五卷，成都：四川人民出版社，一九九二年，一九三頁（圖）；《敦煌遺書總目索引新編》，北京：中華書局，二〇〇〇年，一一七頁（録）。

斯三八七九背　一　奉爲釋迦降誕大會知轉經僧尼帖抄

釋文

（前缺）

齊整威儀，雍雍而來。不得一前一後，失於軌範。若有不奉教條，兼作裝眉，納鞋赴衆，髮長逐伴者，施罰不輕。

説明

此件首缺尾全，是正面『奉爲釋迦降誕大會知轉經僧尼帖』的抄件，文字略有差異，原未抄完。《英藏敦煌文獻》未收，現予增收。

參考文獻

《敦煌寶藏》三二册，臺北：新文豐出版公司，一九八二年，一〇八頁（圖）。

釋文

五逆等熏業及輪王善業。輪王雖行十善，令人不得成聖。曰障生八難中，曰報障。善論十地，地地有障。總如（而）言之[一]，無出二種：煩惱、所知。煩惱障障人空。欲悟人空，先斷此障，得成小果。所知障障法空。欲悟法空，先斷此障，得成大果。煩惱障障理，即涅槃也；所知障障智，即菩提也。諸佛如來於三祇劫伏斷，修證至金剛位，二障方盡。智從種生，名得菩提也。金剛喻定者，約喻立也。此云菩薩持心也。亦云得此定已能摧滅二乘，菩薩之定曰金剛喻，亦云得證定，是滿定，最後得。故菩薩所知障者，是法執；煩惱障者，是我執。初地菩薩已去。菩薩但有毫毛見法之心，名所知障。煩惱障者，是地前一無數劫中所修善種，爲是相，心中修，猶礙菩薩。菩薩登地已後，漸漸謁此種子，名煩惱障。與貪嗔癡煩惱不同，三毒煩惱地前斷。二乘所知障者亦是法執，見有涅槃爲斷染，證真障於菩提，名所知障，亦云障所知。故是謂衆生合能飛空自在，遊歷十方，爲此種故，不獲斯事是也。煩惱障者，貪等諸惑，云煩惱障，與我執相似，所知障與法執連關。二障含三障者。

報障、業障含在煩惱中。智障含在所知障中〔二〕。菩薩見三身可知。報身者，功德之身，如百年之日，凡夫不可見，住在諸淨土，及色究竟天主是不居穢土□□□。前業生身，菩薩不能見得，六地已願，生身方可分見。化身與小乘同，小乘見三身者，以五分法證之身名法身。王宮生卅二相八十種好之身，名報身，化身□現十八□等是也〔三〕。三菩提義涅槃之義，廣二十二問中具。佛涅槃者與上涅槃有何差別？答：上涅槃詮理，下涅槃是佛化身，約權現涅槃也。

説明

此件首尾完整，爲某佚名佛教術語問答的摘抄，或與《大乘入道次第》《大乘二十二問》有關。《英藏敦煌文獻》擬名『知僧尼帖』，當是誤用正面題目，故不取。

校記

〔一〕『如』，當作『而』，據文義改，『如』爲『而』之借字。
〔二〕『智障』，據殘筆劃及文義補。
〔三〕『現』，據殘筆劃及文義補。

參考文獻

《敦煌寶藏》三二册，臺北：新文豐出版公司，一九八二年，一〇八頁（圖）；《英藏敦煌文獻》五卷，成都：四川人民出版社，一九九二年，一九三至一九四頁（圖）。

斯三八七九背　　三　龍樹傳抄

釋文

言龍樹□□，亦云龍孟〔一〕，亦云龍呼，此菩薩有大德業，龍王頻請説法，名龍呼，亦云名德，亦云威德比丘。是南天竺醫師之子。云：大慧汝應知之〔二〕，善逝涅槃後，未來世當有，於（持）於我法者〔三〕。南天竺國中，大名德比丘；厥號爲龍樹〔四〕，能破有無宗〔五〕。世間〔中〕顯我〔六〕，無上大乘法；得初歡喜地〔七〕。龍樹，此云龍猛，此人本是南天竺國婆羅門子，其父母是外道，尼健之弟□□□法。龍樹年始襁褓，父母請二師法詣家供養〔八〕。師乃各誦四萬偈伽他。其子聞已，言下會悟，一字勿遺。師出去已，子爲父説伽他之義，之（其）父母驚愕〔九〕，知其非常民。年弱冠，聰明利智，無事解（？）世□□□，更有伴侣三人，遂相祝曰：我等今者世間書籍悉已具知，更無所學，共汝等可於五欲恣情適意，豈不善哉？龍樹□□遂往幻述（術）師祈隱形之法〔一〇〕。師云：聞子等才藝特達，名聞遠施，何得於我習斯早（造）業〔一一〕？師知此四人其心高舉，若與其法，終不事

（？）我。但與其藥，不示秘方，意在斯人來詢問。師乃各與青藥一丸，令淨室之中，清水磨之，塗其眼上，即世人竟不能見於四人。受緑（？）藥已，三人塗之眼，龍樹磨已，喚之（下缺）

説明

此件首全尾缺，其主要内容與傳世的鳩摩羅什所作《龍樹菩薩傳》基本一致，但文字有差異。

校記

〔一〕『亦』，據殘筆劃及文義補。

〔二〕此句至『得初歡喜地』出自《大乘入楞伽經》，該經此句無『之』字。

〔三〕『於』，當作『持』，據《大乘入楞伽經》改。

〔四〕『龍樹』，據《大乘入楞伽經》補。

〔五〕『能』，據《大乘入楞伽經》補。

〔六〕『中』，據《大乘入楞伽經》補。

〔七〕據《大乘入楞伽經》，此句後漏抄了『往生安樂國』一句。

〔八〕『法』，據文義爲衍字。

〔九〕『之』，當作『其』，據文義改。

〔一〇〕『樹』，據文義補；『述』，當作『術』，『述』爲『術』之借字。

〔一一〕「早」，當作「造」，據文義改，「早」爲「造」之借字。

參考文獻

《敦煌寶藏》三二册，臺北：新文豐出版公司，一九八二年，一〇八頁（圖）；《英藏敦煌文獻》五卷，成都：四川人民出版社，一九九二年，一九四頁（圖）。

斯三八八〇　一　詠廿四節氣詩抄

釋文

（前缺）

蕤賓移去後〔一〕，二氣各西東。

大暑三秋近，林鍾九夏移〔二〕。桂輪開子夜〔三〕，螢火照空時〔四〕。瓜果邀儒客，菰蒲長墨池。絳紗渾卷上，經史待風吹。

處暑七月中〔五〕

向來鷹祭鳥，漸覺白藏深〔六〕。葉下空驚吹，天高不見心。氣收禾黍熟〔七〕，風淨草蟲吟〔八〕。緩酌罇中酒〔九〕，容調膝上琴。

秋分八月中〔一〇〕

琴彈南吕調，風色已高清。雲散飄飖影，雷收振怒聲。乾坤能靜肅，寒暑喜均平。忽見新來雁，人心敢不驚？

霜降九月中〔一一〕

風卷清雲盡〔一二〕，空天萬里霜。野豺先祭獸〔一三〕，仙菊遇重陽。秋色悲疏木，鴻鳴憶故鄉。誰知一罇酒，能使百秋（愁）亡〔一四〕。

冬詠十月中〔一五〕

莫怪虹無影，如今小雪時。陰陽依上下，寒[暑]喜分離〔一六〕。滿月光天漢，長風響樹枝。横琴[對]渌醑〔一七〕，獨自斂愁眉〔一八〕。

詠冬至十一月中

二氣俱生處，周家正立年。歲星瞻北極，舜日照南天。拜慶朝金殿，歡娱列綺筵〔一九〕。萬邦歌有道，誰敢動征邊！

大寒十二月中〔二〇〕

臘酒自盈罇，金爐獸（著）炭温〔二一〕。大寒宜近火，無事莫開門。冬與春交替，星周月巨存〔二二〕？明朝换新律，梅柳待陽春〔二三〕。

立春正月節〔二四〕

春冬移律吕〔二五〕，天地换星霜。冰泮遊魚躍，和風待柳芳。早梅迎雨水，殘雪怯朝陽。萬物含新意，同歡聖日長。

驚蟄二月節〔二六〕

陽氣初驚蟄，韶光天地周〔二七〕。桃花開蜀錦，鷹老化爲鳩〔二八〕。時候爭催迫，萌牙護（互）短脩〔二九〕。人間務生事，耕種滿田疇。

清明三月節〔三〇〕

清明來向晚，山色正光華〔三一〕。楊柳先飛絮，梧桐慣（續）放花〔三二〕。鴽聲知化鼠，虹影指天涯。已識風雲意，寧愁穀雨賒〔三三〕。

立夏四月節〔三四〕

欲知春與夏，仲呂啓朱明〔三五〕。蚯蚓誰交出〔三六〕，王瓜自合生〔三七〕。簇蠶呈蠒樣，林鳥哺鶵聲。漸覺雲峰好，徐徐帶雨行。

荒（芒）種五月節〔三八〕

芒種看今日，螗蜋應節生。□雲高下影〔三九〕，鴠鳥往來聲。渌沼蓮花放，炎風暑雨晴〔四〇〕。相逢問蠶麥，幸得稱人情。

小暑六月節〔四一〕

倏忽温風至，因循小暑來。竹喧先覺雨，山暗已聞雷。户牖深青靄〔四二〕，階庭長渌苔。鷹鸇（雛）新習學〔四三〕，蟋蟀莫相催〔四四〕。

立秋七月節〔四五〕

不期朱夏盡〔四六〕，涼吹暗迎秋。天漢成橋鵲，星娥會玉樓。寒聲喧（喧）耳外〔四七〕，白露滴林頭。一葉驚心緒，如何得不愁？

白露八月節〔四八〕

露霑蔬草白，天氣轉青高。葉下和秋吹，驚看兩鬢毫〔四九〕。養羞因野鳥，爲客訝蓬蒿〔五〇〕。火急收田種，晨昏莫告勞。

寒露九月節〔五一〕

寒露驚秋晚，朝看菊漸黄。千家風掃葉，萬里雁隨陽。化蛤悲群鳥，收田畏早霜。因知松柏志，冬夏色蒼蒼。

立冬十月節〔五二〕

霜降向人寒，輕冰渌水漫。蟾將纖影出，雁帶幾行殘。田種收藏了，衣裘製造看。野鷄投水日，化蜃不將難。

大雪十一月節〔五三〕

積陰成大雪，看處亂菲菲。玉管鳴寒夜，披書遶絳幃〔五四〕。黄鍾隨氣改，鷃鳥不鳴時。何限蒼生類，依依惜暮暉。

小寒十二月節〔五五〕

小[寒]連大呂〔五六〕，歡鵲壘新巢。拾食尋河曲，銜柴遶樹梢。霜鷹延北首，鴝鵒隱叢茅。

莫怪嚴凝切，春冬正欲交。

甲辰年夏月上旬寫記

元相公撰　李慶君書

説明

此件首缺尾全，起『移去後』，訖尾題『甲辰年夏月上旬寫記　元相公撰　李慶君書』，卷中有朱筆句讀及校改。其内容爲詠二十四氣詩詩抄，分開抄寫『中氣』七首及『節氣』十二首。尾題中的『元相公』係託名（參看陳尚君《全唐詩補編》，一〇三八頁）。『甲辰年』，翟理斯推測是唐僖宗中和四年（公元八八四年）（參看 *Descriptive Catalogue of the Chinese Manuscripts from Tunhuang in the British Museum*，The Trustees of the British Museum，p. 237.）池田温認爲是公元九四四年（參看《中國古代寫本識語集録》，四八四頁）。

敦煌文獻中與此件相關者還有伯二六二四，該件首尾完整，起首題『盧相公詠二十四氣詩』，訖『梅柳待陽春』。與此件『中氣』『節氣』分開抄寫不同，伯二六二四是按照二十四節氣的實際順序排列的。

以上釋文以斯三八八〇爲底本，用伯二六二四（稱其爲甲本）參校。

校記

〔一〕『蕤賓』，據甲本補。

〔二〕『夏移』，據甲本補。
〔三〕『桂輪』，據殘筆劃及甲本補。
〔四〕『螢』，據甲本補。
〔五〕『處』，甲本作『詠處』。
〔六〕『白』，甲本作『百』，『百』爲『白』之借字；『深』，據殘筆劃及甲本補。
〔七〕『黍』，甲本作『黎』，誤。
〔八〕『淨』，甲本作『静』。
〔九〕『緩』，甲本作『緣』，誤。
〔一〇〕『秋』，甲本作『詠秋』。
〔一一〕『霜』，甲本作『詠霜』。
〔一二〕『清雲』，甲本作『晴霜』。
〔一三〕『豺』，甲本作『犲』，『犲』即『豺』。
〔一四〕『秋』，當作『愁』，據甲本改。
〔一五〕『冬詠』，甲本作『詠小雪』。
〔一六〕『暑』，據殘筆劃及甲本補。
〔一七〕『對』，據甲本補。
〔一八〕『獨』，甲本原寫作『醑』，係涉上文『醑』而成之類化俗字；『愁』，甲本作『秋』，誤。
〔一九〕『筵』，甲本作『延』，『延』爲『筵』之借字。
〔二〇〕『大寒』，甲本作『詠大寒』。

〔二一〕『獸』，當作『著』，據甲本改。
〔二二〕『巨』，甲本作『詎』，均可通。
〔二三〕『陽』，甲本作『揚』，『揚』爲『陽』之借字。
〔二四〕『立』，甲本作『詠立』。
〔二五〕『吕』，甲本作『侣』，『侣』爲『吕』之借字。
〔二六〕『驚』，甲本作『詠驚』。
〔二七〕『天』，甲本作『大』。
〔二八〕『爲』，甲本作『春』。
〔二九〕『牙』，甲本作『芽』，均可通；『護』，當作『互』，據甲本改。
〔三〇〕『清』，甲本作『詠清』。
〔三一〕『色』，甲本作『渌』。
〔三二〕『價』，當作『續』，據甲本改。
〔三三〕『穀雨』，甲本作『雨穀』，誤。
〔三四〕『立』，甲本作『詠立』。
〔三五〕『吕』，甲本作『侣』，『侣』爲『吕』之借字。
〔三六〕『交』，甲本作『教』，均可通。
〔三七〕『合』，甲本作『含』，誤。
〔三八〕『荒』，當作『芒』，據甲本改，甲本前另有『詠』字。
〔三九〕『□』，甲本作『彤』。

〔四〇〕『晴』，甲本作『清』，誤。
〔四一〕『小』，甲本作『詠小』。
〔四二〕『青』，甲本作『清』。
〔四三〕『雕』，當作『鵰』，據甲本改。
〔四四〕『催』，甲本作『懽』，誤。
〔四五〕『立』，甲本作『詠立』。
〔四六〕『期』，甲本作『其』，『其』爲『期』之借字。
〔四七〕『暄』，當作『喧』，據甲本改，『暄』爲『喧』之借字。
〔四八〕『白露』，甲本作『詠秋分』，誤。
〔四九〕『毫』，甲本作『毛』。
〔五〇〕『訝』，甲本脱。
〔五一〕『寒』，甲本作『詠寒』。
〔五二〕『立』，甲本作『詠立』。
〔五三〕『大』，甲本作『詠大』。
〔五四〕『遶』，甲本作『曉』；『幃』，甲本作『樟』，誤。
〔五五〕『小』，甲本作『詠小』。
〔五六〕『寒』，據甲本補；『大』，甲本作『天』，誤。

參考文獻

Descriptive Catalogue of the Chinese Manuscripts from Tunhuang in the British Museum，The Trustees of the British Museum，London 1957，p. 237；《敦煌韻文集》，臺灣高雄佛教文化處，一九六五年，一至五頁（録）；《敦煌寶藏》三二册，臺北：新文豐出版公司，一九八二年，一〇六至一〇八頁（圖）；《敦煌俗文學研究》，臺北：東吴大學中國學術著作獎助委員會，一九八四年，二一一至二一四、二三二至二三四頁（録）；《敦煌民俗學》，上海文藝出版社，一九八九年，四七五至四八〇頁（録）；《中國古代寫本識語集録》，東京大學東洋文化研究所，一九九〇年，四八四頁；《全唐詩補編》中册，北京：中華書局，一九九二年，一〇三八至一〇四二頁（録）；《英藏敦煌文獻》五卷，成都：四川人民出版社，一九九二年，一九四至一九六頁（圖）；《敦煌詩集殘卷輯考》，北京：中華書局，二〇〇〇年，一〇〇頁（録）；《敦煌遺書總目索引新編》，北京：中華書局，二〇〇〇年，一一七至一一八頁（録）；《法藏敦煌西域文獻》一六册，上海古籍出版社，二〇〇一年，三二七頁（圖）；《敦煌詩歌導論》，成都：巴蜀書社，二〇〇一年，一八七至一八八頁；《敦煌研究》二〇〇五年一期，八八至九四頁（録）；《全敦煌詩》六册，北京：作家出版社，二〇〇六年，二六三一至二六五三頁（録）；《魯東大學學報（哲學社會科學版）》二〇一一年一期，五九至六二頁；《敦煌的博物學世界》，蘭州：甘肅教育出版社，二〇一三年，一九九至二〇三頁；《隋唐五代歌謡集》，南京師範大學出版社，二〇一四年，二二三至二二七頁；《敦煌詩解讀》，北京：世界圖書出版有限公司，二〇一五年，四〇八至四五九頁（録）；《氣象知識》二〇一七年一期，四六至五一頁。

斯三八八〇　二　書儀抄（起居狀）

釋文

孟春猶寒，　伏惟　官位尊體動正（止）萬福〔一〕。即日某乙蒙恩，不審近日尊重（體）何似〔二〕？伏惟倍　加保重，是使望也。今合有重信獻上，緣使蔥（匆）速〔三〕，伏乞不責罪逆。伏惟照察。謹狀。

説明

此件首尾完整，起『孟春猶寒』，訖『謹狀』，所抄内容爲書儀中的起居狀。此件筆跡與上件一致，係同一人所抄。

校記

〔一〕『正』，當作『止』，據其他書儀例改。

〔二〕『重』，當作『體』，據其他書儀例改。

〔三〕『葸』，當作『匆』，據文義改，『葸』爲『匆』之借字。

參考文獻

《敦煌寶藏》三二册，臺北：新文豐出版公司，一九八二年，一〇八頁（圖）；《英藏敦煌文獻》五卷，成都：四川人民出版社，一九九二年，一九六頁（圖）。

斯三八八〇背　一　詠廿四節氣詩抄（春分二月中）

釋文

二氣莫交爭，春分兩處行。雨來看電影，雲過聽雷聲。山色連天碧，林花向日明。梁間玄鳥音〔一〕，欲似解人情。

説明

此件首尾完整，墨色較淡，起『二氣莫交爭』，訖『欲似解人情』，其内容爲『詠廿四節氣詩』中的『春風二月中』。此件《英藏敦煌文獻》漏收，今予補收。

以上釋文以斯三八八〇背爲底本，用伯二六二四（稱其爲甲本）參校。

校記

〔一〕『音』，甲本作『語』。

參考文獻

《英藏敦煌文獻》五卷，成都：四川人民出版社，一九九二年，一九四至一九六頁（圖）；《法藏敦煌西域文獻》一六册，上海古籍出版社，二〇〇一年，三二七頁。

斯三八八〇背　二　題記

釋文

大順元年十一月十七日張一。〔一〕

説明

以上文字書於『詠廿四節氣詩抄』之後，二者間隔較遠，筆跡也不同，係不同人所抄。大順元年即公元八九〇年。

校記

〔一〕第一個『一』，《敦煌遺書總目索引》《敦煌遺書總目索引新編》均未能釋讀；第二個『十』，《敦煌詩集殘卷輯考》釋作『廿』，誤；第二個『一』，《敦煌遺書總目索引》《敦煌遺書總目索引新編》均未能釋讀，《敦煌詩集殘卷輯考》釋作『記』，誤。

參考文獻

Descriptive Catalogue of the Chinese Manuscripts from Tunhuang in the British Museum, The Trustees of the British Museum, London 1957, p. 237（録）；《敦煌寶藏》三二册，臺北：新文豐出版公司，一九八二年，一〇八頁（圖）；《敦煌遺書總目索引》，北京：中華書局，一九八三年，一八八頁（録）；《敦煌遺書總目索引新編》，北京：中華書局，二〇〇〇年，一一八頁（録）；《敦煌詩集殘卷輯考》，北京：中華書局，二〇〇〇年，九九頁（録）。

斯三八八一背　開經文抄

釋文

以此開贊大乘甚深義趣〔一〕，所生功德，無量無邊。先將資益釋梵四王〔二〕、龍天八部：惟願威光轉盛〔三〕，福力彌增；興運慈悲，救人護（國）〔四〕。須（使）四時順序〔五〕，八表無偶（虞）〔六〕；九横不侵，萬人安樂。法輪常轉，佛日畔暉〔七〕；刀兵不器（囂）〔八〕，疫毒休息。唯願經聲歷歷〔九〕，上徹天宫；鍾梵鈴鈴〔一〇〕，下臨地獄。刀山落忍（刃）〔一一〕，劍樹摧峰（鋒）〔一二〕；爐炭收烟，河冰息浪〔一三〕。針咽餓鬼，永絶虚羸。鱗甲畜生，莫相食噉。歌遥（謡）乾闥〔一四〕，絃管長鳴〔一五〕；鬬戰修羅〔一六〕，心謨（魔）永息〔一七〕。散支大將〔一八〕，護國護人〔一九〕；歡喜龍王，調風調雨。惡星變怪，掃出天門；異獸靈祇〔二〇〕，潛藏地穴。懷胎難月〔二一〕，母子平安；征客遠行〔二二〕，鄉關早達。獄囚繫閉，枷鎖離身〔二三〕；病苦纏眠（綿）〔二四〕，起居輕利。亡過眷屬〔二五〕，頂拜彌陀〔二六〕；合道場人，恆聞政法〔二七〕。惟願盲者見道〔二八〕，啞者能言，聾者德聞〔二九〕，愚者得智。如斯不寛具〔三〇〕，願承法力〔三一〕，因緣悉德，諸相具足。

説明

此件首尾完整，倒書寫於《温室洗浴衆僧經疏》卷背，起『以此開贊大乘甚深義趣』，訖『諸相具足』，無題。《英藏敦煌文獻》擬名《發願文》，《敦煌願文集》考定其爲《開經文》，係抄件。敦煌文獻中與此件相同者還有斯四五三七，首尾完整，起『以此開讚大乘不思議解脱法門』，訖『副聖獨標其忠謹』。

以上釋文以斯三八八一背爲底本，用斯四五三七（稱其爲甲本）參校。

校記

〔一〕『甚深義趣』，甲本作『不思議解脱法門』。
〔二〕『釋梵』，甲本作『梵釋』。
〔三〕『惟』，甲本作『伏』。
〔四〕『國』，據甲本補。
〔五〕『須』，當作『使』，據甲本改。
〔六〕『偶』，當作『虞』，據甲本改。
〔七〕『畔暉』，甲本作『恒明』。
〔八〕『刀』，甲本作『刃』誤；『器』，當作『囂』，據文義改，甲本作『輿』。
〔九〕『唯』，甲本無。

〔一〇〕「鍾」，甲本同，《敦煌願文集》校改作「鐘」，不必。

〔一一〕「忍」，當作「刃」，據甲本改，「忍」爲「刃」之借字。

〔一二〕「峰」，甲本同，當作「鋒」，《敦煌願文集》據文義校改，「峰」爲「鋒」之借字。

〔一三〕「河」，甲本作「冰」；「冰」，甲本作「河」。

〔一四〕「遥」，當作「謡」，據甲本改，「遥」爲「謡」之借字。

〔一五〕「絃」，甲本作「弦」，均可通。

〔一六〕「戰」，甲本作「諍」。

〔一七〕「心」，甲本作「羅」；「謨」，當作「魔」，據文義改，「謨」爲「魔」之借字，甲本作「旗」；「息」，甲本作「折」。

〔一八〕「支」，甲本作「諸」，「諸」爲「支」之借字。

〔一九〕「護」，甲本作「誰」，誤。

〔二〇〕「祇」，甲本作「擒」，誤。

〔二一〕「懷」，底本似「壞」，按寫本中「懷」「壞」形近易混，故據文義逕釋作「懷」。

〔二二〕「行」，甲本作「遊」。

〔二三〕「鎖」，甲本同，底本原寫作「樔」，係涉上文「枷」而成之類化俗字。

〔二四〕「苦」，甲本作「卧」；「眠」，當作「綿」，據甲本改，「眠」爲「綿」之借字。

〔二五〕「屬」，甲本作「囑」，「囑」爲「屬」之借字。

〔二六〕「頂」，甲本作「俱」。

〔二七〕「政」，通「正」，甲本作「王」，誤。

〔二八〕『惟』，甲本作『亦』；『見』，甲本作『能』，誤。
〔二九〕『德』，甲本作『再』，『德』通『得』，以下同，不另出校。
〔三〇〕『具』，甲本作『具者』。
〔三一〕『承』後甲本另有『此』字。

參考文獻

《敦煌寶藏》三二册，臺北：新文豐出版公司，一九八二年，一一〇頁（圖）；《英藏敦煌文獻》五卷，成都：四川人民出版社，一九九二年，一九七頁（圖）；《英藏敦煌文獻》六卷，成都：四川人民出版社，一九九二年，一三二頁（圖）；《敦煌願文集》，長沙：岳麓書社，一九九五年，四七八至四七九頁（録）。

斯三八八三　佛説海龍王經題記

釋文

卌七紙。半。

校竟。

法相校。

説明

此件《英藏敦煌文獻》未收，現予增收。池田温推測此件的年代大約在公元五世紀（參看《中國古代寫本識語集録》，九八頁）。

參考文獻

Descriptive Catalogue of the Chinese Manuscripts from Tunhuang in the British Museum, The Trustees of the British Museum, London 1957, p. 112（録）；《敦煌學要籥》，臺北：新文豐出版公司，一九八二年，一三六至一三七頁（録）；《敦煌寶

藏》三二册，臺北：新文豐出版公司，一九八二年，一四九頁（圖）；《敦煌遺書總目索引》，北京：中華書局，一九八三年，一八八頁（録）；《中國古代寫本識語集録》，東京大學東洋文化研究所，一九九〇年，九六至九七頁（録）；《敦煌遺書總目索引新編》，北京：中華書局，二〇〇〇年，一一八頁（録）。

斯三八八五　大般涅槃經卷第十六題記

釋文

涼州沙門都統慧樗供養〔一〕。依本一教（校）〔二〕。

説明

此件《英藏敦煌文獻》未收，現予增收。池田温推測此件的年代大約在公元六世紀（參看《中國古代寫本識語集録》，一五九頁）。

校記

〔一〕『都』後，《敦煌遺書總目索引》《敦煌遺書總目索引新編》另釋有『僧』字，按底本實無。
〔二〕『教』，當作『校』，《敦煌遺書總目索引》據文義校改，『教』爲『校』之借字。

參考文獻

《敦煌寶藏》三二册，臺北：新文豐出版公司，一九八二年，一六八頁（圖）；《敦煌遺書總目索引》，北京：中華書局，一九八三年，一八八頁（録）；《中國古代寫本識語集録》，東京大學東洋文化研究所，一九九〇年，一五九頁（録）；《敦煌遺書總目索引新編》，北京：中華書局，二〇〇〇年，一一八頁（録）。

斯三八八八　大方等如來藏經題記

釋文

延壽十六年七月十日〔一〕。

經生鞏達子〔二〕。

用紙十二張。

法師曇顯校。

説明

此件《英藏敦煌文獻》未收，現予增收。『延壽』是高昌年號，延壽十六年即公元六三九年。

校記

〔一〕『七』，《敦煌遺書總目索引》《敦煌遺書總目索引新編》釋作『十』，誤；第二個『十』，《敦煌遺書總目索引》《敦煌遺書總數索引新編》漏録。

〔二〕「犟」，《敦煌遺書總目索引》《敦煌遺書總目索引新編》未能釋讀。

參考文獻

Descriptive Catalogue of the Chinese Manuscripts from Tunhuang in the British Museum, The Trustees of the British Museum, London 1957, p. 107（録）；《敦煌寶藏》三二册，臺北：新文豐出版公司，一九八二年，一七三頁（圖）；《敦煌遺書總目索引》，北京：中華書局，一九八三年，一八八頁（録）；《中國古代寫本識語集録》，東京大學東洋文化研究所，一九九〇年，一八四頁（録）；《敦煌遺書總目索引新編》，北京：中華書局，二〇〇〇年，一一八頁（録）。

斯三八九一　大乘無量壽經題記

釋文

王瀚。

説明

此件《英藏敦煌文獻》未收，現予增收。

參考文獻

《敦煌寶藏》三二册，臺北：新文豐出版公司，一九八二年，一八二頁（圖）；《中國古代寫本識語集録》，東京大學東洋文化研究所，一九九〇年，三九〇頁（録）；《敦煌遺書總目索引新編》，北京：中華書局，二〇〇〇年，一一八頁（録）。

斯三八九一背　寺名（圖）

釋文

圖。

説明

以上文字書寫於《大乘無量壽經》卷背。『圖』應爲敦煌靈圖寺之簡稱，説明此卷佛經爲靈圖寺藏經。《英藏敦煌文獻》未收，現予增收。

參考文獻

《敦煌寶藏》三二册，臺北：新文豐出版公司，一九八二年，一八二頁（圖）；《敦煌遺書總目索引新編》，北京：中華書局，二〇〇〇年，一一八頁（録）。

斯四九〇一+斯一〇二九一+斯三九〇四　韓朋賦

釋文

（前缺）

姓韓名朋[一]，少小孤單，遂失其父，獨養老母。□年始十七，與（已）賢智（至）聖[二]，名曰貞夫，入門□作誓[三]，各守其軀。君亦不須再取婦[四]，□不再改嫁[五]，死事一夫。

韓朋出遊，往於宋國[六]，六秋不歸[七]。朋母憶子，口亦不言。其妻念之，内自發心[八]，忽自執筆[九]，其自（字）斑斑[一〇]，文辭碎錦（金）[一一]，如珠如玉。意欲寄書與人[一二]，恐人多言[一三]；意欲寄書與鳥，鳥恆高飛；意欲寄書與風[一四]，風在虚空[一五]。書若有感，直到朋前；書若無感，零落草間[一六]。

其妻（書）有感[一七]，直到朋前。韓朋得書，解讀其言。書曰[一八]：『浩浩白水，迴波如（而）流〔一九〕。皎皎明月，伴雲影之。清清之水，冬夏有時。〔失〕〔時〕不種〔二〇〕，禾豆不滋。萬物吐花，不違天時。久時（不）相見〔二一〕，心中有辭。百年相守，竟（意）相（好）一時〔二二〕。君不憶親，老母心悲。妻獨單弱，夜常孤星（栖）〔二三〕，常懷大憂。蓋聞百鳥失伴，其聲哀哀；日暮獨宿，夜夜星（栖）星（栖）〔二四〕。太山初生，高下崔（崔）嵬〔二五〕，上有雙鳥，下有神龜，晝夜遊戲，恒則同歸。妻今何罪，獨無光暉！海水蕩蕩，無風自波，成人者少，破人者多。南山有鳥，北山將羅，鳥自高飛，羅當乃（奈）何〔二六〕？君但平安，妾亦無他。』

韓朋得書，意感心悲，不食三日，亦不覺飢。韓朋意欲還家，事無因緣。懷書不謹，違（遺）失殿前〔二七〕。宋王得之，甚愛其言。即招群臣，並及太使（史）〔二八〕。誰能取得韓朋妻者，賜金千斤，封於（邑）萬户〔二九〕。梁伯啓王曰：『臣能取之。』宋王大喜，即出八輪之車，騸騮之馬，前後貳拾餘人，從發道路，疾而（如）風雨〔三〇〕。三日三夜，往到朋家。

使者下車，打門如（而）喚〔三一〕。朋母出看，心中驚怕，即問喚者是誰？使者/答曰/〔三二〕：『/我是宋國使來/，/共朋同友/，/朋爲公（功）曹/〔三三〕，/我爲主/簿。朋友（有）/私書/〔三四〕，/來寄新婦/。』/阿婆迴語新婦/：『/兒（如）客此言/〔三五〕，/臣（朋）今/仕官〔三六〕，且德勝常〔三七〕。』/貞夫曰/：『/新婦昨夜夢惡/，/文文莫莫/。/見一黄蛇/，挍接（妾）牀腳〔三八〕。三鳥病（並）//飛//〔三九〕，/兩鳥相博（搏）/〔四〇〕，/一鳥頭破齒//落//〔四一〕，

〻毛羽分（紛）分（紛）〻〔四二〕，血流落落。馬蹄踏踏，〻諸臣赫赫〻〔四三〕。〻上不（下）見（不）下（見）鄰里之人〻〔四四〕，〻何向（況）千里〻之客〔四五〕。客從遠來，終不可信。〻巧言利語〻，〻乍（詐）作朋書〻〔四六〕。〻朋言在外〻，新婦出看。阿婆報客，恆（但）〻道新婦〻〔四七〕，〻病卧在牀〻，〻不勝〻醫藥。病（並）言謝客〔四八〕，故勞遠來。』使者〻對曰：『〻婦問（聞）夫言〻〔四九〕，何故不語？必有他情，在於鄰里。』朋母年老，不能察意。新婦問（聞）客此言〔五〇〕，面目變青變黄：『知（如）客此語〔五一〕，必有他情〔五二〕，即欲結意，反失其里（理）〔五三〕。遣妻看客〔五四〕，失（母）母（失）賢子〔五五〕，姑亦失姑（婦）〔五六〕。』遂下金機（機）〔五七〕，謝（卸）其王（玉）事（梭）〔五八〕，千秋〔萬〕〔歲〕〔五九〕，不當復織〔六〇〕。井水湛湛，何時取汝？釜竈尩（汪）尩（汪）〔六一〕，何時吹（炊）汝〔六二〕？牀席閨房，何時卧汝？庭前蕩蕩，何時掃汝？園菜青青〔六三〕，何時取汝〔六四〕？』出入悲啼（啼）〔六五〕，鄰里酸楚。低頭卻行，淚下如雨。上堂拜客，使者扶舉（輿）〔六六〕。貞夫上車，疾而（如）風雨〔六七〕。朋母於後，呼天喚地〔六八〕，號咷大哭〔六九〕，鄰里驚聚。貞夫曰：『呼天何益，喚地何免，駟馬一去，何得再歸〔七〇〕。』

梁伯迅速〔七一〕，日日漸遠。初至宋國，九十餘里〔七二〕，光照空中〔七三〕。宋王怪之，即召群臣，并及太使（史）〔七四〕。開書卜問，怪其所異（以）〔七五〕。博士答曰〔七六〕：『今日甲子，明日乙丑，諸臣集聚〔七七〕，王得好婦。』言語未訖，貞夫〔即〕〔至〕〔七八〕，面如凝脂，腰如束素，有好文里（理）〔七九〕。宮人美女，無有及似〔八〇〕。宋王見之，甚大歡喜〔八一〕。三日三夜，樂不可盡。即拜貞夫，以爲皇后。前後事（侍）從〔八二〕，入其宮裏。貞夫入宮，憔悴不樂〔八三〕。『衣即綾羅，食即姿（恣）口〔八四〕。黄門侍郎，恒在左右。有何不樂，亦不歡喜？』貞夫答曰：『辭家別親，出事韓朋，生死有處，貴賤有殊。蘆葦有地，荆棘有叢，豺狼有伴，

（後缺）

説明

此件由斯四九〇一、斯一〇二九一和斯三九〇四綴合而成，綴合後的文本仍是首尾均缺，起『少小孤單』，迄『豺狼有伴』，其内容爲『韓朋賦』之前半部分。關於敦煌文獻中保存的《韓朋賦》寫本概況，請參看本書第十四卷斯二九二二號之『説明』。本書在對斯二九二二進行釋録時，曾以此件爲校本，但此件保存的内容較斯二九二二爲多，即從『新婦聞客此言』至『甚大歡喜』爲斯二九二二所無，對這部分内容具校勘價值的敦煌寫本有伯二六五三和伯三八七三兩件。

以上釋文以斯四九〇一＋斯一〇二九一＋斯三九〇四爲底本，底本與斯二九二二相重複的部分，僅用相關寫本校改錯誤、校補脱文，各本之異同請參看斯二九二二《韓朋賦》之校記。不重複的部分，用伯二六五三（稱其爲甲本）、伯三八七三（稱其爲乙本）參校。因三件綴合處呈不規則形狀，爲便於區分，在釋録綴合處的文字時，以標點爲單位，用『/』表示保存在斯四九〇一上的文字，用『//』表示保

存在斯一〇二九一上的文字，即兩個『/』之間的文字，是保存在斯四九〇一上的文字，而兩個『//』之間的文字，是保存在斯一〇二九一上的文字。

校記

〔一〕『姓韓名』，據斯二九二三補；『朋』，據殘筆劃及斯二九二三補。

〔二〕『與』，當作『已』，據甲本改，『與』爲『已』之借字；『智』，當作『至』，據斯二九二二改，『智』爲『至』之借字。

〔三〕『作』，據殘筆劃及斯二九二三補。

〔四〕『婦』，據殘筆劃及斯二九二三補。

〔五〕『不』，據殘筆劃及斯二九二三補。

〔六〕『國』，據斯二九二三補。

〔七〕『六』，據斯二九二三補；『秋』，據殘筆劃及斯二九二三補。

〔八〕『發』，據斯二九二三補；『心』，據斯二九二三補。

〔九〕『忽自』，據斯二九二三補；『執』，據殘筆劃及斯二九二三補。

〔一〇〕『自』，當作『字』，據文義改，『自』爲『字』之借字。

〔一一〕『錦』，當作『金』，據斯二九二三改，『錦』爲『金』之借字。

〔一二〕『書與人』，據斯二九二三補。

〔一三〕『恐人』，據斯二九二三補；『多』，據殘筆劃及斯二九二三補。

〔一四〕『風』，據斯二九二三補。

〔一五〕『風在』，據斯二九二三補；『虛』，據殘筆劃及斯二九二三補。

〔一六〕『落草』，據斯二九二三補。

〔一七〕『妻』，當作『書』，據斯三三二七改。

〔一八〕『書』，據殘筆劃及甲本補；『曰』，據殘筆劃及斯二九二三補。

〔一九〕『如』，當作『而』，據斯二九二三改，『如』爲『而』之借字。

〔二〇〕『失時』，據甲本補。

〔二一〕『時』，當作『不』，據斯二九二三改。

〔二二〕『竟』，當作『意』，據斯二九二三改；『相』，當作『好』，據斯二九二三改。

〔二三〕『星』，當作『栖』，據斯二九二三改，『星』爲『栖』之借字。

〔二四〕『星星』，當作『栖栖』，據斯二九二三改，『星』爲『栖』之借字。

〔二五〕『墔』，當作『崔』，《敦煌變文集》據文義校改，『墔』爲『崔』之借字。

〔二六〕『乃』，當作『奈』，據斯二九二三改，『乃』爲『奈』之借字。

〔二七〕『違』，當作『遺』，據斯二九二三改。

〔二八〕『使』，當作『史』，據斯二九二三改，『使』爲『史』之借字。

〔二九〕『於』，當作『邑』，據甲本改，『於』爲『邑』之借字。

〔三〇〕『而』，當作『如』，據甲本改，『而』爲『如』之借字。

〔三一〕『如』，當作『而』，據甲本改，『如』爲『而』之借字。

〔三二〕『答』，據殘筆劃及斯二九二三補。斯三九〇四始於此句中的『使者』。

〔三三〕『公』，當作『功』，據文義改，『公』爲『功』之借字。

〔三四〕『友』，當作『有』，據甲本改，『友』爲『有』之借字。
〔三五〕『皃』，當作『如』，據甲本改，『皃』爲『如』之借字。
〔三六〕『臣』，當作『朋』，據甲本改。
〔三七〕『德』，通『得』。
〔三八〕『接』，當作『妾』，據斯二九二三改。
〔三九〕『病』，當作『並』，據斯二九二三改，『病』爲『並』之借字。斯一〇二九一始於此句中的『飛』字。
〔四〇〕『博』，當作『搏』，《敦煌變文集》據文義校改，『博』爲『搏』之借字。
〔四一〕斯四九〇一終於此句中的『齒』字。
〔四二〕『分分』，當作『紛紛』，據甲本改，『分』爲『紛』之借字。
〔四三〕『赫赫』，據殘筆劃及斯二九二三補。
〔四四〕『不』，當作『下』，據甲本改；『見』，當作『不』，據甲本改；『下』，當作『見』，據甲本改。
〔四五〕『向』，當作『況』，據甲本改。
〔四六〕『乍』，當作『詐』，據斯二九二三改，『乍』爲『詐』之借字。
〔四七〕『恆』，當作『但』，據甲本改。
〔四八〕『病』，當作『並』，據斯二九二三改，『病』爲『並』之借字。
〔四九〕『問』，當作『聞』，據甲本改，『問』爲『聞』之借字。斯一〇二九一終於此句中的『言』字。
〔五〇〕『問』，當作『聞』，據甲本改，『問』爲『聞』之借字。
〔五一〕『知』，當作『如』，據甲、乙本改。
〔五二〕『必』，甲本作『道』。

〔五三〕『反』，甲、乙本作『返』，『返』爲『反』之借字；『里』，甲、乙本同，當作『理』，《敦煌變文集》據文義校改，『里』爲『理』之借字。

〔五四〕『妻』，乙本同，甲本作『妾』。

〔五五〕『失』，甲本同，當作『母』，《敦煌變文校注》據文義校改；『母』，甲本同，當作『失』，《敦煌變文校注》據文義校改。

〔五六〕第二個『姑』，當作『婦』，據文義改，此句甲本作『姑從今已後亦夫婦婦亦姑』。

〔五七〕『遂』，甲本作『道』，誤；『金』，甲本脱；『機』，當作『機』，據甲本改，『機』爲『機』之借字。

〔五八〕『謝』，當作『卸』，《敦煌變文校注》據文義校改，『謝』爲『卸』之借字；『王』，乙本同，當作『玉』，據甲本改；『事』，乙本同，當作『梭』，據甲本改。

〔五九〕『萬歲』，據甲、乙本補。

〔六〇〕『不』，甲本同，乙本脱；『當』，甲本作『傷』，『傷』爲『當』之借字，乙本脱；『復』，甲本作『識』，誤；『織』，甲本作『汝』，誤。

〔六一〕『尪尪』，甲、乙本同，當作『汪汪』，《敦煌變文字義通釋》據文義校改，『尪』爲『汪』之借字。

〔六二〕『吹』，乙本同，甲本作『久』，當作『炊』，《敦煌講唱文學作品選注》據文義校改，『吹』爲『炊』之借字。

〔六三〕『菜』，乙本同，甲本作『采』，『采』爲『菜』之借字。

〔六四〕『取』，甲本作『拾』。

〔六五〕『蹄』，當作『啼』，據文義改，『蹄』爲『啼』之借字，甲本作『蹏』，係『蹄』之换旁俗字。

〔六六〕『舉』，甲本作『礜』，當作『輿』，《敦煌講唱文學作品選注》據文義校改，『舉』『礜』均爲『輿』之借字。

〔六七〕『而』，當作『如』，據甲、乙本改，『而』爲『如』之借字。

〔六八〕『呼天唤』，甲本同，乙本作『唤呼天』。
〔六九〕『號咷』，甲本脱；『大』，甲本作『天』，誤。
〔七〇〕『得』，甲本脱；『再歸』，甲本作『歸返』。
〔七一〕『迅』，乙本同，甲本作『信』，『信』爲『迅』之借字。
〔七二〕『十』，甲、乙本作『千』。
〔七三〕『照』，甲本同，乙本作『曉』，誤；『空』，乙本同，甲本作『宫』。
〔七四〕『使』，當作『史』，據甲、乙本改，『使』爲『史』之借字。
〔七五〕『所』，甲本同，乙本作『使』，誤；『異』，乙本作『畏』，當作『以』，據甲本改，『異』爲『以』之借字。
〔七六〕『博』，乙本同，甲本作『悟』，誤。
〔七七〕『集聚』，乙本同，甲本作『聚集』。
〔七八〕『即至』，據甲、乙本補。
〔七九〕『里』，當作『理』，據甲、乙本改，『里』爲『理』之借字。
〔八〇〕『似』，乙本同，甲本作『以』，誤。
〔八一〕『喜』，乙本同，甲本作『憘』。
〔八二〕『事』，當作『侍』，據文義改，『事』爲『侍』之借字。
〔八三〕『悴』，底本原作『熣』，係涉上文『燋』而成之類化俗字。
〔八四〕『咨』，當作『恣』，《敦煌變文選注》據文義校改，『咨』爲『恣』之借字。

參考文獻

《敦煌變文集》，北京：人民文學出版社，一九五七年，一三七至一五三頁（録）；《敦煌古籍敘録》，北京：商務印書館，一九五八年，三三二頁；《敦煌論集》，臺北：臺灣學生書局，一九六九年，三四一頁；《敦煌寶藏》三二册，臺北：新文豐出版公司，一九八二年，二七七頁（圖）；《敦煌變文論文録》，上海古籍出版社，一九八二年，六四九至六九〇頁；《敦煌文學作品選注》，蘭州：西北師範學院中文系，一九八三年，一一至一七頁（録）；《敦煌古籍叙録新編》十六册，臺北：新文豐出版公司，一九八六年，三三五至三三七、三七一至三七二、三八二至三九八頁；《敦煌講唱文學作品選注》，蘭州：甘肅人民出版社，一九八七年，六三至七一頁（録）；《敦煌變文集校議》，長沙：岳麓書社，一九九〇年，一〇八至一一六頁（録）；《英藏敦煌文獻》四卷，成都：四川人民出版社，一九九一年，二五六至二五七頁（圖）；《英藏敦煌文獻》五卷，成都：四川人民出版社，一九九二年，一九七頁（圖）；《英藏敦煌文獻》六卷，成都：四川人民出版社，一九九二年，二七〇頁（圖）；《敦煌話本詞文俗賦導論》，臺北：新文豐出版公司，一九九三年，一八九至一九二頁；《敦煌賦校注》，蘭州：甘肅人民出版社，一九九四年，三六四至四〇一頁（録）；《敦煌變文集新書》，臺北：文津出版社，一九九四年，九六一至九七九頁（録）；《英藏敦煌文獻》一三卷，成都：四川人民出版社，一九九五年，三五頁（圖）；《敦煌賦彙》，南京：江蘇古籍出版社，一九九六年，三五六至三六三頁（録）；《敦煌變文校注》，北京：中華書局，一九九七年，二一二至二三一頁（録）；《敦煌俗文化學》，上海三聯書店，一九九九年，四五九至四七一頁；《文史》二〇〇〇年三輯，一二七頁；《全唐文新編》，長春：吉林文史出版社，二〇〇〇年，一三六八至一三七〇頁；《敦煌變文選評》，蘭州：甘肅人民出版社，二〇〇〇年，八七至九一頁；《法藏敦煌西域文獻》一七册，上海古籍出版社，二〇〇一年，一〇九至一一〇頁（圖）；《甘肅古代文學作品選》，蘭州：甘肅人民出版社，二〇〇二年，二二〇至二二八頁（録）；《法藏敦煌西域文獻》二九册，上海古籍出版社，二〇〇四年，四三頁（圖）；《敦煌變文選注》（增訂本），北京：中華書局，二〇〇六年，三四六至三五七頁（録）；《全唐文補遺》九輯，西安：三秦出版社，二〇〇七年，一三至一五頁；《王重民向達所攝敦煌西域文獻照片合集》二八册，北京圖書館出版社，二〇〇八年，一〇四二〇至一〇四二一頁（圖）；《全唐賦》八册，臺北：里仁書局，二〇一一年，五一三〇至五一三九頁（録）；《敦煌變文字義通釋》，杭州：浙江大學出版社，二〇一六年，三一七至三一八頁；《英藏敦煌社會歷史文獻釋録》一四卷，北京：社會科學文獻出版社，二〇一六年，三七九至四〇四頁。

斯四九〇一背＋斯一〇二九一背＋斯三九〇四背　一　押衙張萬千貸織物契抄

釋文

契，押衙張萬千昨甘州充使，

子一疋，長叁仗（丈）柒尺三寸〔一〕，福（幅）〔二〕，

利頭麥粟五石〔三〕，到來壹月便須填還〔四〕。兩

如先悔者，罰青麥馱〔五〕，充入不〔悔〕〔人〕〔六〕。恐

後憑。

説明

此卷由斯三九〇四背、斯一〇二九一背和斯四九〇一背綴合而成，有正書、倒書，非一人所書，亦非一時所書，内容包括『押衙張萬千貸織物契抄』、雜寫和『新集嚴父教』等。

此件抄寫於斯三九〇四背面，上半部缺，從左至右逆書，其内容爲押衙張萬千貸織物的契約抄本。

校記

〔一〕『仗』，當作『丈』，《敦煌契約文書輯校》據文義校改，『仗』爲『丈』之借字。

〔二〕『福』，當作『幅』，《敦煌契約文書輯校》據文義校改，『福』爲『幅』之借字。

〔三〕『利』，據殘筆劃及文義補。

〔四〕『壹』，《敦煌契約文書輯校》釋作『一』，雖義可通而字誤。

〔五〕『馱』字前當脱一數字。

〔六〕『悔人』，據其他契約例補。

參考文獻

*TunHuang and turfan Documents concerning Social and Economic history*III，東京：東洋文庫，一九七八年，Legal Text（A）p. 114；《敦煌寶藏》三八册，臺北：新文豐出版公司，一九八二年，四八五頁（圖）；《英藏敦煌文獻》六卷，成都：四川人民出版社，一九九二年，二七〇頁（圖）；《敦煌契約文書輯校》，南京：江蘇古籍出版社，一九九八年，二三七至二三八頁（録）。

斯四九〇一背＋斯一〇二九一背＋斯三九〇四背　二　雜寫（千字文等）

釋文

諸　來

來

奉勅修造大王　曹　羅八[一]

之

妙法蓮經。妙法蓮華經

千字文。勅員外散騎侍郎〔周〕興同（嗣）[二]

也世月

説明

以上文字係時人隨手所寫於斯四九〇一背『押衙張萬千貸織物契抄』和『新集嚴父教』之間的空白處。除第三行『八羅』爲正書外，其餘文字均爲倒書。

校記

〔一〕『羅』字以下原爲倒書。

〔二〕『周』，據伯三一〇八補；『同』，當作『嗣』，據伯三一〇八改。

參考文獻

《敦煌寶藏》三三册，臺北：新文豐出版公司，一九八二年，二七八頁（圖）；《敦煌寶藏》三八册，臺北：新文豐出版公司，一九八二年，四八五頁（圖）；《英藏敦煌文獻》五卷，成都：四川人民出版社，一九九二年，一九八頁（圖）；《英藏敦煌文獻》六卷，成都：四川人民出版社，一九九二年，二七〇頁（圖）。

斯四九〇一背+斯一〇二九一背+斯三九〇四背　三　新集嚴父教

釋文

新集嚴父孝（教）[一]

家中有一男[二]，常依嚴父孝（教）[三]。養子切須孝（教）[四]，逢人先作小[五]。禮則大須學，尋思也大好。

遣子避酒客[六]，但依嚴父孝（教）[七]。路上逢醉人[八]，抽身與（以）下道[九]。過後即來追（歸）[一〇]，尋思也大好。

忽逢鬬打處，但依嚴父孝（教）[一一]。饒取自然休[一二]，叉手卻倍笑[一三]。忍辱最爲精[一四]，尋思也大好。

不用爭人我[一五]，但依嚴父孝（教）[一六]。能得幾時活[一七]，不久相看老。罵言佯不聞[一八]，尋思也大好。

家中學侍奉[一九]，孝順伯親老[二〇]。處分莫相違，但依嚴父教。枷丈（杖）免及身[二一]，尋思也大好。

市頭學經榮（營）〔二二〕，但依嚴父教。斗秤莫崎嶇，與人相交道。賣買事須平〔二三〕，尋思也大好。

擬欲出門前〔二四〕，但依嚴父教。無事莫也（夜）深（行）〔二五〕，免交人説道。日在卻歸來〔二六〕，尋思也大好。

/我勸世/間人〔二七〕，//但依//嚴父教/。/君子有困窮/〔二八〕，/小人貧竊/盜〔二九〕。三乞勝一偷〔三〇〕，//尋思也大好//。

//酒後觸悮人//〔三一〕，//不知//有親老。過後即來追（歸）〔三二〕，//好個然知（之）襖（奧）//〔三三〕。//記取嚴父言//，尋思也大好。

説明

此件由斯三九〇四背、斯一〇二九一背和斯四九〇一背綴合而成，綴合後的文本首尾完整，起首題『新集嚴父孝（教）』，訖『尋思也大好』。其行間有兩行雜寫，抄寫者在抄寫時避開了雜寫，説明雜寫的年代在此件之前。

『新集嚴父教』是中唐以後出現的家訓類蒙書（參看項楚《敦煌詩歌導論》，一八八至一八九頁）。敦煌文獻中保存的《新集嚴父教》尚有斯四三〇七和伯三七九七，均首尾完整。斯四三〇七起首題『新集嚴父教一本』，訖尾題『丁亥年三月九日定難坊巷學郎李神奴自手書記之耳』；伯三七九七起首題『新集嚴父教』，訖『尋思也大好』。

以上釋文以斯三九〇四背＋斯一〇二九一背＋斯四九〇一背爲底本，用斯四三〇七（稱其爲甲本）、伯三七九七（稱其爲乙本）參校。因三件綴合處呈不規則形狀，爲便於區分，在釋録綴合處的文字時，以標點爲單位，用『/』表示保存在斯四九〇一背上的文字，用『//』表示保存在斯一〇二九一背上的文字，即兩個『/』之間的文字，是保存在斯四九〇一背上的文字，而兩個『//』之間的文字，是保存在斯一〇二九一背上的文字。

校記

〔一〕『孝』，當作『教』，據甲、乙本改，『孝』爲『教』之借字，『孝』後甲本另有『一本』二字。

〔二〕『有一』，甲、乙本作『所生』。

〔三〕『孝』，當作『教』，據甲、乙本改，『孝』爲『教』之借字。

〔四〕『孝』，當作『教』，據甲、乙本改，『孝』爲『教』之借字。

〔五〕『小』，乙本同，甲本作『笑』，均可通。

〔六〕『酒』，甲、乙本作『醉』。

〔七〕『孝』，當作『教』，據甲、乙本改，『孝』爲『教』之借字。

〔八〕『逢』，甲本同，乙本脱；『醉』，甲本同，乙本作『尊』，誤。

〔九〕『與』，當作『以』，據甲、乙本改，『與』爲『以』之借字。

〔一〇〕『過後』，甲本同，乙本脱；『即』，甲本作『卻』，乙本脱；『來』，甲本同，乙本脱；『追』，乙本脱，當作

『歸』，據甲本改，『追』爲『歸』之借字。

〔一一〕『孝』，當作『教』，據甲、乙本改，『孝』爲『教』之借字。

〔一二〕『饒』，甲本同，乙本作『遶』，『遶』爲『饒』之借字；『自』，甲本同，乙本作『目』，誤。

〔一三〕『倍』，甲本同，乙本作『陪』，均可通。

〔一四〕『辱』，甲、乙本作『取』，誤。

〔一五〕『用』，甲本同，乙本作『共』，誤。

〔一六〕『孝』，當作『教』，據甲、乙本改，『孝』爲『教』之借字。

〔一七〕『幾』，甲、乙本作『寄』，『寄』爲『幾』之借字；『時』，乙本同，甲本脱。

〔一八〕『言』，甲、乙本作『詈』；『佯』，乙本同，甲本作『祥』，『祥』爲『佯』之借字。

〔一九〕『奉』，乙本同，甲本作『用』，誤。

〔二〇〕『親』，甲本同，乙本作『新』，『新』爲『親』之借字。

〔二一〕『枷』，甲、乙本作『加』，『加』爲『枷』之借字；『丈』，甲本同，當作『杖』，據乙本改，『丈』爲『杖』之借字。

〔二二〕『榮』，當作『營』，據文義改，『榮』爲『營』之借字，甲、乙本作『紀』。

〔二三〕『賣』，甲、乙本作『買』，『買』爲『賣』之借字；『事』，乙本同，甲本作『市』，『市』爲『事』之借字。

〔二四〕『擬欲』，甲、乙本作『欲擬』。

〔二五〕『無』，甲本同，乙本作『先』，誤；『也』，當作『夜』，據甲、乙本改，『也』爲『夜』之借字；『深』，乙本同，當作『行』，據甲本改。

〔二六〕『卻』，乙本同，甲本作『即』；『歸來』，乙本同，甲本作『來歸』。

〔二七〕「世」，據殘筆劃及甲本補，乙本作「此」；「間」，甲本作「門」，乙本作「問」，均誤。

〔二八〕「困」，甲本同，乙本作「思」，誤。

〔二九〕「小」，甲、乙本作「少」；「竊」，據殘筆劃及甲、乙本補；「盜」，乙本同，甲本作「道」，「道」爲「盜」之借字。

〔三〇〕「偷」，甲本同，乙本作「備」，誤。

〔三一〕「後」，甲本同，乙本作「侵」，誤；「俣」，乙本作「保」，據殘筆劃及甲本補；「人」，據殘筆劃及甲、乙本補。

〔三二〕「即」，甲、乙本作「卻」；「追」，當作「歸」，據甲、乙本改，「追」爲「歸」之借字。

〔三三〕「然」，乙本同，甲本作「煞」；「知」，當作「之」，據甲、乙本改，「知」爲「之」之借字；「襖」，當作「奧」，據甲、乙本改。

參考文獻

《敦煌寶藏》三三册，二七八頁（圖）；《中國中世文學研究》一九六三年三期，三三至三四頁；《木鐸》一九八七年一一期，三〇七至三二〇頁；《英藏敦煌文獻》五卷，成都：四川人民出版社，一九九二年，一九八頁（圖）；《英藏敦煌文獻》六卷，成都：四川人民出版社，一九九二年，二九、二七〇頁（圖）；《英藏敦煌文獻》一三卷，成都：四川人民出版社，一九九五年，三五頁（圖）；《敦煌詩集殘卷輯考》，北京：中華書局，二〇〇〇年，八一八至八二一頁（録）；《敦煌詩歌導論》，成都：巴蜀書社，二〇〇一年，一八九至一九〇頁；《敦煌蒙書研究》，蘭州：甘肅教育出版社，二〇〇二年，四〇二至四〇八頁（録）；《法藏敦煌西域文獻》二八册，上海古籍出版社，二〇〇四年，八一頁（圖）；《敦煌蒙書及蒙學研究》，蘭州大學博士研究生學位論文，二〇一四年，二〇五至二〇八頁（録）；《蘭州文理學院學報（社會科學版）》二〇一七年六期，九三至九五頁（録）。

斯四九〇一背＋斯一〇二九一背＋斯三九〇四背　四　雜寫（千字文等）

釋文

廿七日
太公家教一卷。余及（乃）生逢[一]
千字文。勑員外散騎侍郎周
太公家（?）□，/忍是百行之本/。/謙則/衆惡自滅，慎則禍不臨身
千字文
勤力豐依（衣）足食[二]　　敬則疏者皆親
千字文。勑員外散騎

説明

以上文字係時人隨手所寫，前三行寫於斯三九〇四背《新集嚴父教》的行間空白處，第四行以下寫於斯一〇二九一背＋斯四九〇一背。因綴合處呈不規則形狀，爲便於區分，在釋録綴合處的文字時，以

標點爲單位，用『/』表示保存在斯一〇二九一背上的文字，即兩個『/』之間的文字，是保存在斯一〇二九一背上的文字。

校記

〔一〕『及』，當作『乃』，據文義改。此行爲大字，與其前、後兩行不同，其前、後兩行字跡相同。

〔二〕『依』，通『衣』。

參考文獻

《敦煌寶藏》三三册，臺北：新文豐出版公司，一九八二年，二七八頁（圖）；《敦煌寶藏》三八册，臺北：新文豐出版公司，一九八二年，四八五頁（圖）；《英藏敦煌文獻》五卷，成都：四川人民出版社，一九九二年，一九八頁（圖）；《英藏敦煌文獻》六卷，成都：四川人民出版社，一九九二年，二七〇頁（圖）。

斯三九〇五　唐天復元年（公元九〇二年）十二月十八日金光明寺造□窟上梁文

釋文

維大唐天復元年辛酉歲十二月十八日金光明寺造□窟上梁文[一]

和尚喜首述

若夫修建，無過移石穿山。宕谷先賢古跡，薩訶所記因緣。因茲萬聖出現，千佛各坐金蓮。石澗長流碧水，花林寶鳥聲暄（喧）[二]。聖跡早晚説盡，紙墨不可能言。獫狁狼心犯塞，焚燒香閣摧殘。合寺同心再建，來生共結良緣。梁棟刻仙吐鳳[三]，盤龍乍去（起）驚天[四]。便是上方匠製，直下屈取魯班。馬都料方直第一[五]，繩墨不道師矩[六]。若得多少功價[七]，盡行布施與守注[八]，晝夜不曾睡眠。道濟（？）　□功不下閑言[九]。道政但存身在[一〇]，不交　□□[一一]，意中可樂福田。慶達　水一般。寶國不學好事[一二]，只（？）共聲西出[一三]，傳學打石穿山[一四]。道岸心　大悲實下造作〔一五〕，價直在彌勒□大因恰似個病蚖〔一六〕。靈寂交□坐禪。若説兩勒（？）爛〔一七〕，一去直到（？）□驢叫一般〔一八〕。今日良辰已至□

説明

此件首部右上角略殘，後半部上缺，起首題『維大唐天復元年辛酉歲十二月十八日金光明寺造□窟上梁文』，訖『今日良辰已至』，原未抄完，卷中有墨筆句讀。

上梁文是『兒郎偉』體裁的記述文。馬德認爲此件所記爲金光明寺僧人集體修造因戰火被燒的莫高窟第四四窟前木構窟檐（參看《敦煌莫高窟史研究》，一〇七頁）。『和尚喜首』又見於伯三七一八《張喜首和尚寫真讚并序》，爲金山國宰相吏部尚書張公之子，後梁時僧官至釋門僧政，公元九一九年九月卒〔參看鄭炳林、鄭怡然《敦煌碑銘讚輯釋》（增訂本），一四九一頁〕。

校記

〔一〕『維』，《敦煌願文集》據文義校補；『大』，《敦煌願文集》據文義校補；『十』，《敦煌莫高窟史研究》《敦煌願文集》《敦煌遺書總目索引新編》《敦煌殘卷S. 3905〈唐天復元年辛酉歲金光明寺造□窟上梁文〉匡補》均漏録；

〔二〕『二』，《敦煌莫高窟史研究》《敦煌遺書總目索引新編》漏録，《敦煌願文集》《敦煌殘卷S. 3905〈唐天復元年辛酉歲金光明寺造□窟上梁文〉匡補》《敦煌碑銘讚輯釋》（增訂本）釋作『一』。

〔二〕『暄』，當作『喧』，《敦煌願文集》據文義校改，『暄』爲『喧』之借字。
〔三〕『刻』，《敦煌碑銘讚輯釋》（增訂本）釋作『充』，再校改作『刻』，按底本實爲『刻』。
〔四〕『去』，當作『起』，據文義改，『去』爲『起』之借字，《敦煌碑銘讚輯釋》（增訂本）釋作『舌』。
〔五〕『第』，底本似『弟』，敦煌寫本中『弟』『第』形近易混，故可據文義逕釋作『第』。以下同，不另出校。
〔六〕『矩』，《敦煌碑銘讚輯釋》（增訂本）釋作『維』。
〔七〕『功』，《敦煌殘卷S. 3905〈唐天復元年辛酉歲金光明寺造□窟上梁文〉匡補》校改作『工』，按『功』可通，不煩校改。
〔八〕『守』，《敦煌莫高窟史研究》據殘筆劃及文義校補，《敦煌願文集》釋作『菩』；『注』，《敦煌碑銘讚輯釋》（增訂本）釋作『住』。此句《敦煌碑銘讚輯釋》（增訂本）釋作『□□修造守住』。
〔九〕『濟』，《敦煌碑銘讚輯釋》（增訂本）釋作『齊』；『□』，《敦煌願文集》校補作『實』；『下』，《敦煌莫高窟史研究》釋作『可』，誤。
〔一〇〕『在』，《敦煌碑銘讚輯釋》（增訂本）釋作『死』，誤。
〔一一〕『交』，《敦煌碑銘讚輯釋》（增訂本）釋作『要』。
〔一二〕『學』，《敦煌碑銘讚輯釋》（增訂本）未能釋讀。
〔一三〕『共』，《敦煌碑銘讚輯釋》（增訂本）釋作『恭』。『共』後《敦煌碑銘讚輯釋》（增訂本）據殘筆劃校補『聲』。
〔一四〕『傳』，《敦煌碑銘讚輯釋》（增訂本）釋作『孺』，校改作『硬』。
〔一五〕『實』，《敦煌碑銘讚輯校》（增訂本）釋作『寶』，校改作『直』。
〔一六〕『直』，《敦煌碑銘讚輯釋》（增訂本）校改作『值』，按『直』可通，不煩校改；『勒』後《敦煌碑銘讚輯釋》（增訂本）另釋有『前』，按底本實無。

〔一七〕『爛』，《敦煌碑銘讚輯釋》（增訂本）釋作『蘭』。

〔一八〕『一去』，《敦煌願文集》《敦煌莫高窟史研究》《敦煌殘卷 S. 3905〈唐天復元年辛酉歲金光明寺造□窟上梁文〉匡補》均未能釋讀，《敦煌碑銘讚輯釋》（增訂本）釋作『若』；『直』，《敦煌願文集》、《敦煌莫高窟史研究》、《敦煌殘卷 S. 3905〈唐天復元年辛酉歲金光明寺造□窟上梁文〉匡補》、《敦煌碑銘讚輯釋》（增訂本）均未能釋讀。

參考文獻

《敦煌曆日譜》，《東方學報（京都）》四五册，一九七三年，四〇五頁；《敦煌寶藏》三二册，臺北：新文豐出版公司，一九八二年，二七八頁（圖）；《1983年全國敦煌學術討論會文集・石窟藝術篇（下册）》，蘭州：甘肅人民出版社，一九八七年，一七七頁；《西北史地》一九八七年二期，六八頁；《唐五代敦煌寺户制度》，北京：中華書局，一九八七年，一三二頁；《文史知識》一九八八年八期，六〇頁；《文史》二九輯，一九八八年，二九九頁；《敦煌民俗學》，上海文藝出版社，一九八九年，四三四至四三五頁；《敦煌碑銘讚輯釋》，蘭州：甘肅教育出版社，一九九二年，四三八至四三九頁；《英藏敦煌文獻》五卷，成都：四川人民出版社，一九九二年，一九八頁（圖）；《敦煌民俗資料導論》，臺北：新文豐出版公司，一九九三年，一五七至一六七頁；《敦煌民間文學》，臺北：聯經出版事業公司，一九九四年，二五一至二五三頁；《敦煌願文集》，長沙：岳麓書社，一九九五年，九六九至九七三頁（録）；《敦煌學輯刊》一九九六年一期，二三頁；《敦煌吐魯番研究》一卷，一九九六年，一七二至一七三頁；《敦煌莫高窟史研究》，蘭州：甘肅教育出版社，一九九六年，一〇六至一〇九頁（録）；《敦煌藝術宗教與禮樂文明》，北京：中國社會科學出版社，一九九六年，一八頁；《歸義軍史研究》，上海古籍出版社，一九九六年，一三、二二四頁；《敦煌語文叢説》，臺北：新文豐出版公司，一九九六年，六四八至六五一頁；《敦煌遺書總目索引新編》，北京：中華書局，二〇〇〇年，一一九頁（録）；《全唐文新編》，長春：吉林文史出版社，二〇〇〇年，一一五四七至一一五四八頁（録）；《建築史》二〇〇二年三期，六九頁（録）；《全敦煌詩》一三册，北京：作家出版社，二〇〇六年，五七五二至五七五六頁（録）；《敦煌民俗》，蘭州：甘肅教育出版社，二〇〇六年，三一至三二頁；《河西學院學報》二〇一五年三期，三一至三五頁（録）；《敦煌學輯刊》二〇一六年二期，三九至四七頁；《敦煌學輯刊》二〇一七年一期，一二九至一三六頁；《東亞文獻研究》廿四輯，二〇一九年，二五至四〇頁；《敦煌碑銘讚輯釋》（增訂本），上海古籍出版社，二〇一九年，一四八六至一四九一頁（録）。

斯三九〇五背　一　上梁文抄

釋文

□鈿。時也，同（彤）雲初退〔一〕，冰開柳絮芳暄。塞□年年豐熟〔二〕，莫須修建福田。宕谷薩訶□使道引，導師最是於先。石壁嵯峨□赫亦（奕）〔三〕，龕龕靈像端然〔四〕。敦煌建福之地，勝□軒閣歷歲摧殘。粉繪風吹日曝，真□司（?）都實可傷酸〔五〕。崑（昆）季互相勸免□長幼盡皆成歡〔六〕。便募良工立制〔七〕，俄成□到（?）出（?）〔八〕，帖栱剋鳳金鸞〔九〕。不似人間匠製，鐵石〔一〇〕，誓結來世因緣。今日善身當鼎鑊〔一一〕，卒□相接〔一二〕，驅驅不曾暫閑。慈智最是辛苦，□亦能辦事周旋。已下諸餘兄弟，□第一，爲則實不可言〔一三〕。方直又無疑礙，繩墨如□功德，少取工錢。任博士本性柔軟，執作也不説□也能捋肘宣（揎）拳〔一四〕。王博士最是嬛（還）避〔一五〕，性巧[誰]道是兄弟〔一六〕，隈（猥）地索價□天〔一七〕。小狗東喚西應〔一八〕，只（？）[　]〔一九〕。[諸]餘不可具列〔二〇〕，同受福海如山。亡父神生淨域〔二一〕，故叔同領福田。今日良晨剋就，上梁千固（古）流傳〔二二〕。余且孤陋寡拙〔二三〕，命衆略記歲寒。蒸餅空中亂撒〔二四〕，恰似雨點一般。大家一時張手，接取[　]

説明

此件首缺尾全，上部缺損嚴重，起『鈿，時也』，訖『接取[　]』，似未抄完。其内容爲上梁文的抄本，筆跡與正面相同，係同一人所抄，但並非同一『上梁文』。

校記

〔一〕『同』，當作『彤』，《敦煌願文集》據文義校改，『同』爲『彤』之借字。
〔二〕第二個『年』，《敦煌碑銘讚輯釋》（增訂本）漏録。
〔三〕『亦』，當作『奕』，《敦煌殘卷S. 3905〈唐天復元年辛酉歲金光明寺造□窟上梁文〉匡補》據文義校改，『亦』爲『奕』之借字。
〔四〕『然』，《敦煌碑銘讚輯釋》（增訂本）校改作『嚴』。
〔五〕『都』，《敦煌殘卷S. 3905〈唐天復元年辛酉歲金光明寺造□窟上梁文〉匡補》校改作『郡』。

〔六〕『崑』，當作『昆』，據文義改，『崑』爲『昆』之借字；『互』，《敦煌殘卷S. 3905〈唐天復元年辛酉歲金光明寺造□窟上梁文〉匡補》未能釋讀；『皆成』，《敦煌碑銘讚輯釋》（增訂本）釋作『得皆』，誤。

〔七〕『募』，《敦煌碑銘讚輯釋》（增訂本）釋作『命』，誤。

〔八〕『到』，《敦煌願文集》《敦煌莫高窟史研究》《敦煌殘卷S. 3905〈唐天復元年辛酉歲金光明寺造□窟上梁文〉匡補》《敦煌碑銘讚輯釋》（增訂本）均未能釋讀；『出』，《敦煌願文集》《敦煌莫高窟史研究》《敦煌殘卷S. 3905〈唐天復元年辛酉歲金光明寺造□窟上梁文〉匡補》《敦煌碑銘讚輯釋》（增訂本）均未能釋讀。

〔九〕『帖』，《敦煌願文集》釋作『親』，《敦煌莫高窟史研究》釋作『鑽』，均誤；『栱』，《敦煌願文集》《敦煌殘卷S. 3905〈唐天復元年辛酉歲金光明寺造□窟上梁文〉匡補》均未能釋讀，《敦煌莫高窟史研究》釋作『龍』，《敦煌碑銘讚輯釋》（增訂本）釋作『鱗雕龍』，均誤；『剋』，《敦煌莫高窟史研究》校改作『刻』，按『剋』有『刻』義，不煩校改，《敦煌碑銘讚輯釋》（增訂本）釋作『刻』，雖義可通而字誤。

〔一〇〕『鐵』，《敦煌殘卷S. 3905〈唐天復元年辛酉歲金光明寺造□窟上梁文〉匡補》據殘筆劃及文義校補。

〔一一〕『今日』，《敦煌殘卷S. 3905〈唐天復元年辛酉歲金光明寺造□窟上梁文〉匡補》未能釋讀。

〔一二〕『卒』，《敦煌碑銘讚輯釋》（增訂本）釋作『舉』。

〔一三〕『實』，《敦煌殘卷S. 3905〈唐天復元年辛酉歲金光明寺造□窟上梁文〉匡補》釋作『賞』，誤。

〔一四〕『捋肘』，《敦煌碑銘讚輯釋》（增訂本）釋作『將時』，誤；『宣』，當作『揎』，《敦煌殘卷S. 3905〈唐天復元年辛酉歲金光明寺造□窟上梁文〉匡補》據文義校改，『宣』爲『揎』之借字。

〔一五〕『嬛』，當作『還』，據文義改，『嬛』爲『還』之借字，《敦煌願文集》《敦煌殘卷S. 3905〈唐天復元年辛酉歲金光明寺造□窟上梁文〉匡補》未能釋讀，《敦煌莫高窟史研究》釋作『孃』，校改作『讓』，《敦煌碑銘讚輯釋》（增訂本）釋作『讓』。

〔一六〕『誰』，《敦煌殘卷S. 3905〈唐天復元年辛酉歲金光明寺造□窟上梁文〉匡補》據殘筆劃及文義校補。

〔一七〕『限』，當作『猥』，據文義改，『限』爲『猥』之借字，《敦煌碑銘讚輯釋》（增訂本）釋作『張』，誤；『索』，《敦煌碑銘讚輯釋》（增訂本）釋作『素』；『天』，《敦煌殘卷S. 3905〈唐天復元年辛酉歲金光明寺造□窟上梁文〉匡補》未能釋讀。

〔一八〕『小』，《敦煌碑銘讚輯釋》（增訂本）釋作『少』，誤；『狗』，《敦煌碑銘讚輯釋》（增訂本）未能釋讀。

〔一九〕『只』，《敦煌碑銘讚輯釋》（增訂本）釋作『是』。

〔二〇〕『諸』，據殘筆劃及文義補。

〔二一〕『域』，《敦煌碑銘讚輯釋》（增訂本）釋作『城』。

〔二二〕『固』，當作『古』，《敦煌莫高窟史研究》據文義校改，『固』爲『古』之借字。

〔二三〕『寡』，《敦煌碑銘讚輯釋》（增訂本）釋作『筤』，誤。

〔二四〕『空』，《敦煌碑銘讚輯釋》（增訂本）釋作『谷』，誤。

參考文獻

《敦煌寶藏》三二册，臺北：新文豐出版公司，一九八二年，二七八頁（圖）；《敦煌民俗學》，上海文藝出版社，一九八九年，四三四至四三五頁；《英藏敦煌文獻》五卷，成都：四川人民出版社，一九九二年，一九九頁（圖）；《敦煌願文集》，長沙：岳麓書社，一九九五年，九七〇至九七三頁（録）；《敦煌莫高窟史研究》，蘭州：甘肅教育出版社，一九九六年，一〇七至一〇九頁（録）；《潘石禪教授九秩華誕紀念敦煌學論集》，臺北：文津出版社，一九九六年，三一七至三一八頁；《敦煌藝術宗教與禮樂文明》，北京：中國社會科學出版社，一九九六年，一八頁；《全唐文新編》，長春：吉林文史出版社，二〇〇〇年，一一五四七至一一五四八頁（録）；《建築史》二〇〇二年三期，六九頁（録）；

《全敦煌詩》一三册，北京：作家出版社，二〇〇六年，五七五七至五七五九頁（録）；《河西學院學報》二〇一五年三期，三一至三五頁（録）；《敦煌碑銘讚輯釋》（增訂本），上海古籍出版社，二〇一九年，一四八六至一四九一頁（録）。

斯三九〇五背　二　奴子將口分地租與王粉堆契抄

釋文

奴子爲闕少所須，遂將口分孟受南支渠地壹畦柒畝，租與同鄉百姓王粉堆壹周年，限斷作價直兩碩五斗，内麥貳分、粟壹分，其物及地〔一〕，當日交相分付訖，一無懸欠〔二〕。其地内所著渠（？）河（？）口作〔三〕、草匝〔四〕、地子、差科等物〔五〕，一仰本地主隨地祇當〔六〕，全不忓（干）王粉堆之事〔七〕。一定已後〔八〕，不許休悔〔九〕，如有悔者〔一〇〕，罰麥叁石〔一一〕，充入不悔之人〔一二〕。恐人無信〔一三〕，□□□□，用後憑檢（驗）〔一四〕。

說明

此件抄於《上梁文》之後，字跡潦草，爲奴子將口分地租與王粉堆的契約抄件。

校記

〔一〕『物及地』，《敦煌契約文書輯釋》未能釋讀。
〔二〕『懸』，《敦煌契約文書輯釋》據殘筆劃及文義校補。
〔三〕『著』，《敦煌契約文書輯釋》未能釋讀；『口』，《敦煌契約文書輯釋》未能釋讀。
〔四〕『匝』，《敦煌契約文獻輯释》釋作『帀』，誤。
〔五〕『等』，據文義及其他租地契約例補。
〔六〕『隨地祇』，據文義及其他租地契約例補。
〔七〕『全』，《敦煌契約文書輯釋》未能釋讀；『忏』，當作『干』，據文義改，『忏』爲『干』之借字。
〔八〕『一』，據文義及其他租地契約例補；『定』，《敦煌契約文書輯釋》據殘筆劃及文義校補。
〔九〕『悔』，據殘筆劃及文義補。
〔一〇〕『有悔者』，據文義及其他租地契約例補。
〔一一〕『麥』，《敦煌契約文書輯釋》未能釋讀。
〔一二〕『悔』，據文義及其他租地契約例補。
〔一三〕『信』，《敦煌契約文書輯釋》據殘筆劃及文義校補。
〔一四〕『檢』，當作『驗』，《敦煌契約文書輯釋》據文義校改。

參考文獻

《敦煌寶藏》三三册，臺北：新文豐出版公司，一九八二年，二七八頁（圖）；《英藏敦煌文獻》五卷，成都：四川人民出版社，一九九二年，一九九頁（圖）；《敦煌契約文書輯釋》，南京：江蘇古籍出版社，一九九八年，三三二至三三三頁（録）。

斯三九〇七　天寶六載（公元七四七年）敦煌郡敦煌縣龍勒鄉都鄉里籍

釋文

（前缺）

敦煌郡　敦煌縣〔一〕　龍勒鄉〔二〕　都鄉里〔三〕　天寶六載籍〔四〕

一段玖畝（四畝永業　五畝口分）　城北卅里神農渠〔五〕　東渠　西録事　南索行政　北沙

一段貳畝口分　城西十里平渠　東渠　西坑　南張楚賓　北郭僧護

户主卑德意　載伍拾玖歲〔六〕

妻　白　載伍拾叁歲〔七〕

男　庭俊　載肆歲　小男〔八〕

男　仙鶴　載叁歲　黄男〔九〕　天寶四載籍後漏附空〔一〇〕

女　妙妙　載叁拾貳歲　中女空

女　思娘　載貳拾壹歲　中女空

侄楚賓〔一一〕載壹拾陸歲　小男天寶三載籍後漏附空

合應受田壹頃陸拾貳畝肆拾叁畝已受　一頃一十九畝未受　廿畝永業

一段柒畝永業　城西十里平渠　東舍

一段伍畝勳田　城西十里平渠　東渠

一段陸畝永業　城西十里平渠　東渠　西自田　南自田　北井〔一二〕

一段拾畝七畝永業　三畝口分　城西十里平渠　東路　西卑信〔一三〕　南阿頭　北君信

敦煌縣

（後缺）

說明

此件首尾均缺，中間下部有兩處較大缺損，首部騎縫處有小字『敦煌郡、敦煌縣』，存四枚朱印的左半邊，尾部騎縫處亦存小字『敦煌縣』。玉井是博考證出其爲天寶六載（公元七四七年）籍（參看《再び敦煌戸籍殘卷について》，《東洋學報》二四卷四號，四四〇至四四一頁）。與此件屬同卷的還有伯二五九二、伯三三五四、伯二五四七、羅振玉舊藏及杏雨書屋羽〇二四，但都不能與此件直接綴合。

校記

〔一〕『煌縣』，《中國古代籍帳研究》據同類文書體例校補。
〔二〕『龍』，《中國古代籍帳研究》據殘筆劃及文義校補；『勒』，《中國古代籍帳研究》據同類文書體例校補；『鄉』，《中國古代籍帳研究》據殘筆劃及文義校補。
〔三〕『都鄉里』，《中國古代籍帳研究》據同類文書體例校補。
〔四〕『天』，《中國古代籍帳研究》據殘筆劃及文義校補；『寶』，《中國古代籍帳研究》據同類文書體例校補；『六』，《中國古代籍帳研究》據殘筆劃及文義校補；『載籍』，《中國古代籍帳研究》據同類文書體例校補。
〔五〕『農』，《敦煌社會經濟文獻真蹟釋録》釋作『龍』，誤。
〔六〕《中國古代籍帳研究》下校補『武騎尉』『不課户』。
〔七〕《中國古代籍帳研究》下校補『職資妻』。
〔八〕《中國古代籍帳研究》下校補『天寶三載籍後附空』。
〔九〕『男』，《中國古代籍帳研究》據殘筆劃及文義校補。
〔一〇〕『天寶四載籍後漏附空』，《中國古代籍帳研究》據殘筆劃及文義校補。
〔一一〕『侄』，《中國古代籍帳研究》《敦煌社會經濟文獻真蹟釋録》均未能釋讀。
〔一二〕『井』，《再び敦煌户籍殘卷について》《敦煌資料》《中國古代籍帳研究》《敦煌社會經濟文獻真蹟釋録》均釋作『渠』，誤。
〔一三〕『卑』，《再び敦煌户籍殘卷について》《敦煌資料》《中國古代籍帳研究》《敦煌社會經濟文獻真蹟釋録》均未能釋讀。

參考文獻

《東洋學報》二四卷四號，一九三七年，四四〇至四四一頁；《唐代文獻叢考》，上海：商務印書館，一九四七年，二六至二七、四九頁；《敦煌資料》一輯，北京：中華書局，一九六一年，二九至三二頁（録）；《中國古代籍帳研究》，東京大學出版社，一九七九年，二一四頁（録）；《敦煌寶藏》三二册，臺北：新文豐出版公司，一九八二年，二八〇頁（圖）；《武漢大學學報》一九八三年五期，一一七頁；《敦煌社會經濟文獻真蹟釋録》一輯，北京：書目文獻出版社，一九八六年，一六一至一八八頁（録）；《東方學會創立四十周年紀念東方學論集》，東京：東方學會，一九八七年，八九三至八九八頁；《敦煌研究》一九八九年一期，五九頁；《英藏敦煌文獻》五卷，成都：四川人民出版社，一九九二年，一九九頁（圖）；《貴州社會科學》一九九二年六期，五〇頁；《中國古代籍帳研究》，北京：中華書局，二〇〇七年，四九至七一頁（録）；《魏晉南北朝隋唐史資料》二八輯，上海古籍出版社，二〇一二年，二四九至二五一頁。

斯三九〇九　大乘無量壽經題記

釋文

王瀚。

龍興。

説明

此件《英藏敦煌文獻》未收，現予增收。《中國古代寫本識語集録》認爲此寫本的年代大約在公元九世紀前期。

參考文獻

Descriptive Catalogue of the Chinese Manuscripts from Tunhuang in the British Museum, The Trustees of the British Museum, London 1957, p. 147（録）；《敦煌寶藏》三二册，臺北：新文豐出版公司，一九八二年，二八四頁（圖）；《中國古代寫本識語集録》，東京大學東洋文化研究所，一九九〇年，三八八頁（録）；《敦煌遺書總目索引新編》，北京：中華書局，二〇〇〇年，一一九頁（録）。

斯三九一二　大般若波羅蜜多經卷第二百卌八題記

釋文

法興。

説明

此件《英藏敦煌文獻》未收，現予增收。池田温推測此寫本的年代大約在公元九世紀前期（《中國古代寫本識語集録》，三六四頁）。

參考文獻

Descriptive Catalogue of the Chinese Manuscripts from Tunhuang in the British Museum，The Trustees of theBritish Museum，London 1957，p. 6（録）；《敦煌寶藏》三二册，臺北：新文豐出版公司，一九八二年，三〇三頁（圖）；《中國古代寫本識語集録》，東京大學東洋文化研究所，一九九〇年，三六四頁（録）。

斯三九一三　佛説無量壽宗要經一卷題記

釋文

王瀚。

説明

此件《英藏敦煌文獻》未收，現予增收。

參考文獻

《敦煌寶藏》三二册，臺北：新文豐出版公司，一九八二年，三〇六頁（圖）；《中國古代寫本識語集録》，東京大學東洋文化研究所，一九九〇年，三九〇頁（録）；《敦煌遺書總目索引新編》，北京：中華書局，二〇〇〇年，一一九頁（録）。

斯三九一四　河西節度使尚書壽昌設齋文

釋文

蓋聞我佛應化〔一〕，悲願起於三千；救苦興慈，巡歷拔接〔於〕八萬〔二〕。獨尊利現〔三〕，示教多門；感聖揚雄〔四〕，神力難測者也〔五〕。厥今九秋來至，建勝會於壽昌；七日清齋，置隨求於西角。幡花備席，樂奏八音；供養三時，梵唄無暇。兩上巡遶〔六〕，香湯遍灑於六街；經咒真言，演暢聲馳於四陌〔七〕。錢銀數貫〔八〕，奉獻土地靈神〔九〕；玉饌香餐，供佛延僧請聖。闔城士庶、女弟童男，牧野村人咸稱乞告者，爲誰施作？時則有我河西節度使尚書，先奉爲金山聖跡，以定遐蕃；玉女渥洼，保清社稷。江神海獸，護一界之民（人）民〔一〇〕；歡喜龍王，順風調而應節。人無楚切，不染分介之災；牛馬六畜駝羊，疫毒時消時散。亦乃（爲）當今帝主〔一一〕，福被遐陬，四海趨風〔一二〕，八方順化〔一三〕。尚書寶位，千年崇鎮於河隍；永耀麾旌，萬載撫安於隴右。國母公主，寵泰不失於瓊宮〔一四〕；刺史郎君，雅志芳能而繼嗣；小娘子桂質，棄垢而貞。內外城隍，咸昌寧謐之福會也〔一五〕。伏惟我尚書，天才降世，雄氣神資，按星劍而羌虜魂驚，杖（仗）韜略而諸蕃膽喪〔一六〕。臨機運策，善韓白之深謀；匡濟生靈，扇堯年之大化。近睹災侵入界，妖禍鄰人〔一七〕，恐害民（人）民，邀僧仗佛，所以遥瞻大覺，置道場於金山；遠望神威，延聖凡於西角。故得像敷月面，輝八相之靈光；經讚無爲，佛聲驟九頂之上〔一八〕。遂使墮蕃落井〔一九〕，傷煞孤魂，失土離鄉，奔波絶户。或是從軍北戰，殁殞沙場。或謂討掠南征，身埋棄世，奉公東使，逢賊雲亡。或是遠遣西遊，他州違（遺）骨〔二〇〕，斷親絶嗣，不葬幽靈，客鬼巡門，越鄉移界。或是山丘野澤，洛（落）水火燒，牧放牛羊，狼殘虎齩。或是貧寒凍煞，缺食乏衣〔二一〕，春夏秋冬，居巢住穴。或謂犯龍蛇觸，海獸風神。爲復七魄先亡，爲是近時懷恨：並願聽經聲來就道場，逐鈴音而降法會〔二二〕，霑福霑利，領受錢財。燈光照引於善途，唄梵通馳於香積〔二三〕。轉生天路，速處蓮花，莫惱害我敦煌，棄災星於境外。願禍消滅三説。是時也，經收寶篋，像卷銀筒。捨七珍已（以）殄妖災〔二四〕，仰三尊乞加保護。即使吉神吉將〔二五〕，主善族堅守川園（原）〔二六〕；凶將凶神，趁非邪他鄉遠走。帝皇永壽，鳳闕延春〔二七〕；四海恩波（被）〔二八〕，八方頻澤。尚書禄位，同峻嶽之崇高〔二九〕；節政遐陬〔三〇〕，誓押關西之境〔三一〕。國母公主，播美理於深闈；匡順民（人）民，保貞松之莫變〔三二〕。刺史郎君兄弟，雄才芳佐於吾君〔三三〕；六藝轉清，福比筠篁之歲久〔三四〕。小娘子内[外]〔三五〕，閨（桂）蘭茂實於香車〔三六〕；玉樹金枝，不變寒雲之色〔三七〕。又持勝福，次用莊嚴，則壽昌都衙副使〔三八〕、監使、押衙、都知，以水官、兵馬使等〔三九〕：伏願文武備曉〔四〇〕，弓裘永佐於譙王〔四一〕；福峻禄深〔四二〕，班位常增而清吉〔四三〕。安人撫域〔四四〕，不失於規模〔四五〕；邊上忠勤，保貴恆昌於萬載〔四六〕。闔城大小賢者〔四七〕，以優婆夷、清信女男〔四八〕，表裏上下〔四九〕，伏願心恆佛日，福俹嵩山〔五〇〕，意切宗乘，財盈滿室〔五一〕。六畜强盛，家家貴富而新榮〔五二〕；七寶來庭，户户豐添而海藏〔五三〕。蝗飛避境〔五四〕，猛虎移川，莊野讌詞，牧童舞索〔五五〕。芝泉鬱茂，草芥豐林。社廟靈祇〔五六〕，繞堅廓宇〔五七〕。然後休戈罷甲〔五八〕，戰馬亭銜〔五九〕，五穀時收〔六〇〕，歲稔成熟云云〔六一〕。

説明

此件首尾完整，由三紙粘貼而成，二、三紙接縫處上部略殘，起『蓋聞我佛應化』，訖『歲稔成熟云云』，卷中有朱筆句讀及校改。

《敦煌遺書總目索引》擬名『願文』，《英藏敦煌文獻》擬名『文樣（願文）』，《敦煌碑銘讚輯釋》擬名『曹元忠設壇發願文』，《敦煌願文集》則擬名『結壇發願文』。文中稱『建勝會於壽昌；七日清齋，置隨求於西角』，『勝會』和『清齋』均指齋會，兹擬今名。文中又有『河西節度使尚書』『國母公主』『譙王』等。據研究，曹氏歸義軍時期只有曹議金曾被稱作『河西節度使尚書』，其他幾任節度使都是在擔任節度使之初就使用了高於尚書的『僕射』『司空』『太保』等稱號。而被稱作『譙王』的也只有曹議金（參看榮新江《歸義軍史研究——唐宋時代敦煌歷史考索》，一一三頁）。這樣看來，此件中之『河西節度使尚書』似乎應該是曹議金。但曹議金迴鶻夫人天公主號『國母』是在曹議金死後的九三六年，則此件中之『河西節度使尚書』又似應指曹議金後的曹元德、曹元深或曹元忠。總之，根據以往的研究成果，此件中之『河西節度使尚書』尚無法確定其歸屬，但以曹元德的可能性最大。

校記

〔一〕『蓋聞我佛』，《敦煌願文集》未能釋讀；『應化』，《敦煌願文集》釋作『化非』，誤。

〔二〕『歷拔接』，《敦煌願文集》未能釋讀；『於』，《敦煌願文集》據文義校補。

〔三〕『獨』，《敦煌願文集》釋作『釋』，誤。

〔四〕『揚雄』，《敦煌願文集》漏録。

〔五〕『神力』，《敦煌願文集》漏録；『測』，《敦煌願文集》校補作『思』，誤。

〔六〕『兩』，《敦煌願文集》釋作『雨』，誤。

〔七〕『暢』，《敦煌願文集》未能釋讀；『馳』，《敦煌碑銘讚輯釋》（增訂本）據殘筆劃及文義校補。

〔八〕『銀』，《敦煌願文集》釋作『財』，誤。

〔九〕『神』，《敦煌願文集》釋作『祇』，誤。

〔一〇〕第一個『民』，當作『人』，《敦煌願文集》據文義校改。下同，不再出校。

〔一一〕『乃』，當作『爲』，《敦煌願文集》據文義校改。

〔一二〕「趨」，《敦煌願文集》釋作「趣」，誤。
〔一三〕「八方順化」，《敦煌願文集》漏録。
〔一四〕「於」，《敦煌願文集》認爲底本脱，據文義校補作「於」，按底本補寫於行間，《敦煌碑銘讃輯釋》（增訂本）漏録。
〔一五〕「咸」，《敦煌願文集》未能釋讀；「謐」，《敦煌願文集》釋作「謚」，校改作「謐」；「也」，《敦煌願文集》《敦煌碑銘讃輯釋》（增訂本）均漏録。
〔一六〕「杖」，當作「仗」，《敦煌願文集》據文義校改，「杖」爲「仗」之借字。
〔一七〕「鄰」，《敦煌碑銘讃輯釋》（增訂本）未能釋讀。
〔一八〕「上」，《敦煌碑銘讃輯釋》（增訂本）釋作「上空」，誤。
〔一九〕「墮」，《敦煌願文集》釋作「隨」，誤。
〔二〇〕「違」，當作「遺」，據文義改，「違」爲「遺」之借字，《敦煌願文集》逕釋作「遺」。
〔二一〕「食」，《敦煌願文集》釋作「食移」，誤。
〔二二〕「法」，《敦煌碑銘讃輯釋》（增訂本）未能釋讀。
〔二三〕「唄梵」，《敦煌願文集》校改作「梵唄」。
〔二四〕「已」，當作「以」，《敦煌願文集》據文義校改，「已」爲「以」之借字。
〔二五〕「吉」，《敦煌碑銘讃輯釋》（增訂本）釋作「告」，誤。
〔二六〕「園」，當作「原」，《敦煌願文集》據文義校改，「園」爲「原」之借字。
〔二七〕「鳳闕」，《敦煌願文集》未能釋讀。
〔二八〕「波」，當作「被」，據文義改，《敦煌願文集》逕釋作「被」。

〔二九〕『同峻』，《敦煌願文集》未能釋讀。

〔三〇〕『政』，《敦煌願文集》校改作『正』，按『政』可通，不煩校改。

〔三一〕『境』，《敦煌願文集》未能釋讀。

〔三二〕『貞松之』，《敦煌願文集》未能釋讀。

〔三三〕『芳』，《敦煌碑銘讚輯釋》（增訂本）釋作『勞』；『佐』，《敦煌願文集》未能釋讀，《敦煌碑銘讚輯釋》（增訂本）釋作『佑』；『吾』，據殘筆劃及文義補；『君』，《敦煌願文集》未能釋讀。

〔三四〕『歲』，《敦煌願文集》未能釋讀。

〔三五〕『内』，《敦煌願文集》未能釋讀；『外』，據殘筆劃及文義補。

〔三六〕『閨』，當作『桂』，《敦煌願文集》據文義校改，『閨』爲『桂』之借字。

〔三七〕『變』，《敦煌願文集》《全唐文新編》均未釋讀。

〔三八〕『則』，《敦煌願文集》《全唐文新編》均釋作『財』，誤；『昌都衙』，《敦煌願文集》《全唐文新編》均未釋讀。

〔三九〕『兵馬』，《敦煌願文集》未能釋讀；『等』，《敦煌願文集》未能釋讀。

〔四〇〕『伏』，《敦煌願文集》未能釋讀，校補作『唯』，誤。

〔四一〕『弓裘永佐』，《敦煌願文集》未能釋讀；『譙王』，《敦煌願文集》釋作『堂』，誤。

〔四二〕『福峻禄深』，《敦煌願文集》未能釋讀。

〔四三〕『清吉』，《敦煌願文集》未能釋讀。

〔四四〕『安』，《敦煌願文集》釋作『女』，誤；『撫』，《敦煌願文集》未能釋讀；『域』，《敦煌願文集》未能釋讀，《敦煌碑銘讚輯釋》（增訂本）釋作『城』，誤

〔四五〕『失於規』，《敦煌願文集》未能釋讀；『模』，《敦煌願文集》釋作『摸』，誤。

〔四六〕『載』，《敦煌願文集》釋作『歲』，誤。
〔四七〕『闔城大小』，《敦煌願文集》未能釋讀。
〔四八〕『男』，《敦煌碑銘讚輯釋》（增訂本）未能釋讀。
〔四九〕『裏上下』，《敦煌願文集》未能釋讀。
〔五〇〕『偈』，《敦煌願文集》釋作『竭』，《敦煌碑銘讚輯釋》（增訂本）釋作『增』。
〔五一〕『室』，《敦煌願文集》釋作『堂』，誤。
〔五二〕『新榮』，《敦煌願文集》未能釋讀。
〔五三〕『藏』，《敦煌願文集》未能釋讀。
〔五四〕『蝗飛避』，《敦煌願文集》未能釋讀。
〔五五〕『童舞』，《敦煌願文集》未能釋讀；『索』，《敦煌願文集》未能釋讀，《敦煌碑銘讚輯釋》（增訂本）釋作『喜』。
〔五六〕『靈祇』，《敦煌願文集》未能釋讀。
〔五七〕『繞』，《敦煌願文集》未能釋讀。
〔五八〕『罷』，《敦煌碑銘讚輯釋》（增訂本）未能釋讀。
〔五九〕『戰』，《敦煌願文集》釋作『茂』，誤；『亭』，《敦煌碑銘讚輯釋》（增訂本）校改作『停』，按『亭』通『停』，不煩校改；『衜』，《敦煌願文集》未能釋讀，《敦煌碑銘讚輯釋》（增訂本）釋作『街』，誤。
〔六〇〕『五』，《敦煌願文集》未能釋讀。
〔六一〕『成』，《敦煌願文集》校改作『咸』；『熟』，《敦煌願文集》釋作『豐』，誤；第一個『云』，《敦煌願文集》釋作『齊』。

參考文獻

《敦煌寶藏》三二册，臺北：新文豐出版公司，一九八二年，三〇七至三〇八頁（圖）；《英藏敦煌文獻》五卷，成都：四川人民出版社，一九九二年，二〇〇至二〇一頁（圖）；《敦煌碑銘讚輯釋》，蘭州：甘肅教育出版社，一九九二年，三三一頁；《敦煌吐魯番文獻研究》，蘭州大學出版社，一九九五年，五九七至五九八頁；《敦煌願文集》，長沙：岳麓書社，一九九五年，五九四至五九七頁（録）；《全唐文新編》一七册，長春：吉林文史出版社，二〇〇〇年，一一五八一至一一五八二頁（録）；《敦煌研究》二〇〇一年一期，一〇四頁；《敦煌願文的類型研究》，北京：九州出版社，二〇一八年，八〇至八二頁（録）；《敦煌碑銘讚輯釋》（增訂本），上海古籍出版社，二〇一九年，七九六至七九七頁（録）。

斯三九一五　大乘無量壽經題記

釋文

唐文英寫。　　龍興。

説明

此件《英藏敦煌文獻》未收，現予增收。池田温推測此寫本的年代大約在公元九世紀前期（《中國古代寫本識語集録》，三八八頁）。

參考文獻

Descriptive Catalogue of the Chinese Manuscripts from Tunhuang in the British Museum, The Trustees of the British Museum, London 1957, p. 147（録）；《敦煌寶藏》三二册，臺北：新文豐出版公司，一九八二年，三一一頁（圖）；《敦煌遺書總目索引》，北京：中華書局，一九八三年，一八八頁（録）；《中國古代寫本識語集録》，東京大學東洋文化研究所，一九九〇年，三八八頁（録）；《敦煌遺書總目索引新編》，北京：中華書局，二〇〇〇年，一一九頁（録）。

斯三九二〇背　一　祭文

釋文

（前缺）

□□靈爾靈〔一〕，有德可□〔二〕，無瑕可非〔三〕。處俗脩於六行，爲道禁於八德〔四〕。外剛兮内柔，上恭兮下慈。每自□於進趣〔五〕，恒敬慎於威儀〔六〕。嗚呼！歲不可待（？）〔七〕，逝川難駐；倏忽生涯〔八〕，斯須泉路。亭□□道樹；雲奄風摧〔九〕，情悲上〔一〇〕□□徒夙昔，將謂百年；睹公□變〔一一〕，泣涕何言！雲生遠岫〔一二〕，鶴唳長天；自後誓别〔一三〕，再見無緣。瀝此香乳，臨訣靈前〔一四〕；魂兮有察，能無降旃〔一五〕？嗚呼！惟□尚饗〔一六〕。

説明

此卷由多紙粘接而成，現在被人們當作正面的部分抄寫『維摩詰經注』。背面抄寫兩種祭文、兩種某寺斛斗破歷，有正書、倒書，筆跡也不一致，有的紙張明顯被剪裁過，有的文字在粘接紙張時被蓋住了一些。這表明背面的内容實際早於正面，時人是將人們已經用過的廢紙剪裁粘接起來，利用其背面來抄寫『維摩詰經注』的。爲避免造成新的混亂，現仍按照《英藏敦煌文獻》標示的正背關係釋録。

此件首缺尾全，有多處殘損，倒書，墨跡甚淡，起『靈爾靈』，訖『惟□尚饗』，其内容爲祭文。

校記

〔一〕『□』，《敦煌喪葬文書輯注》釋作『之』；第一個『靈』，據殘筆劃及文義補，《敦煌喪葬文書輯注》逕釋作『靈』。

〔二〕『可』，《敦煌喪葬文書輯注》未能釋讀。

〔三〕『無』，據殘筆劃及文義補，《敦煌喪葬文書輯注》逕釋作『無』。

〔四〕『於八德』，《敦煌喪葬文書輯注》據殘筆劃及文義校補。

〔五〕『於』，據殘筆劃及文義補。

〔六〕『儀』，據殘筆劃及文義補，《敦煌喪葬文書輯注》逕釋作『儀』。

〔七〕『待』，據殘筆劃及文義補，《敦煌喪葬文書輯注》逕釋作『待』。

〔八〕『倏』，底本原寫作『悠』，係涉下文『忽』而成之類化俗字。

〔九〕『奄』，《敦煌喪葬文書輯注》校改作『掩』，按『奄』通『掩』，不煩校改。

〔一〇〕『情』，《敦煌喪葬文書輯注》釋作『清』，誤；『上』，《敦煌喪葬文書輯注》釋作『涼』，誤。

〔一一〕『公』，《敦煌喪葬文書輯注》疑作『以』；『變』，《敦煌喪葬文書輯注》釋作『淚』，誤。

〔一二〕『生』，《敦煌喪葬文書輯注》釋作『望』，誤。

〔一三〕「自」，據殘筆劃及文義補，《敦煌喪葬文書輯注》校補作「今」；「後」，據殘筆劃及文義補，《敦煌喪葬文書輯注》校補作「辰」；「晢」，《敦煌喪葬文書輯注》釋作「尟」。

〔一四〕「臨」，據殘筆劃及文義補，《敦煌喪葬文書輯注》釋作「願」；「訣」，《敦煌喪葬文書輯注》釋作「就」，誤。

〔一五〕「旃」，《敦煌喪葬文書輯注》以爲底本脱文並校補作「歆」，誤。

〔一六〕「惟」，據殘筆劃及文義補，《敦煌喪葬文書輯注》逕釋作「惟」。

參考文獻

《敦煌寶藏》三三册，臺北：新文豐出版公司，一九八二年，三三一頁（圖）；《英藏敦煌文獻》五卷，成都：四川人民出版社，一九九二年，二〇一頁（圖）；《敦煌喪葬文書輯注》，成都：巴蜀書社，二〇一七年，五六三至五六四頁（録）。

斯三九二〇背　二　乙未年（公元八一五年）五月十二日僧法詮正勤等祭康上座文

釋文

維歲次乙未五月辛未朔十二日壬午，當寺徒衆法詮、正勤等，謹以香乳之奠，敬祭於

故（？）康上座闍梨之靈[一]：惟　靈知自不群，生而有准，節戒超倫，言行彌信，年逾

耳順，庶事踰謹，人謂之仁，出言師（下缺）

說明

此件首全尾缺，倒書，其內容爲乙未年（公元八一五年）五月十二日僧法詮、正勤等祭康上座文。鄭炳林考出法詮即陳法詮、正勤即宋正勤，兩人約在公元八二一年前後任都教授之職，而康上座則爲伯二七二九中出現的康志定（參見《敦煌歸義軍史專題研究》，三八〇頁）。陳海濤、劉慧琴推測此康志定爲粟特人（參見《唐代入華粟特人研究》，一四三頁）。

此件存五行，《英藏敦煌文獻》只印前兩行，漏印後三行，現據《敦煌寶藏》補全。

校記

〔一〕『於』，《敦煌喪葬文書輯注》據文義校補。

參考文獻

《敦煌曆日譜》，《東方學報（京都）》四五期，一九七三年，一八六頁；《敦煌寶藏》三二册，臺北：新文豐出版公司，一九八二年，三三二頁（圖）；《中國佛教社會史研究》，京都：同朋社，一九八二年，四一四頁；《英藏敦煌文獻》五卷，成都：四川人民出版社，一九九二年，二〇一頁（圖）；《敦煌歸義軍史專題研究》，蘭州大學出版社，一九九七年，三八〇頁；《唐代入華粟特人研究》，北京：商務印書館，二〇〇六年，一四三頁；《敦煌喪葬文書輯注》，成都：巴蜀書社，二〇一七年，五六四頁（録）。

斯三九二〇背　　三　某寺諸色斛斗破歷

釋文

（前缺）

七月：麥九斗、一石、一斗、一斗、五斗，計二石六斗。

白麵三石、八斗、二石，計五石八斗。　麤麵二斗、二斗、二斗，計六斗。

黃麻三石。　油二斗。

蘇二升、半升，　計二升半。

[八]月[一]：麥九斗、二石、二斗、四升、一斗、五升、廿二石、三石，計廿八石二斗玖升。

白麵二斗、五升、二石、一斗、五升、一斗，計二石五斗。　麤麵二斗、一斗、一斗、一斗、一斗、一斗、一斗、一斗、二斗、五升、一斗，計一石一斗五升。

[粳]米[二]五升、四升，計九升。　粟米五升，又七升，計一斗二升。　皮鞋一量。

□半升、八升半，計九升。　米七升。

□子皮二張。　羖羊皮一張。

九月〔三〕：麥九斗、一斗、五升、七斗、六斗、一石、〔八〕斗〔四〕、四斗、一斗、五升、六斗、七斗、一石、七斗、五升、五斗、一斗、五升，計八石四斗。粟一石、五斗、七斗，計二石二斗。

□麵二石、二石、一斗、五升、一斗、三石、一斗、四斗，計六石七斗五升。黃麻三石、六斗，計七石一斗〔五〕。

油〔六〕八升半、三升、八升半、一斗、七合、三升，計三斗三升七合。粟麵一斗。米七升、七升、七升，計二斗一升。蘇二升。

白羊皮拾張。靴一量。

十月〔七〕：麥九斗、六升、一斗、五升、二石、五斗、一斗、五升，計三石七斗六升。粟四斗、二升，計四斗二升。

白麵〔八〕二石、八斗、一斗、一斗、二石、一斗、二石，計六石一斗。麤麵二斗。米七升、七升，計一斗四升。

蘇二升。油八升半、八升半，計一斗七升。麻十三斤。

十一月〔九〕：麥四斗、五升、六斗、一斗、二石、八斗、二石、五斗，計六石四斗五升。粟四斗、五升、三石、五斗，計三石九斗五升。

白麵〔一〇〕二石、七斗、一斗、三斗、一斗、二斗、一斗、五升，計三石五斗五升。麤麵一斗、三斗、二斗、二斗，計八斗。

油八升、一升半，計九升半。紙七（？）帖。豌豆一斗、一斗，計二斗。

十二月：麥四斗、五升、三斗、八斗、六斗、三斗、二石、六斗、三斗、一石、五斗、三斗、四斗、二升、四斗、二石、二斗、五升、十一石、六斗、一斗、五斗、二石、一斗、一石、四斗，計廿五石四斗七升。

粟 四斗、五升、八斗、一石、八斗，計三石五升。

白麵 二斗、二斗、二斗、一斗、三斗、二斗、五斗、一斗、二斗、二斗、四石、一斗、五斗、一斗、三斗、二石，計九石二斗。

麤麵 二斗、二斗、二斗、二斗、二斗、一斗、二斗、二斗、二斗、二斗，計一石玖斗。

[鐵]〔一〕二斤半。 膠 七兩。

[豌]豆〔二〕三斗、四斗，計七斗。 油 一升、半升、半升、一斗、八升、一升、八升半、三斗、二升，計六斗一升半。

蘇 一升半、一升、半升，計三升。 草豉 一升半、二升，計三升半。

米 三斗、五升、七升，計四斗二升。 粳米 三升。

紙 四帖。

説明

此件首缺尾全，倒書，爲某寺按月記録的諸色糧物破歷。有朱筆勘點及修改、補寫，總計數目亦爲朱筆。

校記

〔一〕『八』，據殘筆劃及文義補。

〔二〕『粳』，據殘筆劃及文義補。

斯三九二〇背

〔三〕『九』，據殘筆劃及據文義補。
〔四〕『八』，據文義補，此處爲記帳者漏寫。
〔五〕『七』，據殘筆劃及文義補；『石』，據文義補；『一』，據殘筆劃及文義補；『斗』，據文義補。
〔六〕『油』，據殘筆劃及據文義補。
〔七〕『十』，據殘筆劃及據文義補。
〔八〕『白』，據殘筆劃及據文義補。
〔九〕『十』，據殘筆劃及據文義補。
〔一〇〕『白』，據殘筆劃及據文義補。
〔一一〕『鐵』，據殘筆劃及文義補。
〔一二〕『豌』，據殘筆劃及文義補。

參考文獻

《敦煌寶藏》三二册，臺北：新文豐出版公司，一九八二年，三三一至三三二頁（圖）；《英藏敦煌文獻》五卷，成都：四川人民出版社，一九九二年，二〇二頁（圖）。

斯三九二〇背　四　雜寫

釋文

熱（？）亦有一百一，雜病一百一。

說明

以上文字係時人隨手所寫於前録『某寺月計諸色糧物破歷』行間空白處。

參考文獻

《敦煌寶藏》三二册，臺北：新文豐出版公司，一九八二年，三三二頁（圖）；《英藏敦煌文獻》五卷，成都：四川人民出版社，一九九二年，二〇二頁（圖）。

斯三九二〇背　五　某寺諸色斛斗破歷

釋文

（前缺）

□磑用。□用。同日出白麵壹斗，交兩修□張卿取磑。出麥伍斗，造檜
（？）□斗〔一〕，買褐襠與胡胡。同日出麥□□張博士食。同〔日〕出羊皮一
張〔二〕，□□付郭法通〔三〕。又同日出麥柒碩捌斗，郭法通□麥兩碩，付張加珍。
同日出麥壹碩貳斗，沽酒貳甕〔四〕，付石長用〔五〕。同日出麥貳斗，付都師。廿二日：
出白麵壹碩□斗〔六〕，油叁勝，造餅煮油，將石長道糧。同日出麥叁斗，買蘇三勝。又出麥
陸斗，博米叁斗。廿三日：出白麵肆碩，麤麵壹石，付石長、博士及家人食。同日出油
半勝，告（膏）車用〔七〕。同日出粟壹石肆斗，沽酒壹甕，將石長用。廿四日：出麥壹石
肆斗，買褐襠與惠澄。十一月三日：出白麵肆斗，油壹勝，故（僱）再（拽）磑車合時

用〔八〕。同日出白麵壹石肆斗，油叁勝半，煮油造餅，將石長、博士食。同日出白麵貳斗，修車博士食。　五日：出椀（豌）豆叁碩〔九〕，付鄧託德故（傕）車價〔一〇〕。同日[出]椀（豌）豆壹碩壹斗〔一一〕，造牛䐄，付石長頭用。　八日：出白麵兩碩伍斗，麤麵伍斗，麨壹碩，再（拽）磑車牛□，付都師。　十日：出糜壹碩肆斗，沽酒壹甕，付都師，於石長用。　十五日：出椀（豌）豆壹碩，白麵伍斗伍勝，油貳勝，造餅煮油選醋，迎車用。又出白麵□斗，造餐人食。　十七日：出白麵壹碩伍斗伍勝，油叁勝，糜兩碩壹斗，與再（拽）磑車迴設博士[用]〔一二〕。又出麵伍勝，草豉半勝，椀（豌）豆壹〔碩〕〔一三〕，沽醬三勝。準[上]〔一四〕，計用麥廿碩玖斗，白麵壹拾貳碩貳[斗]伍勝〔一五〕，麤麵壹碩伍斗，豆柒碩貳斗，糜、粟陸碩叁斗，麨壹碩，油壹斗伍勝。靴底叁兩，又靴底兩兩，造牛靴。已上物緣取磑用，都計麥、粟、[麵]〔一六〕、[麨]〔一七〕、[豆等物]〔一八〕，[從世]□〔一九〕[　　]

（後缺）

說明

此件首尾均缺，右上角亦缺，起『磑用』，訖『豆等物』，是某寺按月記録的諸色斛斗破歷。

校記

〔一〕「斗」，據殘筆劃及文義補。

〔二〕「日」，據文義補；「張」，據殘筆劃及文義補。

〔三〕「付」，據殘筆劃及文義補。

〔四〕「貳」，據殘筆劃及文義補；「甕」據文義補。

〔五〕「付」，據文義補。

〔六〕「斗」，據殘筆劃及文義補。

〔七〕「告」，當作「膏」，據文義改，「告」爲「膏」之借字。

〔八〕「故」，當作「僱」，據文義改，「故」爲「僱」之借字；「再」，當作「拽」，據文義改，「再」爲「拽」之借字，以下同，不另出校。

〔九〕「椀」，當作「豌」，據文義改，「椀」爲「豌」之借字。以下同，不另出校。

〔一〇〕「故」，當作「僱」，據文義改，「故」爲「僱」之借字。

〔一一〕「出」，據殘筆劃及文義補。

〔一二〕「用」，據文義補。

〔一三〕「碩」，據文義補。

〔一四〕「上」，據殘筆劃及文義補。

〔一五〕「斗」，據文義補。

〔一六〕「麵」，據殘筆劃及文義補。

〔一七〕「麨」，據殘筆劃及文義補。

〔一八〕『豆等物』，據殘筆劃及文義補。

〔一九〕『從世』，據殘筆劃及文義補。

參考文獻

《敦煌寶藏》三二册，臺北：新文豐出版公司，一九八二年，三三三頁（圖）；《英藏敦煌文獻》五卷，成都：四川人民出版社，一九九二年，二〇三頁（圖）。

斯三九二六　老子道德經河上公章句

釋文

（前缺）

言侯王當屈己下人〔一〕，汲汲求賢，不可但欲貴高於人無已時〔二〕，將恐顛蹶失其位〔三〕。**故貴必以賤爲本，**言必欲尊貴〔四〕，當以薄賤爲本。若禹稷躬稼〔五〕，舜陶河濱，周公下白屋〔六〕。高必以下爲基。言必欲尊貴〔七〕，**當以下爲本基。**猶築牆造功〔八〕，因卑成高，下不堅固，後必傾危〔九〕。**是以侯王自曰孤寡不轂**〔一〇〕，孤寡喻孤獨，不轂喻不能如車轂爲衆輻所湊〔一一〕。**此非以賤爲本**〔一二〕？言侯王至尊貴〔一三〕，能以孤寡自稱，此非以賤爲本乎〔一四〕？以曉人也〔一五〕。**悲乎**〔一六〕！嗟歎之辭。**故致數車無車，**致〔一七〕，就也〔一八〕。言人就車數之〔一九〕，爲輻、爲輪、爲轂、爲衡〔二〇〕、爲轝，無有名爲車者〔二一〕，故成爲車。以喻侯王不以尊號自名〔二二〕，故能成其貴〔二三〕。**不欲琭琭如玉**〔二四〕，**硌硌如石**〔二五〕。琭琭喻少〔二六〕，硌硌喻多〔二七〕。玉少故見貴〔二八〕，石多故見賤〔二九〕。不欲如玉爲人所貴〔三〇〕，如石爲人所賤〔三一〕，當處其中〔三二〕。

反者道之動〔三三〕，反者〔三四〕，反本〔三五〕。道之所以動生萬物〔三六〕，背之則亡。**弱者道之用**。柔弱者，道之所常用〔三七〕。**天下萬物生於有**〔三八〕，天下萬物皆從天地生〔三九〕，天地有形位，故言生於有。**有生於無**。天地神明，蜎飛蠕動，皆從道生，道無形，故言生於無〔四〇〕。

此言本勝於華，弱勝於彊，謙虚勝滿盈〔四一〕。

上士聞道〔四二〕，**勤而行之**；上士聞道，自勤苦竭力而行之〔四三〕。**中士聞道，若存若亡**；中士聞道，治身以長存，治國以太平，欣然而存之。退見財色榮譽，或於情欲〔四四〕，而復亡之〔四五〕。**下士聞道，大笑之**；下士貪狼多欲〔四六〕，見道柔弱，謂之恐懼；見道質朴，謂之鄙陋，故大而笑之〔四七〕。**不笑不足以爲道**。不爲下士所笑，不足名以爲道〔四八〕。**建言有之**：建〔四九〕，設也〔五〇〕。設言有道〔五一〕，當如下句〔五二〕。**明道若昧**，明道之人，若闇昧無所見〔五三〕。**進道若退**，進取道者，若退不及〔五四〕。**夷道若類**，夷，平也。大道之人不自別殊〔五五〕，若多比類〔五六〕。**上德若谷**，上德之人若深谷，不恥垢濁〔五七〕。**大白若辱**，大潔白之人若汙辱，不自彰顯〔五八〕。**廣德若不足**，德行廣大之人若愚頑不足〔五九〕。**建德若揄**〔六〇〕，建設道德之人，若可揄引使空虚〔六一〕。**質直若渝**，質朴之人若五色，有渝淺不明〔六二〕。**大方無隅**，大方正之人，無委曲廉隅。**大器晚成**，大器之人若九鼎瑚璉，不可卒成。**大音希聲**，大音猶雷霆〔六三〕，待時而動，喻常愛氣希言〔六四〕。**大象無形**，大法象之人質朴無形容。**道隱無**

名，道潛隱，使人無能指名〔六五〕。**夫唯道善貸且成**。成，就也。言道善禀貸人精氣，且成就之〔六六〕。

道生一〔六七〕，道始所生者一也〔六八〕。**一生二**，一生陰與陽。**二生三**，陰陽生和清濁三氣〔六九〕，分爲天地人〔七〇〕。**三生萬物**。天地人共生萬物〔七一〕。**萬物負陰而抱陽**，萬物無不負陰而向陽〔七二〕，迴心而就日〔七三〕。**沖氣以爲和**〔七四〕。萬物中皆有元氣，得以和柔，若匈中有藏〔七五〕，骨中有髓，草木中有空虚，與氣通〔七六〕，故得久生〔七七〕。**人之所惡，唯孤寡不轂**〔七八〕，**而王公以爲稱**。孤寡不轂者，不祥之名〔七九〕，而王公以爲稱者〔八〇〕，處謙卑，法空虚和柔〔八一〕。**故物或損之而益**，引之不得，推讓必還〔八二〕。**或益之而損**。夫增高者〔致〕崩〔八三〕，貪富者致患〔八四〕。**人之所教**，謂衆人所以教〔八五〕，去弱爲彊，去柔爲剛。**我亦教之**〔八六〕。言我教衆人〔八七〕，使去彊爲弱〔八八〕，去剛爲柔〔八九〕。**彊梁者不得其死**，彊梁者，謂不信玄妙〔九〇〕，背叛道德，不從經教，尚勢任力〔九一〕。不得其死者〔九二〕，爲天所絶〔九三〕，兵刃所伐〔九四〕，王法所殺，不得以命死〔九五〕。**吾將以爲教父**。父，始也。老子以彊梁之人爲教戒之始〔九六〕。

天下之至柔〔九七〕，**馳騁天下之至堅**。至柔者，水也〔九八〕，至堅者〔九九〕，金石也〔一〇〇〕。水能貫堅入剛，無所不通。**無有入於無間**。夫無有謂道也〔一〇一〕。道無形質，故能出入無間，通養群生〔一〇二〕。**吾是以知無爲之有益**。吾見道無爲而萬物自化成〔一〇三〕，是以知無爲之有益於人〔一〇四〕。**不言之教**，法道不言〔一〇五〕，師之以身〔一〇六〕。**無爲之益**，法道無爲，治身則有益精神〔一〇七〕，治國則有益萬民〔一〇八〕，不勞煩〔一〇九〕。**天下希及之**。天下，人主也〔一一〇〕。希能有及無爲〔一一一〕，治身治國者〔一一二〕。

名與身孰親〔一一三〕？名遂身則退〔一一四〕。**身與貨孰多**〔一一五〕？財多則害身〔一一六〕。**得與亡孰病**〔一一七〕？好得利病於行〔一一八〕。**甚愛必大費**，甚愛色者費精神〔一一九〕，甚愛財者遇禍患〔一二〇〕。所愛者少，所亡者多，故言大費〔一二一〕。**多藏必厚亡**。生多藏於府庫，死多藏於丘墓。生有攻劫之憂，死有掘塚探柩之患〔一二二〕。**知足不辱**，知足之人，絶利去欲，不辱於於身〔一二三〕。**知止不殆**，知可止則止〔一二四〕，財利不累於身〔一二五〕，聲色不亂於耳目，則終身不危殆。**可以長久**。人能知止知足〔一二六〕，則福禄在己〔一二七〕，治身者神不勞，治國者民不擾，故可長久〔一二八〕。

大成若缺〔一二九〕，大成者〔一三〇〕，謂道德大成之君。若缺者〔一三一〕，滅名藏譽，如毁缺不備。**其用不敝**〔一三二〕；其用心如是〔一三三〕，則無敝盡時〔一三四〕。**大滿若沖**〔一三五〕，謂道德大盈滿之君也〔一三六〕。如沖者，貴不敢驕〔一三七〕，富不敢奢〔一三八〕。**其用不窮**。其用心如是〔一三九〕，則無窮盡〔一四〇〕。**大直若屈**，大直謂修道法度〔一四一〕，正直如一〔一四二〕。如屈者〔一四三〕，不與俗人爭，如可屈折〔一四四〕。**大巧若拙**，大巧者〔一四五〕，謂多才術〔一四六〕。如拙者，不敢見其能〔一四七〕。**大辯若訥**。大辯者，言知無疑〔一四八〕。如訥者〔一四九〕，無口辭〔一五〇〕。**躁勝寒**，勝，極也。春夏陽氣躁疾於上，萬物盛大，極則寒，寒則零落死亡〔一五一〕，言人不當剛躁〔一五二〕。**静勝熱**，秋冬萬物静於黄泉之下，極則熱，〔熱〕者生之源〔一五三〕。**清静爲天下正**〔一五四〕。能清能静則爲天下長〔一五五〕，持正無終已時〔一五六〕。

天下有道〔一五七〕，謂人主有道。**卻走馬以糞**，糞者，糞田也。治國者〔一五八〕，兵甲不用，卻走馬以糞農田〔一五九〕，治身者，卻陽精以糞其身〔一六〇〕。**天下無道**，謂人主無道〔一六一〕。**戎馬生於郊**。戰伐不止，戎馬生於郊境之上，久不還。**罪莫大於可欲**。好色淫。**禍莫大於不知足**，富貴不能自禁止〔一六二〕。**咎莫大於欲得**。欲得人物，利且貪〔一六三〕。**故知足之足**，守真根〔一六四〕。**常足矣**。無欲心〔一六五〕。

不出户以知天下〔一六六〕，聖人不出户以知天下者，以己身知人身，以己家知人家，所以見天下矣〔一六七〕。**不窺牖以見天道**〔一六八〕，天道與人道同，天人相通，精氣相貫。人君清静，天氣自正；人君多欲，天氣煩濁。吉凶利害，皆由於己〔一六九〕。**其出彌遠，其知彌少**。謂去其家觀人家，去其身觀人身，所觀益遠，所見益少。**是以聖人不行而知**，聖人不上天，不入淵，能知天下者〔一七〇〕，以心知之〔一七一〕。**不見而名**，上好道，下好德；上好武，下好力。聖人原小知大〔一七二〕，察内知外〔一七三〕。**不爲而成**。上無所爲〔一七四〕，則下無事，家給人足，萬物自化就〔一七五〕。

爲學日益〔一七六〕，學謂政教禮樂之學〔一七七〕。日益者，情欲文飾日以益多。**爲道日損**。道謂自然之道。日損者，情欲文飾日以消損〔一七八〕。**損之又損之**〔一七九〕，〔損〕〔之〕〔一八〇〕，損情欲〔一八一〕。又損之〔一八二〕，所以漸去之〔一八三〕。**以至於無爲**，當恬如嬰兒〔一八四〕，無所造爲。**無爲而無不爲**。情欲斷絶，德與道合，則無所不施，無所不爲〔一八五〕。**取天下常以無事**，取，治也。治天下當常以無事〔一八六〕，不當煩勞〔一八七〕。**及其有事，不足以取天下**〔一八八〕。及其好有事〔一八九〕，則政教煩，民不安，故不足以治天下〔一九〇〕。

聖人無常心〔一九一〕，聖人重改更，貴因循〔一九二〕，若自無心〔一九三〕。**以百姓心爲心**。百姓心之所便，聖人因而從之〔一九四〕。**善者吾善之**，百姓爲善者〔一九五〕，聖人因而善之。**不善者吾亦善之**，百姓雖有不善者，聖人化之使爲善〔一九六〕。**得善矣**〔一九七〕；百姓得化〔一九八〕，聖人爲善。**信者吾信之**，百姓爲信者〔一九九〕，聖人因而信之。**不信者吾亦信之**，百姓爲不信者〔二〇〇〕，聖人化之使爲信〔二〇一〕。**得信矣**〔二〇二〕。百姓得化〔二〇三〕，聖人爲信。**聖人在天下怵怵**，聖人在天下怵怵常恐懼〔二〇四〕，富貴不敢憍奢〔二〇五〕。**爲天下渾其心**。言聖人爲天下百姓渾其心〔二〇六〕，若愚闇不通〔二〇七〕。**百姓皆注其耳目**，注，用也。百姓皆用其耳目爲聖人視聽〔二〇八〕。**聖人皆孩之**。言聖人愛念百姓如孩兒赤子〔二〇九〕，長養之而不責望其報〔二一〇〕。

出生入死〔二一一〕。出生謂情欲出於五内，魂定魄靜，故生〔二一二〕。入死謂情欲入於匈臆〔二一三〕，精勞神或〔二一四〕，故死〔二一五〕。**生之徒十有三，死之徒十有三**，言生死之類各有十三〔二一六〕，謂九竅四關〔二一七〕。其生也，目不妄視，耳不妄聽，鼻不妄香臭，口不妄言味，手不妄持，足不妄行，精不妄施。其死也〔二一八〕，反此〔二一九〕。**人之生，動皆之死地十有三**〔二二〇〕。人之求生，動作反之十三死地〔二二一〕。**夫何故哉**〔二二二〕？問何故動之死地〔二二三〕。**以其生生之厚**〔二二四〕。言人所以動之死地者〔二二五〕，以其求生活之事太厚〔二二六〕，違道忤天，妄行失紀〔二二七〕。**蓋聞善攝生者**，攝，養也〔二二八〕。**陸行不遇兕虎**，自然遠避，害不干也〔二二九〕。**入軍不被甲兵**，不好戰以煞人〔二三〇〕。**兕無所投其角，虎無所措其爪，兵無所容其刃**。養生之人，兕虎無由傷〔二三一〕，兵刃無從加〔二三二〕。**夫何故哉**〔二三三〕？問兕虎兵甲何故不害之〔二三四〕。**以其無死地**。以其不犯上十三之死地〔二三五〕。言神營護之〔二三六〕，此物不敢害〔二三七〕。

道生之〔二三八〕，道生萬物。**德畜之**，德，一也。一主布炁而畜養之〔二三九〕。**物形之**，一爲萬物設形像〔二四〇〕。**勢成之**。一爲萬物作寒暑之勢以成之。**是以萬物莫不尊道而貴德**。道德所爲，萬物無不盡驚動而尊敬之〔二四一〕。**道之尊，德之貴，夫莫之命而常自然**。道一不命召萬物，而常自然應之如影響。**故道生之，德畜之，長之育之，成之熟之，養之覆之**。道之於萬物〔二四二〕，非但生之而已〔二四三〕，乃復長養、成熟〔二四四〕、覆育，全其性命。人君治國〔治〕身〔二四五〕，亦當如之〔二四六〕。**生而不有**，道生萬物，不有所取以爲利〔二四七〕。**爲而不恃**，道所施爲，不恃望其報〔二四八〕。**長而不宰**，道長養萬物，不宰割以爲器用〔二四九〕。**是謂玄德**。道之所行恩德，玄闇不可得見〔二五〇〕。

天下有始〔二五一〕，始〔二五二〕，道也〔二五三〕。**以爲天下母。**道爲天下萬物母也〔二五四〕。**既得其母**〔二五五〕，**以知其子**〔二五六〕；子，一也。既得道已〔二五七〕，當復知一。**既知其子，復守其母，**已知一〔二五八〕，當復守道反無爲〔二五九〕。**没身不殆。**不危殆〔二六〇〕。**塞其兑，**兑，目也。目不妄視。**閉其門，**門，口也。使不妄言〔二六一〕。**終身不勤。**人當塞目不妄視，閉口不妄言，則終身不勤苦〔二六二〕。**開其兑，**開目視情欲〔二六三〕。**濟其事，**濟，益也。益情欲之事〔二六四〕。**終身不救。**禍亂成也〔二六五〕。**見小曰明，**萌牙未動〔二六六〕，禍亂未見爲小，照然獨見爲明〔二六七〕。**守柔日彊。**守柔弱，日已彊大〔二六八〕。**用其光，**用其目光於外〔二六九〕，視時世之利害〔二七〇〕。**復歸其明。**當復反其光明於内〔二七一〕，無使精神洩〔二七二〕。**無遺身殃，**内視存神〔二七三〕，不爲漏失。**是謂習常。**人能行此，是謂習修常道〔二七四〕。

使我介然有知〔二七五〕，**行於大道。**老子疾時王不行大道〔二七六〕，故設此言〔二七七〕：使我介然有知於政事，我則行於大道〔二七八〕，躬行無爲之化〔二七九〕。**唯施是畏。**唯，獨也。獨畏有所施爲，失道意。欲賞善，恐僞善生〔二八〇〕，欲信忠〔二八一〕，恐作（詐）忠起〔二八二〕。**大道甚夷，**夷，平易也〔二八三〕。**而民好徑。**徑，邪不平正也。大道甚平易，而民好從邪徑〔二八四〕。**朝甚除，**高臺榭，宫室修。**田甚蕪，**農事廢，不耕治〔二八五〕。**倉甚虚，**五穀傷〔二八六〕，國無儲〔二八七〕。**服文綵**〔二八八〕，好飾僞〔二八九〕，貴外華。**帶利劍，**尚剛彊，武且奢。**厭飲食，財貨有餘，**多嗜欲，無足時〔二九〇〕。**是謂盜夸。**百姓不足而君有餘者，是猶劫盜以爲服飾〔二九一〕，持行夸人，不知身死家破，親戚并隨之〔二九二〕。〔盜〕〔夸〕〔二九三〕，**非道也哉**〔二九四〕。人君所行如是〔二九五〕，此非道也〔二九六〕。復言『也哉』者，痛傷之辭〔二九七〕。

善建者不拔〔二九八〕，建，立也。善以道立身立國者，不可得引而拔之。**善抱者不脱**，善以道抱精神者，終不可解脱〔二九九〕。**子孫以祭祀不輟**〔三〇〇〕。爲人子孫能修道如是〔三〇一〕，則長生不死〔三〇二〕，世世以久，祭祀先祖〔三〇三〕，無有絶時〔三〇四〕。**修之於身，其德乃真**；修道於身，愛氣養神，益壽延年。其德如是，乃爲真人〔三〇五〕。**修之於家，其德有餘**〔三〇六〕；修道於家，父慈子孝，兄友弟順，夫信妻貞〔三〇七〕。其德如是，乃有餘慶及於來世子孫〔三〇八〕。**修之於鄉，其德乃長**；修道於鄉，尊敬長老，愛養幼少，教誨愚鄙。其德如是，乃無不覆及〔三〇九〕。**修之於國，其德乃豐**；修道於國，則君信臣忠〔三一〇〕，仁義自生〔三一一〕，禮樂自興〔三一二〕，正平無私〔三一三〕。其德如是，乃爲豐厚〔三一四〕。**修之於天下，其德乃普**。人主修道於天下，不言而化，不教而治，下之應上，信如影響〔三一五〕。其德如是，乃爲普博〔三一六〕。**故以身觀身**，以修道之身觀不修道之身，孰存〔三一七〕？**以家觀家**，以修道之家觀不修道之家〔三一八〕。**以鄉觀鄉**，以修道之鄉觀不修道之鄉。**以國觀國**，以修道之國觀不修道之國。**以天下觀天下**。以修道之主觀不修道之主〔三一九〕。**吾何以知天下之然哉？以此**。老子言：我何以知天下修道者昌〔三二〇〕，背道者亡〔三二一〕？以此觀而知之〔三二二〕。

含德之厚〔三二三〕，謂含懷道德之厚〔三二四〕。**比於赤子**。神明保祐含德之人，比若父母之於赤子〔三二五〕。**毒蟲不螫，**蜂蠆虺蛇不螫〔三二六〕。**猛狩不據**〔三二七〕，**攫鳥不博（搏）**〔三二八〕。赤子不害於物，物亦不害之〔三二九〕。故太平之世，人無貴賤，皆有仁心，有刺之物，還反其本；有毒之蟲〔三三〇〕，不傷於人。**骨弱筋柔而握固。**赤子筋骨柔弱而持物堅固，以其意專心不移〔三三一〕。**未知牝牡之合而峻作，精之至**〔三三二〕。赤子未知男女之合會而陰作怒者，精氣多之所致〔三三三〕。**終日號而不嗄**〔三三四〕，**和之至**〔三三五〕。赤子從朝至暮號聲不變易者〔三三六〕，和氣多之所致〔三三七〕。**知和曰常，**人能知和氣柔弱有益於人者〔三三八〕，則爲知道之常〔三三九〕。**知常日明，**人能知道之常行〔三四〇〕，則日以明達〔三四一〕。**益生日祥，**祥，長也〔三四二〕。言益欲自生〔三四三〕，日以長大〔三四四〕。**心使氣日彊。**心當專一爲和柔而神氣實内〔三四五〕，故形柔。而反使妄有所爲，則和氣去於中〔三四六〕，故形體日以剛彊〔三四七〕。**物壯則老**〔三四八〕，萬物壯極則枯老〔三四九〕。**謂之不道，**老不得道〔三五〇〕。**不道早已。**不得道者早死〔三五一〕。

知者不言，知者貴行不貴言〔三五二〕。**言者不知。**駟不及舌〔三五三〕，多言多患〔三五四〕。**塞其兑，閉其門，**塞閉之者〔三五五〕，欲絶其源。**挫其鋭，**情欲有所鋭爲〔三五六〕，當念道無爲以挫止之。**解其忿**〔三五七〕，言結恨不休〔三五八〕，當念道恬怕以解釋之〔三五九〕。**和其光，**雖有獨見之明，當和之使闇昧，不使曜亂人〔三六〇〕。**同其塵，**不當自别殊〔三六一〕。**是謂玄同。**玄，天也。人能行此上事，是謂與天同道。**故不可得而親**〔三六二〕，不以榮譽爲樂，獨立爲哀〔三六三〕。**亦不可得而疏**〔三六四〕；志靜無欲，與人無怨〔三六五〕。**不可得而利，**身不欲富貴，口不欲五味。**亦不可**

得而害；不與貪爭利，不與勇爭氣。**亦不可得而貴**〔三六六〕，不爲亂世主〔三六七〕，不處闇君位〔三六八〕。**亦不可得而賤，**不以乘權故驕〔三六九〕，不以失志故屈〔三七〇〕。**故爲天下貴。**其德如此，天子不得臣，諸侯不得屈，與世沈浮〔三七一〕，容身避害，故爲天下貴〔三七二〕。

以正之國〔三七三〕，之〔三七四〕，至也。天使正身之人，使至有國〔三七五〕。**以奇用兵，**奇，詐也。天使詐僞之人，令用兵〔三七六〕。**以無事取天下。**以無事無爲之人，使取天下爲之主。**吾何以知其然哉**〔三七七〕**？以此。**此，今也。老子言：我何以知天意哉〔三七八〕？以今日所見知之〔三七九〕。**天下多忌諱而民彌貧**〔三八〇〕。天下，謂人主也。忌諱者，防禁也〔三八一〕。令煩則姦生，禁多則下詐，相紹故貧〔三八二〕。**民多利器，國家滋昏。**利器者，權也。民多權則視者眩於目〔三八三〕，聽者或於耳〔三八四〕，上下不親〔三八五〕，故國家昏親亂〔三八六〕。**人多技巧**〔三八七〕，**奇物滋起。**人謂人君、百里諸侯也〔三八八〕。多知技巧〔三八九〕，刻畫宫觀〔三九〇〕，彫琢章服，奇物滋起，下則化上〔三九一〕，飾金鏤玉，文繡綵色〔三九二〕，日已滋起〔三九三〕。**法物滋彰，盜賊多有。**法物〔三九四〕，好物〔三九五〕。珍好之物滋生彰著，則農事廢，飢寒並至〔三九六〕，故盜賊多有。**故聖人云**〔三九七〕**：**謂下事〔三九八〕。**我無爲而民自化，**聖人言：我修道承天，無所改作，而民自化成。**我好靜而民自正，**聖人言：我好靜〔三九九〕，不言不教，民皆自忠正〔四〇〇〕。**我無事而民自富，**我無徭役徵召之事〔四〇一〕，民安其業〔四〇二〕，故皆自富〔四〇三〕。**我無欲而民自朴。**我常無欲心〔四〇四〕，去華文，微服飾〔四〇五〕，民則隨我爲質朴〔四〇六〕。**我無情而人自清**〔四〇七〕。

聖人言：我脩道守真〔四〇八〕，絶去六情，而人隨我自清〔四〇九〕。

其政悶悶〔四一〇〕，其政教寬大〔四一一〕，悶悶昧昧，似若不明。**其民醇醇**，政教寬大〔四一二〕，故民醇醇富厚，相親睦〔四一三〕。**其政察察**，其政教急疾〔四一四〕，言決於口，聽斷於耳〔四一五〕。**其民缺缺**。政教急〔四一六〕，民無聊生〔四一七〕，故缺缺日以疏薄〔四一八〕。**禍兮福之所倚**，倚，因也。夫福因禍而生〔四一九〕，人能遭禍悔過責己〔四二〇〕，修善行道〔四二一〕，則禍去福來。**福兮禍之所伏**。禍伏匿於福中，人得福而爲驕恣，則福去禍來。**孰知其極**〔四二二〕，禍福更相生〔四二三〕，誰能知其窮極時〔四二四〕。**其無正**，無，不也。謂人君不正其身，其無國也〔四二五〕。**正復爲奇**，奇，詐也。人君不正，下雖正〔四二六〕，復化上爲詐〔四二七〕。**善復爲訞**〔四二八〕。善人皆復化上爲訞祥〔四二九〕。**人之迷，其日固久**〔四三〇〕。言人君迷或失政以來〔四三一〕，其日固已久矣〔四三二〕。**是以聖〔人〕方而不割**〔四三三〕，聖人行方正者，欲以率下，不以割截人。**廉而不害**，聖人廉清，欲以化民，不以傷害人〔四三四〕。今則不然，清己以害人〔四三五〕。**直而不肆**，肆，申也。聖人雖直，曲己從人，不自申〔四三六〕。**光而不曜**〔四三七〕。聖人雖有獨知之明〔四三八〕，常如闇昧〔四三九〕，不以曜亂人〔四四〇〕。

治人〔四四一〕，謂人君欲治理人民〔四四二〕。**事天**，事，用也。當用天道，順四時。**莫若嗇**。嗇，貪也〔四四三〕。治國者當愛民財，不爲奢泰。治身者愛精氣〔四四四〕，不爲放逸〔四四五〕。**夫唯嗇，是謂早服**。早，先也〔四四六〕。服，德也〔四四七〕。夫獨愛民財，愛精氣，則能先得天道〔四四八〕。**早服謂之重積德。**先得天道，是謂重積德於己〔四四九〕。**重積德則無不克**〔四五〇〕，克，勝也。重積德於己，則無不勝。**無不克則莫知其極，**無不勝〔四五一〕，則莫有知己德之窮極。**莫知其極則可以有國**〔四五二〕。莫知己德有極，則可以有社稷，爲民致福。**有國之母，可以長久。**國身同也。母，道也。人能保身中之道〔四五三〕，使精氣不勞〔四五四〕，五神不苦，則可以長生〔四五五〕。**是謂深根固蔕，**人能以氣爲根，以精爲蔕，如樹根不深則拔，蔕不堅則落〔四五六〕。言當深藏其氣〔四五七〕，固守其精〔四五八〕，無使漏泄〔四五九〕。**長生久視之道。**深根固蔕者，乃長生久視之道〔四六〇〕。

老子德經下〔四六一〕　**河上公章句第四**〔四六二〕

治大國若亨小鮮〔四六三〕。鮮，魚也。亨小魚不去腸〔四六四〕，不去鱗，不敢撓，恐其糜〔四六五〕。治國煩則下亂，治身煩則氣散〔四六六〕。**以道蒞天下者**〔四六七〕，**其鬼不神。**以道德居位治天下者〔四六八〕，則鬼神不敢見其精神以犯人〔四六九〕。**非其鬼不神**〔四七〇〕，**其神不傷人。**其鬼非無精神〔四七一〕，邪不入正，不能傷自然之民。**非其神不傷人，聖人亦不傷人**〔四七二〕。非其鬼神不能傷害人〔四七三〕。以聖人在位不傷害人〔四七四〕，故鬼神不敢干〔四七五〕。**夫兩不相傷，**鬼與聖人俱兩不相傷〔四七六〕，**故得交歸焉**〔四七七〕。夫兩不相傷，則人得治於陽〔四七八〕，鬼得治於陰；人得全其性命〔四七九〕，鬼得保其精神，故得交歸〔四八〇〕。

大國者下流〔四八一〕，治大國者〔四八二〕，當如江海居下流〔四八三〕，不逆於細微〔四八四〕。**天下**

之交，大國者〔四八五〕，天下士民之所交會〔四八六〕。**天下之牝。**牝者，陰類也〔四八七〕。柔謙和而不唱〔四八八〕。**牝常以靜勝牡，**女所以能屈男〔四八九〕，陰勝陽〔四九〇〕，以其安靜不先求〔四九一〕。**以靜爲下。**陰道以安靜爲謙下〔四九二〕。**故大國以下小國，則取小國；能謙下之，則常有之。小國以下大國，則取大國**〔四九三〕。此言國無大小，能執謙畜人，則無過失〔四九四〕。**故或下以取，或下而取**〔四九五〕。下者謂大國以下小國，小國以下大國，更以義相取〔四九六〕。**大國不過欲兼畜人，**大國不可失〔四九七〕，則兼并人國而牧畜之〔四九八〕。**小國不過欲入事人。**入爲臣僕〔四九九〕。**各得其所欲**〔五〇〇〕，**故大者宜爲下**〔五〇一〕。大國小國各欲得其所，大國又宜爲謙下〔五〇二〕。

道者萬物之奥〔五〇三〕，奥，藏也。道爲萬物之藏〔五〇四〕，無所不容〔五〇五〕。**善人之寶，**善人以道爲身寶〔五〇六〕，不敢違〔五〇七〕。**不善人之所保。**道者，不善人之所保倚〔五〇八〕。謂遭患逢急〔五〇九〕，猶知自悔卑下〔五一〇〕。**美言可以市，**美言者可以於市〔五一一〕，交易而退〔五一二〕，不相宜善言美語〔五一三〕，求者疾欲得〔五一四〕，賣者欲疾售。**尊行可以加人。**加，别也。人有尊貴之行，可以自别異於凡人〔五一五〕，未足以尊道。**人之不善，何棄之有。**人雖不善，當以道化之〔五一六〕。蓋三皇之前，無有棄民〔五一七〕，德化淳〔五一八〕。**故立天子，置三公，**欲使教化不善人〔五一九〕。**雖有拱璧以先駟馬，不如坐進此道。**雖有美璧先駟馬而至〔五二〇〕，不如坐進此道〔五二一〕。**古之所以貴此道者**〔五二二〕，**何不日求以得**〔五二三〕**？**古之所以貴此道者，不日日遠行求索〔五二四〕，近得之於身。**有罪以免邪**，有罪謂遭亂世〔五二五〕，闇君妄行刑誅〔五二六〕，修道則可以解死〔五二七〕，免於衆邪。**故爲天下貴**。道德洞遠，無不覆濟，全身治國，恬然無爲，故可爲天下貴〔五二八〕。

爲無爲〔五二九〕，因成循故〔五三〇〕，無所造爲〔五三一〕。**事無事**，豫設備〔五三二〕，除煩省事。**味無味**。深思遠慮，味道意〔五三三〕。**大小多少**。陳其戒令〔五三四〕。欲大反小，欲多反少，自然之道〔五三五〕。**報怨以德**。修道行善，絶禍於未生〔五三六〕。**圖難於其易**，欲圖難事〔五三七〕，當於易時，未及成〔五三八〕。**爲大於其細**。欲爲大事〔五三九〕，必作於細〔五四〇〕，禍亂從小來〔五四一〕。**天下難事必作於易，天下大事必作於細。是以聖人終不爲大**〔五四二〕，處謙虚〔五四三〕。**故能成其大**。天下共歸之〔五四四〕。**夫輕諾必寡信**，不重言〔五四五〕。**多易必多難**。不慎患〔五四六〕。**是以聖人猶難之**，聖人動作舉事，猶猶進退〔五四七〕，重難之，欲塞其源〔五四八〕。**故終無難**。聖人終身無患難之事，由避害深〔五四九〕。

其安易持〔五五〇〕，治身治國安靜者，易守持。**其未兆易謀**，情欲禍患未有形兆時，易謀止〔五五一〕。**其脆易破**，禍亂未動於朝〔五五二〕，情欲未見於色，如脆弱易破除〔五五三〕。**其微易散**。其未彰著，微小易散去〔五五四〕。**爲之於未有**，欲有所爲，當於未有萌牙之時〔五五五〕，豫塞其端〔五五六〕。**治之於未亂**。治身治國，當於未亂之時〔五五七〕，當豫閉其門〔五五八〕。**合抱之木，生於豪末**〔五五九〕；從小成大。**九層之臺，起於累土**；從卑至高〔五六〇〕。**千里之行，始於足下**。

從近至遠〔五六一〕。**爲者敗之。**有爲於事，廢於自然；有爲於義，廢於仁〔恩〕〔五六二〕；有爲於色，廢於精神〔五六三〕。**執者失之。**執利遇患，執道全身，堅持不得〔五六四〕，推讓反還〔五六五〕。**聖人無爲故無敗，**聖人不爲華文〔五六六〕，不爲色利〔五六七〕，不爲殘害〔五六八〕，故無壞敗〔五六九〕。**無執故無失**〔五七〇〕。聖人有德以教愚，有財以與貧〔五七一〕，無所執藏，故無所失於人〔五七二〕。**民之從事，常於幾成而敗之。**從，爲也。民人爲事〔五七三〕，常於其功德幾成〔五七四〕，而貪位好名〔五七五〕，奢泰盈滿而敗之〔五七六〕。**慎終如始，則無敗事。**終當如始，不當懈怠〔五七七〕。**是以聖人欲不欲**〔五七八〕，聖人欲人所不欲〔五七九〕。人欲彰顯〔五八〇〕，聖人欲伏光〔五八一〕；人欲文飾，聖人欲質朴；人欲於色，聖人欲於德。**不貴難得之貨；**聖人不眩晃以爲服〔五八二〕，不賤石而貴玉〔五八三〕。**學不學，**聖人學人所不能學。人學智詐，聖人學自然；人學治世，聖人學治身，守道真〔五八四〕。**復衆人之所過，**衆人學問反〔五八五〕，過本爲末〔五八六〕，過實爲華。復之者，使反本〔五八七〕。**以輔萬物之自然，**教人反本實者，欲以輔助萬物自然之性〔五八八〕。**而不敢爲焉**〔五八九〕。聖人動作因循，不敢有所造爲，恐遠本〔五九〇〕。

古之善爲道者〔五九一〕，説古之善以道治身及治國者〔五九二〕。**非以明民，**不以〔道〕〔教〕〔人〕〔明〕〔智〕〔姦〕〔巧〕〔五九三〕。**〔將〕〔以〕〔愚〕〔之〕**〔五九四〕。〔將〕〔以〕道德教民〔五九五〕，使質朴不詐僞〔五九六〕。**民之難治，以其智多。**民之所以難治者〔五九七〕，以其智太多而爲巧僞〔五九八〕。**以智治國，國之賊；**使智慧之人治國之正事〔五九九〕，必遠道德，妄作威福〔六〇〇〕，爲國之賊〔六〇一〕。**不以智治國，國之福**。不使智慧之人知國之政事〔六〇二〕，則人守正直〔六〇三〕，不爲邪飾，上下相親，君臣同力，故爲國之福〔六〇四〕。**知此兩者亦楷式**〔六〇五〕。兩謂智與不智〔六〇六〕。常能知智者爲賊〔六〇七〕，不智者爲福〔六〇八〕，是治身治國之法式〔六〇九〕。**常知楷式，是謂玄德**。玄，天也。常能知治身治國之法式〔六一〇〕，是謂與天同德〔六一一〕。**玄德深矣，遠矣**，玄德之人深不可測，遠不可極〔六一二〕。**與物反矣**。玄德之人與萬物反異，萬物欲益己，玄德欲施與人〔六一三〕。**乃至大順**〔六一四〕。玄德與萬物反異，故能至大順。順天理〔六一五〕。

江海所以能爲百谷王者〔六一六〕，**以其善下之故**〔六一七〕，江海以卑下，故衆流歸之，若民歸就王者〔六一八〕。**能爲百谷王**〔六一九〕。以卑下〔六二〇〕，故能爲百谷王。**是以聖人欲上民**〔六二一〕，欲在民之上〔六二二〕。**必以言下之**〔六二三〕；法江海，處謙虚。**欲先民**，欲在民之前〔六二四〕。**必以身後之**〔六二五〕。先人而後己〔六二六〕。**是以聖人處上而民不重**〔六二七〕，聖人在民上爲主，不尊貴虐下〔六二八〕，故民戴仰，不以爲重。**處前而民不害**，聖人在民前〔六二九〕，不以光明蔽後，民親之若父母〔六三〇〕，無有欲害之者〔六三一〕。**是以天下樂推而不厭**。聖人恩深愛厚，視民若赤子〔六三二〕，故天下樂共推進以爲主〔六三三〕，無有厭之者〔六三四〕。**非以其不爭**〔六三五〕，天下無厭聖人時〔六三六〕，是非（由）聖人不與人爭之所致〔六三七〕。**故天下莫能與之爭**。言人皆爭有爲〔六三八〕，無有與吾爭無爲者〔六三九〕。

天下皆謂我大〔六四〇〕，**似不肖。**老子言：天下皆謂我德大〔六四一〕，我則佯愚似若不肖〔六四二〕。**夫唯大，故似不肖。**夫獨名德大者爲身害〔六四三〕，故佯愚似不肖〔六四四〕。無所分別，無所割截，不賤人而自貴〔六四五〕。**若肖久矣。**肖，善也〔六四六〕。謂辯慧〔六四七〕。若大辯慧之人〔六四八〕，身高（自）自（高）貴〔六四九〕，行察察之政，所從來久矣。**其細也**〔六五〇〕。言辯慧者唯如小人也〔六五一〕，非長者矣〔六五二〕。**夫我有三寶**〔六五三〕，**持而保之：**老子言：我有三寶，抱持而保倚之。**一曰慈，**愛百姓若赤子〔六五四〕。**二曰儉，**賦斂若取之於己〔六五五〕。**三曰不敢爲天下先。**執謙退，不爲唱始〔六五六〕。**茲（慈）故能勇**〔六五七〕，以慈仁〔六五八〕，故能勇於忠孝。**儉故能廣，**天子身能節儉，故民日用寬廣〔六五九〕。**不敢爲天下先，**不敢爲天〔下〕首先〔六六〇〕。**故能成器長。**謂得道人〔六六一〕。我能爲道人長〔六六二〕。**今捨其慈且勇**〔六六三〕，今世人捨其慈仁〔六六四〕，但爲勇武〔六六五〕。**捨儉且廣**〔六六六〕，捨其儉約，但爲奢泰。**捨後且先**〔六六七〕，捨其後已，但爲人先〔六六八〕。**死矣，**所行如此，動入死道〔六六九〕。**夫慈，以戰則勝，以守則固。**夫慈仁者，百姓親附，并心一意，故以戰則勝敵，以守衛則堅固。**天將救之，〔以〕〔善〕〔以〕〔慈〕〔衛〕〔之〕**〔六七〇〕。天將救助善人〔六七一〕，必與（以）慈仁之性〔六七二〕，使自營助〔六七三〕。

古之善爲士者不武〔六七四〕，言貴道德，不好武力。**善戰者不怒，**善以道戰者，禁邪於胸心〔六七五〕，絕禍於未萌，無所誅怒〔六七六〕。**善勝敵者不與**〔六七七〕，善以道勝敵者，附近以仁，來遠以德，不與敵戰〔六七八〕，而敵自服。**善用人者爲下。**善用人自輔佐者，常爲人執謙下。**是謂不爭之德，**謂上爲之下也〔六七九〕。是乃不與人爭鬬之道德〔六八〇〕。**是謂用人之力，**能身爲人下者〔六八一〕，是謂用人臣之力〔六八二〕。**是謂配天，**能行此者，德配天也〔六八三〕。**古之極**〔六八四〕。是乃古之極約要之道也〔六八五〕。

用兵有言〔六八六〕：陳用兵之道。老子疾時用兵，故託己設其義。**吾不敢爲主，**主，先也。我不敢先舉兵〔六八七〕。**而爲客；**客者，和而不唱〔六八八〕。用兵當承天而後動。**不敢進寸，而退尺。**侵人境界，利人財寶，爲進；閉門守城，爲退〔六八九〕。**是謂行無行，**彼遂不止，爲天下賊，雖行誅之，不行報〔六九〇〕。**攘無臂，**大怒〔六九一〕，若無臂可攘〔六九二〕。**仍無敵，**雖欲仍引之心〔六九三〕，若無敵可仍引〔六九四〕。**執無兵。**雖欲執治之〔六九五〕，若無兵刃可持用〔六九六〕。何者？傷彼之民無辜羅罪於天〔六九七〕，遭無道之君〔六九八〕，愍忍喪之痛〔六九九〕。**禍莫大於輕敵，**夫禍亂之害，莫大於輕欺敵家〔七〇〇〕，侵取不休，輕戰貪財〔七〇一〕。**輕敵則幾亡吾寶**〔七〇二〕。幾，近也〔七〇三〕。寶，身也。輕欺敵家〔七〇四〕，近喪於身〔七〇五〕。**故抗兵相加，**兩敵戰也〔七〇六〕。**哀者勝矣**〔七〇七〕。哀者慈人〔七〇八〕，士卒不遠於死〔七〇九〕。

吾言甚易知〔七一〇〕，**甚易行。**老子言：吾所言省而易知〔七一一〕，約而易行〔七一二〕。**天下莫能知、莫能行。**天下人惡柔弱〔七一三〕，好剛强〔七一四〕。**言有宗，事有君。**我所言有宗祖根本，事有君臣上下，世人不知者，非我之無德，心與我反〔七一五〕。**夫唯無知，是以不我知。**夫唯世人也〔七一六〕，是我德之闇〔七一七〕，不見於外，窮微極妙〔七一八〕，故無知〔七一九〕。**知我者希，則我者貴矣**〔七二〇〕。希，少也。唯達道者乃能知我〔七二一〕，故爲貴矣〔七二二〕。**是以聖人被褐懷玉。**被褐者薄外〔七二三〕，懷玉者厚內，匿寶藏德，不以示人〔七二四〕。

知不知上〔七二五〕，知道言不知〔七二六〕，是乃德之上〔七二七〕。**不知知病**〔七二八〕。不知道言知〔七二九〕，是乃德之病〔七三〇〕。**夫唯病病，是以不病。**夫唯能病苦衆人有强知之病〔七三一〕，是以不自病〔七三二〕。**聖人不病**〔七三三〕，**以其病病，**聖人無此强知之病者〔七三四〕，以其常苦衆人有此病〔七三五〕。**是以不病。**以此非人也〔七三六〕，故不自病。夫聖人懷通達之智〔七三七〕，託於不知者〔七三八〕，欲使天下質朴忠正〔七三九〕，各守純性。小人不知道意，而妄行彊知之事以自顯著，內傷精神，減壽消年〔七四〇〕。

民不畏威〔七四一〕，**則大威至矣**〔七四二〕。威，害也。人不畏小害，則大害至。大害者〔七四三〕，諸（謂）死亡〔七四四〕。畏之者當愛精養神〔七四五〕，順地承天〔七四六〕。**無狹其所居，**謂心居神〔七四七〕，當寬柔〔七四八〕，不當急狹。**無厭其所生。**人所以生者，以有精神。精神託空虛，喜清靜，飲食不節，忽道念色，邪僻滿腹，爲伐本厭神〔七四九〕。**夫唯不厭，是以不厭。**夫唯獨不厭精神之人，洗心垢濁，恬怕無欲〔七五〇〕，則精神居之不厭〔七五一〕。**是以聖人自知，**自知己之得失。**不自見，**不自顯見德美於外，藏之於內〔七五二〕。**自愛，**自愛其身，以保精氣〔七五三〕。**不自貴，**不自貴高榮名於世。**故去彼取此。**去彼自見自貴〔七五四〕，取此自知自愛〔七五五〕。

勇於敢則殺〔七五六〕，勇敢有爲〔七五七〕，則殺其身〔七五八〕。**勇於不敢則活。**勇於不敢有爲〔七五九〕，則活其身。**此兩者**〔七六〇〕，謂敢與不敢〔七六一〕。**或利或害。**活身爲利，殺身爲害。**天之所惡，**惡有爲也〔七六二〕。**孰知其故**〔七六三〕？誰能知天意之故而不犯之〔七六四〕？**是以聖人猶難之。**言聖人之明德猶難於勇敢〔七六五〕，況無聖人之德欲行之乎〔七六六〕？**天之道**〔七六七〕，**不爭而善勝，**天不與人爭貴賤，而人皆畏之〔七六八〕。**不言而善應，**天不言，萬物自動以應時。**不召而自來，**天不呼召，萬物皆負陰而向陽〔七六九〕。**繟然而善謀。**繟，寬也。天道雖寬博，善謀慮人事，脩善行惡，各蒙其報。**天網恢恢，疏而不失。**天所羅網〔七七〇〕，恢恢甚大，雖疏遠〔七七一〕，司察人善惡〔七七二〕，無有所失〔七七三〕。

民不畏死〔七七四〕，治國者刑罰酷深〔七七五〕，民無聊生〔七七六〕，故不畏死〔七七七〕。治身者嗜欲傷神〔七七八〕，貪財殺身〔七七九〕，民不知畏之〔七八〇〕。**奈何以死懼之？**人君不寬其刑罰〔七八一〕，教民去情欲〔七八二〕，奈何設刑法以死懼之〔七八三〕？**若使民常畏死**〔七八四〕，當除己之所殘剋〔七八五〕，教民去利欲〔七八六〕。**而爲奇者，吾執（得）得（執）而殺之**〔七八七〕，**孰敢矣**〔七八八〕**？**以道教化而民不從〔七八九〕，反爲奇巧，乃應王法，吾執得而殺之〔七九〇〕，誰敢有犯者？老子傷時王不先道德化之〔七九一〕，而先刑罰〔七九二〕。**常有司殺者。**司殺者天〔七九三〕，居高臨下，司察人過〔七九四〕。天網恢恢，疏而不失者是也〔七九五〕。**夫代司殺者，是謂代大匠斲。**天道至明，司殺有常〔七九六〕，猶春生夏長，秋成冬藏〔七九七〕，斗杓運移〔七九八〕，以節度行之。人君欲代殺之，是猶拙夫代大匠斲木〔七九九〕，勞而無功〔八〇〇〕。**夫代大匠斲**〔八〇一〕，**希有不傷其手**〔八〇二〕。人君行刑罰，猶拙夫代大匠斲木〔八〇三〕，則方圓不得其理〔八〇四〕，還自傷〔八〇五〕。代天殺者，失紀綱〔八〇六〕，還受其殃〔八〇七〕。

民之飢〔八〇八〕，**以其上食税之多**，人民所以飢寒者〔八〇九〕，以其君上税食下太多〔八一〇〕。**是以飢**。是以民皆化上爲貪〔八一一〕，叛道違德〔八一二〕，故飢〔八一三〕。**民之難治，以其上之有爲**〔八一四〕，民之不可治者，以其君上多欲，好有爲〔八一五〕。**是以難治**。是以其民化上有爲，情僞難治。**人之輕死**〔八一六〕，**以其求生之厚**〔八一七〕，人民所以輕犯死者〔八一八〕，以其求生活之道太厚〔八一九〕，貪利以自危〔八二〇〕。**是以輕死**。是以求生太厚之故〔八二一〕，輕入死地〔八二二〕。**夫唯無以生爲者**〔八二三〕，**是賢於貴生**〔八二四〕。夫唯獨無以生爲務者，爵禄不干於意，財利不入於身〔八二五〕，天子不得臣，諸侯不得使，則賢於貴生〔八二六〕。

人之生也柔弱〔八二七〕，人生含和氣〔八二八〕，抱精神，故柔弱〔八二九〕。**其死也堅彊**。人死和氣竭〔八三〇〕，精神亡，故堅彊〔八三一〕。**萬物草木之生也柔脆**〔八三二〕，和氣存〔八三三〕。**其死也枯槁**。和氣去〔八三四〕。**故堅强者死之徒，柔弱者生之徒**。以其上二事觀知之〔八三五〕，知堅强者死〔八三六〕，柔弱者生〔八三七〕。**是以兵彊則不勝**，彊大之兵輕戰樂殺〔八三八〕，毒流怨結，衆弱爲一彊，故不勝〔八三九〕。**木彊則共**。木强大者〔八四〇〕，枝葉共生其上。**故彊大處下**〔八四一〕，**柔弱處上**。興物造功，大木處下，小木在上〔八四二〕。天道抑彊扶弱，自然之效〔八四三〕。

天之道〔八四四〕**，其猶張弓乎？**天道闇昧〔八四五〕，舉物類以爲喻。**高者抑之，下者舉之，有餘者損之，不足者與之**〔八四六〕。言張弓和調之，如是乃可用耳〔八四七〕，夫抑高舉下〔八四八〕，損彊益弱，天之道。**天之道，損有餘而補不足，**天道損有餘而益謙〔八四九〕，常以中和爲上也〔八五〇〕。**人道則不然，**人道則與天道反〔八五一〕，**損不足以奉有餘。**世俗之人損貧以奉富〔八五三〕，奪弱以益彊〔八五四〕。**孰能有餘以奉天下**〔八五五〕**？唯有道者**〔八五六〕。言誰能居有餘之位〔八五七〕，自省爵禄以奉天下不足者乎〔八五八〕？唯有道之君能行之〔八五九〕。**是以聖人爲而不恃，**聖人爲德施〔惠〕〔八六〇〕，不恃望其報。**功成而不處，**功成事就，不處其位。**其不欲見賢。**不欲使人知己之賢〔八六一〕，匿功不居榮名，畏天損有餘。

天下柔弱莫過於水〔八六二〕**，**圓中則圓〔八六三〕，方中則方，壅之則止，決之則行。**而攻堅彊者莫之能勝，**水能壞陵壞山〔八六四〕，摩鐵消銅〔八六五〕，莫能勝水而成功〔八六六〕。**其無以易之**〔八六七〕。夫攻堅彊者，無以易於水。**弱之勝彊**〔八六八〕，水能滅火，陰能消陽。**柔之勝剛**〔八六九〕，舌柔齒剛，〔齒〕先舌亡〔八七〇〕。**天下莫不知，**知柔弱者久長，剛彊者折傷。**莫能行，**恥謙卑，好彊梁。**故聖人言云**〔八七一〕**：**謂下事〔八七二〕。**受國之垢，是謂社稷主，**人君能受國之垢濁者，若江海不逆小流，則能長保社稷，爲一國君（之）之（君）主〔八七三〕。**受國不祥，是謂天下王。**君能引過自與〔八七四〕，代民受不祥之殃〔八七五〕，則可以王有天下〔八七六〕。**正言若反。**此乃正直之言，世人不知，以爲反言。

和大怨〔八七七〕，殺人者死，傷人者刑，以相和報〔八七八〕。**必有餘怨**，任刑者失人情，必有餘怨，及於良民〔八七九〕。**安可以爲善？**言一人呼嗟〔八八〇〕，則失天心，安可以和怨爲善〔八八一〕？**是以聖人執左契**，古者聖人執左契，合符信〔八八二〕。無文書法律，刻契合符以爲信〔八八三〕，**而不責於人**。但剋契之信〔八八四〕，不責人以他事〔八八五〕。**有德司契**，有德之君，司察契信而已。**無德司徹**。無德之君，背其契信，司人所失。**天道無親，常與善人**。天道無有親疏，唯與善人，則與司契者〔八八六〕。

小國寡民〔八八七〕，聖人雖治大國，猶以爲小〔八八八〕，儉約不奢泰〔八八九〕。民雖衆，猶若寡少〔八九〇〕，不敢勞。**使有什伯**，使民各有部曲什伯，貴賤不相侵暴〔八九一〕。**人之器而不用**。器謂農人之器。而不用者，不徵召奪民良時〔八九二〕。**使民重死**，君能爲民興利除害，各得其所，則使民重死而貪生〔八九三〕。**而不遠徙**。政令不煩則民安其業〔八九四〕，故不遠遷徙以離其常〔八九五〕。**雖有舟輿，無所乘之**；清靜無爲，不作煩華，不好出入遊娱〔八九六〕。**雖有甲兵，無所陳之**，無怨惡於天下。**使民復結繩而用之**。去文反質，信無欺〔八九七〕。**甘其食**，甘其以疏食〔八九八〕，不魚食百姓〔八九九〕。**美其服**，美其惡衣，不貴五色〔九〇〇〕。**安其居**，安其茅茨，不好文飾之屋。**樂其俗**。樂其質朴之俗，不轉移。**鄰國相望，雞狗之聲相聞**，相去近也。**民至老死不相往來**。其無情欲。

信言不美〔九〇一〕，信言者，如其實〔九〇二〕。不美者，朴且質〔九〇三〕。**美言不信**。美言者〔九〇四〕，孳孳華辭〔九〇五〕。不信者，飾僞多空虚〔九〇六〕。**善者不辯，**善者，以道修身〔九〇七〕。不辯者，不采文〔九〇八〕。**辯者不善。**辯者，謂巧言〔九〇九〕。不善者，舌致患〔九一〇〕。土有玉，掘於山〔九一一〕；水有珠，濁其淵；辯口多言〔九一二〕，亡其身〔九一三〕。**知者不博，**知者，謂知道之士。不博者，守一元〔九一四〕。**博者不知。**博者多見聞。不知者，失要真〔九一五〕。**聖人不積**〔九一六〕，聖人不積德不積財〔九一七〕，有德以教愚，有財以與貧〔九一八〕。**既以與人**〔九一九〕，**己愈有；**既以爲人施設德化，己愈有德。**既以與人，己愈多。**既以財貨與人〔九二〇〕，財益多〔九二一〕，如日月之光，無有盡時。**天之道，利而不害。**天生萬物，愛育之，令長大〔九二二〕，無傷害〔九二三〕。**聖人之道，爲而不爭。**聖人法天，無所施爲〔九二四〕，化成事就，不與下爭功名〔九二五〕，故能全其聖功也〔九二六〕。

老子德經下〔九二七〕　**河上公章句**〔九二八〕

説明

此件首缺尾全，存尾題『老子德經下　河上公章句』，起第三十九章『言侯王當屈己下人』，訖第八十一章末『故能全其聖功也』。第五十九章後題『老子德經下　河上公章句第四』，可知全書分爲『道經』『德經』兩部分，原爲四卷。

《老子道德經河上公章句》是現存《老子》注本中成書較早、影響較大者，相傳爲河上丈人或河上公所作。關於該書的作者及成書時代，目前的看法不一致，一般認爲至遲在魏晉之際該書已經傳世（參看王卡點校《老子道德經河上公章句·前言》，一至八頁）。此件經文與注文連書，經、注均爲單行大字，經注間以空格區分。無章次章名，多數情況下每章前用朱點提示分章。文中有不少朱筆校改、校補文字以及點劃記號，另有少量墨筆點讀記號，説明此件流經多人之手。

現知敦煌文獻中保存的《老子道德經河上公章句》尚有：斯四七七，首尾均缺，起第三章『讓不處權』，訖第二十章『如春登台』，第十六章後題『老子道經　河上公章句第二品』，經注文格式與此件相似，亦無章次章名，但筆跡不同；斯四六八一背+伯二六三九，首全尾缺，首題『老子德經下卷上　河上公章句』，起第三十八章首句『上德不德』，訖第七十七章『奉天下唯有道者』，各章無章名，經文大字單行，注文雙行小字；BD〇〇〇〇四背，爲兩張裱補紙，可直接綴合，綴合後的文本仍是首尾均缺，起第四十五章『不當剛躁』，訖第四十六章『人主無道』，有章次無章名，經文大字單行，注文雙行小字。

以上釋文以斯三九二六爲底本，用斯四六八一背+伯二六三九（稱其爲甲本）、《正統道藏》本《道德真經注》（稱其爲乙本）、BD〇〇〇〇四背（稱其爲丙本）參校。爲區分經、注，經文均用黑體字表示，每章均另起行。

校記

〔一〕『言侯』，據殘筆劃及甲、乙本補；『下』，甲本同，乙本作『以下』；『人』，甲本同，乙本作『於人』。

〔二〕『無已時』，甲、乙本無。

〔三〕『恐』，乙本無，甲本作『欲』；『位』，甲、乙本作『位也』。
〔四〕『尊』，甲本同，乙本作『貴』。
〔五〕『稼』，乙本同，甲本作『耕』。
〔六〕『屋』，乙本同，甲本作『屋也』。
〔七〕『貴』，乙本同，甲本作『高貴』。
〔八〕『猶』，乙本同，甲本作『由』，『由』通『猶』。
〔九〕『傾危』，乙本同，甲本作『危傾』。
〔一〇〕『自』，甲本同，乙本作『自謂』。
〔一一〕『淒』，甲本同，乙本作『淒也』。
〔一二〕『非』，甲、乙本作『其』；『本』，甲本同，乙本作『本耶』。
〔一三〕『言』，乙本同，甲本無；『貴』，乙本同，甲本作『至貴』。
〔一四〕『此非』，甲本同，乙本作『言』；『乎』，甲本同，乙本無。
〔一五〕『曉』，甲本同，乙本作『曉於』；『也』，甲、乙本無。
〔一六〕『悲』，甲本同，乙本作『非』。
〔一七〕『致』，乙本同，甲本脱。
〔一八〕『就也』，乙本同，甲本脱。
〔一九〕『言』，乙本同，甲本無；『就』，乙本同，甲本作『致就』。
〔二〇〕『爲衡』，甲本同，乙本脱。
〔二一〕『爲』，甲本同，乙本無。

〔二二〕『侯王』，甲本同，乙本作『王侯』；『名』，據殘筆劃及甲、乙本補。
〔二三〕『故能成其』，據殘筆劃及甲、乙本補；『貴』，甲、乙本作『貴也』。
〔二四〕『琭琭』，甲、乙本作『碌碌』，『碌』爲『琭』之借字。
〔二五〕『硌硌』，甲、乙本作『落落』，『落』爲『硌』之借字。
〔二六〕『琭琭』，甲、乙本作『碌碌』，『碌』爲『琭』之借字。
〔二七〕『硌硌』，甲、乙本作『落落』，『落』爲『硌』之借字。
〔二八〕『見』，甲本同，乙本無。
〔二九〕『見』，甲本同，乙本無。
〔三〇〕『不』，甲本作『言不』，乙本作『言人不』。
〔三一〕『如』，乙本同，甲本作『不欲如』。
〔三二〕『中』，乙本同，甲本作『中也』。
〔三三〕此句甲本同，乙本前有章名『去用第四十』。
〔三四〕『反者』，甲、乙本無。
〔三五〕『本』，甲、乙本作『本也』。
〔三六〕『道』，甲、乙本作『本者道』；『生』，甲本作『動』，乙本作『動生』，均誤。
〔三七〕『用』，甲本同，乙本作『用也』。甲本此句後有『故能長久』，乙本有『故能長久也』。
〔三八〕『生』，甲本同，乙本作『生之』。
〔三九〕『天下』，甲本同，乙本無。
〔四〇〕『無』，甲本同，乙本作『無也』。

〔四一〕『勝』，甲本同，乙本作『勝於』；『滿盈』，甲、乙本作『盈滿』。
〔四二〕此句甲本同，乙本前有章名『同異第四十一』。
〔四三〕『而』，甲本同，乙本無；『之』，甲本無，乙本作『之也』。
〔四四〕『或』，甲本同，乙本作『惑』，時『或』有『惑』義。
〔四五〕『之』，甲本同，乙本作『之矣』。
〔四六〕『狼』，甲本同，乙本作『狠』。
〔四七〕『而』，甲、乙本無；『之』，甲本同，乙本作『之矣』。
〔四八〕『名』，甲本同，乙本無；『爲』，甲本同，乙本作『多爲』。
〔四九〕『建』，乙本同，甲本作『建設之道』。
〔五〇〕『設也』，乙本同，甲本無。
〔五一〕『有』，甲本作『已有』，乙本作『以有』。
〔五二〕『當』，乙本同，甲本作『言』；『句』，甲本同，乙本作『句也』。
〔五三〕『見』，甲本作『見也』，乙本作『見知也』。
〔五四〕『不及』，乙本同，甲本作『身不及者』。
〔五五〕『別殊』，甲、乙本作『殊別』。
〔五六〕『類』，乙本同，甲本作『類也』
〔五七〕『濁』，甲本同，乙本作『濁也』。
〔五八〕『彰顯』，乙本同，甲本作『顯彰』。
〔五九〕『愚頑』，甲、乙本作『頑愚』。

〔六〇〕『揄』，甲、乙本作『偷』，誤。
〔六一〕『可』，乙本同，甲本作『所』；『揄』，甲、乙本作『偷』，誤；『虚』，甲本同，乙本作『虚也』。
〔六二〕『明』，乙本同，甲本作『明也』。
〔六三〕『猶』，甲本同，乙本作『獨』，誤。
〔六四〕『言』，甲本同，乙本作『言也』。
〔六五〕『使』，甲本同，乙本作『伏』，誤。
〔六六〕『之』，乙本同，甲本作『也』。
〔六七〕此句甲本同，乙本前有章名『道化第四十二』。
〔六八〕『也』，乙本同，甲本無。
〔六九〕『和』，甲本同，乙本作『和氣』。
〔七〇〕『人』，甲本同，乙本作『人也』。
〔七一〕『物』，甲本同，乙本作『物也』。甲、乙本此句後有『天施地化，人長養之』八字。
〔七二〕『負』，甲本同，乙本作『背』，誤。
〔七三〕『而』，乙本同，甲本作『如』；『日』，甲本作『日者』，乙本作『日者也』。
〔七四〕『沖氣以爲和』，底本原爲雙行小字，右上角有墨筆勾勒符號，係補寫，今改爲正文單行大字。
〔七五〕『匈』，甲、乙本作『胸』，『匈』同『胸』。
〔七六〕『與』，甲本同，乙本作『和』；『通』，甲本同，乙本作『潛通』。
〔七七〕『久』，甲本同，乙本作『長』；『生』，甲本同，乙本作『生也』。
〔七八〕『轂』，甲本同，乙本作『穀』。以下同，不另出校。

〔七九〕『名』，甲本同，乙本作『名也』。
〔八〇〕『者』，甲本同，乙本無。
〔八一〕『柔』，甲本同，乙本作『柔也』。
〔八二〕『讓』，甲本同，乙本作『之』；『還』，乙本同，甲本作『還也』。
〔八三〕『致』，甲本亦脱，據乙本補。
〔八四〕『富』，甲本同，乙本作『富貴』。
〔八五〕『以』，甲本同，乙本無。
〔八六〕『教』，乙本同，甲本作『義教』。
〔八七〕『教』，甲本同，乙本脱。
〔八八〕『使』，甲本同，乙本無。
〔八九〕『柔』，甲本同，乙本作『柔也』。
〔九〇〕『謂』，甲本同，乙本作『爲』。
〔九一〕『力』，甲本同，乙本作『力也』。
〔九二〕『不』，甲本同，乙本作『云不』；『其』，乙本同，甲本脱。
〔九三〕『爲』，甲本同，乙本作『謂』。
〔九四〕『刃』，乙本同，甲本作『忍』，『忍』爲『刃』之借字；『伐』，甲本同，乙本作『加』。
〔九五〕『命』，甲本同，乙本作『壽命』；『死』，乙本同，甲本作『終』。
〔九六〕『始』，甲、乙本作『始也』。
〔九七〕此句甲本同，乙本前有章名『偏用第四十三』。

〔九八〕『也』，甲、乙本無。
〔九九〕『堅』，甲本同，乙本作『剛』。
〔一〇〇〕『也』，甲、乙本無。
〔一〇一〕『夫』，甲本同，乙本作『夫言』；『謂』，甲本同，乙本作『者』；『也』，乙本同，甲本無。
〔一〇二〕『養』，甲本作『神』。此句乙本作『通於神明，濟於群生也』。
〔一〇三〕『道』，甲本同，乙本作『道之』；『成』，甲本同，乙本作『成也』。
〔一〇四〕『人』，乙本同，甲本作『人也』。
〔一〇五〕『法道』，甲本同，乙本作『道法』。
〔一〇六〕『以』，甲本同，乙本作『於』。
〔一〇七〕『則』，乙本同，甲本無；『益』，甲本同，乙本作『益於』。
〔一〇八〕『益』，甲本同，乙本作『益於』；『民』，乙本同，甲本作『人』。
〔一〇九〕『煩』，甲、乙本作『煩也』。
〔一一〇〕『人』，乙本同，甲本作『謂人』；『也』，乙本同，甲本無。
〔一一一〕『無』，甲本作『道無』，乙本作『道之無』；『爲』，甲本作『爲無爲之』，乙本作『爲無爲之治』。
〔一一二〕『者』，甲本作『者也』，乙本作『也』。
〔一一三〕『孰』，乙本同，甲本作『熟』，『熟』通『孰』。乙本此句前有章名『立戒第四十四』。
〔一一四〕『身』，乙本同，甲本作『則』；『則』，甲本作『身』，乙本作『必』；『退』，甲本同，乙本作『退也』。
〔一一五〕『孰』，乙本同，甲本作『熟』，『熟』通『孰』。
〔一一六〕『身』，甲本同，乙本作『身也』。

〔一一七〕『孰』，乙本同，甲本作『熟』，『熟』通『孰』。
〔一一八〕『得』，甲本同，乙本作『於』；『利』，甲、乙本作『利則』；『行』，甲本同，乙本作『行也』。
〔一一九〕『者』，乙本同，甲本無；『神』，甲本同，乙本作『神也』。
〔一二〇〕『者』，乙本同，甲本作『則』；『患』，甲本同，乙本作『患也』。
〔一二一〕『費』，甲本同，乙本作『費者也』。
〔一二二〕『塚』，甲本作『冢』，乙本作『發』；『探柩』，甲本同，乙本無。
〔一二三〕第二個『於』，甲、乙本無，據文義係衍文，當删。
〔一二四〕『則』，甲本同，乙本作『則須』。
〔一二五〕『財』，甲本同，乙本作『乃財』；『身』，甲本同，乙本作『身心』。
〔一二六〕第一個『知』，甲本同，乙本作『知於』；第二個『知』，甲、乙本無。
〔一二七〕『在』，甲本同，乙本作『在於』。
〔一二八〕『可』，甲本同，乙本作『能』；『久』，乙本同，甲本作『久也』。
〔一二九〕此句甲本同，乙本前有章名『洪德第四十五』。
〔一三〇〕『大成者』，甲、乙本無。
〔一三一〕『若』，乙本同，甲本無。
〔一三二〕『敝』，甲、乙本作『弊』。
〔一三三〕『是』，甲本同，乙本作『此』。
〔一三四〕『敝』，甲、乙本作『弊』；『時』，甲本同，乙本作『之時』。
〔一三五〕『滿』，甲、乙本作『盈』。

〔一三六〕『也』，甲、乙本無。
〔一三七〕『貴』，乙本同，甲本作『富』，誤。
〔一三八〕『富』，乙本同，甲本作『貴』，誤。
〔一三九〕『是』，甲本同，乙本作『此』。
〔一四〇〕『盡』，甲本同，乙本作『盡時』。
〔一四一〕『謂』，甲本同，乙本作『若』；『度』，乙本同，甲本脱。
〔一四二〕『一』，甲本同，乙本作『一也』。
〔一四三〕『如』，乙本同，甲本作『若』。
〔一四四〕『可』，甲本同，乙本作『何』，誤；『折』，甲本同，乙本作『折也』。
〔一四五〕『者』，甲、乙本無。
〔一四六〕『術』，甲、乙本作『術也』。
〔一四七〕『不』，甲本作『示不』，乙本作『亦不』。
〔一四八〕『言』，甲、乙本無；『知』，甲本同，乙本作『智』。
〔一四九〕『如』，乙本同，甲本作『若』。
〔一五〇〕『無口』，甲本同，乙本作『口無』；『辭』，乙本同，甲本作『辭也』。
〔一五一〕『死』，甲本同，乙本作『散』；『亡』，甲本同，乙本作『亡也』。
〔一五二〕『躁』，甲本同，乙本作『躁也』。丙本始於此句。
〔一五三〕『熱』，據甲、乙本補；『源』，甲本同，乙本作『源也』。
〔一五四〕『爲』，甲、丙本同，乙本作『以爲』。

〔一五五〕『長』，甲本同，乙本作『之長』。
〔一五六〕『無』，甲、乙、丙本作『則無』；『時』，甲、乙本作『時也』。
〔一五七〕此句甲本同，乙本前有章名『儉欲第四十六』。
〔一五八〕『治國者』，乙本同，甲本脱。
〔一五九〕『糞』，甲、乙本作『治』；『田』，甲本同，乙本作『田也』。
〔一六〇〕『其』，甲、乙本同，丙本無；『身』，甲、丙本同，乙本作『身也』。
〔一六一〕『謂』，甲、乙本同，丙本無；『道』，甲本同，乙本作『道也』。丙本止於此句。
〔一六二〕『自』，甲本同，乙本作『自知』。
〔一六三〕『貪』，甲本同，乙本作『貪也』。
〔一六四〕『根』，甲本同，乙本作『根也』。
〔一六五〕『無』，甲本同，乙本作『謂無有』。
〔一六六〕此句甲本同，乙本前有章名『鑒遠第四十七』。
〔一六七〕『矣』，甲本無，乙本作『也』。
〔一六八〕『以』，甲本同，乙本無。
〔一六九〕『己』，甲本同，乙本作『己者也』。
〔一七〇〕『下』，乙本同，甲本作『地』；『者』，乙本同，甲本無。
〔一七一〕『之』，甲本同，乙本作『之也』。
〔一七二〕『知』，甲本同，乙本作『而知』。
〔一七三〕『知』，甲本同，乙本作『而知』；『外』，甲本同，乙本作『外也』。

〔一七四〕『所』，甲本同，乙本無。
〔一七五〕『就』，甲本作『就也』，乙本作『也』。
〔一七六〕此句甲本同，乙本前有章名『忘知第四十八』。
〔一七七〕第一個『學』，甲本同，乙本無；第二個『學』，甲本同，乙本作『學也』。
〔一七八〕『消』，甲本同，乙本作『銷』。
〔一七九〕第二個『之』，甲本同，乙本無。
〔一八〇〕『損之』，據乙本補。
〔一八一〕『欲』，甲本同，乙本作『欲也』。
〔一八二〕『之』，甲本同，乙本作『之者』。
〔一八三〕『之』，甲本同，乙本作『之也』。
〔一八四〕『恬』，乙本作『恬淡』，甲本作『惔怕』。
〔一八五〕『爲』，甲本同，乙本作『爲也』。
〔一八六〕『當』，乙本同，甲本作『常』；『常』，乙本無，甲本作『當』。
〔一八七〕『煩』，甲、乙本作『勞』；『勞』，甲本作『煩』，乙本作『煩也』。
〔一八八〕『足』，甲本同，乙本作『可』。
〔一八九〕『及』，乙本同，甲本無。
〔一九〇〕『下』，乙本同，甲本作『下也』。
〔一九一〕此句甲本同，乙本前有章名『任德第四十九』。
〔一九二〕『貴』，乙本同，甲本作『動』，誤。

〔一九三〕『自』，甲本同，乙本作『似』；『心』，甲本同，乙本作『心也』。
〔一九四〕『聖人』，甲、乙本無。
〔一九五〕『者』，甲、乙本無。
〔一九六〕『之』，乙本同，甲本作『而』；『爲』，甲、乙本無；『善』，甲本同，乙本作『善也』。
〔一九七〕『得』，甲、乙本作『德』，『德』通『得』；『矣』，甲、乙本無。
〔一九八〕『得』，甲、乙本作『德』，『德』通『得』。
〔一九九〕『者』，甲、乙本無。
〔二〇〇〕『者』，甲、乙本無。
〔二〇一〕『之』，乙本同，甲本無；『爲』，甲、乙本無；『信』，甲本同，乙本作『信也』。
〔二〇二〕『得』，甲、乙本作『德』，『德』通『得』；『矣』，甲、乙本無。
〔二〇三〕『得』，甲、乙本作『德』，『德』通『得』。
〔二〇四〕『懼』，乙本同，甲本作『怖』。
〔二〇五〕『憍』，甲、乙本作『驕』，均可通。
〔二〇六〕『渾』，甲、乙本作『渾濁』。
〔二〇七〕『闇』，甲本同，乙本作『暗』。
〔二〇八〕『聽』，甲本同，乙本作『聽也』。
〔二〇九〕『言』，甲、乙本無；『孩兒』，甲本作『蠕蟲』，乙本作『嬰孩』。
〔二一〇〕『報』，乙本同，甲本作『報也』。
〔二一一〕此句甲本同，乙本前有章名『貴生第五十』。

〔一二一二〕『生』，甲本同，乙本作『生也』。

〔一二一三〕『匈』，甲、乙本作『胸』，『匈』同『胸』；『於』，甲本同，乙本無。

〔一二一四〕『勞』，甲、乙本作『神』；『神』，甲、乙本作『勞』；『或』，甲本同，乙本作『惑』，時『或』有『惑』義。

〔一二一五〕『死』，甲本同，乙本作『死也』。

〔一二一六〕『有十』，甲本同，乙本作『十有』。

〔一二一七〕『關』，甲、乙本作『關也』。

〔一二一八〕『也』，甲本同，乙本無。

〔一二一九〕『此』，甲、乙本作『是』。

〔一二二〇〕『皆』，甲本同，乙本無。

〔一二二一〕『十』，甲本同，乙本作『十有』；『地』，甲本同，乙本作『地也』。

〔一二二二〕『哉』，甲本同，乙本無。

〔一二二三〕『問』，乙本同，甲本作『問之』；『地』，甲、乙本作『地也』。

〔一二二四〕『厚』，甲本同，乙本作『厚也』。

〔一二二五〕『言人』，甲、乙本無；『者』，甲本同，乙本作『也』。

〔一二二六〕『之事』，甲本同，乙本無。

〔一二二七〕『失紀』，甲本同，乙本作『於己』。

〔一二二八〕『也』，乙本同，甲本無。

〔一二二九〕『干』，乙本同，甲本作『忓』；『也』，乙本同，甲本無。

〔一二三〇〕『煞』，甲、乙本作『殺』，時『煞』有『殺』義。

〔二三一〕『兕虎』，甲、乙本作『虎兕』。
〔二三二〕『加』，甲本同，乙本作『加也』。
〔二三三〕『哉』，甲、乙本無。
〔二三四〕『問』，甲本同，乙本作『聞』，『聞』爲『問』之借字；『兕虎』，甲、乙本作『虎兕』。
〔二三五〕『上』，甲本同，乙本脱。
〔二三六〕『神』，甲本同，乙本作『神明』；『之』，乙本同，甲本無。
〔二三七〕『害』，乙本同，甲本作『害也』。
〔二三八〕此句甲本同，乙本前有章名『養德第五十一』。
〔二三九〕『主』，甲、乙本作『生』；『炁』，甲、乙本作『氣』；『之』，甲本同，乙本無。
〔二四〇〕『像』，甲本作『象』，乙本作『象也』。
〔二四一〕『萬物』，甲、乙本無；『無』，甲本同，乙本作『莫』；『而』，乙本同，甲本作『不』；『之』，甲本同，乙本無。
〔二四二〕『之』，甲本同，乙本作『生』。
〔二四三〕『之』，甲本同，乙本無。
〔二四四〕『熟』，甲本同，乙本作『就』，誤。
〔二四五〕第二個『治』，據甲、乙本補。
〔二四六〕『之』，甲本作『此』，乙本作『是也』。
〔二四七〕『利』，甲本同，乙本作『利用』。
〔二四八〕『報』，甲、乙本作『報也』。

〔二四九〕『器』，甲、乙本作『利』；『用』，甲本同，乙本無。
〔二五〇〕『闇』，甲本同，乙本作『暗』。
〔二五一〕此句甲本同，乙本前有章名『歸元第五十二』。
〔二五二〕『始』，甲本同，乙本作『始者』。
〔二五三〕『道』，乙本同，甲本作『有道』。
〔二五四〕『母』，甲本同，乙本作『之母』；『也』，乙本同，甲本無。
〔二五五〕『得』，甲本同，乙本作『知』。
〔二五六〕『以』，甲本同，乙本作『復』。
〔二五七〕『得』，甲、乙本作『知』；『道』，乙本同，甲本作『得』；『已』，甲本作『知得道』，乙本作『知道已』。
〔二五八〕『已』，甲本作『以』，乙本作『既』；『一』，甲、乙本作『其一』。
〔二五九〕『爲』，甲本同，乙本作『爲也』。
〔二六〇〕『殆』，甲本同，乙本作『殆也』。
〔二六一〕『不』，甲本同，乙本作『口不』；『言』，乙本同，甲本作『言説是非』。
〔二六二〕『終』，甲本同，乙本無；『苦』，乙本同，甲本作『苦也』。
〔二六三〕『目』，甲本同，乙本作『其目』。
〔二六四〕『事』，乙本同，甲本作『事也』。
〔二六五〕『也』，乙本同，甲本無。
〔二六六〕『牙』，甲本同，乙本作『芽』，均可通。
〔二六七〕『照』，甲、乙本作『昭』；『明』，乙本同，甲本作『明也』。

〔二六八〕『已』，甲、乙本作『以』；『大』，甲本同，乙本作『大也』。
〔二六九〕『用』，乙本同，甲本作『開用』。
〔二七〇〕『害』，甲、乙本作『害也』。
〔二七一〕『當』，甲本作『復』，乙本作『言』；『復』，乙本同，甲本作『當』。
〔二七二〕『洩』，甲本同，乙本作『泄也』。
〔二七三〕『存』，甲本同，乙本作『全』。
〔二七四〕『修』，乙本同，甲本無；『道』，乙本同，甲本作『道也』。
〔二七五〕此句甲本同，乙本前有章名『益證第五十三』。
〔二七六〕甲、乙本此句前有『介大也』三字。
〔二七七〕『此』，甲、乙本無。
〔二七八〕『於』，乙本同，甲本無。
〔二七九〕『行』，乙本同，甲本脱；『化』，甲本同，乙本作『化也』。
〔二八〇〕『恐』，甲本同，乙本無。
〔二八一〕『信忠』，甲本作『賞忠信』，乙本作『性忠』。
〔二八二〕『作』，當作『詐』，據甲、乙本改；『起』，甲本同，乙本作『起也』。
〔二八三〕『也』，乙本同，甲本無。
〔二八四〕『徑』，甲本作『徑不平正也』，乙本作『徑也』。
〔二八五〕『治』，甲本作『治失時』，乙本作『治而失時也』。
〔二八六〕『傷』，甲、乙本作『傷害』。

〔二八七〕『儲』，甲本同，乙本作『儲也』。
〔二八八〕『綵』，甲本同，乙本作『彩』。
〔二八九〕『飾僞』，甲本同，乙本作『僞飾』。
〔二九〇〕『時』，甲本同，乙本作『時也』。
〔二九一〕『猶』，甲、乙本作『由』，『由』同『猶』；『爲』，甲本同，乙本作『致』；『飾』，底本原作『腧』，係涉上文『服』而成之類化俗字。
〔二九二〕『之』，甲、乙本作『也』。
〔二九三〕『盜夸』，據甲、乙本補。
〔二九四〕『也哉』，乙本同，甲本無。
〔二九五〕『人』，乙本無。
〔二九六〕『也』，乙本無。
〔二九七〕注文自『人君所行如是』至『痛傷之辭』，甲本無。
〔二九八〕此句甲本同，乙本前有章名『修觀第五十四』。
〔二九九〕『解』，甲、乙本作『拔引解』；『脱』，乙本同，甲本作『脱也』。
〔三〇〇〕『以』，甲本同，乙本無。
〔三〇一〕此句乙本同，甲本前有『輟絶也』三字。
〔三〇二〕『則』，甲、乙本無。
〔三〇三〕『祖』，甲、乙本作『祖宗廟』。
〔三〇四〕『有』，甲、乙本無。

〔三〇五〕「人」，甲本同，乙本作「人也」。
〔三〇六〕「有」，甲本同，乙本作「乃」。
〔三〇七〕「貞」，甲本同，乙本作「正」。
〔三〇八〕「孫」，甲本同，乙本作「孫也」。
〔三〇九〕「及」，甲本作「及之」，乙本作「及也」。
〔三一〇〕「則」，乙本同，甲本無；「信」，甲本同，乙本作「聖」。
〔三一一〕「生」，乙本同，甲本作「去」，「去」，誤。
〔三一二〕「自」，乙本同，甲本作「不」，「不」，誤。
〔三一三〕「正」，甲、乙本作「政」；「私」，甲本同，乙本作「修」，誤。
〔三一四〕「厚」，甲本同，乙本作「厚也」。
〔三一五〕「信」，甲本同，乙本脱。
〔三一六〕「乃」，甲本同，乙本作「乃可以」；「博」，甲本同，乙本作「博也」。
〔三一七〕「熟存」，甲本作「熟亡熟存」，乙本作「孰亡孰存也」，《老子道德經河上公章句》認爲據文義均係衍文，當删。
〔三一八〕「家」，甲本同，乙本作「家也」。
〔三一九〕「主」，甲本同，乙本作「主也」。
〔三二〇〕「我」，乙本同，甲本無；「者」，甲本同，乙本脱。
〔三二一〕「者」，甲本同，乙本脱。
〔三二二〕「此」，甲、乙本作「此五事」；「之」，乙本同，甲本作「之矣」。
〔三二三〕此句甲本同，乙本前有章名「玄符第五十五」。

〔三二四〕『厚』，甲本作『厚者也』，乙本作『厚者』。

〔三二五〕『比』，甲本同，乙本無；『子』，甲本同，乙本作『子也』。

〔三二六〕『蜂』，甲本同，乙本作『螽』；『虺蛇』，甲、乙本作『蛇虺』。

〔三二七〕『狩』，甲、乙本作『獸』，『狩』通『獸』。

〔三二八〕『玃』，甲本同，乙本作『攫』；『博』，當作『搏』，據甲、乙本改，『博』爲『搏』之借字。

〔三二九〕『亦』，甲本同，乙本無。

〔三三〇〕『蟲』，乙本同，甲本作『人』，誤。

〔三三一〕『心』，甲本同，乙本作『而心』；『移』，甲本同，乙本作『移也』。

〔三三二〕『至』，甲、乙本作『至也』。

〔三三三〕『精』，甲、乙本作『由精』。

〔三三四〕『而』，甲本同，乙本作『而嗌』。

〔三三五〕『至』，乙本同，甲本作『志也』，『志』爲『至』之借字。

〔三三六〕『號』，甲、乙本作『啼號』。

〔三三七〕『之』，甲本同，乙本無；『致』，甲本同，乙本作『致也』。

〔三三八〕『柔』，甲本同，乙本『之柔』。

〔三三九〕『常』，甲本同，乙本作『常也』。

〔三四〇〕『行』，乙本同，甲本作『明』。

〔三四一〕『則』，乙本同，甲本無；『達』，甲、乙本作『達於玄妙』。

〔三四二〕『長』，甲本同，乙本作『道』。

〔三四三〕『益』，甲、乙本作『益生』。
〔三四四〕『大』，甲本同，乙本作『大也』。
〔三四五〕『爲』，甲本同，乙本無。
〔三四六〕『則』，乙本同，甲本無。
〔三四七〕『彊』，乙本同，甲本作『彊也』。
〔三四八〕此句甲本同，乙本前有章名『玄德第五十六』。
〔三四九〕『老』，甲本同，乙本作『老也』。此句乙本置於下句『謂之不道』後。
〔三五〇〕『老』，甲本同，乙本作『老則』；『道』，甲本作『道者也』，乙本作『道也』。
〔三五一〕『早』，甲本同，乙本作『早已』；『死』，甲本作『死也』，乙本作『死亡』。
〔三五二〕『行』，甲本同，乙本作『於行道』；『言』，甲本同，乙本作『於言』。
〔三五三〕『不』，底本原有兩個『不』字，一在行末，一在次行行首，此爲當時的一種抄寫習慣，可以稱作『提行添字例』，第二個『之』字應不讀，故未録；『駟不及舌』，甲本同，乙本作『多言多患』。
〔三五四〕『多言多患』，甲本同，乙本作『駟不及舌』。
〔三五五〕『塞閉』，乙本同，甲本作『閉塞』。
〔三五六〕『爲』，甲本同，乙本作『爲者』。
〔三五七〕『忿』，甲本同，乙本作『紛』。
〔三五八〕『言』，甲本作『忿』，乙本作『紛』；『休』，甲本同，乙本作『休也』。
〔三五九〕『恬怕』，甲本同，乙本作『之淡薄』；『之』，甲本同，乙本無。
〔三六〇〕『曜』，乙本同，甲本作『耀』；『人』，甲、乙本無。

〔三六一〕『别』，甲、乙本作『殊』；『殊』，甲本作『别』，乙本作『别也』。
〔三六二〕『親』，乙本同，甲本作『親之』。
〔三六三〕『獨』，甲本同，乙本作『同』；『爲』，甲本同，乙本作『而』。
〔三六四〕『疏』，乙本同，甲本作『疏之』。
〔三六五〕『怨』，乙本同，甲本作『怨者』。
〔三六六〕『亦』，甲、乙本無。
〔三六七〕『不』，乙本同，甲本作『不可』。
〔三六八〕『不』，乙本同，甲本作『不可』。
〔三六九〕『以』，乙本同，甲本作『可』；『故』，甲本同，乙本作『而』。
〔三七〇〕『故』，甲本同，乙本作『爲』。
〔三七一〕『沈浮』，甲本同，乙本作『浮沈』。
〔三七二〕『貴』，甲本同，乙本作『之貴』。
〔三七三〕『正』，甲、乙本作『政』；『之』，甲、乙本作『治』，『治』爲『之』之借字。
〔三七五〕『使至』，乙本同，甲本作『至使』；『國』，甲本同，乙本作『國也』。
〔三七六〕『令』，甲、乙本作『使』；『兵』，甲本同，乙本作『兵也』。
〔三七七〕『其』，甲本同，乙本作『天下之』。
〔三七八〕『我』，甲本同，乙本無；『哉』，甲本同，乙本作『然哉』。
〔三七九〕『之』，甲本無，乙本作『之也』。
〔三八〇〕此句甲本同，乙本前有章名『淳風第五十七』。

〔三八一〕『也』，乙本同，甲本無。
〔三八二〕『紹』，甲、乙本作『殆』；『貧』，乙本同，甲本作『貧之』。
〔三八三〕『則視』，乙本同，甲本無。
〔三八四〕『或』，甲本同，乙本作『惑』，時『或』有『惑』義。
〔三八五〕『親』，乙本同，甲本作『相親』。
〔三八六〕『親』，甲、乙本無，據文義係衍文，當刪。
〔三八七〕『技』，乙本同，甲本作『伎』。
〔三八八〕『也』，乙本同，甲本無。
〔三八九〕『知』，甲本同，乙本作『招』；『技』，乙本同，甲本作『伎』。
〔三九〇〕『刻』，甲本同，乙本作『謂刻』。
〔三九一〕『上』，乙本同，甲本脱。
〔三九二〕『綵』，甲本同，乙本作『采』。
〔三九三〕『已』，甲本同，乙本作『以』；『起』，甲本同，乙本作『甚也』。
〔三九四〕『法』，乙本同，甲本作『淫』；『物』，乙本同，甲本無。
〔三九五〕『物』，甲本作『也』，乙本作『物也』。
〔三九六〕『並』，甲本同，乙本作『近』，誤。
〔三九七〕『云』，乙本同，甲本作『言云』。
〔三九八〕『謂下事』，甲本同，乙本無。
〔三九九〕『靜』，甲本同，乙本作『安靜』。

〔四〇〇〕「正」，甲本同，乙本作「正也」。
〔四〇一〕「我」，甲本同，乙本無。
〔四〇二〕「民」，乙本同，甲本作「使民」。
〔四〇三〕「富」，甲本同，乙本作「富也」。
〔四〇四〕「心」，甲、乙本無。
〔四〇五〕「微服飾」，乙本同，甲本作「徹飾服」。
〔四〇六〕「爲」，甲本同，乙本無。
〔四〇七〕「人」，甲、乙本作「民」。
〔四〇八〕「守」，甲本同，乙本脱。
〔四〇九〕「人」，甲、乙本作「民」；「隨我」，乙本同，甲本作「自隨」；「自」，甲本作「我」，乙本作「而」；「清」，乙本同，甲本作「清也」。
〔四一〇〕此句甲本同，乙本前有章名「順化第五十八」。
〔四一一〕「政」，甲本同，乙本脱；「寛」，甲本同，乙本作「弘」。
〔四一二〕「寛」，甲本同，乙本作「弘」。
〔四一三〕「睦」，甲本同，乙本作「睦也」。
〔四一四〕「急疾」，甲本同，乙本作「疾隱」。
〔四一五〕「斷」，甲、乙本作「決」；「耳」，甲本同，乙本作「耳也」。
〔四一六〕「急」，甲本作「急疾」，乙本作「煩疾」。
〔四一七〕「民」，乙本同，甲本作「人」；「無」，甲、乙本作「不」。

〔四一八〕『故』，乙本同，甲本作『故民』。
〔四一九〕『福』，甲、乙本作『禍』；『禍』，甲、乙本作『福』。
〔四二〇〕『能』，乙本同，甲本作『遭』；『遭』，乙本同，甲本作『禍』；『禍』，甲本作『而能』，乙本作『禍而』。
〔四二一〕『道』，乙本同，甲本脱。
〔四二二〕『孰』，乙本同，甲本作『熟』，『熟』通『孰』。
〔四二三〕『生』，甲本同，乙本脱。
〔四二四〕『誰』，甲本作『無』，乙本作『孰』；『時』，甲本同，乙本作『也』。
〔四二五〕『國』，甲本同，乙本作『正』；『也』，乙本同，甲本無。
〔四二六〕『下』，甲本同，乙本脱。
〔四二七〕『上』，甲本同，乙本作『下』，誤；『詐』，乙本同，甲本作『詐也』。
〔四二八〕『復』，甲本同，乙本作『伏』，『伏』爲『復』之借字；『訞』，乙本同，甲本作『妖』。
〔四二九〕『訞』，乙本同，甲本作『妖』；『祥』，甲本同，乙本作『祥也』。
〔四三〇〕『日固』，甲本同，乙本作『固日』。
〔四三一〕『或』，甲本同，乙本作『惑』，時『或』有『惑』義；『政』，甲、乙本作『正』。
〔四三二〕『固』，乙本同，甲本無；『已』，甲、乙本無；『矣』，乙本無，甲本作『長』。
〔四三三〕『人』，據甲、乙本補。
〔四三四〕『人』，甲、乙本作『人也』。
〔四三五〕『清』，甲、乙本作『正』；『人』，甲本同，乙本作『人也』。
〔四三六〕『申』，甲本同，乙本作『申也』。

〔四三七〕「曜」，甲本同，乙本作「耀」。
〔四三八〕「知」，甲本作「智」，乙本作「見」。
〔四三九〕「闇」，甲本同，乙本作「暗」。
〔四四〇〕「曜」，甲本同，乙本作「耀」；「人」，乙本同，甲本作「人也」。
〔四四一〕此句甲本同，乙本前有章名「守道第五十九」。
〔四四二〕「人民」，乙本同，甲本作「民人」。
〔四四三〕「貪」，甲本同，乙本作「愛」。
〔四四四〕「愛」，甲本同，乙本作「當愛」。
〔四四五〕「不」，甲本同，乙本作「而不」；「爲」，乙本同，甲本無；「放」，乙本同，甲本作「效」，疑誤。
〔四四六〕「也」，乙本同，甲本無。
〔四四七〕「德」，甲本同，乙本作「得」，「德」通「得」。
〔四四八〕「能」，乙本同，甲本無；「道」，甲本同，乙本作「道也」。
〔四四九〕「已」，甲本同，乙本作「已也」。
〔四五〇〕「克」，甲、乙本作「剋」。以下同，不另出校。
〔四五一〕「勝」，甲、乙本作「剋勝」。
〔四五二〕「則」，甲、乙本無。
〔四五三〕「人」，乙本同，甲本無。
〔四五四〕「氣」，乙本同，甲本作「神」。
〔四五五〕「生」，甲、乙本作「久」。

〔四五六〕『蔕』，乙本同，甲本作『果蔕』。
〔四五七〕『當』，乙本同，甲本無。
〔四五八〕『守』，乙本同，甲本無。
〔四五九〕『無使』，甲本同，乙本作『使無』；『漏泄』，乙本同，甲本作『泄漏也』。
〔四六〇〕『道』，乙本同，甲本作『道也』。乙本此句後有『道德真經注卷之三』。
〔四六一〕『老子德經下』，甲本同，乙本作『道德真經注卷之四』。
〔四六二〕『河上公章句』，乙本同，甲本無；『第四』，甲、乙本無。
〔四六三〕『享』，甲、乙本作『亯』。乙本此句前有章名『居位第六十』。
〔四六四〕『享』，甲、乙本作『亯』。
〔四六五〕『其』，乙本同，甲本無；『糜』，甲、乙本作『糜也』。
〔四六六〕『氣』，甲、乙本作『精』；『散』，乙本同，甲本作『散去』。
〔四六七〕『者』，甲本同，乙本無。
〔四六八〕『治』，甲本同，乙本作『莅』；『者』，甲、乙本無。
〔四六九〕第一個『神』，甲、乙本無。
〔四七〇〕此句至『不能傷自然之民』，乙本無。
〔四七一〕『神』，甲本作『神也』。
〔四七二〕『亦』，乙本同，甲本作『之』。
〔四七三〕『其』，甲、乙本無；『人』，甲本同，乙本作『於人』。
〔四七四〕『傷害』，甲本同，乙本作『敢傷』。

〔四七五〕『神』，乙本同，甲本無；『干』，甲本作『忓也』，乙本作『干人』。
〔四七六〕『兩』，甲本同，乙本無。
〔四七七〕『得』，甲、乙本作『德』，『德』通『得』。
〔四七八〕『則』，甲本同，乙本無。
〔四七九〕『其』，甲本同，乙本作『人』。
〔四八〇〕『得』，甲本同，乙本無；『歸』，甲、乙本作『歸焉』。
〔四八一〕此句甲本同，乙本前有章名『謙德第六十一』。
〔四八二〕『者』，甲、乙本無。
〔四八三〕『當』，甲本同，乙本無；『江海』，乙本同，甲本無；『居』，甲本同，乙本作『者』。
〔四八四〕『於』，甲、乙本無；『微』，乙本同，甲本作『流』。
〔四八五〕『者』，甲、乙本無。
〔四八六〕『下』，甲本同，乙本作『下之』。
〔四八七〕『也』，乙本同，甲本無。
〔四八八〕『唱』，甲本同，乙本作『倡也』。
〔四八九〕『屈』，甲本同，乙本作『屈於』，誤。
〔四九〇〕『陰勝陽』，甲本同，乙本作『勝陽陰』，誤。
〔四九一〕『其』，甲本同，乙本無；『求』，甲本同，乙本作『求之』。
〔四九二〕『靜爲謙下』，甲本同，乙本脱。
〔四九三〕『取』，甲、乙本作『聚』。

〔四九四〕『失』，甲本同，乙本作『生』，誤。
〔四九五〕『而』，甲本同，乙本作『以』；『取』，甲、乙本作『聚』。
〔四九六〕『取』，甲本同，乙本作『取也』。
〔四九七〕『可失』，甲本同，乙本作『失下』。
〔四九八〕『人』，甲本同，乙本作『小』。
〔四九九〕『入』，甲、乙本作『欲』。
〔五〇〇〕『各』，甲本同，乙本作『夫兩者各』。
〔五〇一〕『故』，乙本同，甲本脱。
〔五〇二〕『大』，甲本同，乙本作『故大』；『又』，甲本同，乙本作『尤』；『爲』，甲本同，乙本無；『下』，乙本同，甲本作『下也』。
〔五〇三〕此句甲本同，乙本前有章名『爲道第六十二』。
〔五〇四〕『爲』，甲本同，乙本作『以』，誤。
〔五〇五〕『容』，甲本同，乙本作『容也』。
〔五〇六〕『寶』，甲本同，乙本作『寶也』。
〔五〇七〕『違』，甲本作『違者』，乙本作『違也』。
〔五〇八〕『倚』，甲本同，乙本作『倚也』。
〔五〇九〕『謂』，甲、乙本無。
〔五一〇〕『猶』，甲本同，乙本作『猶能』；『悔』，乙本同，甲本作『誨』，『誨』通『悔』；『下』，甲本作『下之』，乙本作『柔也』。

〔五一一〕『可』，乙本同，甲本作『獨可』；『以』，乙本同，甲本作『已』；『於』，甲本同，乙本無；『市』，甲本作『市耳』，乙本作『市者』。
〔五一二〕『交』，甲、乙本作『夫市交』。
〔五一三〕『善』，甲本同，乙本作『售善』。
〔五一四〕『疾欲』，甲、乙本作『欲疾』。
〔五一五〕『自』，甲本同，乙本無。
〔五一六〕『道』，乙本同，甲本作『善道』。
〔五一七〕『民』，乙本同，甲本作『人』。
〔五一八〕『淳』，甲、乙本作『淳也』。
〔五一九〕『人』，甲本同，乙本作『之人』。
〔五二〇〕『璧』，甲本同，乙本作『玉』；『先』，甲本同，乙本作『以先』。
〔五二一〕『不』，乙本同，甲本作『故不』；『道』，甲本同，乙本作『道也』。
〔五二二〕『以』，甲本同，乙本無。
〔五二三〕『求以』，乙本同，甲本作『以求』。
〔五二四〕第二個『日』，乙本同，甲本脱。
〔五二五〕『罪』，甲本同，乙本作『罪者』。
〔五二六〕『闇』，甲本同，乙本作『暗』。
〔五二七〕『死』，甲本同，乙本作『死厄』。
〔五二八〕『貴』，乙本同，甲本作『貴之也』。

〔五二九〕此句甲本同，乙本前有章名『恩始第六十三』。
〔五三〇〕『循』，甲本同，乙本作『修』，誤。
〔五三一〕『造』，甲本同，乙本作『改』；『爲』，甲、乙本作『作』。
〔五三二〕『豫』，甲本同，乙本作『預』。
〔五三三〕『意』，甲本同，乙本作『意也』。
〔五三四〕『戒』，乙本同，甲本作『教』；『令』，甲本同，乙本作『令也』。
〔五三五〕『之』，乙本同，甲本脱；『道』，甲本同，乙本作『道也』。
〔五三六〕『生』，甲本同，乙本作『萌也』。
〔五三七〕『欲圖』，甲本同，乙本脱。
〔五三八〕『成』，甲本同，乙本作『成也』。
〔五三九〕『爲』，乙本同，甲本作『作』。
〔五四〇〕『細』，甲、乙本作『小』。
〔五四一〕『來』，甲本同，乙本作『來也』。
〔五四二〕『聖』，甲本同，乙本作『大』。
〔五四三〕『虚』，甲本作『卑』，乙本作『虚也』。
〔五四四〕『之』，甲本同，乙本作『之也』。
〔五四五〕『言』，甲本作『言思』，乙本作『言也』。
〔五四六〕『患』，甲本同，乙本作『患也』。
〔五四七〕第二個『猶』，甲、乙本無。

〔五四八〕『源』，甲本同，乙本作『故源也』。
〔五四九〕『深』，甲、乙本作『深也』。
〔五五〇〕此句甲本同，乙本前有章名『守微第六十四』。
〔五五一〕『止』，甲本同，乙本作『止也』。
〔五五二〕『動於朝』，甲本同，乙本作『至萌』。
〔五五三〕『除』，甲、乙本作『除也』。
〔五五四〕『去』，甲本同，乙本作『去也』。
〔五五五〕『於』，乙本同，甲本作『以』；『牙』，甲本同，乙本作『芽』，均可通。
〔五五六〕『豫』，甲、乙本無。
〔五五七〕『當』，甲、乙本無。
〔五五八〕『豫』，甲、乙本作『預』。
〔五五九〕『豪』，甲、乙本作『毫』。
〔五六〇〕『至』，乙本同，甲本作『立』。
〔五六一〕『遠』，乙本同，甲本作『遠也』。
〔五六二〕『恩』，乙本亦脱，據甲本補。
〔五六三〕『神』，甲本同，乙本作『神也』。
〔五六四〕『堅持』，乙本同，甲本作『妄恃』。
〔五六五〕『反還』，甲本同，乙本作『還及』。
〔五六六〕『華文』，甲本同，乙本作『文華』。甲本此句後有『無爲故無敗』五字。

〔五六七〕『色利』，甲本作『利色』，乙本作『己利』。
〔五六八〕『不』，乙本同，甲本作『故不』；『爲』，乙本同，甲本無；『害』，甲本無，乙本作『賊』。
〔五六九〕『壞敗』，乙本同，甲本作『敗壞』。
〔五七〇〕第一個『無』，乙本同，甲本作『聖人無』。
〔五七一〕『貧』，乙本同，甲本作『人』。
〔五七二〕『所』，乙本同，甲本作『以』；『人』，乙本同，甲本作『人也』。
〔五七三〕『人』，甲本同，乙本作『之』。
〔五七四〕『其』，甲本同，乙本無。
〔五七五〕『而』，乙本同，甲本作『由於』。
〔五七六〕『奢』，甲本同，乙本作『而奢』；『而』，甲本同，乙本作『而自』；『之』，甲本同，乙本作『之也』。
〔五七七〕『當』，甲本同，乙本作『致』。
〔五七八〕第一個『欲』，甲本同，乙本作『終』。
〔五七九〕『欲』，甲本同，乙本作『欲也』。
〔五八〇〕『彰顯』，乙本同，甲本作『顯彰』。
〔五八一〕『伏』，甲本同，乙本作『韜』。
〔五八二〕『以』，甲、乙本無；『服』，甲本同，乙本作『服玩』。
〔五八三〕『而』，甲本同，乙本無；『玉』，甲本同，乙本作『玉也』。
〔五八四〕『道』，甲本同，乙本無；『真』，甲本同，乙本作『真也』。
〔五八五〕『反』，甲本同，乙本作『皆反也』。

〔五八六〕『末』，甲本同，乙本作『實』。

〔五八七〕『本』，甲本同，乙本作『本實者也』。

〔五八八〕『性』，甲本同，乙本脱。

〔五八九〕『焉』，甲、乙本無。

〔五九〇〕『遠』，甲本作『違』，乙本作『離』；『本』，甲本同，乙本作『本也』。

〔五九一〕此句甲本同，乙本前有章名『淳德第六十五』。

〔五九二〕『者』，乙本同，甲本作『也』。

〔五九三〕『道教』，據甲、乙本補；『人』，據甲本補，乙本作『民』；『明智』，據甲、乙本補；『姦巧』，據甲本補，乙本作『巧詐也』。

〔五九四〕『將以愚之』，據甲、乙本補。

〔五九五〕『將以』，據甲、乙本補；『民』，乙本同，甲本作『人』。

〔五九六〕『僞』，乙本同，甲本作『僞焉』。

〔五九七〕『之所以難治』，甲本作『不可治理』，乙本作『之不可治理』。

〔五九八〕『智』，乙本同，甲本作『知』；『而』，甲本同，乙本作『必』；『爲』，乙本同，甲本無。

〔五九九〕『慧』，甲、乙本作『惠』；『治』，甲本同，乙本作『理』；第二個『之』，乙本同，甲本無；『正』，甲本無，乙本作『政』，『正』通『政』；『事』，乙本同，甲本無。

〔六〇〇〕『威』，甲本同，乙本作『禍』。

〔六〇一〕『爲』，乙本同，甲本作『是』；『賊』，甲本同，乙本作『賊也』。

〔六〇二〕『慧』，甲、乙本作『惠』；『知』，甲本同，乙本作『治』。

〔六〇三〕『人』，甲、乙本作『民』。

〔六〇四〕『爲』，乙本同，甲本無；『福』，甲本作『賊』，誤，乙本作『福也』。

〔六〇五〕『亦』，乙本同，甲本作『是謂』。

〔六〇六〕『兩』，甲、乙本作『兩者』；『智』，甲、乙本作『智也』。

〔六〇七〕『能』，乙本同，甲本無；『爲』，甲本同，乙本無。

〔六〇八〕『爲』，甲本同，乙本無。

〔六〇九〕『國』，乙本同，甲本脱；『式』，甲本同，乙本作『式也』。

〔六一〇〕『常』，甲、乙本無；第二個『治』，乙本同，甲本作『及治』。

〔六一一〕『德』，甲本同，乙本作『德也』。

〔六一二〕『極』，甲本同，乙本作『極也』。

〔六一三〕『人』，甲本同，乙本作『人也』。

〔六一四〕『乃』，甲本同，乙本作『然後乃』。

〔六一五〕『順』，甲本同，乙本作『大順者』；『理』，甲、乙本作『理也』。

〔六一六〕此句甲本同，乙本前有章名『後己第六十六』。

〔六一七〕『故』，甲本同，乙本無。

〔六一八〕『民』，乙本同，甲本作『人』；『就』，甲本同，乙本作『就於』；『者』，甲本無，乙本作『也』。

〔六一九〕『能』，甲、乙本作『故能』。

〔六二〇〕『以卑』，甲本同，乙本作『直以就』。

〔六二一〕『民』，乙本同，甲本作『人』。

〔六二二〕『民』，乙本同，甲本作『人』；『上』，甲本同，乙本作『上也』。
〔六二三〕『言』，乙本同，甲本作『其言』。
〔六二四〕『前』，甲本同，乙本作『前也』。
〔六二五〕『身』，乙本同，甲本作『其身』。
〔六二六〕『己』，甲本同，乙本作『己也』。
〔六二七〕『上』，甲本同，乙本作『民上』；『民』，甲本同，乙本無。
〔六二八〕『不』，甲、乙本作『不以』。
〔六二九〕『民』，乙本同，甲本作『人』。
〔六三〇〕『民』，乙本同，甲本作『故人』。
〔六三一〕『欲』，甲本同，乙本作『傷』；『者』，甲本同，乙本作『心』。
〔六三二〕『若』，甲本同，乙本作『如』。
〔六三三〕『進』，乙本同，甲本無。
〔六三四〕『者』，甲本同，乙本作『也』。
〔六三五〕『非』，甲、乙本無，據文義係衍文，當删。
〔六三六〕『時』，甲本同，乙本作『之時』。
〔六三七〕『非』，當作『由』，據乙本改，甲本無；『之所致』，甲本作『先後』，乙本作『先後也』。
〔六三八〕『爭』，甲本同，乙本作『爭於』。
〔六三九〕『有』，乙本同，甲本無；『與吾』，甲本同，乙本無；『爭』，甲本同，乙本作『爭於』；『者』，甲本作『者矣也』，乙本作『也』。

〔六四〇〕此句甲本同，乙本前有章名『三寶第六十七』。
〔六四一〕『皆』，乙本同，甲本無。
〔六四二〕『若』，甲、乙本無。
〔六四三〕『獨』，甲本同，乙本作『自』；『身』，甲本同，乙本作『身之』。
〔六四四〕『似』，甲、乙本作『似若』。
〔六四五〕『貴』，乙本同，甲本作『貴也』。
〔六四六〕『也』，甲本同，乙本無。
〔六四七〕『慧』，甲、乙本作『惠也』。
〔六四八〕『慧』，甲、乙本作『惠』。
〔六四九〕『高自』，甲本同，當作『自高』，據乙本改。
〔六五〇〕『也』，甲、乙本作『也夫』。
〔六五一〕『慧』，甲、乙本作『惠』；『者』，乙本同，甲本作『之者』；『也』，甲、乙本無。
〔六五二〕『矣』，甲本同，乙本無。
〔六五三〕『夫』，甲、乙本無。
〔六五四〕『若』，甲本同，乙本作『如』。
〔六五五〕『已』，甲本同，乙本作『已也』。
〔六五六〕『唱』，甲、乙本作『倡』；『始』，甲、乙本作『始也』。
〔六五七〕『兹』，當作『慈』，據甲本改，乙本作『夫慈』。
〔六五八〕『慈仁』，甲本同，乙本作『仁慈』。

〔六五九〕『寬』，甲、乙本無；『廣』，甲本同，乙本作『廣矣』。
〔六六〇〕『下』，據甲本補；『首』，甲本作『之首』。此句乙本無。
〔六六一〕『人』，甲本同，乙本作『人也』。此句前甲、乙本有『成器長』三字。
〔六六二〕『長』，甲本作『之長』，乙本作『之長也』。
〔六六三〕『其』，乙本同，甲本無。
〔六六四〕『人』，乙本同，甲本作『之人』；『其』，甲、乙本無。
〔六六五〕『但』，乙本同，甲本作『且但』；『勇武』，乙本同，甲本作『武勇』。
〔六六六〕『捨』，甲本同，乙本作『捨其』。
〔六六七〕『捨』，甲本同，乙本作『捨其』。
〔六六八〕『爲人先』，甲本同，乙本作『務先人』。
〔六六九〕『道』，乙本同，甲本作『地』。
〔六七〇〕『以善以慈衛之』，據甲、乙本補。
〔六七一〕『將』，乙本同，甲本作『與』。
〔六七二〕『與』，甲、乙本同，當作『以』，據文義改，『與』爲『以』之借字；『仁』，乙本同，甲本作『心』。
〔六七三〕『自』，甲本作『相自』，乙本作『能自』；『助』，甲、乙本作『助也』。
〔六七四〕此句甲本同，乙本前有章名『配天第六十八』。
〔六七五〕『匈』，甲本作『胸』，『匈』同『胸』，乙本作『心』；『心』，甲本同，乙本作『胸』。
〔六七六〕『怒』，甲本同，乙本作『怒也』。
〔六七七〕『與』，甲本同，乙本作『與爭』。

〔六七八〕『戰』，甲本同，乙本作『爭』。
〔六七九〕『上』，甲本同，乙本作『上文』；『也』，乙本同，甲本無。
〔六八〇〕『之』，甲本同，乙本作『乃是』。
〔六八一〕『者』，甲、乙本無。
〔六八二〕『臣』，甲本同，乙本無；『力』，甲本同，乙本作『力也』。
〔六八三〕『也』，乙本同，甲本無。
〔六八四〕『極』，甲本同，乙本作『極也』。
〔六八五〕『約』，甲本同，乙本無；『之』，甲、乙本無；『也』，乙本同，甲本無。
〔六八六〕此句甲本同，乙本前有章名『玄用第六十九』。
〔六八七〕『我』，乙本同，甲本無。
〔六八八〕『唱』，甲、乙本作『倡』。
〔六八九〕『退』，甲本同，乙本作『退也』。
〔六九〇〕『報』，甲本作『執』，乙本作『執也』。
〔六九一〕『大』，甲本同，乙本作『雖有大』。
〔六九二〕『若』，甲本同，乙本作『者』。
〔六九三〕『仍』，甲本同，乙本作『行仍』；『心』，甲本同，乙本無。
〔六九四〕『引』，乙本無，甲本作『之』。
〔六九五〕『治』，甲、乙本作『持』。
〔六九六〕『用』，甲、乙本作『用也』。

〔六九七〕『之』，乙本同，甲本作『者』；『無辜』，甲、乙本無；『羅』，甲本同，乙本作『羅』，『羅』通『羅』。

〔六九八〕『遭』，甲本同，乙本作『遭於』；『無』，甲、乙本作『不』。

〔六九九〕『喪』，甲本作『哀』，乙本作『傷喪』；『之』，乙本同，甲本作『痛』；『痛』，甲本作『之』，乙本作『痛也』。

〔七〇〇〕『輕欺』，甲本同，乙本作『欺輕』。

〔七〇一〕『貪』，甲本同，乙本作『而貪』；『財』，甲本同，乙本作『財寶也』。

〔七〇二〕『則』，甲、乙本無；『亡』，甲、乙本作『喪』。

〔七〇三〕『也』，乙本同，甲本無。

〔七〇四〕『輕』，乙本同，甲本無。

〔七〇五〕『於』，甲、乙本無；『身』，甲本同，乙本作『身也』。

〔七〇六〕『戰』，乙本同，甲本作『對戰』；『也』，乙本同，甲本無。

〔七〇七〕『哀』，甲、乙本作『則哀』；『者』，甲本同，乙本無；『矣』，甲本同，乙本作『也』。

〔七〇八〕『人』，甲、乙本作『仁』，『人』通『仁』。

〔七〇九〕『死』，甲本同，乙本作『己』。

〔七一〇〕此句甲本同，乙本前有章名『知難第七十』。

〔七一一〕『言』，甲本同，乙本脱；『省』，乙本同，甲本作『少』。

〔七一二〕『行』，甲本同，乙本作『行也』。

〔七一三〕『天下』，甲、乙本無；『人』，乙本同，甲本作『惡』；『惡』，乙本作『不好』，甲本作『人』。

〔七一四〕『好』，甲本同，乙本作『而好』。

〔七一五〕『反』，甲本同，乙本作『反也』。
〔七一六〕『也』，甲本同，乙本作『之無知者』。
〔七一七〕『德』，甲本同，乙本作『道德』；『闇』，甲本作『闇昧』，乙本作『暗昧』。
〔七一八〕『微』，乙本同，甲本作『無』。
〔七一九〕『知』，甲本作『知之』，乙本作『知也』。
〔七二〇〕『者』，乙本同，甲本無；『矣』，甲本同，乙本無。
〔七二一〕『者』，乙本同，甲本無。
〔七二二〕『矣』，甲、乙本無。
〔七二三〕『外』，甲本同，乙本作『外也』。
〔七二四〕『人』，甲本作『人也』，乙本作『於人也』。
〔七二五〕此句甲本同，乙本前有章名『知病第七十一』。
〔七二六〕『言』，甲本作『不』，乙本作『而言』；『不』，乙本同，甲本作『言』。
〔七二七〕『是乃』，甲本同，乙本無。
〔七二八〕第一個『知』，乙本同，甲本作『知而』。
〔七二九〕『言』，甲本同，乙本作『而言』。
〔七三〇〕『是乃』，甲本同，乙本無；『病』，甲本同，乙本作『病也』。
〔七三一〕『夫唯能病苦衆人有彊知之病』，甲本同，乙本無。
〔七三二〕『以』，甲本作『乃有』。此句乙本無。
〔七三三〕『聖人不病』及下句，甲本同，乙本在『以其常苦衆人有此病』後。

〔七三四〕『此』，乙本同，甲本無；『知』，乙本同，甲本無。
〔七三五〕『常』，甲本同，乙本無；『苦』，乙本同，甲本作『告』。
〔七三六〕『非』，甲本同，乙本作『悲』；『也』，甲本同，乙本無。
〔七三七〕『夫』，甲本同，乙本作『云』；『智』，甲本同，乙本作『知』。
〔七三八〕『知』，乙本同，甲本作『智』。
〔七三九〕『忠』，甲本同，乙本作『中』。
〔七四〇〕『年』，乙本同，甲本作『年也』。
〔七四一〕此句甲本同，乙本前有章名『愛己第七十二』。
〔七四二〕『則』，乙本同，甲本無。
〔七四三〕此句甲、乙本無。
〔七四四〕『諸』，當作『謂』，據甲本改，乙本作『畏』，亦可通；『亡』，甲、乙本作『亡也』。
〔七四五〕『愛精養』，甲本同，乙本作『保養精』。
〔七四六〕『順地承天』，甲、乙本作『承天順地』。
〔七四七〕『心』，甲本同，乙本作『人心』；『居』，甲本同，乙本作『藏』。
〔七四八〕『當』，甲本同，乙本作『常當』；『寬』，甲本同，乙本作『安』。
〔七四九〕『爲』，甲本同，乙本作『爲此』；『本猒』，甲本同，乙本作『命散』；『神』，甲、乙本作『神也』。
〔七五〇〕『怕』，甲本同，乙本作『泊』，『怕』同『泊』。
〔七五一〕『不』，甲本同，乙本作『而不』。
〔七五二〕『藏』，甲本同，乙本作『而藏』。

〔七五三〕『氣』，乙本同，甲本作『神』。
〔七五四〕『見』，乙本同，甲本作『貴』；『貴』，乙本同，甲本作『見』。
〔七五五〕『愛』，乙本同，甲本作『愛也』。
〔七五六〕『殺』，乙本同，甲本作『煞』，時『煞』有『殺』義；以下同，不另出校。乙本此句前有章名『任爲第七十三』。
〔七五七〕『敢』，甲本同，乙本作『於敢』。
〔七五八〕『其』，乙本同，甲本無；『身』，甲本同，乙本作『身也』。
〔七五九〕『於』，乙本同，甲本作『於身』。
〔七六〇〕『此』，乙本同，甲本作『常知此』。
〔七六一〕第二個『敢』，甲本同，乙本作『敢也』。
〔七六二〕『也』，乙本同，甲本無。
〔七六三〕『孰』，乙本同，甲本作『熟』，『熟』通『孰』。
〔七六四〕『誰』，乙本同，甲本作『熟』，『熟』通『孰』；『而』，甲本同，乙本無；『之』，甲本無，乙本作『之也』。
〔七六五〕『之』，甲本同，乙本無。
〔七六六〕『欲』，甲本作『而欲』，乙本作『而能』；『之』，乙本同，甲本無。
〔七六七〕『之』，乙本同，甲本無。
〔七六八〕『皆』，甲本無，乙本作『自』。
〔七六九〕『皆』，甲本同，乙本作『皆自』；『陽』，甲本同，乙本作『陽也』。
〔七七〇〕『所』，甲本同，乙本作『之』。

〔七七一〕『雖』，甲本同，乙本作『雖則』。
〔七七二〕『司』，甲本同，乙本作『若司』。
〔七七三〕『有』，甲本同，乙本無；『所』，乙本同，甲本無；『失』，甲本作『失之也』，乙本作『失也』。
〔七七四〕此句甲本同，乙本前有章名『製惑第七十四』。
〔七七五〕『酷深』，甲本同，乙本作『深酷』。
〔七七六〕『無』，乙本同，甲本作『不』；『聊』，甲本同，乙本作『即』，誤。
〔七七七〕『死』，甲本同，乙本作『死也』。
〔七七八〕『者』，甲本同，乙本作『者若』。
〔七七九〕『殺』，甲本同，乙本作『喪』。
〔七八〇〕『畏』，甲本同，乙本作『所畏』；『之』，甲本無，乙本作『也』。
〔七八一〕『不』，甲本同，乙本作『當』；『其』，甲本同，乙本無。
〔七八二〕『教』，甲本同，乙本無；『民』，甲、乙本作『人』；『去』，甲本同，乙本作『去其』。
〔七八三〕『法』，乙本同，甲本作『罰法』。
〔七八四〕『民』，乙本同，甲本作『人』。
〔七八五〕『所』，甲本同，乙本無；『剋』，甲本同，乙本作『刻』。
〔七八六〕『民』，乙本同，甲本作『人』；『去』，甲本同，乙本作『之去』。
〔七八七〕『執得』，當作『得執』，據甲、乙本改。
〔七八八〕『孰』，乙本同，甲本作『熟』，『熟』通『孰』；『矣』，甲本同，乙本無。
〔七八九〕『化』，甲本同，乙本脱；『從』，甲本同，乙本作『徒』，誤。

〔七九〇〕『吾』，甲、乙本脱；『得』，甲、乙本脱。
〔七九一〕『先』，甲本同，乙本作『先以』；『之』，甲本同，乙本作『人』。
〔七九二〕『先』，甲本同，乙本作『先以』；『罰』，甲本同，乙本作『罰者也』。
〔七九三〕『天』，甲本同，乙本作『謂天』。
〔七九四〕『人』，甲本同，乙本作『人之』。
〔七九五〕『也』，甲本同，乙本無。
〔七九六〕『殺』，甲本同，乙本作『察』。
〔七九七〕『成』，甲本同，乙本作『收』。
〔七九八〕『移』，甲本同，乙本脱。
〔七九九〕『猶』，乙本同，甲本作『由』，『由』同『猶』。
〔八〇〇〕『功』，甲本作『有功也』，乙本作『功也』。
〔八〇一〕『夫』，乙本同，甲本作『夫唯』；『斵』，甲本同，乙本作『斵者』。
〔八〇二〕『手』，甲、乙本作『手矣』。
〔八〇三〕『木』，甲本同，乙本作『木也』。
〔八〇四〕『則』，甲本同，乙本作『必』。
〔八〇五〕『還』，甲本同，乙本無；『傷』，甲本同，乙本作『傷其手』。
〔八〇六〕『失紀綱』，甲本作『失紀綱不得紀綱』，乙本作『不得其理』。
〔八〇七〕『還』，甲本同，乙本作『反』；『殃』，乙本同，甲本作『殃也』。
〔八〇八〕此句甲本同，乙本前有章名『貪損第七十五』。

〔八〇九〕『以』，乙本同，甲本脱。
〔八一〇〕『税食』，甲本同，乙本作『食税』；『多』，甲本同，乙本作『多也』。
〔八一一〕『是以』，乙本無，甲本作『貧畔是以』；『民』，乙本同，甲本作『飢民』；『化』，乙本同，甲本作『亂』；『貪』，乙本同，甲本無。
〔八一二〕『叛』，乙本同，甲本作『無』。
〔八一三〕『飢』，乙本同，甲本作『飢之』。
〔八一四〕『之』，乙本同，甲本無。
〔八一五〕『爲』，甲本同，乙本作『爲也』。
〔八一六〕『人』，甲、乙本作『民』。
〔八一七〕『生』，乙本同，甲本無。
〔八一八〕『民』，甲本同，乙本作『之』；『所以』，甲本同，乙本無。
〔八一九〕『道』，甲本同，乙本作『事』。
〔八二〇〕『危』，甲本同，乙本作『危也』。
〔八二一〕『是』，甲、乙本無；『厚』，甲本同，乙本作『過』；『之故』，甲本同，乙本無。
〔八二二〕『輕』，甲本同，乙本作『故』；『地』，甲本同，乙本作『地也』。
〔八二三〕『爲』，乙本同，甲本作『爲生』。
〔八二四〕『是』，乙本同，甲本作『是乃』；『生』，甲本同，乙本作『生也』。
〔八二五〕『入』，乙本同，甲本作『利』。
〔八二六〕『生』，甲本作『生者也』，乙本作『生也』。

〔八二七〕此句甲本同，乙本前有章名『戒彊第七十六』。
〔八二八〕『人』，乙本同，甲本脱。
〔八二九〕『弱』，乙本同，甲本作『弱也』。
〔八三〇〕『和』，甲本同，乙本作『則和』。
〔八三一〕『彊』，乙本同，甲本作『彊也』。
〔八三二〕『也』，甲本同，乙本無。
〔八三三〕『存』，甲本作『爲』，乙本作『存也』。
〔八三四〕『去』，甲本同，乙本作『散也』。
〔八三五〕『其』，甲本同，乙本無；『知』，甲本同，乙本作『而知』。
〔八三六〕『知』，甲本同，乙本無。
〔八三七〕『生』，甲本同，乙本作『生也』。
〔八三八〕此句至『故不勝』，甲本作『國有彊兵則滅（？）』。
〔八三九〕『勝』，乙本作『勝也』。
〔八四〇〕『者』，甲本無，乙本作『則』。
〔八四一〕『故』，甲、乙本無。
〔八四二〕『木在』，甲、乙本作『物處』。
〔八四三〕『之』，甲本同，乙本無；『效』，甲、乙本作『效也』。
〔八四四〕此句甲本同，乙本前有章名『天道第七十七』。
〔八四五〕『闇』，甲本同，乙本作『暗』。

〔八四六〕『與』，乙本同，甲本作『益』。
〔八四七〕『耳』，甲本無，乙本作『也』。
〔八四八〕『舉』，甲本同，乙本作『與』，『與』通『舉』。
〔八四九〕『有』，甲本同，乙本作『盈』；『餘而』，甲本同，乙本無。
〔八五〇〕『常』，甲本作『天道常』，乙本作『天道』；『也』，乙本無。
〔八五一〕『道』，甲、乙本作『之道』。
〔八五二〕『人』，甲本同，乙本作『人之』；『則』，甲本同，乙本無。
〔八五三〕『以』，乙本無；『奉』，乙本作『益』。
〔八五四〕『以』，乙本無；『益』，乙本作『與』。
〔八五五〕『孰』，甲本同，乙本無；『有餘以』，甲、乙本作『以有餘』。
〔八五六〕甲本止於此句之『唯』字。
〔八五七〕『能』，乙本無。
〔八五八〕『乎』，乙本無。
〔八五九〕『道』，乙本作『道德』；『之』，乙本作『之也』。
〔八六〇〕『惠』，據乙本補。
〔八六一〕『使』，乙本無。
〔八六二〕乙本此句前有章名『任信第七十八』。
〔八六三〕『圓』，乙本作『言水柔弱圓』。
〔八六四〕『壤陵壞山』，乙本作『懷山襄陵』。

〔八六五〕『摩鐵消』，乙本作『磨水銷』。
〔八六六〕『成功』，乙本作『以成其功也』。
〔八六七〕『其』，乙本作『以其』；『以』，乙本作『能』。
〔八六八〕『之』，乙本無。此句至『陰能消陽』，乙本在『〔齒〕先舌亡』句後。
〔八六九〕『柔之』，乙本作『故柔』。
〔八七〇〕『齒』，據乙本補。
〔八七一〕『言』，乙本無。
〔八七二〕『謂下事』，乙本無。
〔八七三〕『君之』，當作『之君』，據乙本改。
〔八七四〕『自與』，乙本作『歸己』。
〔八七五〕『受』，乙本無；『之殃』，乙本無。
〔八七六〕『有』，乙本無。
〔八七七〕乙本此句前有章名『任契第七十九』。
〔八七八〕『報』，乙本作『報也』。
〔八七九〕『民』，乙本作『人』。
〔八八〇〕『呼』，乙本作『吁』。
〔八八一〕『善』，乙本作『善也』。
〔八八二〕『信』，乙本作『信也』。
〔八八三〕『刻』，乙本作『刑刻』；『信』，乙本作『信也』。

〔八八四〕『剋』，乙本作『刻』，『剋』通『刻』；『之』，乙本作『爲』。
〔八八五〕『以』，乙本作『於』；『事』，乙本作『事也』。
〔八八六〕『者』，乙本作『同也』。
〔八八七〕乙本此句前有章名『獨立第八十』。
〔八八八〕『小』，乙本作『小國』。
〔八八九〕『儉』，乙本作『示儉』。
〔八九〇〕『少』，乙本作『乏』。
〔八九一〕『侵暴』，乙本作『犯也』。
〔八九二〕『召』，乙本作『實』，誤；『良』，乙本作『之』。
〔八九三〕『使』，乙本無；『生』，乙本作『生也』。
〔八九四〕『民』，乙本無。
〔八九五〕『徙以離』，乙本無；『常』，乙本作『常處也』。
〔八九六〕『入』，乙本無。
〔八九七〕『欺』，乙本作『欺也』。
〔八九八〕『以』，乙本無；『疏』，乙本作『蔬』。
〔八九九〕『姓』，乙本作『姓也』。
〔九〇〇〕『色』，乙本作『色也』。
〔九〇一〕乙本此句前有章名『顯質第八十一』。
〔九〇二〕『實』，乙本作『實也』。

〔九〇三〕『質』，乙本作『質也』。
〔九〇四〕『美』，乙本作『滋美』。
〔九〇五〕『華』，乙本作『之美』。
〔九〇六〕『虚』，乙本作『虚也』。
〔九〇七〕『身』，乙本作『身也』。
〔九〇八〕『采文』，乙本作『文彩也』。
〔九〇九〕『言』，乙本作『言也』。
〔九一〇〕『患』，乙本作『患也』。
〔九一一〕『於』，乙本作『其』。
〔九一二〕『言』，乙本作『言者』。
〔九一三〕『身』，乙本作『身也』。
〔九一四〕『元』，乙本作『元也』。
〔九一五〕『真』，乙本作『真也』。
〔九一六〕『聖』左側天頭有另筆『聖主』二字，『積』下有另筆『積聖』二字，此二處均係後人隨手添加，與正文無關，不録。
〔九一七〕第一個『不』，乙本無，據文義係衍文，當删。
〔九一八〕『貧』，乙本作『貧也』。
〔九一九〕『與』，乙本作『爲』。
〔九二〇〕『貨』，乙本作『賄布施』。

〔九二一〕『財』，乙本作『而財』。
〔九二二〕『大』，乙本作『天』，誤。
〔九二三〕『傷』，乙本作『所傷』。
〔九二四〕『無』，乙本脱。
〔九二五〕『下』，乙本作『天下』。
〔九二六〕『也』，乙本無。
〔九二七〕『老子德經下』，乙本作『道德真經注卷之四』。
〔九二八〕『河上公章句』，乙本無。

參考文獻

《スタイン將來大英博物館藏敦煌文獻分類目録·道教之部》，東京：東洋文庫，一九六九年，二八至二九頁；《敦煌道經·目録編》，東京：福武書店，一九七八年，五四、二〇九至二一四頁；《老子論集》，臺北：世界書局，一九八三年，三五至三六、七六至一二〇、一二七至一三一、一三七頁；《倫敦所藏敦煌老子寫本殘卷研究》，臺北：文津出版社，一九八五年，九頁；《敦煌寶藏》三二册，臺北：新文豐出版公司，一九八二年，三四一至三五五頁（圖）；《英藏敦煌文獻》五卷，成都：四川人民出版社，一九九二年，二〇四至二一三頁（圖）；《英藏敦煌文獻》六卷，成都：四川人民出版社，一九九二年，二三四頁（圖）；《老子道德經河上公章句》，北京：中華書局，一九九三年，一五六至三一〇頁；《道藏》一二册，北京等：文物出版社、上海書店、天津古籍出版社，一九九八年，一二至二三頁；《敦煌道藏》三册，北京：全國圖書館文獻縮微複製中心，一九九九年，一三三四至一三七二頁（圖）；《法藏敦煌西域文獻》一七册，上海古籍出版社，二〇〇一年，四一至四六頁；《英藏敦煌社會歷史文獻釋録》二卷，北京：社會科學文獻出版社，二〇〇三年，三八四至三九八頁；《中華道藏》九册，北京：華夏出版社，二〇〇四年，一四六至一六八頁；《敦煌道教文獻研究：綜述·目録·索引》，北京：中國社會科學出版社，二〇〇四年，一六八至一六九頁；《國家圖書館藏敦煌遺書》一册，北京圖書館出版社，二〇〇五年，三二頁（圖）；《敦煌本〈老子〉研究》，北京：中華書局，二〇〇七年，一九三至一九四頁。

圖書在版編目(CIP)數據

英藏敦煌社會歷史文獻釋録. 第十七卷 / 郝春文等編著.—北京：社會科學文獻出版社，2021.7（2022.5 重印）

（敦煌社會歷史文獻釋録. 第一編）

ISBN 978-7-5201-8500-4

Ⅰ.①英… Ⅱ.①郝… Ⅲ.①敦煌學-文獻-注釋 Ⅳ.①K870.6

中國版本圖書館 CIP 數據核字（2021）第 109836 號

敦煌社會歷史文獻釋録 第一編
英藏敦煌社會歷史文獻釋録 第十七卷

編 著 / 郝春文 游自勇 石冬梅 管俊瑋
劉 顯 武紹衛 宋雪春 聶志軍

出 版 人 / 王利民
責任編輯 / 李建廷
技術編輯 / 張 優 鄭鳳雲
責任印製 / 王京美

出 版 / 社會科學文獻出版社（010）59367215
地址：北京市北三環中路甲 29 號院華龍大厦 郵編：100029
網址：www. ssap. com. cn
發 行 / 社會科學文獻出版社（010）59367028
印 裝 / 三河市東方印刷有限公司

規 格 / 開 本：889mm×1194mm 1/32
印 張：18.75 字 數：397 千字
版 次 / 2021 年 7 月第 1 版 2022 年 5 月第 2 次印刷
書 號 / ISBN 978-7-5201-8500-4
定 價 / 69.00 圓

讀者服務電話：4008918866